新时代高等院校采购管理专业创新系列教材

# 智慧采购概论

韩东亚　余利娥　编著

中国财富出版社有限公司

**图书在版编目（CIP）数据**

智慧采购概论 / 韩东亚，余利娥编著. -- 北京：中国财富出版社有限公司，2024. 8.
（新时代高等院校采购管理专业创新系列教材）. -- ISBN 978-7-5047-8195-6

Ⅰ. F253-39

中国国家版本馆 CIP 数据核字第 2024B2W539 号

**策划编辑** 黄正丽　**责任编辑** 刘 斐 于名珏　**版权编辑** 李 洋
**责任印制** 尚立业　**责任校对** 杨小静　**责任发行** 敬 东

**出版发行** 中国财富出版社有限公司
**社　址** 北京市丰台区南四环西路 188 号 5 区 20 楼　**邮政编码** 100070
**电　话** 010 - 52227588 转 2098（发行部）　010 - 52227588 转 321（总编室）
010 - 52227566（24 小时读者服务）　010 - 52227588 转 305（质检部）
**网　址** http://www.cfpress.com.cn　**排　版** 义春秋
**经　销** 新华书店　**印　刷** 北京九州迅驰传媒文化有限公司
**书　号** ISBN 978-7-5047-8195-6/F · 3706
**开　本** 787mm×1092mm 1/16　**版　次** 2024 年 8 月第 1 版
**印　张** 18　**印　次** 2024 年 8 月第 1 次印刷
**字　数** 461 千字　**定　价** 59.00 元

# 前　言

党的二十大报告指出：建设现代化产业体系，加快发展数字经济，促进数字经济和实体经济深度融合。在我国数字经济不断蓬勃发展的时代格局下，采购行业的数字化升级已经成为必然趋势，智慧采购逐渐成为企业采购的新手段。

市场上已经有不少采购管理教材，但是智慧采购教材较少。智慧采购和传统采购管理有何区别和联系，这是教材编写团队一直在思考的问题。经过长时间的准备、研究和打磨，教材编写团队终于完成了本书的编写。本书的特色主要体现在以下两个方面。

第一，既为初学者所写，也为有一定的采购管理知识基础的学生所写。前者是指对采购管理没有任何概念的物流管理、物流工程、供应链管理等专业的低年级本科学生，本书可以作为专业核心课程“采购管理”的教材。本书详细阐述了采购管理的流程，让学生对采购管理有比较全面的初步理解，在此基础上，进一步学习智慧采购的相关知识，了解采购管理的前沿动态。后者则是指已经学习过“采购管理”这门课程的采购管理专业的高年级本科学生，本书可以作为其专业选修课程或专业方向课程的教材。本书详细介绍了智慧采购的要点，重点突出其和传统采购管理的区别，为学生深入学习和扩展采购管理知识提供方向。

第二，以学生为本。本书每章都精心设计了导入案例，引导学生进入章节内容的学习；每章都配有形式多样的思考题，帮助学生掌握本书的理论方法。为了方便学生掌握智慧采购的知识点，本书每章都附有本章小结。为了展示前沿的知识，帮助学生了解热点问题，在书中分享了优秀的思政案例。通过案例的学习和思考题的强化，学生可以较容易地掌握相关知识点。

全书共分为八章，第一章介绍智慧采购的基本概念、分类、模式、目标、基本原则等及智慧采购组织的基础知识；第二章介绍智慧采购战略与企业战略的含义及其关系，供应市场分析、智慧采购战略的制定及其内容、战略采购的基础知识；第三章介绍智慧采购需求的确定、智慧采购计划的制订及智慧采购预算的基础知识；第四章介绍供应商智慧化选择、供应商智慧化管理及供应商关系智慧优化的基础知识；第五章介绍智慧采购谈判的内容、准备和实施，智慧采购合同管理的基础知识及智慧采购网上谈判系统的实施；第六章介绍智慧采购成本的基本概念和构成、影响采购成本的因素，智慧采购成本管理、采购价格和品质控制的基础知识，降低智慧采购成本的策略和方法，库存与库存周转、库存控制模型、采购库存控制的基础知识；第七章介绍智慧招标采购的内涵、特点及其实施的必要性，智慧招标采购管理的基础知识，新技术在智慧招标采购中的应用，基于不同主体的招标采购信用体系建设，招标采购信息系统的基础知识，智能招标全流程管理体系构建，新形势下招投标现状与发展趋势；第八章介绍采购质量与智慧采购质量管理、智慧采购质量管理技术的基础知识，基于大数据的物资标准化采购质量管理与应用，以及采购绩效评估的基础知识。

在本书的编写过程中，淮北师范大学经济与管理学院的雷新强、师亚玲、薛梅和历史文化旅游学院的李晶晶在资料收集、文字整理、图表绘制、思考题设计等方面做了大量的具体工作，在此表示衷心感谢。本书的编写得到了淮北师范大学卓翔芝教授的大力支持，在此表示衷心感谢。

在本书的编写过程中，我们参阅了大量与采购管理相关的书籍和文献资料，由于篇幅有限，不能一一列出，仅在书后列出部分主要参考文献。由于教材编写团队能力和学识有限，加之智慧采购的理论、方法和实践仍在研究和发展中，书中难免存在不妥之处，恳请广大读者批评指正。

作　者

# 目 录

# 第一章　智慧采购概述

## 学习目标

了解智慧采购的基本概念、分类、模式、目标及作用。

理解智慧采购的基本原则。

掌握智慧采购的内容。

了解智慧采购组织。

## 学习重点和难点

智慧采购的内涵是重点。智慧采购的基本原则、智慧采购的内容是难点。

## 导入案例

### 中国电信“云改数转”战略下的电商采购解决方案

中国电信集团有限公司（以下简称“中国电信”）以供应链与互联网、物联网深度融合为路径，高效整合各类资源和要素，打造大数据支撑、网络化共享、智能化协作的智慧供应链体系。以云网融合为驱动的云网建设发展体系，加快推进“云改数转”战略，实现云网一体化规划、建设，促进云网、平台和安全的深度融合，推动企业高质量发展。在供应链采购领域，以电商采购（电子商务采购的简称）为突破，自建电商采购平台，致力于打造现代化全业务全品类供应链运营平台，基于“大后台、小前台”的核心思想，沉淀企业级业务域模型，具备灵活的配置能力和定制开发能力，顺应数字化转型趋势，赋能智慧采购实施，优化业务规范与流程，实现业务增值。

**一、背景说明**

中国电信电商采购基本上与社会化电商业务同步开展。从全面支撑划小单元企业业务零星采购需求开始，中国电信与社会化电商合作伙伴以“互惠互利、互学互鉴、互促互进、共同发展”为目标，共同探索企业B2B电商采购道路，历经产品采购由固定品类向多场景综合品类转变，采购操作由面向常规客户标准化需求向面向企业级客户个性化需求转变，采购模式由单一系统复杂操作向系统直连闭环管理转变，进而实现电商采购规模式增长。为积极落实国家“互联网+”战略，进一步满足企业关于优化供应链运营体系的工作要求，快速解决现有电商采购发展的瓶颈问题，以创新、发展、匹配新形势下的电商采购场景与需求，中国电信采购供应链管理中心在原有与社会化电商合作伙伴平台松耦合模式的基础上，完成了自建平台的系统迭代升级。借助供应链资源的全面融合，积极探索电商采购模式与传统采购模式的融合创新、产品互补与定制化场景应用，实现电商采购规范、高效、便捷的综合性二次延展。中国电信电商采购平台已累计完成数百个品类、百万种商品的发布与更新，覆盖企业生产办公、劳保福利、扶贫应用、个性化产品推荐等多场景、多应用领域，不断提升企业采购资源配置效率，全面支撑企业高质量发展。2022 年，我国企业采购规模超过 173 万亿元，电商采购总额为 14.32 万亿元，数字化采购率升至 8.26%。

## 二、中国电信电商采购平台的技术特点

中国电信电商采购平台从创建开始就以“效率倍增、成本压降、风控透明、管理精细、迭代发展”为建设运营目标，通过匹配企业供应链发展整体规划节奏，结合企业供应链全生命周期管理需求，以终为始，打造高效透明的一体化全流程贯通的一站式供应链服务体系，有效支撑企业各层级、全品类物资保障需求。同时，中国电信电商采购平台可以提供电商产品可视化、流程透明化、服务智能化等便捷的采购体验，让采购行为更加精准、高效。

中国电信电商采购平台采用开放式五级架构模式，引入“企业中台”理念，通过中台融合现有前后端系统，为管理者与用户赋能，增强业务、流程、数据、风险控制与创新能力。为有效满足企业用户个性化、定制化需求，中国电信电商采购平台采取模块化设计，可根据用户需求实现模块开发与自行叠加，充分发挥平台多功能分层、多资源快速迭代的效能。同时，中国电信电商采购平台强化系统安全、应用大数据技术、促进开放式融合，多维度确保电商采购全流程数据可管、可控、可追溯。通过大数据、云计算、区块链等技术的应用，企业将采购业务以数字化形式沉淀到电商采购平台，以服务为中心，构建起数据闭环运转的运营体系，充分保证系统的高效率、易伸缩、低风险。

## 三、主要应用功能

1. 商品智慧选品与推荐

以商品基础属性、偏好标签、购销指标、访问情况等数据维度为参考，为商品打标画像，结合 AI（人工智能）能力实现智慧选品，构建商品智慧运营专区，提升商品曝光率，通过数据预处理、规则匹配得到推荐列表，对用户进行精准推荐，提升采购成功率。

2. 智能搜索引擎

引入智能搜索引擎，提供多种数据格式的全文检索，支持商品模糊匹配、预算模糊匹配等搜索的快速、准确定位；强化图片搜索能力，通过图像识别和搜索功能，实现以图搜图的智能图像搜索功能，用户可以快速定位商品，提升商品搜索效率。在中国电信电商采购平台录入商品图片，用户就可以在商品库中有效地找到商品的同款或者相似款，快速下单采购。

3. 智能比对

基于大数据算法，自动推荐同款或者相似款商品，便于用户进行实时对比，从而帮助用户快速获取质优价廉的商品，提升采购效率，让企业采购过程更加透明、高效。

（1）设置智能比对模型：支持参数比对的商品选择模型，体现智能比对模型的灵活定义。

（2）设置比对商品范围：支持用户通过拖拽的方式选择需要比对的商品，用户可以快速定位需要比对的商品范围。

（3）采集比对商品数据：支持后台自动采集待比对商品的参数数据，支持展示比对数据，通过表格的形式展示比对商品的差异，一目了然、直观全面。

4. 专属客服、智能管家一站式服务

通过接入、服务、支撑三个层面提供九大场景、24 小时的服务。充分利用大数据分析和用户画像，分析采购行为和风险，分级应对用户服务反馈，为用户提供更好的采购体验。

5. 订单对账自动生成，财务自动记账，发票自动核对

每月账期日自动发起对账，通过接口同步到中台，中台根据供应商的账单匹配平台内的账单，完成系统对账与数据反馈。供应商根据已确认的账单自动生成、开具电子发票。

## 四、实施效果及成效

1. 规范操作，降本增效，全面提升企业供应链综合服务能力

中国电信电商采购平台全面提升采购各环节的规范性，实现需求预算—寻源下单—物流配送—对账结算的闭环管理，全程可溯源，采购归口管理大幅提升。在采购操作方面，中国电信电商采购平台效能提升，全面牵引线下采购向线上采购转变，即需即采，杜绝虚报采购，规避“以领代耗”小金库风险。在服务方面，海量商品，精准搜索，智能推荐，使下单时长缩短，成本降低；快速配送，直发现场，使到货时长缩短。

2. “不见面”采购优势凸显，助力企业物资保障

新冠疫情防控期间，中国电信电商采购平台“不见面”采购优势凸显，与社会化电商合作伙伴进行合作，挖掘电商覆盖面，物流配送资源充足，实时在线，信息高效传递，24 小时不间断更新发布防疫物资资源与信息，建立计算机端、手机端应用的专项防疫物资采购专区，开展百余次防疫物资线上采购。此外，防疫物资覆盖全部品类，确保企业复工复产及应急采购工作的顺利开展。

2020 年防汛期，中国电信电商采购平台通过数据分析和资源对接，提前预警并完善防汛物资供应保障，引导省公司开展防汛物资储备工作。在汛期中聚焦防汛物资重点商品，实行不间断滚动轮播，累计更新上线商品数百个，覆盖沙袋、救生衣、冲锋舟、帐篷等涉及防汛、生命搜救、食品补给、安全保障的多种物资，采取多批次商品快速上线、小批量商品提前预占等方式，不间断提供物资供应。

3. “互联网+扶贫”综合应用，推动扶贫精准落地

中国电信电商采购平台集中解决了以往扶贫采购操作过程中，因缺乏系统直连闭环管理而导致的下单、支付等环节操作烦琐，数据核对工作量大，采购流程不规范，供货追溯困难等问题，实现了数据透明、风险可控、采购和报账流程一点接入的闭环管理，确保扶贫采购有序开展，实现消费扶贫规范化操作。

中国电信电商采购平台扶贫专区集中展示和销售来自中国电信对口贫困县及其他贫困县的农副产品，打通贫困地区农产品线上的销售通道，扩大销售规模，拓宽合作渠道，使

扶贫项目精准落地，不断协助企业扶贫攻坚数字化转型，使企业扶贫渠道对标行业主流电商渠道，持续优化改进扶贫物资的商品包装、产品组合、设计展现、物流配送等。同时，中国电信电商采购平台在原有扶贫集中采购的基础上，增加企业员工自由兑换模式，优化用户体验，提升扶贫物资综合满意度，切实增加销量，促进消费扶贫产品专业化发展。

**案例思考**

（1）中国电信为什么自建电商采购平台？

（2）结合导入案例谈谈你对智慧采购工作重要性的认识。

# 第一节　智慧采购概述

采购对企业生产和经营非常重要，无论何种类型的制造企业都不能独自生产所有的原材料和零部件，制造企业生产所需的大部分原材料和零部件是通过外部采购获得的，而销售企业销售给消费者的商品绝大部分都是从上游供应商处购买的。随着互联网和信息技术的快速发展，智慧采购逐渐在企业采购中占据重要位置。新冠疫情期间，智慧采购这种“远程办公、云中交易”的模式解决了企业采购的难题。党的二十大报告中指出，建设现代化产业体系，加快发展数字经济，促进数字经济和实体经济深度融合。在我国数字经济不断蓬勃发展的时代格局下，采购行业的数字化升级已经成为必然趋势，智慧采购逐渐成为企业采购的新手段。

## （一）智慧采购的基本概念

智慧采购在学界尚无明确定义，比较公认的一个概念是：智慧采购应具备“三大标准”，即智慧采购是有温度、懂“你”和无界的。有温度的智慧采购通过系统前置、数据采集、智能决策，更加贴合采购者的实际需求，让使用者的感受更加美好。懂“你”的智慧采购是“知你所想、予你所需”的，通过智能画像、智能寻源、AI 推荐，为企业匹配更好的采购服务。无界的智慧采购围绕场景，赋能、共享生态，以产品场景化、数据标准化、功能组件化、协议通用化为目标，满足不同客户的多场景采购需求，建设共享生态。

智慧采购是指企业运用信息和数字技术在一定条件下从供应市场获取产品或服务作为企业资源，以保证企业生产及经营顺利进行的活动，其基于数据采集分析，依托各种智能化支撑服务平台，对采购中各核心环节进行智能化改造，实现无缝对接，使采购行为更加精准化、智能化、人性化和生态化。

智慧采购可以从狭义和广义两个角度理解。狭义的智慧采购是指企业运用信息和数字技术，以网上交易平台为载体，整合、分析和运用交易系统各项关键数据，根据需求提出采购计划，选择供应商，经过谈判确定价格、交货时间等，签订合同，支付货款并对订单进行跟踪的全过程。广义的智慧采购是指除了可以在网上交易平台以购买的方式获取物品外，还可以通过租赁、借贷、交换等方式取得物品的使用权，以满足消费或生产需求的全过程。

## （二）对智慧采购内涵的理解

1. 智慧采购本质上是从资源市场获取资源的过程

智慧采购对于企业的作用在于能够帮助企业获取自身需要但是缺乏的外部资源。这些资源既可以是物质资源（如原材料、设备、厂房等），也可以是非物质资源（如网络、信息、知识产权等）。智慧采购强调运用信息和数字技术从供应市场获取产品或服务，虽然采用的手段和传统采购不同，但本质上仍是从资源市场获取资源的过程。智慧采购通过运用信息和数字技术，将资源市场的外部资源变为企业的内部资源。

2. 智慧采购是商物分离的产物

商品流通是指商品从生产领域到消费领域的转移过程。商品流通包括商品价值的转移和商品使用价值的转移，即商品所有权和商品实体的转移。前者称为商流，后者称为物流。商物分离是指商流和物流分开，商业流通和实物流通各自按照其规律和渠道独立运动的现象。传统采购过程中商流和物流是统一的。然而，智慧采购采取“线上商流、线下物流”模式，即在网上交易平台完成交易，实现商品所有权的转移，而商品实体的转移则是在线下完成的。商物分离能充分发挥资金运动和实物运动的有效性，从而推动采购向现代化的方向发展。智慧采购正是商物分离的产物。

3. 智慧采购是一种经济活动

企业采购外部资源的目的是保证企业生产和经营的正常进行，这是采购带来的效益，但是在采购过程中会有各种费用的支出，如物料费用、采购管理费用、储存费用等，这是采购成本。若要追求采购经济效益的最大化，就要不断降低采购成本，以最小的采购成本获得最大的资源收益。智慧采购充分利用信息和数字技术实现线上交易，有利于降低传统采购线下交易的成本。

### （三）智慧采购的分类

对智慧采购进行分类有利于企业选择合理的智慧采购方式，提高企业采购工作的效率。根据不同的分类标准可以对智慧采购进行不同的分类。

1. 按照采购主体分类

（1）个人智慧采购。

个人智慧采购是指自然人在网上交易平台采购个人生活用品，一般是单一品种、单一决策、随机发生的情况，带有很大的主观性和随意性。个人智慧采购的影响较小，一般只影响个人，即使发生失误，造成的损失也较小。

（2）组织智慧采购。

组织智慧采购是指两人或两人以上对公用物品的智慧采购，包括企业智慧采购、政府智慧采购及其他事业单位智慧采购。组织智慧采购一般是多品种、大批量、多批次、大金额的采购，需要集体决策。组织智慧采购的影响较大，不仅关系到多人的利益，还关系到组织整体的正常运作和发展。一旦采购决策出现失误，会给整个组织带来重大损失，因此组织智慧采购一定要慎重，对于供应商的选择、网上交易平台的使用、第三方物流企业的选择都要考虑周详。

2. 按照采购范围分类

（1）国内智慧采购。

国内智慧采购是指企业以本币向国内供应商采购所需物资的一种行为。国内智慧采购并不意味着企业所采购的物资都是国内企业生产的，也可以向国外企业设在国内的代理商采购，但要使用本国货币支付货款，无须以外汇结算。国内智慧采购交易双方沟通较简单，可以减少沟通成本，而且国内智慧采购不涉及国际运输、报关、检验检疫等问题，可以简化流程，节省采购时间和成本。但是国内智慧采购的供应商选择范围较小，可能导致企业无法购买到满意的产品。

（2）国外智慧采购。

国外智慧采购是指企业直接向国外供应商采购所需物资的一种行为。企业一般直接联系国外供应商或者通过国外供应商设在国内的代理商采购物资。国外智慧采购扩大了供应商的选择范围，企业有更大的选择余地，有利于降低采购成本、提高采购质量，帮助企业加入国际供应链阵营。此外，国外智慧采购可以充分发挥智慧采购在跨区域采购中低成本、高效率、高效益的优势。但国外智慧采购不确定性较大，风险较高，采购手续和流程比较复杂。

国外智慧采购的对象主要为国内无法生产的产品，如价格上有优势的国外农产品、无代理商经销的其他国外产品等。

3. 按照采购时间分类

（1）长期合同智慧采购。

长期合同智慧采购是指采购商和供应商在网上交易平台达成合作意向后，签订长期采购/供货合同，双方在长期、稳定的合作关系的前提下进行交易，且合同期一般在一年以上。在合同期内，采购商承诺在供应商处采购其所需物资，供应商承诺满足采购商在品种、数量、规格、交货方式、交货时间等方面的要求。长期合同智慧采购可以增强双方的理解和信任，建立稳定的供需关系，降低采购成本，从而保证双方的利益。然而，长期合同智慧采购也存在价格调整困难、采购数量调整困难等不足之处。因此，长期合同智慧采购主要适用于采购商需求量大且连续需要原材料、燃料及配套设备等的采购情形。

（2）短期合同智慧采购。

短期合同智慧采购是指采购商和供应商在网上交易平台达成合作意向后，签订短期采购/供货合同，双方进行一次性交易，以满足采购商生产经营的需要。短期合同智慧采购中，双方之间关系不稳定，采购产品的数量、品种随时发生变化。对采购商来说，这样比较灵活，能够根据市场环境的变化，灵活选择供应商。因为双方之间关系不稳定，所以产品价格波动较大、交易过程复杂、采购成本增加。短期合同智慧采购主要适用于采购商需要非经常性消耗产品、补缺产品、价格波动大的产品的采购情形。

4. 按照采购方法分类

（1）MRP 采购。

MRP（Material Requirement Planning，物料需求计划）采购的基本原理是生产企业根据主生产计划（Master Production Schedule，MPS）、主产品结构和库存情况，逐级计算、逐步推导出生产产品所需要的零部件、原材料等的生产和采购计划。该采购计划比较精细，详细规定了采购物料的品种、数量、规格、采购时间和到货时间。MRP 采购以满足需求为目标，从最终产品的生产倒推零部件、原材料等的需求时间和数量。MRP 采购具有以下特点。

① MRP 采购的过程包括对相关需求的分析。在流通企业，各种物料的需求是独立的，不受其他物料需求量的影响。然而，在生产企业中，需求具有很强的相关性。例如，生产企业生产 1 辆自行车，需要 1 个车把，生产 1 个车把需要 1 个把立、1 个把横和 2 个把手，对车把的需求就是对自行车的相关需求，对把立、把横和把手的需求就是对车把的相关需

求。根据生产订单确定所需产品的数量后，由产品结构文件可以推算出零部件、原材料等的需求数量，这种逻辑关系推算出来的物料数量称为相关需求。MRP 采购反映出物料品种不仅和数量有相关性，而且和需求时间也有相关性。

② MRP 采购对采购物料的品种、数量和需求时间等都有严格的要求，工作人员必须严格按照采购计划执行，不能更改，否则会影响生产企业的正常生产。MRP 采购计算复杂、计算量非常大。当主产品结构复杂、所需零部件和原材料等物料品种众多时，人工计算很难完成。智慧采购充分利用信息和数字技术完成采购作业。生产企业可以将智慧采购系统和 MRP 系统整合起来，将 MRP 系统计算出来的采购计划，通过智慧采购系统直接转换成给供应商的订单，提高采购效率，缩短采购时间。MRP 采购对零部件、原材料等的需求数量、需求时间、需求先后顺序都有明确的规定，计划非常精细。工作人员严格按照计划执行，能够保证产品生产按时完工。

（2）JIT 采购。

JIT（Just In Time）采购又称为准时化采购，是由准时化生产演变而来的一种采购模式。它要求供应商在用户需要的时候，将合适品种、合适数量的物资在合适的时间供应到合适的地点。这种采购模式的主要目标是消除不必要的浪费，降低库存甚至实现零库存，从而极大降低企业的采购成本和经营成本，提高企业的竞争力。JIT 采购具有以下特点。

① 传统的采购模式一般是多头采购，供应商的数量较多，JIT 采购则采用较少的供应商，甚至单源供应。一方面，管理供应商比较方便，有利于降低采购成本；另一方面，有利于与供应商建立长期稳定的合作关系，保证质量。单源供应的风险较大，一旦供应商不能及时交货会对企业的生产经营造成严重影响，而且由于缺乏企业之间的竞争，供应商可能不再积极提升产品质量、降低生产成本。

② JIT 采购对供应商的选择标准更加严格。在传统的采购模式中，由于供需双方是短期合作关系，因此需求方选择供应商更多是基于产品价格的考虑。JIT 采购中，供需双方之间建立的是长期稳定的合作关系，因此需求方更加看重的是质量，这里的质量不单指产品的质量，还包括工作质量、交货质量、技术质量等方面。由于 JIT 采购采用较少的供应商，甚至单源供应，一旦供应商出现问题，会对企业造成严重的影响，因此对供应商的选择标准更加严格，以确保能够选择满足企业需求的供应商。

③ JIT 采购要求供需双方信息高度共享，保证供需双方信息的准确性和实时性，从而保证供应商随时可以做好发货准备，需求方也可以根据供应商的准备情况，适当调整生产和经营计划，从而降低风险。

④ 小批量采购是 JIT 采购的一个基本特征。JIT 采购可以帮助企业实现零库存，其出发点就是需要多少、采购多少、没有剩余，每次的采购批量不大，但是采购次数增加，会增加运输成本，因此需要采取混合运输、共同配送的方式解决问题。

（3）电子商务采购。

电子商务采购也就是网上采购，它的基本特点是在线上寻找供应商、洽谈交易、订货甚至支付货款，在线下实施送货、进货。这种采购模式能扩大采购市场的范围，缩短供需距离，简化采购手续，减少采购时间，降低采购成本，提高采购效率，具有很强的发展潜力。随着电子商务的发展和物流配送水平的提高，电子商务采购越来越普及。企业对电子商务采购的极致追求导致智慧采购的“诞生”。随着企业电子商务采购的进一步实施，

阅读材料：智慧化采购发展势不可挡

企业逐步推动电商平台与内部信息平台的对接。电商平台将人工智能、大数据等新技术融入企业的供、销、采环节，重构现代智慧供应链系统。产业互联网时代的到来推动企业供应链协同创新，数字化技术手段推动企业采购行为越来越智能化、智慧化。

5. 按照采购定价方式分类

（1）招标采购。

招标采购是指通过公开招标的方式进行物资和服务采购的一种行为。一个完整的竞争性招标采购过程由供应商调查和选择、招标、投标、开标、评标、决标、签订合同等阶段构成。招标采购最大的特征是公开性，凡是符合资质规定的供应商都有权参加投标。

为全面学习贯彻党的二十大精神，落实中央经济工作会议有关部署，加快推动招标投标交易担保制度改革，优化招标投标领域营商环境，国家发展改革委、工业和信息化部、住房和城乡建设部等 13 部门印发《国家发展改革委等部门关于完善招标投标交易担保制度进一步降低招标投标交易成本的通知》。

（2）询价采购。

询价采购是指采购企业向选定的若干供应商发出询价单并让其报价，然后在供应商报价的基础上进行比较并确定中标供应商的一种采购模式。询价采购是国际上通用的一种采购模式。询价采购不是面向所有供应商的，而是在调查的基础上，筛选出一些有实力的供应商进行询价。询价采购适用于数量少、价值低的物资采购。

（3）议价采购。

议价采购是指买卖双方通过讨价还价达成交易意向的一种采购模式。议价采购一般不进行公开竞标，仅向固定的供应商直接采购。议价采购分三步进行：第一步，由需求方向供应商分发询价表，邀请供应商报价；第二步，如果供应商报价基本达到预期的价格标准，即可签订采购合同，完成采购活动，如果供应商报价没有达到预期的价格标准，则进入第三步；第三步，需求方和供应商就产品价格讨价还价，直到达成一致，然后签订采购合同，完成采购活动。议价采购主要适用于需求量大、质量稳定、定期供应的大宗物资的采购情况。

议价采购的优点：节省采购的成本和时间；采购灵活性大，可依据环境变化，对采购规格、数量及价格进行灵活调整；有利于与供应商建立互惠双赢关系，稳定供需关系。议价采购的缺点：缺乏公开性、信息不对称；容易形成不公平竞争等。

（4）比价采购。

比价采购是指采购企业选定两家以上的供应商，由供应商公开报价，最后选择报价最低的供应商的一种采购模式。实质上，这是在供应商有限条件下的一种招标采购。

比价采购的优点：节省采购的成本和时间；公开性和透明度较高；采购过程有规范的制度。比价采购的缺点：在供应商有限的情况下，可能出现“轮流坐庄”或“恶性抢标”的现象，可能影响生产效率的提高。

（5）定价采购。

定价采购是指当需求方需要采购的物资数量巨多，不能由少数供应商全部满足时，或当市场上物资匮乏时，由需求方确定价格，直接采购的一种采购模式。

### （四）智慧采购模式

1. 网上商城采购模式

提前确定好商品品目范围，通过公开招标等方式在网上商城引入供应商的商品，凡在商品品目范围内且限额标准下的，各单位部门均可按照交易规则自主购买，体现了网上商城采购模式的便捷和透明。

2. 网上询价采购模式

在网上商城商品品目范围内且未达到公开招标限额标准的标准定制商品，各单位部门可自行发起网上询价，按规定的成交规则确定供应商，体现了网上询价采购模式的规范和效率。

3. 电子招投标采购模式

电子招投标采购模式主要适用于公开招标涉及设备采购等的集成项目，通过与网上招投标和电子开评标等相关的技术，实现电子招投标采购模式的公开和公正。

4. 定点卖场采购模式

定点卖场采购模式涉及若干专业性卖场，引入大量电商企业，凡是市场透明、价格波动较快的小额电子产品和日常办公用品等，各单位部门可直接按优惠价在卖场选购，体现了定点卖场采购模式的服务和效益。

## 第二节　智慧采购的目标及作用

### 一、智慧采购的目标

智慧采购的总体目标是以最低的总成本为企业提供满足其需要的货物和服务。智慧采购有以下五个基本目标。

1. 适时适量保证供应

智慧采购要求供应商在适当的时间将适当数量的产品交给采购商。时间不早不晚，数量不多不少。供应时间太晚会造成采购商缺货，影响采购商正常的生产与经营活动，供应时间太早则要求采购商提前接货，造成货物储存时间过长，库存占用资金时间过长。数量太少，满足不了采购商正常的生产与经营活动的需要，增加缺货风险；数量太多，则会占用采购商大量的资金，还会增加仓储保管费用等成本。

2. 尽可能降低采购成本

总成本最低是贯穿采购过程的准绳。企业的采购活动消耗的资金最多。在采购的每个环节、每个方面都会产生各种各样的费用，如订货费用、进货费用、检验费用、入库费用、装卸搬运费用、保管费用等。因此，在采购过程中，要运用各种采购策略，使采购成本最低，如采取 JIT 采购策略降低订货费用和保管费用。

3. 保证采购物资的质量

采购物资的质量影响采购商生产产品的质量。只有采购的原材料、零部件等的质量符合标准，企业才能生产出质量合格的产品。采购物资的质量要适度，质量太低，不符合生产要求；质量太高，会增加消费者的购买费用，而且也会造成浪费。因此，企业在保证采购物资质量的前提下，应尽量争取较低的采购价格。

4. 减少对环境的负面影响

当下，环境问题受到人们的普遍关注，保护环境已经成为企业不可推卸的责任。不同的采购方式对环境的影响不同。例如，JIT 采购属于小批量采购，增加了运输频次，对环境的负面影响较大。采购商和供应商应该采取联合运输、共同配送或第三方物流配送的策略减少高运输频次对环境的负面影响。

2023 年 1 月，国务院新闻办公室发布《新时代的中国绿色发展》白皮书。书中肯定了政府采购在引导和促进绿色产品消费方面的积极作用——不断完善绿色产品认证采信推广机制，健全政府绿色采购制度，实施能效水效标识制度，引导促进绿色产品消费。

5. 协调供应商，整合供应链

智慧采购利用信息和数字技术，将企业和资源市场联系起来，成为采购商和供应商之间的纽带，并协调采购商和供应商之间的关系。此外，智慧采购可以高效整合供应链，实现供应链节点企业的多赢。

## 二、智慧采购的作用

企业在生产经营过程中需要大量的物料，这些物料一般通过采购获得。组织好企业的采购活动，不仅有利于优化企业采购管理，而且可以有效推动企业其他各项工作的开展，降低企业成本、增加企业利润。智慧采购的作用主要体现在以下几个方面。

1. 智慧采购可以为企业管理人员提供采购定标和数据支持

传统的采购模式下，采购工作是依靠采购人员经验完成的，采购人员的能力十分重要。如今，采购人员可以通过数字化、信息化手段执行采购任务，同时也能为企业管理人员提供采购定标和数据（与采购管理相关）支持。在采购管理中，大数据的应用更多体现在企业数据层面，未来则可以扩展到行业应用。通过大量数据积累，可分析供应商多个维度信息，并给予评价支持。针对交易管理进行的多维度数据分析，企业可以据此对采购工作进行整改或对采购人员进行调整，有利于提高采购人员效率，从而为各级单位分配合适的采购人员。

2. 智慧采购可以降低时间成本，提升采购效率

相较于传统的采购模式，基于信息和数字技术的智慧采购可以进一步降低时间成本，提升采购效率，进而帮助企业降低经营成本。智慧采购也更加注重和规范采购流程的管理，使企业管理人员能把控对外采购的每个细节。从宏观上看，智慧采购的落地，对国家大力倡导并积极推动的智慧供应链及现代供应链建设意义重大。

3. 智慧采购可以帮助企业快速洞察市场变化趋势

资源市场和销售市场是交融混合在一起的，都处于大市场中。采购人员直接接触市场，可以及时了解市场的变化，为企业及时提供各种市场信息，供管理决策之用。智慧采购利用大数据技术，挖掘市场中有价值的信息，帮助企业快速洞察市场变化趋势，引导企业投资方向，令企业调整产品结构，确定经营目标、经营方向和经营策略。

4. 智慧采购是智慧管理的开端

企业的采购模式往往会在很大程度上影响生产模式和经营模式。如果企业实施智慧采购，就必然要求生产方式、经营方式做出相应改变，从而实现企业全方位的智慧管理。

5. 智慧采购可以合理利用物质资源

合理利用物质资源，是开发物质资源的前提。智慧采购必须贯彻节约的方针，具体内容如下。

（1）将每种物质资源用在最合适的地方，防止优材劣用、长材短用。

（2）优化配置物质资源，防止优劣混用。在智慧采购过程中，力求优化配置，追求整体效益，避免为了追求局部效益而损害整体效益，避免为了追求部分优化而干扰综合优化。

（3）应用价值工程分析，力求功能和消耗相匹配，防止过分强调降低消耗而导致功能损耗。例如，为了降低采购成本，从信誉不佳的供应商处采购原材料，该供应商提供的原材料有质量问题，导致企业生产的产品质量不合格。

（4）通过智慧采购，企业引进新技术、新工艺，提高物质资源利用效率。

（5）贯彻执行有关政策和法律法规，禁止被淘汰的产品进入流通领域，做到物质资源的合理利用。

## 第三节　智慧采购的基本原则和内容

### 一、智慧采购的基本原则

1. 智慧原则

通过物联网（智能软硬件）、大数据等智慧化技术手段，实现智慧采购各环节精细化、动态化、可视化管理，增强智慧采购系统智能化分析决策和自动化操作执行能力。

2. 择优原则

在众多产品和服务中，选择最符合企业需求、成本最低的产品和服务，以达成提高企业采购质量的目标。

3. 批量采购原则

企业将多个部门的物资需求集合起来，形成一定的采购批量，从而从供应商处争取更优的价格折扣，降低采购成本。

4. 竞争原则

智慧采购充分利用竞争机制，供应商在价格、质量、付款方式和售后服务等方面展开竞争，以便于企业获得优势产品和服务。

5. 时机原则

一方面，在产品进入技术成熟期，生产量扩大、销售价格出现下降的时候，及时采购，以采购高质量、低价格的产品；另一方面，企业要考虑产品的交货时机。若企业已经做好生产计划，但原材料、零部件等不能及时送达时，生产车间只能停工待料，造成缺货风险。当产品不能及时送达客户时，必然导致客户不满。若通过增加库存的方式降低缺货风险，则会造成资金占用过大，增加库存成本。因此，智慧采购既要把握合适的采购时机，又要掌控合适的交货时机。

6. 范围原则

地理范围是影响采购效果的一个重要因素，智慧采购扩大了物资采购的地理范围，企业可以在电商平台进行采购，不再受地理范围的影响。同时，扩大物资采购的选择范围也是智慧采购必须达成的优化目标。

7. 专业原则

智慧采购采用物联网（智能软硬件）、大数据等复杂技术，一般采购人员无法胜任，必须委托专业的技术人员进行指导和监督，才能取得较好的效益。

8. 方式原则

为了实现智慧采购目标，企业必须选择最恰当、最科学的采购方式。采购批量和采购金额会根据采购方式的不同而有所差别，同时采购效果也会存在较大差异。

## 二、智慧采购的内容

智慧采购的内容主要包括制订采购计划、组织与实施采购计划、监管与控制采购活动，如图 1–1 所示。

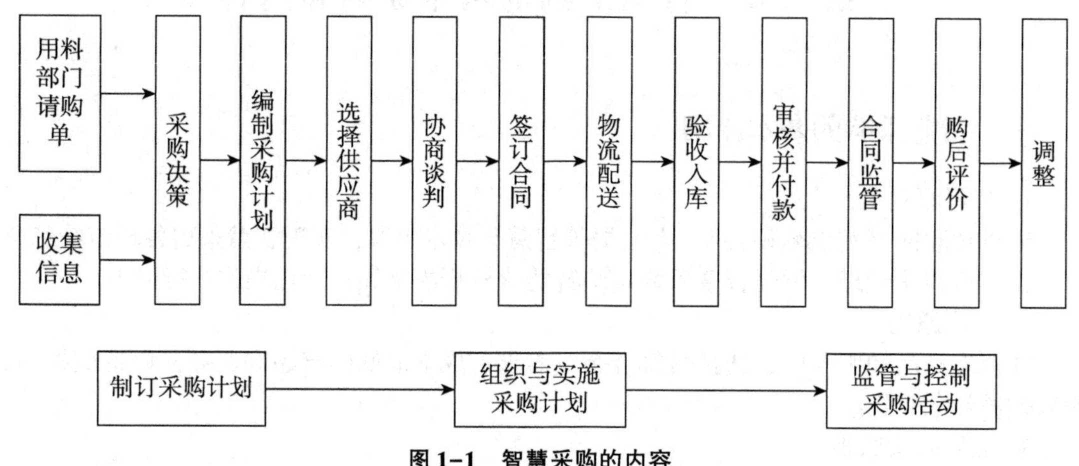


**图 1–1 智慧采购的内容**

### （一）制订采购计划

1. 接收正式采购请求

采购部门负责接收正式采购请求（请购单），其内容列举如下。

（1）所需物资的详细说明。

（2）所需物资的要求与数量。

（3）期望交货日期。

（4）采购申请人。

2. 采购决策

在审核请购单之后要决策以下几个方面的问题。

（1）品种决策。确定采购物资的品种、规格及功能要求。

（2）采购量决策。确定计划期内的采购量。

（3）采购方式决策。决定现货采购还是远期合同采购；决定同种物资选择一家供应商采购还是选择多家供应商采购；决定由各部门分散采购还是由总部集中采购；决定招标采购还是询价采购。

（4）采购批量决策。确定一次的采购量和采购次数。企业可以利用定期采购或定量采购方法做采购批量决策。

（5）采购时间决策。确定采购周期和进货时间。

3. 编制采购计划

根据采购部门接收的请购单编制采购计划，包括年度采购计划、季度采购计划和月度采购计划。

### （二）组织与实施采购计划

组织与实施采购计划阶段的部分内容列举如下。

1. 选择供应商

采购部门必须选择能够供应所需物资的供应商。如果当前供应商不能满足要求，企业应立刻寻找符合要求的新供应商。采购部门选择供应商时可以参考供应商分级信息，考虑到某供应商的未来业绩呈上升趋势，企业还应更新供应商分级信息。

2. 协商谈判

如果订单涉及的费用很高，尤其在一次性购买物资的情况下，往往要求供应商投标，此时涉及细项多，需要生产和设计部门的人员帮助采购部门的人员，与供应商的人员进行协商。一般情况下，每年只需协商一次价格，一年内都遵照协商好的价格交易。中等数量的物资可以采用总订货的方法，也可以采用个别订货的方法。少量购买也可以由需要该物资的部门直接与供应商联系，但是对这种采购方式一定要采取控制措施，一旦出现问题，后果会很严重。

3. 验收入库

收货部门必须检查供应商所供物资的质量与数量，并将验收结果反馈给采购部门、会计部门与生产部门等。如果物资不符合验收要求，必须将其退回并要求供应商赔偿或重新发货。此时，收货部门还应及时通知采购部门、会计部门与生产部门等。

4. 合同监管

企业对签订的合同要及时进行分类管理，建立合同台账，定期检查合同的执行情况，并将执行过程及时录入数据库，以便对供应商做出评价。采购部门要加强与供应商的联系，督促其按期交货，对质量、数量、到货时间等问题要及时进行交涉。同时，采购部门要与企业内部的其他部门密切配合，为顺利执行合同做好准备。

5. 购后评价和调整

企业对供应商供货情况和合同执行情况进行评价，更新供应商分级评估记录，以便对下一次采购进行调整。

### （三）监管与控制采购活动

2021 年 2 月起，浙江省全面推进数字化改革。在纵深推进清廉浙江建设过程中，浙江省各地依托数字化改革，不断推动监督向着更深层次、更广领域迈进。抓紧抓实国企领域全面从严治党，切实斩断各种利益输送链条，是推进清廉国企建设的重要内容。浙江省能源集团有限公司（简称“浙能集团”）承担全省约一半的电力和煤炭供应，以及 80% 以上的天然气供应。在大体量、大投资、大采购下如何做到“风险防得住、保供保得稳”？

浙能集团以数字化改革为契机，打造“智慧供应链平台”“财务共享中心”等一系列数字化监管平台，着力构建全主体覆盖、全流程监管、全闭环管理的风险防控模式。自“智慧供应链平台”上线以来，监督模块多次发出风险预警信息，对相关供应商予以否决投标、没收投标保证金、纳入集团供应商“黑名单”等处理。

采购活动是企业很重要的一项工作，它必然会影响企业的其他各项工作。因此，企业必须加强采购活动的监管与控制，降低采购风险。

1. 监管与控制采购活动的内容

监管与控制采购活动是采购管理工作的一项重要内容，其主要目的是达成采购目标和完成采购计划。监管与控制采购活动是采购部门工作人员的重要职责，其主要依据是采购计划。在采购实施过程中，对照采购计划，实际的采购活动往往会出现偏差，监管与控制采购活动的作用就是纠正偏差，把不符合要求的采购活动恢复到“正常轨道”上来，使企业稳定进步、发展，实现适时、适质、适量、适价、适地的采购活动。

（1）采购人员监督与控制。智慧采购的实施离不开采购人员，采购人员的专业技能、素质、经验等是顺利实施智慧采购的关键。采购人员若在采购过程中存在贪污腐败行为，则会损害企业的利益。采购人员监督与控制的重点在于加强对采购人员的素质管理、职业道德教育及业务知识培训，同时企业还要建立采购人员奖惩制度，及时对采购人员进行奖惩。

（2）采购流程监督与控制。采购流程监督与控制应该抓住采购流程中的关键点（采购计划的制订、采购文件的准备、采购内容的审批、向合格的供应商提交采购文件、采购合同的审批和签订、向供应商反馈采购物资的质量评价、采购物资的验收等），以达成监督与控制全局的目的。

（3）采购资金监督与控制。为了防止采购成本增加，企业必须对采购资金进行监督与控制。采购预算控制是采购资金控制常用的手段。采购预算把采购计划中的金额具体化，为采购资金控制提供了明确的标准。对于采购资金监督，企业要建立一套严格的规章制度（包括审批制度和书面证据制度），采购资金的审批、领用一般要规定具体的权限范围。对于货款的支付，企业要根据对方的信用程度及具体的风险情况进行妥善处理。

（4）采购信息的收集和使用。采购活动的监管与控制是通过采购信息的传输和反馈实现的。控制部分有采购信息输入到受控部分，受控部分也有采购信息反馈到控制部分，从而形成闭合回路，实现有效控制。

（5）采购绩效考核。采购绩效考核的目标是找出现状和预期的差距，从而奖罚分明，提高采购效率。采购绩效考核分为采购部门的绩效考核和采购人员的绩效考核。采购部门的绩效考核可由企业高层管理者评定，也可由内部客户评定。采购人员的绩效考核通常由采购主管评定。

2. 监管与控制采购活动的方法

若使采购活动的监管与控制能够顺利进行，并行之有效，监管与控制采购活动的方法是至关重要的。

（1）建立健全完善的采购规章制度。

完善的采购规章制度可以规范采购人员的行为和采购工作的作业流程，从而起到规范采购活动的作用。采购规章制度包括采购控制规范、采购管理方法、采购作业规定、采购作业指导、外协加工管理办法、有关物料与采购管理系统的规定、进料验收管理办法、采购争端解决规定等。

（2）实施标准化采购作业。

企业要制定标准化采购作业流程，编制采购作业手册，明确、记录每个步骤，规定应对各种情况的处理办法，这样才能有效地对采购活动进行监管与控制。

（3）建立采购评价制度。

采购评价包括两个部分：一是对采购人员的评价，二是对采购部门的评价。建立采购评价制度的目的是评定业绩、总结经验、纠正缺点、改进工作，这也是一种监管与控制。

对采购人员的评价既可以采取主观评价，又可以采取客观评价。采购人员的自我评价就是一种主观评价，通常采用填写自我评价表的方法。这种方法简便易行，但容易受到被考核者主观心理偏差的影响，会削弱公正性。分值评价法属于客观评价方法，即对采购人员的评价项目指标化，每项指标有若干个等级和分值，并逐项对被考核者进行评级和评分，然后将各项指标的分值汇总，其总分就是对采购人员的评价结果。此方法将定性分析与定量分析相结合，有较系统的评价依据，科学合理，有助于提高采购评价的效率与质量。

对采购部门的评价可以采取单次审核评估、月末评估和年末评估。单次审核评估是指将采购人员的自我评价和实际采购表现进行对比，如果出现偏差就及时查清原因，进行监管与控制的过程。月末评估是指将一个月内所有采购人员的自我评价进行统计汇总，得出整个采购部门的评价的过程。年末评估是指将月末评估进行统计汇总，得出整个采购部门全年评价的过程。

（4）建立采购人员奖惩制度。

奖励与惩罚是对采购人员的行为进行监管与控制的重要内容之一。奖惩的意义在于鼓励和肯定积极因素，抵制和否定消极因素，从而使采购团队保持积极向上、努力工作的精神面貌。在采购评价制度的基础上，企业要建立采购人员奖惩制度，以客观事实为依据，公平合理。奖励方面，要将物质奖励和精神奖励相结合，以激励采购团队人员；惩罚方面，要以理服人，重在引导、教育。

## 第四节　智慧采购组织

智慧采购组织是指为了完成企业的采购任务，保证生产经营活动顺利进行，由采购人员组成的采购团队，通过科学的采购活动降低采购成本，保证采购质量、节约采购时间。

### 一、智慧采购组织的职责

智慧采购组织全面负责企业智慧采购工作，在相关职能部门的配合协助下，严格制定并执行智慧采购制度与工作流程。智慧采购组织的职责主要包括两个方面：一方面是内部职责，即采取合理的智慧采购模式，控制智慧采购流程，保证采购物资的质量；另一方面是外部职责，即采取科学的方法选择供应商，保证企业和供应商之间信息交流的顺畅，从而提高采购质量。

1. 智慧采购组织的人员结构

智慧采购组织要结合企业战略发展规划，设计智慧采购组织的人员结构；优化配置采购人员，做到各司其职、分工合理；明确各采购人员的岗位工作职责，提高智慧采购工作的绩效。

智慧采购组织的人员构成：市场及需求分析员、智慧采购计划员、进货管理员、智慧采购质量管理员、智慧采购统计分析员、智慧采购成本分析员、智慧采购系统管理员等。采购人员的主要岗位工作职责如表 1-1 所示。

**表 1-1　　采购人员的主要岗位工作职责**

| 采购人员 | 主要岗位工作职责 |
|---|---|
| 市场及需求分析员 | * 负责市场调研，收集客户需求，梳理业务流程，进行系统设计；<br>* 根据产品规划或者项目要求，开展需求调研，编写调研报告和需求规格说明书；<br>* 根据采购计划，进行供应市场调查，了解供应市场基本情况；<br>* 负责分析供应市场的规模和变化方向，为智慧采购工作提供建议 |
| 智慧采购计划员 | * 根据市场需求制订物料需求滚动计划，并对订单的执行情况进行监督和控制；<br>* 每月对物料需求量进行预测，并进行物流需求差异分析；<br>* 对缺料进行有效跟踪，确保采购计划顺利完成；<br>* 对超计划物料进行原因分析，并向上级提供相应的分析报告；<br>* 查找物料异常消耗的原因，对后续采购计划进行相应调整；<br>* 对库存物料进行监控 |
| 进货管理员 | * 负责监督智慧采购计划的执行进度；<br>* 负责跟进智慧采购业务的实施过程；<br>* 负责供应商谈判和供应商发货管理；<br>* 负责处理采购进货环节发生的相关纠纷 |
| 智慧采购质量管理员 | * 全面负责质量管理小组的管理工作，统筹质量管理工作；<br>* 按照企业采购质量管理办法，撰写采购物资验收规范；<br>* 对采购质量管理数据进行收集、整理、汇总和分析；<br>* 对采购物资进行质量检查和监控；<br>* 负责采购物资质量纠纷的处理工作 |
| 智慧采购统计分析员 | * 负责物资采购量的定期汇总；<br>* 根据采购业务进行数据分析和处理，形成采购分析单；<br>* 负责统计、分析采购工作相关环节的资源使用情况；<br>* 负责分析采购工作流程和绩效 |
| 智慧采购成本分析员 | * 建立供应商往来明细账，做到账目清晰无误；<br>* 与供应商进行账务核对；<br>* 负责采购运费核算工作；<br>* 负责采购发票等票据的核实和校对工作；<br>* 负责采购成本汇总和分析统计工作，为智慧采购工作提供成本分析 |

续表

| 采购人员 | 主要岗位工作职责 |
|---|---|
| 智慧采购系统管理员 | * 负责智慧采购系统的开发、维护和升级；<br>* 负责处理系统运行中出现的故障，并撰写故障处理报告；<br>* 监控智慧采购系统的漏洞，及时补上漏洞，确保系统的正常运行；<br>* 负责收集所有和智慧采购相关的数据，做好数据的整理、归档工作；<br>* 负责引进最新的智慧采购工具，并对相关采购人员进行系统使用方面的培训 |

2. 建立健全智慧采购管理制度

智慧采购管理制度是实施智慧采购的基础，根据企业的战略发展规划和管理要求，制定具体的采购管理制度，规范采购流程和采购作业标准，提高智慧采购效率。

3. 构建智慧供应商管理体系

结合企业物资采购的实际情况和智慧采购的特点，建立数字化供应商认证体系，并完善供应商档案；根据组织的采购需求进行市场和供应商调查，选择产品质量好、信誉好、价格优惠的供应商，并定期更新供应商档案，对供应商进行评价，解除与不达标供应商的合作关系，引入更加优质的供应商，持续优化供应商队伍。

4. 构建智慧采购价格管理体系

严格执行采购预算，监督采购询价、议价、订购过程中的花销情况，进行成本分析，有效控制采购成本。建立完善的物料进货价格档案系统，做到一物一档，结合市场行情变化及企业的实际需求情况，及时更新重要、关键物料的进货价格档案，提高智慧采购工作效率。

5. 构建智慧采购合同管理体系

若企业需要从某供应商处长期采购重要物料，则应与该供应商签订长期采购合同，并构建智慧采购合同管理体系（包括采购合同档案及台账分类管理系统），随时监督采购合同的执行情况，建立违约自动预警系统，降低企业的采购风险。

6. 建立智慧采购进度控制系统

监督采购合同的签订与执行情况，建立智慧采购进度控制系统，一旦供应商不能及时发货及交货，智慧采购进度控制系统就会利用企业电子数据交换（EDI）系统直接向供应商发出催货通知，从而严格控制智慧采购进度，保证企业生产与运营的正常进行。

7. 构建智慧采购物料质量控制体系

监督采购物料的验收工作，确保采购物料的质量符合企业的要求。质量有问题的物料坚决禁止接收入库，并及时和供应商联系，会同质量管理部门处理。

8. 构建智慧采购物料库存管理体系

严格办理物料入库、出库手续，建立健全库存台账及物料领用台账，及时盘点检查库存物料，避免物料积压或过期而造成不必要的异常损耗，尽量减少库存，降低库存成本。

9. 构建与智慧采购相关的其他工作职能管理体系

根据企业需要，调配好时间和人手，积极配合企业做好与智慧采购有关的其他工作。

## 二、智慧采购组织的作用

智慧采购在企业中的地位越来越重要，其对企业的战略贡献日益被企业高层看重。高效的智慧采购组织，对提高企业核心竞争力具有重要作用。智慧采购组织的作用主要体现在以下几个方面。

1. 直接反映智慧采购在企业中的地位

智慧采购组织的人员结构体现了企业日常工作中采购人员的规模，确定了采购人员各个岗位的权限、职权范围、工作内容，有利于智慧采购工作的顺利进行。

2. 有利于精简机构，提高工作效率

智慧采购组织既是企业采购管理的“司令部”，又是实施采购业务的“行动部”。建立完整的智慧采购组织，既可以保证采购业务工作的顺利开展，又有利于明确分工、提高工作效率。

3. 协调与激励作用

智慧采购组织一方面可以协调组织内部横向和纵向的关系，使之密切合作、和谐统一；另一方面还可以协调组织与环境的关系，根据采购环境的变化，调整采购策略，提高对市场环境变化的适应能力和应变能力。同时，智慧采购组织可以通过物质和精神方面的激励，充分调动每个采购人员的积极性、创造性和主动性。

## 三、智慧采购组织的设计原则

为了达成智慧采购目标，设计合理的智慧采购组织非常重要。智慧采购组织的设计可以确定不同采购岗位的分工，从而将企业的内外部资源进行整合，提高采购效率、降低采购成本，促进智慧采购工作的顺利开展。设计智慧采购组织时应该考虑以下基本原则。

1. 目标匹配原则

设计智慧采购组织时，首先要保证智慧采购目标的实现。只有实现智慧采购目标，才说明智慧采购组织的设计是合理的，否则，需要根据智慧采购目标重新设计智慧采购组织。目标匹配原则是设计智慧采购组织时要遵循的首要原则。

2. 精简原则

“精”指人员精干；“简”指机构简化。精简原则是指根据采购的工作量设置采购岗位、安排人员工作的原则。对于工作量较少的岗位，可以一人多岗，尽量简化机构。只有人员精干，才可以简化机构，节约人力成本。

3. 效率原则

采购环节处于企业经营环节的前端，其效率关系到企业的整体运营效率。在设计智慧采购组织时，企业应充分考虑智慧采购的成本效率、时间效率和资金效率等，尤其是智慧采购组织的设计对企业其他部门工作效率的影响，尽可能做到既提高智慧采购工作的效率，又提高企业其他部门的工作效率。

4. 权、责、利相结合的原则

“权”指权利，有了权利，智慧采购组织中的采购人员才能积极、主动地工作，提高工作效率；“责”指责任，这是对采购人员的约束，只有权利而没有责任，必然会出现乱指挥、盲目决策甚至损公肥私的现象；“利”指利益，这对采购人员起激励作用，没有相应的利益刺激，难以保证采购人员的积极性、主动性。只有权、责、利相结合，才能充分调动智慧采购组织的全部能量，提高智慧采购工作效率。

5. 合理分工原则

在设计智慧采购组织时，企业应充分考虑各采购人员的不同能力和特点，并据此进行合理分工，以便智慧采购组织中的采购人员各司其职，提高智慧采购工作效率。同时在合理分工的基础上，各岗位采购人员应该加强合作，确保智慧采购工作的顺利开展，实现智慧采购目标。

6. 动态调整原则

企业的经营战略会随着市场环境的变化而变化。完成智慧采购组织设计后，智慧采购组织也不是一成不变的，必须根据企业经营战略和市场环境的变化进行动态调整，只有这样，智慧采购组织才能确保企业经营目标的实现。

## 四、智慧采购组织的能力评估标准及提升措施

### （一）智慧采购组织的能力评估标准

1. 历史绩效标准

智慧采购组织选择历史绩效作为评估当前绩效的标准，这里的“绩效”是指采购绩效。通过与历史绩效的对比、分析，企业采购主管很容易看出当前绩效是提高了还是降低了；通过对不同的项目进行比较，企业采购主管可以找出在采购方面存在的问题，并加以改进。例如，当前的物资采购成本比以前的物资采购成本高，智慧采购组织可以进一步分析物资采购成本增加的原因，并提出改进措施，降低物资采购成本。历史绩效标准的优势在于简单易行，但是它只适用于智慧采购组织没有进行大幅调整的情况下，否则就失去了应用价值。

2. 标准绩效标准

如果智慧采购组织以前没有做过类似的能力评估，或者历史绩效资料难以取得，或者企业的智慧采购组织进行了大幅调整，则选择历史绩效标准对智慧采购组织的能力进行评估就行不通。此时，应采取标准绩效标准对智慧采购组织的能力进行评估。标准绩效标准的确定，一般可以参考固定绩效标准、理想绩效标准、可实现绩效标准、行业平均绩效标准、目标绩效标准等。

### （二）智慧采购组织的能力提升措施

1. 加强供应商管理，提升智慧采购组织的外部组织能力

智慧采购组织利用 ABC 分类法，找出采购成本占比 80%、数量占比 20%的重点 A 类产品，考虑生产 A 类产品所需采购物资的数量、规格、价格等，重点围绕 A 类产品开展工作，建立供应商名单，对供应商进行调查。通过深入接触供应市场，智慧采购组织收集、比较、分析供应商的数据信息（绩效、行业表现），确定战略供应商，并对战略供应商实施重点管理。

2. 加强企业内部智慧采购组织的能力建设工作

加强企业内部智慧采购组织的能力建设工作是企业降低采购成本、提高核心竞争力的关键。智慧采购的实施促进了智慧采购组织的发展，同时也对采购人员提出了更高的要求。首先，企业要优化组织结构，提升智慧采购组织的定位；其次，企业内部智慧采购组织要遵循差异化的采购工作流程；再次，企业通过培训提升智慧采购组织中采购人员的能力；最后，企业要构建有效的智慧采购组织管理体系。

## 五、采购人员管理

### （一）采购人员的选拔标准

采购人员的选拔过程是企业人力资源配置的重要过程。选拔优秀的采购人员是成功实施智慧采购的关键。智慧采购工作是一项与人打交道的工作，因此采购人员应待人热情、善于与人沟通，对智慧采购工作认真、负责，这样才能保证智慧采购工作的顺利实施。采购人员除了需要具备观察能力、思考能力、应变能力外，还应具备发现新客户的能力、交往洽谈的能力、协调关系的能力等。

### （二）采购人员的素质要求

随着智慧采购工作复杂程度的增加，在实施智慧采购时，采购人员被要求熟练操作各种智能工具。智慧采购作为现代化采购，对采购人员提出了更高的素质要求。

1. 具备良好的职业道德

无论是传统采购还是智慧采购都要杜绝采购人员收受回扣。例如，供应商的销售人员想方设法贿赂采购商的采购人员来达成交易。一旦采购人员收受回扣，会造成企业采购成本的增加、采购物资质量的降低，影响企业正常的生产和经营。采购人员一定要具备良好的职业道德，做到清正廉洁。

2. 具备较强的工作能力

智慧采购工作相当复杂而且要求很高，采购人员应该具备较强的工作能力。智慧采购工作中新事物层出不穷，相关产品更新的速度也越来越快，采购人员需要储备更多的专业知识和具备更强的专业技能。基础专业知识主要包括与采购相关的政策及法律法规、基本的市场经济学知识和基本的计算机网络知识等。基础专业技能主要包括协调、预测、分析、判断、沟通、解决问题的技能，以及在岗位上应用的专业操作技能。企业通过组织培训帮助采购人员进一步增强工作能力。此外，企业还可以积极推行职业资格管理制度，鼓励采购人员考取专业的职业资格证书，改进在采购人员队伍建设上的不足，以职业资格证书为抓手，进一步促进采购人员队伍规范化。

3. 具有较强的沟通技巧

企业物资采购业务范围广，涉及面宽，采购人员需要与领导、内外部客户及供应商代表进行广泛的沟通协调，沟通技巧非常重要。采购人员要主动与领导沟通，正确领悟领导的意图，清楚表达自己的观点，使采购活动得到领导的理解和支持；采购人员要主动与内外部客户沟通，及时掌握他们的需求，协助他们拟订采购计划，邀请他们参与物资验收，及时征求他们的意见和建议，积极做好各类服务工作，努力争取内外部客户对采购活动的配合和支持；采购人员要做好与供应商代表的沟通，努力提升自己的沟通和谈判技巧，协调企业与供应商的关系，在保证物资质量的前提下努力降低采购物资的价格，及时解决采购与供应过程中出现的各类问题。

4. 具有国际视野

智慧采购是跨国家、跨地区的采购。采购人员应该具有国际视野，随时关注国际市场的变化，如原材料的价格波动。采购人员要对市场环境的变化具有敏锐的洞察力，能够及时做好预警并采取防范措施，且能够及时了解国际上最新的技术及产品。

### （三）采购人员的素质提升措施

1. 通过培训提升采购人员的素质

企业不仅在招聘时就要对应聘人员有严格的素质要求，而且在后期还应注重采购人员的岗位培训。岗位培训的一种方式就是“老带新”，新参加智慧采购工作的采购人员通过实际业务向职场前辈请教、学习提升个人素质，然后再将学到的专业知识和职业技能反复应用到工作中。除了岗位培训，企业还要注重采购人员的基础培训和特定技能培训。基础培训是指使采购人员成为“工具箱式多面手”的培训，培养采购人员的基本工作技能。特定技能培训是为从事特定岗位工作的采购人员准备的培训，如培养他们学习操作新的仪器、设备或计算机程序等。特定技能培训可以由供应商代表或安装方代表主导。

2. 通过绩效考核促使采购人员主动提升个人素质

为了衡量采购人员的工作业绩，企业非常有必要实行采购人员的绩效考核制度。一方面，采购人员可以自主改进工作方式、提高工作效率，保证企业所需物资能够及时供应且保质保量；另一方面，为了避免被淘汰，采购人员应及时了解自身存在的不足，主动采取措施提升自身素质，如学习线上课程、考取相关的职业资格证书等。企业从工作态度、工作能力、工作业绩等方面对采购人员进行绩效考核，对采购人员进行绩效考核时要秉持公平公正原则，并采取不定期和定期相结合的方式进行。

## 本章小结

智慧采购是指企业运用信息和数字技术在一定条件下从供应市场获取产品或服务作为企业资源，以保证企业生产及经营顺利进行的活动。智慧采购可以为企业管理人员提供采购定标和数据支持，可以降低时间成本、提升采购效率，可以帮助企业快速洞察市场变化趋势；智慧采购是智慧管理的开端，可以合理利用物质资源。企业实施智慧采购要遵循智慧原则、择优原则、批量采购原则、竞争原则、时机原则、范围原则、专业原则和方式原则。智慧采购的内容主要包括制订采购计划、组织与实施采购计划、监管与控制采购活动。智慧采购组织全面负责企业智慧采购工作，在相关职能部门的配合协助下，严格制定并执行智慧采购制度与工作流程。设计智慧采购组织时应遵循目标匹配原则，精简原则，效率原则，权、责、利相结合的原则，合理分工原则，动态调整原则。采购人员的选拔过程是企业人力资源配置的重要过程。选拔优秀的采购人员是成功实施智慧采购的关键。企业一方面可以通过培训提升采购人员的素质；另一方面可以通过绩效考核促使采购人员主动提升个人素质。

### 一、单项选择题

1. 关于智慧采购的概念说法错误的是（　　）。

A. 智慧采购本质上是从资源市场获取资源的过程

B. 智慧采购是商物分离的产物

C. 智慧采购是一种经济活动

D. 智慧采购就是一种购买过程

2. 按照采购时间分类，可将智慧采购分为（　　）。

A. 国内智慧采购和国外智慧采购　　B. 长期合同智慧采购和短期合同智慧采购

C. 有形采购和无形采购　　D. 生产性物资采购和非生产性物资采购

3. 相对于传统采购，JIT 采购的主要特点是（　　）。

A. 小批量采购，单源供货　　B. 大批量采购，运输频率低

C. 对供应商的要求低　　D. 短期合作，更看重产品价格

4.（　　）采购的基本原理是生产企业根据主生产计划、主产品结构和库存情况，逐级计算、逐步推导出生产产品所需要的零部件、原材料等的生产和采购计划。

A. MRP 采购　　B. JIT 采购　　C. 电子商务采购　　D. 智慧采购

5. 以下选项中，不是智慧采购的基本原则的是（　　）。

A. 智慧原则　　B. 竞争原则　　C. 随机原则　　D. 时机原则

## 二、多项选择题

1. 智慧采购的目标包括（　　）。

A. 适时适量保证供应　　B. 尽可能降低采购成本

C. 保证采购物资的质量　　D. 协调供应商，整合供应链

2. 智慧采购的作用主要有（　　）。

A. 为企业管理人员提供采购定标和数据支持

B. 降低时间成本

C. 帮助企业快速洞察市场变化趋势

D. 提高企业利润

3. 在审核请购单后要决策的问题包括（　　）。

A. 品种决策　　B. 采购量决策　　C. 采购方式决策　　D. 采购时间决策

4. 监管与控制采购活动的内容包括（　　）。

A. 采购人员监督与控制　　B. 采购时间监督与控制

C. 采购流程监督与控制　　D. 采购绩效考核

5. 企业选拔采购人员时主要应该考虑的因素有（　　）。

A. 良好的职业道德　B. 良好的沟通能力　C. 卓越的工作能力　D. 高学历

## 三、简答题

1. 如何理解智慧采购？

2. 议价采购有哪些优缺点？

3. 智慧采购的目标是什么？

4. 智慧采购中组织与实施采购计划阶段包括哪些内容？

5. 智慧采购组织的职责是什么？

**课后案例：大数据应用促进公共采购领域高质量发展**

# 第二章　智慧采购战略

## 学习目标

了解智慧采购战略与企业战略之间的关系和供应市场结构。

理解供应市场分析的必要性和战略采购的内涵。

掌握智慧采购战略的影响因素、制定智慧采购战略的原则、智慧采购战略的内容、战略采购实施。

## 学习重点和难点

智慧采购战略与企业战略之间的关系、智慧采购战略的影响因素是重点。智慧采购战略的内容、战略采购实施是难点。

## 导入案例

### 京东工业品战略落地，乘数效应让降本增效不再是口号

在降本增效方面，一些企业步履维艰。一直以来，长尾商品多、非标品类繁杂、供应商数量庞大、价格不透明、产品质量参差不齐等始终是企业供应链转型升级中的难解之痛。

京东工业品战略发布会上正式发布 iSRM 智能采购管理平台（简称 iSRM 平台），针对工业长期存在的这些问题，以数字平台打造工业品产业链的平行生态，集合商品、金融、物流、服务、质控等能力资源模块，集寻源、商品采购管理、履约验收、财务对账付款及售后服务于一体，提供覆盖供应链管理上、中、下游的管理行为数字化及资源服务一体化的解决方案，致力于打造数字化和生态化的工业品平台，助力工业企业优化供应链流程，实现企业管理效能的成倍提升。

工业企业供应链管理的数万个需求，都可以通过一个解决方案高效完成，即京东工业品采购智能解决方案。作为京东 2019 年初发布的企业业务五大战略在工业品领域的首个落地方案，其核心目的旨在构建开放和合作的服务生态，推动工业的数字化转型，助力工业企业的供应链流程优化和能效升级。例如，海尔的办公、劳保场景采购等，由京东提供成熟、高效的解决方案与服务支持。双方合作构建的覆盖采购商城、网络协同、战略寻源、智能分析的智能化采购体系，将达成商品数字化交易，实现一站式、智能化的工业品供应链管理。京东改变的不只是生活方式，还有生产方式。

## 一、乘数效应助力企业降本增效

作为全世界唯一拥有联合国产业分类中全部工业门类的国家，中国工业一直是国民经济的重要支柱。然而，我国工业制造领域的数字化一直相对缓慢，其中一个重要因素是在生产制造场景中的采购链条不够通畅。

近年来，工业互联网已成为热议话题。从2018年，“发展工业互联网平台”首次写入政府工作报告，到2019年政府工作报告明确指出“打造工业互联网平台，拓展‘智能+’，为制造业转型升级赋能”，再到2020年政府工作报告提出“发展工业互联网，推进智能制造”，工业互联网的发展一直备受关注和重视。

工业转型升级，亟需用技术实现一场“内外兼修”的流程再造。随着企业供应链数字化进入需求爆发期，以及ToB（面向企业用户）的智能技术应用逐渐成熟，需要具有横向数字化链接能力的综合服务商助力工业转型升级。

京东推出工业制造的解决方案，基于iSRM智能采购管理平台，提升工业企业的资源整合能力，为工业企业各个环节提供商品、管理和运营技术支持，同时帮助工业企业整合金融、物流、供应链等的资源，实现资源的精准匹配，将工业企业对外管理数据数字化，无缝打通内部的数字化系统。可以说，京东的这套解决方案，既契合了大型企业在采购领域管理集约化和数字化的转型需求，也满足了大型企业在工业品市场化业务中的诉求。京东此举让企业实现降本增效，甚至让整个生产流通环节都发生了质的革命。京东正在用大数据技术，改变传统的工业生产模式。京东要做的不仅是一次经营品类的扩展，而是要打造供应链管理的乘数效应。

## 二、四大“利器”为工业品采购降本增效

京东在工业领域已有多年的深耕和积淀，有经验、有资源、有技术。京东拥有数百万活跃的企业客户，其中包括数千家大型集团企业客户。京东的业务已渗透至能源、通信、交通等多个垂直行业，全面洞察不同行业中的企业多场景管理需求，并为其精准匹配相关资源与支持技术。

根据工信部赛迪研究院、中国国际电子商务中心研究院联合发布的《中国企业电商化采购发展报告（2018）》，在企业电商化采购综合型平台中，市场占有率最高的是京东企业购，占整体采购样本的51.2%。

### （一）海量商品全覆盖

约30%的质量问题出在供应商处，良好的供应商管理能有效改进产品质量。京东拥有海量商品，能够满足各种复杂的采购需求。根据数据匹配，在采购预算环节，能够辅助预算编制；在采购计划环节，实现采购清单与采购计划自动匹配；在商品选购环节，实现商品智能搜索与在线比价。这种一站式的数字化采购模式可大大降低采购成本，节省与众多供应商沟通和在各个渠道寻找货品的时间。

同时，京东在各个环节把控货品品质，有效提升货品筛选、检验、议价等环节的工作效率。在订单配送环节实现出库信息、配送信息、签收信息实时同步；在合同签收环节，通过电子合同、电子签章等方式实现在线验收；在对账支付环节，自动申请支付、自动对账、自动开具电子发票；在资产入库环节，自动申请入库；在售后服务环节，智能客服支

撑线上售后。

（二）网状一体化物流服务

约80%的产品交货期是由供应商影响的，缩短产品交货期应从源头做起。京东物流是工业品采购的基础保障，在工业品领域打造了“工品链+工享链”模式，能够有效满足跨区域、多批次、时间紧、不同商品组合配送的个性化采购订单需求。例如，一些有分厂的集团公司通常会下达复杂的采购订单，需要将不同数量、不同规格的商品配送到不同的目的地，京东物流可一次下单，完成不同收货人、不同收货时间的配送，提升效率。按照规划，京东还将和社会各界企业共建全球智能供应链基础网络，为全球商家提供供应链解决方案。

库存越大，占用的资金就越多，资金存在机会成本。京东物流的“云仓”模式通过调控各地的仓库资源，帮助企业调配和管理货品存放，确保货品按时精准送达，这样可降低企业的仓储成本、仓储管理成本及相应的人力成本。以“铁老大”为例，上海、昆明等铁路局与京东企业购合作后，京东为其提供采集和监控商品价格信息等服务，相较于传统采购渠道，节支率达到15%；而从下单到货物运抵的时间也从平均8天缩短为平均3天，有效降低了仓储成本，提高了资金周转率，综合节支率较合作前提升17.6%。

（三）金融与财务柔性定制

我国工业品市场参差不齐，生产商和经销商为了规避风险，往往钻信息不对称的漏洞，致使金融账期拖欠问题非常严重。就收支而言，京东已经建立起成熟的支付系统，线上操作能够缩短收支链路，数字化采购则可以缩短账期。京东在线支付，融合京东全流程电子化的采购解决方案，能够在采购预算、采购审批、收货验货、对账支付等流程削减近75%的人工审核时间，实现采购成本和效率的全面优化。就融资而言，京东有效提供订单贷款融资，大大降低企业资金运转的压力。简而言之，京东便捷完善的支付、融资和开票机制，可以进一步缩短企业采购收支的链路，形成撬动降本增效的杠杆效应。

（四）iSRM平台智能化寻源

从最初的ERP（企业资源计划）平台，升级到简单寻源的SRM平台，再更新到智能化寻源的iSRM平台，京东通过大数据进行智能化匹配，根据个性化需求，精准匹配供应商，同时进行智能分析，整合多部门协同作业，大大提升了采购寻源、招标、资质审核和报批等环节的办公效率。

## 三、“京东式”工业革命已经开始

随着大数据和互联网技术的广泛应用，C端市场零售门店正在潜移默化地升级，而且B端市场，一些传统产业也正在进行互联网转型。在大数据时代，数据成为资产，并演变为相对独立的生产要素，参与企业价值创造过程。未来市场是数字化生态生产，数字系统自动连接企业合作伙伴及各环节服务商，让它们的能力得到互补。在工业领域，京东还有很长的路要走。“搬箱子”是很多人给京东贴的标签。正是这么一个在外人看来“搬运”的过程，京东却凝聚了大量数据，如用户数据、产品数据、企业数据、物流数据等。这些数据成为京东改变行业生态的驱动力，也成为京东的“法宝”，帮助其建立工业领域的制造生态。

京东iSRM智能采购管理平台将带来一个全新的工业生产模式。在由京东发起的“工业革命”中，我们可以发现，京东此前多年积累的数字化基础技术平台，作为推动革新的力量，支撑整个数字化商品、数字化金融、数字化供应链和数字化零售体系。

**案例思考**

（1）京东为何推出 iSRM 智能采购管理平台？

（2）结合案例，谈谈你对智慧采购战略重要性的认识。

## 第一节　智慧采购战略与企业战略

### 一、智慧采购战略

随着经济全球化、互联网信息化，智慧采购在企业中的地位逐渐从策略层面向战略层面转变。企业中最能节约开销的地方一般都是开销最大的地方，采购成本在企业成本中占主要部分，约 60%，把智慧采购提升至战略层面是至关重要的。智慧采购战略是指在企业战略要求下，基于当前与未来智慧采购工作需求，具有指导性的、长远的智慧采购方案和规划。

智慧采购战略包含以下几个方面的内容。

（1）采购品种。采购品种是指采购物资的种类、性质、品质等。

（2）采购方式也就是采购模式，涉及采购策略、采购主体、谈判方式等。

（3）供应商选择。供应商选择涉及合作方式、考核方式等的选择。

（4）订货谈判。订货谈判的谈判内容涉及采购物资的规格、采购周期、采购量、采购物资的质量要求、采购价格、付款条件、交货要求、风险分摊、责任、权利和义务等。

（5）采购进货。采购进货涉及运输方式、运输路径、运输商的选择等。

（6）智慧采购工具。智慧采购工具涉及智慧采购方法、智慧采购技术、智慧采购软硬件。

### 二、企业战略

企业战略是引导企业根据环境变化，依据自身资源和实力选择适合的经营领域和产品，形成企业核心竞争力，并巧妙运用差异化竞争赢得市场的战略。现代管理学认为企业战略是一个自上而下的整体性规划过程。

企业战略是对企业各种战略的统称，包括竞争战略、营销战略、发展战略、品牌战略、融资战略、技术开发战略、人才开发战略、资源开发战略等。企业战略是层出不穷的，虽然有很多种，但其基本属性是相同的，都是对企业的谋略，都是对企业整体性、长期性、基本性问题的谋划。例如，竞争战略是对企业竞争的谋略，是对企业竞争整体性、长期性、基本性问题的谋划；营销战略是对企业营销的谋略，是对企业营销整体性、长期性、基本性问题的谋划。

在新进中央委员会的委员、候补委员和省部级主要领导干部学习贯彻习近平新时代中国特色社会主义思想和党的二十大精神研讨班的开班式上，提出要增强战略的前瞻性、全局性和稳定性，把战略的原则性和策略的灵活性有机结合起来，灵活机动、随机应变、临机决断。

企业战略的制定也要有前瞻性、全局性和稳定性，不能只看眼前或局部，从而导致企业战略不稳定。企业战略的稳定对企业的发展至关重要。

### 三、智慧采购战略和企业战略之间的关系

企业战略是一个全局性的战略，智慧采购战略隶属于企业战略，是具有职能性的战略。企业战略服务于企业目标的实现，智慧采购战略服务于采购目标的实现。智慧采购战略支撑着企业战略，有效的智慧采购战略是实现企业战略的重要基础。

## 第二节　供应市场分析

企业在制定智慧采购战略前，必须对供应市场有清晰而正确的认知。企业要站在全局的角度看待采购需求，根据对供应市场的了解和采购产品、服务的经验做具体计划，既要了解供应市场，还要了解竞争环境。

### 一、供应市场分析的必要性

供应市场分析是为了满足企业未来发展的需要，针对所采购的商品，系统进行数据（供应商、供应价格、供应量、供应风险等方面的数据）收集、整理和分析，为企业的采购决策提供依据的过程。许多大公司已经引入了商品团队的概念，商品团队中的采购人员负责在全球范围内采购战略零部件和原材料，不断为所需采购的物料寻找一流的供应商，由专业人员给予支持，协助采购人员进行供应市场研究。

1. 技术的不断创新

“嫦娥”奔月、“墨子”传信、“北斗”导航、“天宫”览胜，一系列重大创新成果相继问世，中国科技发展呈现出日新月异的面貌。正如习近平总书记所说，“科技创新，就像撬动地球的杠杆，总能创造令人意想不到的奇迹”。2022 年，中国位列全球创新指数排名第 11 位，中国全社会研究与试验发展经费迈上 3 万亿元新台阶。两条上升的曲线，见证着中国科技创新爬坡过坎的拼搏历程。久久为功，接续奋斗。正如习近平总书记所说，中国真正成为一个科技强国可能是两个五年、三个五年、四个五年，甚至是三十年、五十年。但我们必须把握时机，找对了创新驱动发展这条路，就要保持定力，一以贯之，锲而不舍地走下去。

无论是生产企业还是商业企业，为保持竞争力必须致力于产品的创新和质量的改善。当出现新技术时，企业在做自制、外购决策时就需要为选择最终供应商而进行大量研究。

2. 供应市场的不断变化

国际供应市场不断变化，国家间的政治协定会突然限制进出口贸易，供应商会因为突然破产而消失或被其竞争对手收购，价格水平和供应的持续性都会受到影响。需求也同样会根据时势发生变化，例如，新冠病毒感染疫情时期，人们对口罩的需求激增，从而导致口罩紧缺。采购商应该预测采购物资供需状况可能发生的变化，并由此掌握供应市场中的价格动态。

3. 社会环境的变化

发达国家和发展中国家间差异化的工资水平已经造成供应市场的变化。例如，许多欧洲零售商将供应基地转移到了远东地区，因此纺织品供应发生了变化。

4. 汇率的变化

主要币种汇率的不断变化给国际化企业的经营带来了新的挑战。一些国家的高通货膨胀、巨额政府预算赤字等都要求采购商对其物料需求的重新分配做出快速反应。

5. 产业转移

产业转移、技术进步不仅改变了供应市场的分布格局，整体上还降低了企业的制造成本，也给智慧采购战略的制定、实施提出了新的要求，带来了新的变化。这主要体现在：在自制、外购的决策中，外购的份额在增加；采购呈现向购买组件、成品的方向发展；采购的全球化趋势日益增强，同时采购的本地化趋势也伴随着制造本地化的要求得以增强；供应市场及供应商的信息更加透明化；技术发展使部分企业完全依赖于供应商。

## 二、供应市场分析的步骤

供应市场分析可能是周期性的，也可能是以项目为基础进行的。供应市场分析可以是关于特定工业部门的趋势及其发展动态的定性分析，也可以是通过综合统计或从其他公共资源获得大量数据的定量分析。供应商基准分析就是定性分析和定量分析的结合。供应市场分析既可以是短期分析，也可以是长期分析。供应市场分析并没有严格的步骤，有限的时间通常对分析过程产生一定的影响，并且每个项目都有一定的方法，因此很难提供一种标准的方法。一般情况下，供应市场分析主要有以下步骤。

1. 确定目标

要解决什么问题？问题解决到什么程度？解决问题的时间有多少？需要多少信息？信息准确到什么程度？如何获取信息？谁负责获取信息？如何处理信息？这些问题的答案都总结在一个简明概述中。

2. 成本效益分析

分析成本包含的内容，给出分析需要的时间，并分析获得的效益是否大于付出的成本。

3. 可行性分析

分析公司中的哪些信息是可用的？从公开出版物或统计资料中可以得到什么信息？是否能够从国际数据库及其专业代理商处获得信息？是否以较低的成本获得与产品和市场相关的分析？是否需要向一些专业机构购买研究、分析服务？

4. 制定分析方案

确定获取信息需要采取的具体行动，包括明确目标、安排工作、调度时间、选拔负责人、统筹资源等。除了案头分析外，还要与供应商面谈，实地研究。案头分析的具体工作是分析、解释任务数据，这些数据一般是别人已经收集好的，在采购中案头分析应用较多；实地研究可以得到案头分析中无法得出的成果，它设法追寻新信息，通过详细的项目计划做好分析准备。

5. 实施方案

在方案实施阶段，遵循分析方案的计划是非常重要的。

6. 撰写总结报告及评估

供应市场分析及信息收集结束后，要对分析结果和所获得的情报进行归纳、总结，在此基础上撰写总结报告，并就不同的供应商选择方案进行比较。对分析结果的评估应该包括对预期问题的解决程度、对解决问题的方法的满意程度等内容。

## 三、供应市场信息的来源

供应市场信息的来源主要有以下几个途径。

（1）市场人员的调查及客户的反馈是信息的首要来源。供应市场信息的收集也是市场人员的主要职责，但市场人员的学识、经验很大程度左右了其获取信息的真实性及有效性。企业应尽量不赋予市场人员分析、判断的职能，市场人员将获取的信息填入制式表格即可。产品信息及渠道信息多半是由市场人员获取的。

（2）相关报刊、图书、电视报道。专业的公共媒体能够最大限度地提供行业内的有效信息，而且其接触层面高，更多传播的是偏策略及战略的信息，这大多是宣传性的公共信息，不涉及商业机密。

（3）权威部门的信息披露。国家主管部门及行业组织披露的信息主要包括行业规划、政策约束、相关发展前景展望等方面的数据信息。

（4）互联网发布。新兴媒体的作用不可小觑，其实效性强。但是，互联网信息泛滥，不能保证真实性，要对其进行印证和甄别。

（5）论坛圆桌交流中业内人士的发言。业内人士了解内情，虽然这属于私下的传播和交流，但是信息往往比较真实，要预防其个人偏好而带来的信息歪曲。

## 四、供应市场层次分析

1. 宏观经济分析

宏观经济分析主要分析一般经济环境及影响未来供需平衡的因素，如产业范围、经济增长率、产业政策及发展方向、行业设施利用率、货币汇率及利率、税收政策与税率、政府体制结构与政治环境、关税政策与进出口限制、人工成本、通货膨胀、消费价格指数、订购状况等因素。

2. 中观经济分析

中观经济分析用于研究特定的工业部门，并且在这个层次，很多信息都可以从政府统计部门组织机构中获得。它们有关于营利性、技术发展的劳动成本、间接成本、资本利用、订购状况、能源消耗等具体信息。在这个层次，主要从以下角度做中观经济分析：供求分析、行业效率、行业增长状态、行业生产与库存量、市场供应结构、供应商的数量与分布等。

3. 微观经济分析

微观经济分析用于评估个别产业供应产品的优势与劣势，涉及供应商财务审计、组织架构、质量体系与水平、产品开发能力、工艺水平、生产能力与产量、交货周期及准时率、服务质量、成本结构与价格水平，以及作为供应商认证程序一部分的质量审计等。微观经济分析的目的是对供应商的特定能力和其长期市场地位有透彻理解。

## 五、供应市场结构分析

供应市场结构通常可划分为卖方完全垄断市场、卖方垄断性竞争市场、卖方寡头垄断下的竞争市场、卖方完全竞争市场、买方寡头垄断市场和买方垄断市场。

1. 卖方完全垄断市场

卖方完全垄断市场中有一个供应商和多个购买者。这种市场结构是买方完全处于不利地位的市场结构，因为供应商只此一家，供应价格完全由该供应商决定。按照产生的原因，完全垄断可分为自然垄断、政府垄断和控制垄断。显著的资源稀缺、规模经济效益、范围经济效益造成自然垄断；政府垄断是基于政府给予的特许经营权；若供应商拥有专利、拥有独家的资源等，则可能产生控制垄断。

2. 卖方垄断性竞争市场

卖方垄断性竞争市场是有少量卖方和许多买方的市场，卖方垄断性竞争市场中供应商的数量较卖方完全垄断市场中供应商的数量要多一些，一些卖方通过产品的差异区别于其他卖方。一般只有少数几家供应商控制市场，这部分供应商提供了大量不同的产品，并取得了市场份额。例如，日用消耗品市场属于此类市场。

3. 卖方寡头垄断下的竞争市场

卖方寡头垄断下的竞争市场同样是有少量卖方和许多买方的市场。一些行业存在明显的规模经济，市场准入障碍明显，价格由行业的领导者控制。一个供应商给出一个价格后，行业内的其他供应商通常就会快速接受这个价格。钢铁市场和石油市场是典型的卖方寡头垄断下的竞争市场。

4. 卖方完全竞争市场

卖方完全竞争市场是典型的多对多市场，卖方完全竞争市场中有许多卖方和买方，所有的卖方和买方具有同等的重要性。卖方完全竞争市场具有高度的透明性，不同供应商的产品结构、产品质量与性能几乎没有差异，市场信息完备，市场准入障碍小。例如，专业产品市场、期货市场属于此类市场。

5. 买方寡头垄断市场

买方寡头垄断市场是有许多卖方和少量买方的市场。在这类市场中，买方处于主导地位，买方对定价有一定的影响，卖方都在为占领市场份额激烈竞争。例如，汽车工业中半成品和零部件的市场属于此类市场。有时一定规模的集团采购也容易形成这类市场。

6. 买方垄断市场

与卖方完全垄断市场相反，买方垄断市场是有许多卖方和一个买方的市场。在买方垄断市场中，买方控制价格。例如，铁路机车市场属于此类市场。

不同的供应市场结构决定了采购企业在买卖交易中的不同地位，因而必须采取不同的采购策略和方法。从产品设计的角度出发，采购企业应尽量避免选择卖方完全垄断市场中的产品，否则应与供应商结成合作伙伴关系。对于卖方垄断性竞争市场，采购企业应尽可能优化已有的供应商并将其发展成为伙伴型的供应商；对于卖方寡头垄断下的竞争市场，采购企业应尽最大可能与供应商发展伙伴型的互利合作关系。在卖方完全竞争市场下，采购企业应与供应商建立商业型的供应业务合作关系。此类市场中的供应商数量多且供应商基本没有超额利润，采购企业可以主动选择供应商，分析和预测供应市场，建立竞争机制。同时，采购企业要组建一个兼顾动态性和稳定性的供应商队伍，并给其他优秀供应商留有进入供应商名单的机会。

## 六、供应市场风险分析

1. 风险的识别与分类

随着供应全球化的推进，供应网络越来越复杂，风险识别越来越困难。供应市场风险主要包括供应中断风险、价格/成本变化风险以及与社会政治环境因素相关的风险。系统发生故障，现有设备、产品或服务淘汰，以及采购物料价格/成本大幅提升，会造成供应中断风险。

为了满足提出特殊需求且达成长期固定采购价格的采购商，供应商会研发高科技、低成本的定制品，获取竞争优势。严格的环境监管，会大大削弱供应商以预期价格交付或完全交付的能力。消息灵通的供应经理，最善于识别各种供应市场风险，准确估计其发生概率。

2. 影响评估

供应经理需要对供应中断风险、价格/成本变化风险产生的后果进行评估。影响评估工作需要运营人员、营销人员、会计人员等的协助。创建影响评估表格，所识别风险的潜在影响分为偏小、适中和偏大，综合考虑风险发生概率与其潜在影响。将供应市场风险分为低概率、低影响的风险和高概率、高影响的风险。显然，高概率、高影响的风险需要尽可能规避。

3. 风险管理战略

不在政治环境不稳定的国家进行采购可以规避供应中断风险，但也可能错过以价格优势进行采购的机会。兼并和收购以及内包和外包中充满机遇和风险，采购部门的高质量工作对有效规避企业风险起着至关重要的作用。供应市场风险管理战略涉及高风险供应商的规避、安全库存的维持、套期保值、保护性合同条款的拟定等。采购企业在可操作范围内应将部分风险转移给供应商。然而，承担风险需要付出一定的代价，如果供应商承担该风险对供应双方都是有利的，那么采购企业应当要求供应商承担一定的风险。

阅读材料：供应的风险，战略的重要性——卡拉杰克矩阵

# 第三节　智慧采购战略的制定

## 一、制定智慧采购战略的基础

在制定智慧采购战略时，企业要重新评估采购部门的任务。从传统意义上来讲，采购部门的主要任务就是保证采购物料的物美价廉，但是这已经不能体现采购部门的价值。当前，企业通常对采购部门实行精细化管理，采购部门的主要任务也转变为：以提高采购效率为主，整合供应链，制定智慧采购战略。

## 二、智慧采购战略的影响因素

1. 企业文化

从2016年起，南通市将张謇创办的南通大生纱厂正式投产日——5月23日确定为“南通企业家日”，评选、表彰“张謇杯”杰出企业家，以推动学习和传承张謇的企业家精神。2021年1月6日，张謇企业家学院成立，常态化开展各类企业家培训。如今的江苏，社会文明和文化自信达到新的高度，文化创新创造成为发展新优势。社会主义核心价值观深入人心，时代主旋律昂扬向上，涌现出赵亚夫、王继才等一批时代楷模。

企业文化对智慧采购战略的影响贯穿始终。外资企业通过流程进行管理，将人为因素可能造成的损失降至最低，整个流程大致为数据收集、审批、数据再收集、再审批，大多利用ERP系统完成。在采购控制方面，从参与竞标的供应商中选拔优秀供应商，全部由预采购/采购委员会决定，该委员会中包括各个职能部门的成员，这使得选择供应商时不单考虑采购物料的单价，而是从整体采购成本出发，这正是制定智慧采购战略的核心思想。企业文化的核心是以人为本、以心为本，应在企业内部建立牢固的信赖关系，员工为了企业的发展，心往一处想、劲往一处使，每个人都竭尽全力。

2. 采购成本

采购成本主要包括材料成本、加工成本、运输成本等。我国是发展中国家，20世纪末，人力成本和加工成本相对较低。我国地理位置优越，产品链可以辐射整个东南亚和部分欧洲国家。当时我国的经济政策也是为外资企业大开绿灯，自20世纪末，大量外资企业在我国东部沿海较发达城市投资建厂，大量产品销往全球各地。外资企业让我国企业代加工技术难度较低的半成品，在他们自己的工厂进行最终组装。对外资企业来说，当时在我国投资建厂能大大降低采购成本，这也对我国加工业的飞速发展有着重要的推动作用。当前，我国人力成本和加工成本较之前有了大幅提升，外资企业如果继续采取以往的采购战略，无疑增加了采购成本，加上欧亚运输条件的放宽，在我国制造低附加值产品的优势逐渐丧失。上述实例说明采购成本对智慧采购战略有一定的影响。

3. 技术水平

技术水平决定产品质量的稳定性，而产品质量的稳定性又会影响生产效率及售后质保等。以冲压件为例，传统的冲压设备采用单步模对零件进行加工，往往一个零件的加工根据复杂程度的不同被分为若干个冲裁动作，每个冲压工序只能完成一次冲裁动作，而冲压工序之间靠人工进行传递，生产效率较低，有可能人为导致批量报废，同时产品质量的稳定性也较差。然而，部分供应商采用连续模的生产方法，将多种模具合并设计成一套模具，使用钢卷送料，每次冲裁动作完成后物料向前递进，从而在工件的不同位置完成不同的冲裁动作，最终完成零件所有的冲压工序，整个过程要设定好冲压频率和钢卷送料频率，不需要人工传递，这样既保证了产品质量的稳定性，又提高了生产效率。企业在实施智慧采购战略中应培养优质的长期合作伙伴，即产品质量稳定性较好的供应商，它们具备较高的技术水平。

4. 市场

企业必须根据市场波动情况不断调整自身的经营战略。智慧采购战略是一切经营战略的源头，一再强调要与时俱进。市场可分为供应商市场和客户市场。供应商市场是采购货源的市场。随着我国对西部开发战略的推进，西部地区涌现出一批优秀的民营企业，西部地区企业的技术水平较落后，产品价格比较低廉，而东部沿海地区的价格水平高于西部地区的价格水平，东部沿海地区企业胜在技术水平高，产品质量稳定。对采购企业而言，对不同要求的产品往往会有不同的战略定位。对于技术难度较低的产品，选择欠发达地区的供应商往往能带来较大的利润，而对于技术难度较高的产品，沿海地区的供应商则能提供质量稳定的产品。此外，采购企业还可以选择国外成熟的供应商来提供货源。供应商市场会给智慧采购战略的制定带来一定的影响，因此采购企业要综合考虑供应商市场。客户市场则是终端产品的销售市场。根据客户市场中需求量的变化，采购企业要制定有针对性的智慧采购战略。

## 三、制定智慧采购战略的原则

1. 授权原则

采购企业代表行使对外采购物资或服务的权利，从财务角度来看是一种支付行为或费用发生行为，这些行为通过财务付款来完成。企业支付的最高权利来自企业最高管理层，只有建立整套授权体系，才能保证采购业务有序、合法进行。这套授权体系包括按层级授权及按业务物料、地域授权。这套授权体系是保证企业正常开展业务、及时支付资金的基础体系。授权原则是制定智慧采购战略所需的基础原则。

授权的基本依据是目标责任，要根据责任者承担的目标责任授予一定的权利。在授权时还要遵循以下原则。

（1）相近原则。给下级直接授权，禁止越级授权；应把权利授予目标决策的执行人员，一旦发生问题，可立即处理。

（2）授要原则。授予下级的权利是下级在实现目标中最需要的、较重要的权利，能够解决实质性问题。

（3）明责原则。授权要以责任为前提，授权的同时要明确其职责，让下级明确责任范围和权限范围。

（4）动态原则。针对下级的不同环境条件、不同目标责任及不同时间，授予不同的权利。贯彻动态原则体现了以实际需要为出发点。

2. 风险控制与职责分离原则

企业在制定智慧采购战略时要充分考虑好风险控制机制，企业必须有一套行之有效的办法对风险进行有效管理与控制，如职责分离。职责分离是指企业各业务部门及业务操作人员之间权限和责任的相互分离机制。其基本要求是：业务活动的核准、记录、经办及财物的保管尽可能做到相互独立，分别由专人负责，如果不能做到完全分离，也必须通过其他适当的控制程序来弥补。一般，采购流程由提出需求、履行、验收、支付四个环节构成，而这四个环节不能全部由一个部门负责。职责分离的意义在于使组织内部建立相互制约的机制，从而有利于遏制腐败，有效防止权利过于集中所造成的弊端，从而降低风险。

3. 集体决策原则

集体决策原则是充分发挥广大群众智慧和力量进行科学决策的原则。企业保持长久生命力的基础就是实行集体决策原则，坚持公平、公正、公开。集体决策方法列举如下。

（1）头脑风暴法。头脑风暴法是比较常用的集体决策方法，激励人们发表创造性意见，便于收集新设想。应用场景是：将对某一问题有兴趣的人集合在一起，在完全不受约束的条件下，敞开思路，畅所欲言。

（2）名义小组法。在这种集体决策方法下，小组成员互不通气，也不在一起讨论、协商，小组只是名义上的。这种名义上的小组可以有效激发个人的想象力和创造力。

（3）德尔菲法。德尔菲法也称专家调查法，其本质上是一种反馈匿名函询法，大致流程是：对要预测的问题征得专家的意见后，进行整理、归纳、统计，再匿名反馈给各个专家，再次征求意见，再集中、再反馈，直至得到一致的意见。

三种集体决策方法的共同点包括：有效激发个人的创造力和想象力；鼓励每个人独立思考，广开思路，提供自我创造、自我发挥的平台；群策群力，有效利用集体力量。

三种集体决策方法的不同点包括：头脑风暴法——不怕做不到，就怕想不到，注重点子的数量而不是质量，各自自由发表意见，没有思维界限，不做现场点评；名义小组法——个人独立思考被放在首位，适合在高层领导决议分歧严重、僵持不下时使用，以名义小组各自独立思考并互相投票，选择推荐方案；德尔菲法——当局者迷、旁观者清，使用权威专家拟订的方案，企业管理者与专家进行商讨，以求得专家组最后的方案为目的，往往能取得意想不到的功效。

4. 采购总成本原则

企业遵循采购总成本原则，能突显企业采购竞争优势。有采购竞争优势的企业成本下降比市场同行快，成本上升比市场同行慢。采购总成本包括采购全流程的成本，如采购交易成本、流通成本、运作成本等。然而，优秀的采购人员并不只强调采购总成本，如果花5元买的一支笔用两天就坏了，那倒不如买10元一支但可以用几个月的笔。

## 第四节　智慧采购战略的内容

### 一、采购品种战略

采购品种战略是根据品种市场性质和需求性质来选择合适物资的战略。它涉及种类、性质、数量、质量等的选择。

实施采购品种战略的具体工作有：客户需求分析，即企业对客户的品种需求进行分析，了解品种在生产中的重要程度、能否代替、需求的数量、质量要求等；市场供应分析，主要了解品种在市场上的紧缺情况、市场前景等；品种性质分析，主要了解品种的物理和化学性质、装运特性，为制定采购品种战略提供依据。采购品种战略的划分方式如下。

#### （一）按采购品种的供应风险和重要性划分

1. 常规重要品的采购战略

常规重要品是指供应多、采购易、价值高、重要性强的品种。

其特点是供大于求。

应采取的采购策略是集中竞价采购，采用定期订货法。

2. 紧缺重要品的采购战略

紧缺重要品是指供应少、采购难、价值高、重要性弱的品种。

其特点是供小于求。

应采取的采购策略是与供应商建立战略同盟关系，采用定量订货法。

3. 常规非重要品的采购战略

常规非重要品是指供应多、采购易、价值低、重要性弱的品种。

其特点是供大于求。

应采取的采购策略是一般化、系统化、程序化的方法。

4. 紧缺非重要品的采购战略

紧缺非重要品是指供应少、采购难、价值低、重要性弱的品种。

其特点是供小于求。

应采取的采购策略是确保供应、保持高库存量，与供应商建立某种契约、联盟关系。

#### （二）按采购品种的多少和采购方式划分

1. 单一品种定期采购战略

某一品种大批量的订购可采取定期订购策略。

2. 单一品种定量采购战略

某一品种大批量的订购也可采取定量订购策略。

3. 多品种定期联合采购战略

同类多品种、同地多品种联合订购可采取定期联合订购策略。定期联合订购策略是以各品种经济订货周期为基础的定期订货采购策略。联合订购中各品种的订货周期都为某个标准周期的整数倍，然后以标准周期为单位进行周期运行，在不同的运行周期中实现不同品种的联合订购。

4. 多品种定量联合采购战略

同类多品种、同地多品种联合订购也可采取定量联合订购策略。定量联合订购策略是以各品种经济订货批量为基础的定量订货采购策略。联合订购中，主品用经济订货批量，副品视运输包装单元情况可以用经济订货批量或附属经济订货批量。

#### （三）按采购品种价格划分

1. 不变价格采购战略

采购物品的价格长期不变。不变价格采购战略有利于企业控制成本，可更好地规避风险。

2. 折扣价格采购战略

比较折扣前后的总成本（包括订货成本和保管成本等），采用节约比较法或使用成本比较法。

3. 区段价格采购战略

区段价格采购战略实际上是包含多个折扣区段价格的采购战略，采用多区段成本比较法。

### 二、采购方式战略

#### （一）集中采购战略

集中采购形容同一企业内部的采购管理集中化趋势，集中采购战略是通过对同一类产品进行集中化采购来降低采购成本的战略。

1. 集中采购的优点

（1）发挥规模采购优势。集中采购可以整合企业分散的采购资源，发挥规模采购优势、获得更加优惠的价格，还可避免同类产品的重复采购，减少采购频次，增强采购企业在市场中的话语权，降低采购成本、提高采购效率，避免分散采购造成的人力、物力和财力的浪费。

（2）规范采购行为。集中采购需求、采购时间、采购人员、采购地点及供应商的决策，将分散决策变为集中公开决策，增加采购行为的规范透明度，弱化各需求主体不合理的个性主张，减少采购人员接触供应商的机会，有利于强化专业、标准的采购作业流程和建立岗位人员约束激励机制，完善公开、公平、公正的招标采购监督机制，防范腐败。

（3）优化供应链管理。集中采购可吸引更多优秀的供应商，为企业资源供应、产品开发、售后服务等提供更有价值的支持。企业应与优秀的供应商建立战略合作关系，优化和协同上、下游供应链管理，这有利于整合和利用库存资源，降低运输成本和仓储成本。

（4）推进采购标准化和信息化。归并同类产品需求计划，促进同类产品建立统一采购的标准文件及合同文本。集中采购推进采购标准化和信息化，提高了采购和供应环节的准确性、及时性、匹配性。

（5）提高产品质量。集中采购有利于提高企业采购水平，打造具有竞争力的优秀品牌，体现优秀的供应商的支撑效果。

2. 集中采购的缺点

（1）集中采购统一执行，遵循相关采购标准，按批次组织采购，采购时间相对固定，可能难以满足部分采购项目在时间、质量方面的个性化需求。

（2）集中采购实施单位与采购标的使用单位之间管理责任关系较难界定，双方协调对接工作量较大。

（3）集中采购数量、规模较大时，供应商数量众多、水平参差不齐且竞争激烈，导致中小微企业在与大企业竞争中处于不利地位，影响中小微企业成长。

（4）集中采购过程较长，导致价值低、数量少的零星采购效率较低。

（5）集中采购后的集中到货，可能导致采购标的物库存周期长、资金周转率下降，采购风险和费用随之增加。

3. 集中采购战略的应用条件

虽然集中采购有许多优点，但并不是所有企业都适合采用集中采购战略。集中采购战略的应用条件列举如下。

（1）采购物料具有通用性。如果企业采购物料的通用性高则适合采用集中采购，企业采购物料的通用性越高，采购同一类物料的量就越大，同时企业的单位采购价格就越低，采购总成本也随之降低，若企业采购物料的差异性大则很难实现集中采购。

（2）地理位置接近。若某跨国公司的各个分公司在地理位置上距离较远，各个分公司所处的国家不同，有贸易与文化上的差异，则适合采用分散采购。若某公司的各个分公司都在一个国家内，但相互之间的距离较远，则仍适合采用分散采购。地理位置接近是集中采购战略的应用条件，如果供应商也有广泛分布的分公司，则也可以采用集中采购。

（3）供应市场存在行业内的垄断企业。在这样的供应市场结构下，企业集中采购可以获得与供应商谈判的有利地位，增强企业的议价能力。

（4）价格波动。如果企业采购物料的价格对采购数量十分敏感，集中采购可以通过提高采购数量来降低采购成本。

思政案例：辽宁医药集中采购减轻群众负担

思政案例：60 种国家集中采购药品在河南省落地，平均降价 48%

### （二）分散采购战略

分散采购战略是由企业下属各单位（如子公司、子部门、工厂、车间等）实施的满足自身生产经营需要的采购战略。

1. 分散采购的优点

（1）能适应不同地区的市场环境变化，商品采购具有一定的弹性；相对集中采购而言，采购流程简化、耗时较短，时效性好。

（2）对市场有灵敏的反应，购销迅速。

（3）分部拥有采购权，提高一线部门的积极性。

（4）采购权和销售权合一，分部拥有较大权利，便于分部考核，其对经营业绩负责。

（5）能较好地满足需求，采购效果好。

2. 分散采购的缺点

（1）难以形成规模效益，采购成本高。

（2）分部各自为政，容易出现重复采购，人力成本高。

（3）采购过程不易控制，易受采购人员人为因素影响，导致结果偏差。

（4）频繁采购不利于供应商培养和供应链优化。

3. 分散采购战略的应用条件

（1）采购小批量、价值低、在产品经营中占比小的物品。

（2）市场资源有保证，物流畅通。

（3）基层具备采购与监控能力。

（4）离主厂区或供应基地较远。

（5）采购产品开发、试验阶段所需的物品。

（6）异地供应。

（7）分散采购成本低于集中采购成本。

### （三）联合采购战略

不同的采购人员就同类采购需求联合自行采购，或者共同委托同一代理机构进行统一采购，实施联合采购战略的采购人员根据采购结果，与中标人或成交人签署采购合同，并按照合同约定执行。多个企业合作实施联合采购战略，采购需求大幅增加，能吸引更多的供应商前来应标，提高项目竞争性。对采购支出有限、采购规模小、采购经验少的企业能弥补其不足，创造规模效益。通常，牵头单位（采购主体中的一家单位）的采购人员组织采购活动，各方的采购人员不必重复组织采购活动，这样可以缩短采购时间、提高采购效率。

1. 联合采购的优点

（1）降低采购成本。在采购过程中，随着采购数量的增加，供应商会分档给予采购折扣，采购商的采购数量越大，供应商给定的采购价格越低。多个企业合作，实行联合采购，可以合并同类器材的采购数量，使采购价格大幅降低，使采购企业的采购费用大大降低。

（2）提高管理水平。一些中小型企业管理水平比较落后，提高管理水平是这些企业的当务之急，但前提是企业需要付出成本。如果积极学习先行企业的经验，站在先行者的肩膀上，就可以起到事半功倍的效果。那些生产或经营类似产品的企业，如果他们的采购要求（如采购质量）基本相同，就可以实行联合采购。实行联合采购的成本由各个参与企业分担，从而使采购成本大大降低。

（3）优化仓储资源。参与联合采购的企业甚至可以共同出资建立共享仓库。实施联合采购的企业成员可以共享仓储资源，统一调拨物资，从而减少单个企业的库存积压和资金占用，避免因物资短缺而造成停工停产或销售时的缺货损失。

（4）减少运输费用。与单个企业独自进行采购相比，联合采购将各个企业的采购需求联合在一起进行采购，采购次数大幅降低，联合采购时的运输总成本比单个企业独自进行采购时的运输总成本低。

（5）弥补经验不足。联合采购一般由采购联盟汇总每家采购单位的需求。中小企业参与联合采购可以弥补其采购经验的不足，直接享有采购联盟丰富的采购资源。

2. 联合采购的缺点

（1）采购作业手续比较复杂。联合采购汇聚了多家企业的采购，主力单位或第三方代理必须处理各方面的问题，其采购作业手续比单个企业独自进行采购时的采购作业手续复杂得多。

（2）难以配合个别需求。每个企业同时期的物资需求、财务状况、付款能力等可能各不相同，往往难以顾及全面。

（3）容易造成联合垄断。联合体内的企业能够获得较大的优势，而没有加入联合体的企业往往举步维艰。

（4）采购耗时较长，效率不高。联合采购需要采购多家企业的物资，需要协调多家企业的需求，这个过程必定需要较长的统筹时间，因此其采购耗时较长，从而导致效率不高。

（5）采购联盟利益协调困难。采购联盟与单个企业不同，它是由多家企业协作形成的，但采购联盟中企业成员间不是强有力的上下级关系，而是彼此依靠的合作关系。然而，采购联盟往往很难强制企业成员按照特定规格或数量采购物资。在采购过程中，如果某种物资需要采购的数量大于供应商可以供应的数量，采购联盟就面临着缺货情况，这时缺少采购联盟中哪个企业成员的货呢？优先保障哪个企业成员的采购需求涉及利益的问题，可能会造成利益协调上的困难。

3. 联合采购战略的应用条件

（1）卖方市场下同类物资的采购。在卖方市场下，一些中小企业如果单独与大型供应商谈判，往往很难获得采购优势。这种情况下，这些中小企业联合其他有着同类需求的企业组成采购联盟，增加总的采购量，才可能获得与大型供应商谈判的话语权。

（2）进口管制下发生的紧急采购。在进口管制的情况下，由于企业自身的规模、实力限制，没有办法依靠自己的力量获得急需采购的物资，这个时候企业选择加入采购联盟是一种好的方法。

（3）企业实力强，能与其他合作企业维持良好的合作关系。联合采购意味着企业之间的联合、协调，是多个企业采购需求的汇聚。企业要具备一定的实力，才可能被采购联盟接纳，参与企业间必须建立良好的合作关系，这样才能促使联合采购的顺利实行。采购联盟中，为了达成共同的采购目标，企业成员间存在着一种微妙的既竞争又合作的“竞合关系”。

## 三、供应商选择战略

供应商选择战略是选择和评价供应商的依据，体现了企业对供应商能力的要求。供应商选择战略是企业在对供应商进行选择和评价时采用的战略，决定了供应商选择标准要素及各要素重要性程度。

**思政案例：我国将依托“832平台”深入推进政府采购脱贫地区农副产品**

基于区块链技术和物联网技术，在企业与供应商之间建立平台，通过共识机制，使供应商员工健康、清洁能源使用和废弃物处理等可持续生产方面的信息“上链”，实现彼此间信息共享、互通互联。

1. 制定供应商选择战略时的注意事项

（1）创建科学合理的供应商考核指标。这是制定供应商选择战略时至关重要的一步，采购商应围绕考核重点从质量、供应、价格及服务等方面提炼考核指标，依据实际情况建立考核体系。这样才能准确、客观地对供应商进行选择和评价，结果也更为科学合理。

（2）严格规范供应商选择流程。在规范供应商选择流程时，需要注意的是，保证正规供应商渠道。在综合评分环节，对供应商进行评价时，要保证客观性和真实性，尽量避免评价中带有个人感情色彩。

2. 供应商选择的审查要点

（1）企业将采购业务进行分类，进而确定供应商的选择方式。如果在没有区分业务重要性的前提下，采用同种方式，对每项具体业务进行同一标准的供应商选择，则说明供应商选择很可能是流于形式的，可能造成企业内部资源浪费。

（2）企业应该考察所处的宏观经济环境，即在当前经济环境下，企业能够触及何种供应商。所在地供应商的构成情况如何？这些供应商是哪种经济类型？跨地区的供应商能否介入？在实践中发现，虽然某些供应商被列入供应商名录中，其相关资料也是真实的，但由于交易成本过高或地区保护性政策，难以在当地开展销售业务，致使企业很少甚至不能与其合作。

（3）对供应商进行评价时企业应重视财务指标的部分，特别是关键采购业务的财务指标。财务数据能反映供应商的“健康”程度，供应商选择是实现采购策略、完善供销价值链必不可少的关键环节。

（4）企业应关注供应商名录中的登记数量。一般情况下，对于同一类型采购业务的供应商选择数量不会太多。双方在默契配合的前提下，要保证采购商品和服务的稳定性，完成主要采购业务。

（5）企业应注意对供应商的后续评价，特别是某类型的采购业务已经取消或大量缩减，但供应商长期在供应商名录中的情况。更有甚者，供应商在供应商名录中长期处于

"僵尸"状态，虽然供应商实体存在，但处于停产或勉强维持状态，其信息长期未更新，供应商联系人或主要负责人无法联系。

（6）企业应厘清供应商的主营业务、供应商的经营领域跨度，衡量供应商能否将主要资源及核心技术放在与企业合作的采购业务中。

## 四、订货谈判战略

在传统的采购模式下，传统的谈判模式存在一系列问题：供应商投标成本高，耗费大量人力、物力和财力；谈判质效不高，供应商对谈判问题的理解和回复不充分、不全面，需要提交补充文件；廉政风险高，如供应商招投标中串标、围标等现象。

在智慧采购模式下，可以采取远程谈判模式。通过远程谈判流程设计，利用信息技术及现代管理手段，创新、优化非招标方式采购模式，改造企业采购流程与管理流程，实现技术上的功能集成和管理上的职能集成。专家依托电子交易系统与供应商代表进行远程谈判，谈判小组的专家集中审阅响应文件后，针对响应文件没有实质性响应采购文件要求，响应文件中有含义不明确、同类问题表述不一致、明显文字和计算错误等问题编写谈判记录单，通过电子交易系统向供应商代表发出谈判通知，供应商代表可在任何时间、地点登录电子交易系统查看谈判内容，并在规定时间内回复和提交补充文件。专家可实时在电子交易系统查看供应商代表的回复情况，并随时下载补充文件。谈判过程中的相关流程和文件归纳在电子交易系统中，监督人员可全程在线监督，提高谈判效率，防范评审风险。远程谈判模式如图 2-1 所示。

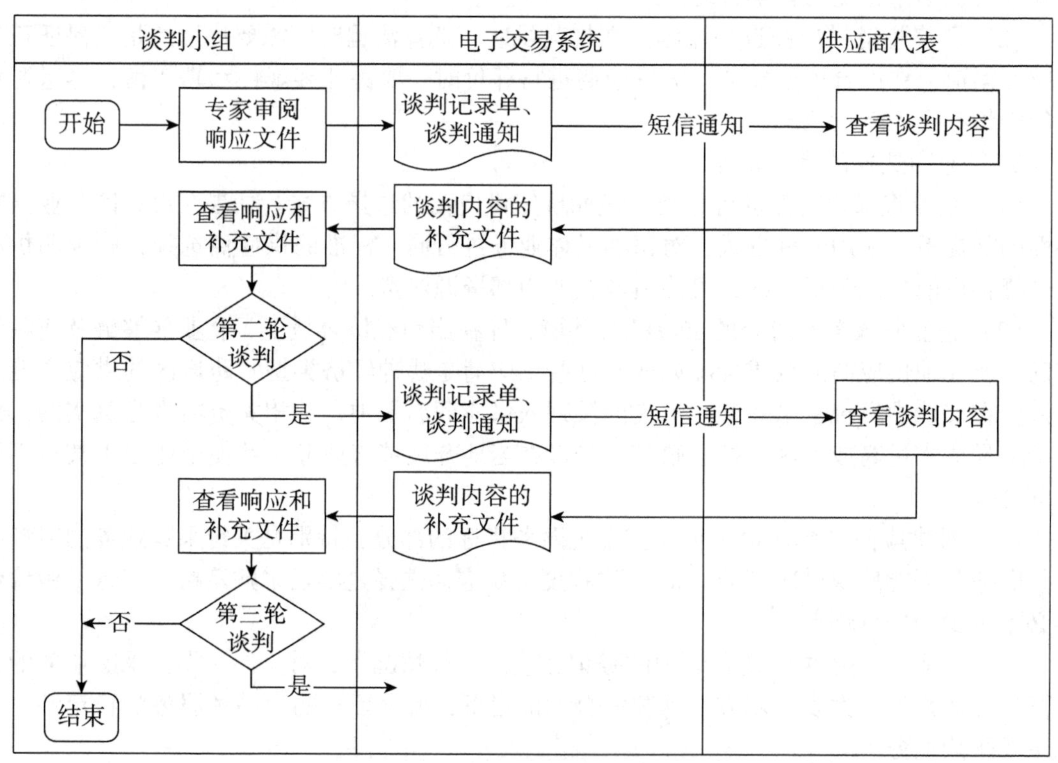


**图 2-1　远程谈判模式**

## 五、采购进货战略

阅读材料：采购谈判技巧

进货是采购中的关键环节，它涉及运输方式、运输路径、运输商的选择。

### （一）运输方式的选择

常见的运输方式有铁路运输、公路运输、水路运输、航空运输和管道运输，每种运输方式都有各自的优缺点和适用条件。企业必须结合多方面因素综合考虑，选择合适的运输方式。

1. 铁路运输

铁路运输是我国货物运输的主要运输方式。铁路运输的定义是：以铁路作为运输线路，由机械动力牵引车辆运送旅客和货物的运输方式。铁路运输的优点是：运量大、速度快、可靠性高、连续性强、远距离运输费用较低、一般不受气候因素影响。铁路运输的缺点是：受线路、货站、运行时刻、配车等因素影响，不够灵活，近距离运输费用较高。铁路运输适用于中长距离的大批量货物的运输。

2. 公路运输

公路运输是我国主要的货物运输方式，现代公路上使用的交通工具主要是汽车。公路运输的定义是：使用机动车（主要指汽车，也包括摩托车及拖拉机）或非机动工具（主要指人畜力车）沿公路线运送旅客、货物的运输方式。公路运输的优点是：灵活机动、运输过程中换装环节少，运输速度较快，运输费用较低。公路运输的缺点是：运量较小，长距离运输比铁路运输效率低、费用高。公路运输适用于中短距离的中少量货物的高频配送。

3. 水路运输

水路运输的定义是：使用船舶、浮囊、排筏或其他浮运工具，在江、河、湖、海、水库、人工水道等航道上运送客货的运输方式。水路运输的优点是：载重量大、能耗小，运输费用较低。水路运输的缺点是：运输速度慢、装卸搬运费用较高，航运和装卸搬运作业受气候条件的约束。水路运输适用于长距离的大批量货物的运输，适用于原材料、半成品的运输。水路运输的基本形式列举如下。

（1）沿海运输：沿海运输又称“国内运输”，是国内港口之间的海上、内河运输，一般使用中、小型船舶。

（2）近海运输：使用船舶通过邻近国家海上航道运送客货的运输形式，视航程可使用中型船舶，也可使用小型船舶。

（3）内河运输：利用船舶、排筏及其他浮运工具在江河、湖泊、水库等天然和人工水道从事旅客和货物的运输，主要使用中、小型船舶。

（4）远洋运输：经过一个或几个大洋的与其他国家或地区间的海洋运输，主要使用运量大的大型船舶。

4. 航空运输

航空运输的定义是：使用航空器定期或不定期运送旅客、货物、邮件的运输方式。航空运输的单位成本高，主要适合运载两类货物：一类是价值高、运费承担能力较强的货物，如贵重设备的零部件、高档商品等；另一类是紧急需要的物资，如救灾抢险物资等。

航空运输的优点是：运输速度快，货物包装要求低。航空运输的缺点是：运输费用高、重量受限制，受气候因素影响。航空运输适用于长距离的快速运输，也适用于价值高、重量小、体积小的商品（如生鲜商品）的运输。

5. 管道运输

管道运输的定义是：用管道长距离输送大宗货物的运输方式。利用输送设备（如泵、压缩机等）增压以驱动流体，通过大多埋设于地下的管道输往目的地。运输形式是：物料在管道内顺着压力方向循序移动。管道运输和其他运输方式的主要区别在于输送设备是静止不动的。管道运输的优点是：运量大、连续性强、损耗小、运输安全、高度专业化、货物不需要包装、不受地面气候因素影响。管道运输的缺点是：单向封闭、灵活性差、一次性固定投资大。管道运输主要用于液体和气体（如成品油、天然气等）的运输。

6. 联合运输

联合运输是两种或两种以上的运输方式或同一运输方式的两个及其以上的运输企业，遵照统一的规章协议，使用同一运送凭证或通过代办中转业务，联合完成运输任务的运输方式，如卡车渡运、驮背运输等。联合运输的优点是：货物运输在途时间缩短，运输工具利用率提高，有条件开展集装单元化运输。联合运输的缺点是：对联运车站、码头及装卸搬运设施设备的要求较高。联合运输适用于有联运条件的运输路线的货物运输。

7. 散装运输

通过专用的运输工具，产品不需要进行包装的运输方式。散装运输的优点是：减轻了装卸搬运的劳动强度，节约包装材料，降低物流成本，中途损耗少。散装运输的缺点是：对运输工具有特殊要求。散装运输适用于水泥、原油、煤等。

### （二）运输路径的选择

在运输过程中通常存在多种可供选择的运输路径。运输工具按照不同的运输路径，完成同样的运输任务。由于运输工具的利用情况不同，运输效率和运输成本也就不同。因此，选择时间短、费用低、效益好的运输路径是采购进货战略的一项重要内容。优先选择起点到终点最短的路径，最短路径的度量单位可以是时间、距离或费用等。运输路径优化涉及两点间的运输、多点间的运输及回路运输等内容。

**阅读材料：河南省烟草公司驻马店市公司——卷烟物流智能调度实时配送系统**

### （三）运输商的选择

以前大多数运输商（又称运输服务商）只提供单一的运输方式。随着客户需求的变化，运输方式也逐渐变得丰富，形成多式联运、专门化运输等。常见的运输服务商的类型列举如下。

1. 单一运输服务商

例如，铁路局、汽车运输企业、船公司、航空公司等。这些运输服务商仅提供一种运输方式。单一运输服务商高度专业化、有足够的能力、效率高，是最基本的运输商。

2. 专门化运输服务商

单一运输服务商不能提供小批量装运服务，因而专门化运输服务商趁机进入小批量装运服务市场，满足小批量运输需求。专门化运输服务商的主营业务是小件货物运送服务和包裹递送服务。

3. 多式联运运输服务商

多式联运运输服务商把不同的运输方式结合起来，使之能够协调工作，组织“一站式”运输，充分利用各种运输方式的技术经济特性，在最低的成本条件下为客户提供综合性服务。

4. 运输服务中间商

运输服务中间商是联系托运人和承运人的运输服务商，其主要功能在于提供服务。货运代理人（简称货代）将各个客户的小批量货物整合成大批量货物，然后联系专业承运人进行运输。托运人协会是自愿组织起来的非营利性实体。经纪人实际上是运输代办，通常按照佣金条件经营。

选择运输商时主要考虑运输时间、运费、运输能力、运输质量等因素。一般情况下，企业应该选择运输效率高的运输商，以缩短运输时间、提高资金周转率。在同等服务水平下，企业应该选择运费低的运输商，除了运费外，还应考虑各项附加费用，力争总费用最低。为了确定运输商的运输能力，企业需要深入考察运输商的运输工具。查阅运输商的运输质量记录，观察运输商处理索赔的速度，也是企业在选择运输商前的重点工作。

## 六、智慧采购工具战略

制定智慧采购工具战略可以从以下几个方面着手。

1. 以创新驱动为核心

对于智慧采购工具战略的制定来讲，最主要的目的就是将智慧采购工作变得更加智能化、信息化，实现运营模式的根本性转变，因此需要加强信息技术（如人工智能技术）的开发与应用，以创新驱动为核心，对智慧采购业务流程进行优化重建。智慧采购的最核心体现就是信息化，以此为基础，搭建涵盖收集和共享采购信息的交互平台。这种采购信息平台能快速、有效地处理大量的商品信息和供应商信息，使智慧采购的整体效率得到提升。

2. 建立完善的大数据信息处理系统

在第六届中国国际进口博览会上，大数据技术实现对采购商的精准画像，对前五届累积的近 35 万家单位和 120 万名专业观众数据进行整合分析。对于展商提出的希望见到的采购商，主办方通过多渠道邀请，协助供采双方精准匹配。

大数据时代的到来，使信息价值得到了充分发掘，各个行业逐渐意识到信息的重要性，信息成为一种重要的资源。对于智慧采购管理来说，大数据技术是信息化管理建设中的重要推力，在实现大量数据高效整合、处理的同时也提高了信息利用率，促进智慧采购管理从机制到方法上的改革。

3. 全面发挥云计算和人工智能的作用

制定智慧采购工具战略时要注重云计算和人工智能的推广应用。构建以云计算为基础的信息化物资采购平台，秉持“厚平台”与“薄应用”的理念，建设一体化的云平台与共享服务中心，让虚拟化、分布式服务服务于信息化物资采购平台，扩展平台弹性，提高安全性能。在人工智能的支撑下，构建良性的生态供应链，确保物资采购的透明化。人工智能服务于供应链优化，海量精准的数据基础，可以对供应商的供货信息做出精准预测，帮助企业核算物资采购成本，指导企业各项决策。

4. 融合区块链技术，构建智慧采购系统

区块链技术可理解为分布式去中心化的冗余链式总账本方案，自带安全、可靠、防篡改、全历史数据保存、防丢失、数据共享、公开透明等属性，核心技术包括区块、哈希算法、不对称加密、分布式存储、共识机制、智能合约等。在智慧采购工作中，供应商资料真伪核实工作量大，难度高。企业利用区块链技术可以搭建分布式供应商信息库，汇集供应商资质、业绩、物资规格型号、技术参数、物资全寿命周期、质量评价等关键信息，实现一方核实多方共用、一次核实持续更新。建立全过程数据共享机制，实现智慧采购闭环管控。各参与主体采用分布式部署，所有节点均参与数据的维护及存储，实现智慧采购全过程信息集成共享。综合分析供应商全维度信息，搭建供应商全景全息画像和分级分类体系，指导智慧采购策略的制定。

## 第五节　战略采购

### 一、战略采购的内涵

#### （一）战略采购产生的背景及定义

战略采购由著名咨询企业科尔尼于20世纪80年代首次提出，科尔尼致力于战略采购的研究和推广工作，已为多数全球500强企业提供战略采购咨询服务。战略采购是计划、实施、控制战略性和操作性采购决策的过程，目的是指导采购部门的所有活动围绕提高企业能力展开，以实现企业远景计划。战略采购有别于常规采购，注重的是“最低总成本”，而常规采购注重的是“单一最低采购价格”，战略采购用于系统地评估一个企业的购买需求及确认内部和外部机会，从而减少采购总成本，其好处在于充分平衡企业内外部优势，以降低整体成本为宗旨，涵盖整个采购流程，实现从需求描述直至付款的全程管理。

对于战略采购，还没有形成一个统一的定义。战略采购是再造公司物料和服务供应的基础，以减少外部支出和内部处理成本。战略采购是一种分段管理方法，涉及多功能团队及一系列分析工具的组织方法学。实际上，购买策略建立在一个简单的前提上，这个前提就是每个购买决策都能为企业创造价值。购买决策能辐射到整个供应链范围，跨职能部门团队从共同的愿景出发，考虑和制定全面的决策。购买决策就进一步成为商业决策。

战略采购与企业性战略相关，其目的是对供应基地在有助于企业性战略方向上给予发展和领导，创造竞争优势。战略采购的难点在于既要和企业性战略相一致，又要对未来的采购策略进行展望。

### （二）实施战略采购的基本原则

1. 对待供应商不能一视同仁

多数采购经理持有的观点是，管理并维系同供应商的关系是竞争优势的来源。供应商关系是战略采购管理的必要部分。对待供应商不能一视同仁，其实与大多数供应商的关系不是完全双赢的，当各方从关系中分割利益时，盈亏关系就会产生。采购经理应该产出的价值是，在给定的供应要求下，清楚何时、何地及如何运用最合适的关系。

2. 改进是永无止境的旅程

在过去的几十年中，即使一个行业的主要竞争者数目变少，基本上也没有哪个行业没经历日益激烈的全球竞争，随之而来的是不断增加的改进压力。例如航空业，成熟的客户群依然有自己的价值体系。如果由客户压力和竞争对手压力所引发的改进将会是一段永无止境的旅程，那么下一个改进的主要来源将在哪里？对于大多数供应企业来说，答案就在战略采购管理的领域中。

3. 过程及实施很关键

战略采购的实施可以视为业务流程，无论是开发采购战略，建立供应联盟，还是选择和评价供应商。流程是为了完成一个特定的目标或结果而设计的一系列有内在联系的任务或活动。战略采购管理应当以流程实施为导向。

4. 绩效评价对于战略采购管理的成功实施是必不可少的

如果无法评价，就无法进行管理和改进。若识别出供应链中的流程改进机会，绩效评价将有效促进合作关系，改善行为。采购企业可以在四个情境中运用采购管理评价工具：供应商选择和评价；合作过程中的采购供应评价；评价采购管理的整体绩效和效率；评价选定供应商的长期发展状况。

5. 采用战略采购管理不可能一蹴而就

一些先进企业已经把战略采购管理日常化。在研究一些领先企业的绩效标杆数据后发现，它们所面临的风险来源于向战略采购管理的转变。

6. 战略采购管理需要创造力

战略采购管理需要创造力，而创造力并不用于组织的所有领域（如会计师事务所）。采购经理应当考虑如何正确运用创新性的供应关系，这样会带来充满机遇的新局面。

7. 战略采购不只是找到最低的价格

内部客户和供应商代表最常抱怨的问题就是采购人员对价格的“迷恋”。事实上，一旦了解价格是采购经理评价采购合同时最常见的考量因素，也就容易理解价格焦点了。尽管价格是最容易衡量的因素，但战略采购不只是找到最低的价格。

8. 不要忘记风险

风险代表着产生非预期的或不希望发生的结果的可能性。对于战略采购管理来说，风险是一个必须考虑的因素。

9. 战略采购是组织性的、跨功能的

多数采购管理的创新工作都需要职能部门的支持，否则采购经理将面临竞争优势难以为继的威胁，采购管理过程中资源的可得性和可见性会降低。从定义上来说，战略采购是组织性的、跨功能的，实施战略采购不仅是采购部门的责任。

10. 不过分强调供应商数量

有时，采购经理不应该过分强调与企业保持业务往来的供应商数量，将与这些供应商交易的成本维持在合理的范围内就可以了。采购企业只需要关注那些获取大部分采购资金的供应商。

11. 采取行动并不一定会获得好的结果

选择供应商、衡量供应商绩效、进行全球采购、建立供应联盟及开发长期策略都是战略采购活动。尝试这些举措通常会使企业的管理者感觉良好，但实际上，除非能够产生期望的效果，否则这些举措就没有丝毫价值。

12. 不同行业按照不同的节奏实现战略采购

不同行业以不同的速率、在不同的时间开展战略采购活动。很多主流媒体报道的战略采购案例主要涉及电子和汽车行业，这两个行业相对于其他行业而言，面临着更为激烈的全球竞争。改变的浪潮在不同的时期影响着不同的行业。

13. 缺乏优秀的人才，战略采购很难实施

实施战略采购对于任何企业而言都绝非易事。企业需要采取一系列措施，招揽更多优秀的人才来实施战略采购。

### （三）战略采购的特征

1. 有序化

采购是公司运营过程的一个环节。它涉及所有与物资和服务购买相关的部门。采购经理负责不断评估和升级采购策略。根据市场的动态，不同类别的供应商可以不同程度地参与这一过程。高级主管在采购领域参与重大的财务或运作决策。

2. 系统化

公司在追求战略采购时应具有适用于所有相关部门的统一化的流程。统一化的流程是采购管理培训的关键，以培养出采购管理的专业人才，统一调度各部门的工作。战略采购的结果将用非成本绩效标准和成本节省效果来衡量。这一过程意味着要持续进行评估，以促进使用新的采购工具和方法、把握新的供应市场机遇，并在杠杆影响下和最优实践中取得新的进展。

3. 协作化

采购管理者在公司内部要协调好与相关部门主管之间的关系，以及主要部门领导之间的关系。在公司外部，要与现有或潜在的供应商代表保持联系，以便抓住新的供应机遇。这一战略采购特征证明了采购管理的价值。具有良好工作效率的采购经理不仅在公司占有一席之地，而且能在战略供应方面提供有价值的建议。

### （四）战略采购与采购战略的区别

战略采购属于公司和事业单位战略管理范畴，而采购战略是职能战略，两者发生在不同的层面上。战略采购是企业根据竞争战略确定供应商管理目标，与供应商发展有助于创造竞争优势的交易关系，并整合供应商、采购部门、其他职能部门间的战略目标和活动，而采购战略是在战略采购指导下制定和实施的具体采购目标和活动。

## 二、战略采购的目标及内容

### （一）战略采购的目标

1. 提高组织的战略竞争地位

采购管理活动必须着重为整个组织的策略和目标做贡献。采购经理必须在供应链中识别并探索增加收益、管理资产和降低成本的机会。实施战略采购能够确保最低总供应成本、灵活的交货安排、快速的响应时间、全面的技术支持、高质量的产品或服务。想长期成功运营的企业必须不断在供应链中寻找机会，为客户提供卓越的价值，供应就是存在这种机会的一个关键领域。战略供应关系着组织的长期生存和繁荣。它关注的是财务底线，利润表与资产负债表。

2. 提供企业运营所需资源流

战略采购可以提供企业运营所需的持续的原材料流、商品流及服务流。原材料、商品和服务缺货或延迟交付将付出生产损失、收入和利润减少、商家商誉恶化等代价。例如，不采购汽车轮胎，汽车生产商就不能生产汽车；不采购燃料，航空公司就不能保证飞机按照原定的计划起飞；不采购手术器材，医生就不能进行手术。

3. 保持库存投资与损失最小化

确保原材料供应不中断的一种方式是持有大量的库存。但是维持库存会占用一定的资金，这些资金将不能用在其他方面，且每年用于维持库存的成本可能是其自身价值的20%~50%。例如，采购部门在维持运营时，库存投资为1000万元而不是2000万元，那么在年度库存持有成本率为30%的情况下，库存减少1000万元，除了节省1000万元的流动资金外，还节省了300万元的库存持有成本。

4. 提高产品/服务质量

对购入的原材料或服务都要求一定的质量水平，否则最终产品和服务将无法满足期望，或将导致成本过高。纠正一个质量不合格的产品，投入可能是巨大的。例如，一个装配到火车内燃制动系统的弹簧，其成本不到5元。然而，如果火车在运行时发现弹簧的缺陷，由于拆卸更换弹簧产生的成本动辄数千元，火车暂停服务还会带来铁路运营损失。持续改进供应商质量，这将直接关系到组织在全球范围内的有效竞争能力。

5. 寻找或开发一流的供应商

战略采购的成功取决于其将供应决策与组织战略结合在一起的能力，以及其发现供应商、分析供应商、选择供应商，然后与供应商合作，从而持续改进的能力。只有最终选择的供应商具备响应能力，企业才能获得所需的商品和服务。

6. 实现采购对象及流程的标准化

标准化是指在一个共同的规范与流程上达成一致的过程。规范与流程可以在一个组织、一个行业、一个国家或世界范围内实现标准化。无论何时何地，采购企业应该不断努力，为资本设备的维护、维修、运营及服务的购买制定标准。在市场上，对于资本设备而言，标准化可以减少非生产性物料库存，降低对人员进行设备操作和维护方面的培训成本。对于服务而言，标准化可以降低运营成本，提供更加稳定的服务水平，降低价格。采购管理流程的标准化同样能够缩短周期时间，降低交易成本，以及增加跨越职能或组织边界的知识共享机会。

7. 以最低总成本采购所需商品和服务

在一般的组织中，采购商品和服务的成本占该组织总成本的最大份额。通过采购的利润杠杆效益，充分发挥采购供应在企业成本管理中的作用。比较价格是用来比较不同供应商绩效最简单的办法。战略采购的责任是以最低总成本获得所需商品和服务，这就需要考虑其他因素，如质量水平、售后服务、保修成本、库存和备件需求、停工期。从长远来看，这些因素可能比原始购买价格对组织成本的影响更大。

8. 实现和谐、高效的内部组织关系

采购经理如果不能与承担其他职能工作的人员进行有效合作，就不能有效实现目标。因此，企业协调采购部门和关键业务部门之间的关系至关重要。

9. 用尽可能低的运作成本实现采购目标

采购部门的相关费用有员工工资、通信费用、物流费用、办公用品（计算机）费用等。企业应尽可能有效、经济地实现采购目标。工作效率低会带来浪费，导致额外的运营成本。采购经理应该保持对采购与供应的流程、方法、技术手段进行持续改进的意识。例如，采用电子采购系统整理小额采购的电子目录可以减少交易成本。高效的采购流程可以减少成本、提高灵活性、加快对市场需求的响应速度、增强适应性，同时使采购部门的工作人员更加聚焦于价值增值活动，由此为企业带来竞争优势。

**（二）战略采购的内容**

战略采购作为整合公司与供应商战略目标和经营活动的纽带，包括供应商选择和评价、供应商发展、交易双方的关系建立和采购整合四个方面的内容。前三个方面的内容发生在采购部门与外部供应商群之间，统称采购实践，第四个方面的内容发生在企业内部。

1. 供应商选择和评价

供应商选择和评价是战略采购最重要的环节。供应商评价系统包括正式的供应商认证系统、供应商业绩追踪系统、供应商评价和识别系统。供应商业绩评价指标体系通常涉及定价结构、产品质量、技术创新、配送、服务等方面。根据公司战略不同，在选择供应商时所重视的业绩评价指标也不同。如果公司战略是技术在行业中领先，则供应商现有技术在行业中的领先程度和其技术创新能力是首要选择和评价供应商的标准，其次考虑定价结构、产品质量、配送和服务。对于战略定位于成本领先的公司，定价结构是最为敏感的指标，同时兼顾产品质量、技术创新、配送和服务。企业根据评价结果，选出对公司战略有直接或潜在贡献的目标供应商群。直接贡献能力是指供应商已具有的，在其行业中居领先地位的，与买方企业战略目标相一致的能力。潜在贡献能力是指由于供应商缺乏一种或几种资源而暂时不具备的，通过买方企业投入这些资源就能得到发挥的，对买方企业战略实现有重要帮助的能力。

2. 供应商发展

在供应商选择时对供应商业绩有所侧重，有时目标供应商的业绩符合了买方企业的主要标准，而在其他方面不能完全符合要求；或潜在贡献能力未得到发挥，买方企业就要做一系列努力，提高供应商业绩。供应商发展是买方企业为提高供应商业绩或能力，以满足买方企业长期或短期供给需求而对供应商所做的任何努力。这些努力包括与目标供应商进行面对面沟通；公司高管和供应商代表就关键问题进行交流；帮助供应商解决技术、经营困难；对供应商有某种形式的回报或鼓励（当供应商业绩显著提升时）；培训供应商员工等。

3. 交易双方的关系建立

战略采购要求买方企业和目标供应商完成战略物资的交易。战略采购使买卖双方的交易关系长期化。战略采购中买方企业对供应商的态度和对交易关系的预期与一般采购中不同。战略采购认为供应商是买方企业的延伸部分，与主要供应商的关系必须持久，买卖双方不仅应着眼于当前的交易，也应重视以后的合作。

在这种观点的指导下，买方企业和供应商致力于发展一种长期合作、双赢的交易关系。采购部门一般向多家供应商采购，签订短期合同，经过比较后，选出几家满意的供应商，缩减供应商数量，增加这几家供应商的订货数量和种类，并签订长期合同。从供应商的角度来看，这几家供应商取得了规模效益，节约了成本，不必卷入消极的市场竞争中，能更高效地利用资源。在这种长期合作的交易关系中，供应商对买方企业有相应的回报：供应商对买方企业的订单要求做出快速的反应；供应商有强烈忠诚于买方企业的意识；供应商愿意尽其所能满足买方企业的要求；供应商参与买方企业的产品设计。

建立长期合作的交易关系还要求买卖双方信息（包括成本结构等敏感信息）高度共享。忠诚是长期合作的交易关系的基础。但是，单纯靠买卖双方自觉的忠诚显然不够，为提高交易效率和交易双方的经营绩效，应保证交易双方共同对与交易有关的资产进行投资。这种资产离开了交易双方的特定关系会失去价值，称为交易特殊性资产。

4. 采购整合

随着采购部门在公司中战略地位的提高，采购逐渐由程序化、单纯的购买行为向前瞻性、跨职能部门的整合功能转变。采购整合是将战略采购实践和公司目标整合起来的过程。与采购实践不同，采购整合着眼于企业内部，目的是促进采购实践与公司竞争优势的统一，转变公司高管对采购在组织中战略作用的理解。

采购整合的具体工作表现为：采购部门参与制订战略计划，有获取战略信息的渠道，负责协调重要的采购决策与公司的其他战略决策。

## 三、战略采购实施

### （一）战略采购实施阶段

1. 准备阶段

首先，充分了解企业的整体经营战略，如近期的经营情况、未来产线类型及产能规划、推广的产品类型、未来的需求量等信息，分析各物资的需求情况；其次，协调企业内各相关部门，确定新技术、新材料的资源储备情况，制订切实可行的物资验证计划，储备充足资源，提前营造竞争氛围，确保未来产品有丰富的可用资源，综合竞争力强；再次，对市场环境、材料资源、成本信息等充分调研，了解整体市场资源供需情况、技术开发进度等，根据内外部环境信息分析评估实施战略采购的可行性及成本降低情况；最后，选定实施战略采购的物资，结合供应链战略确定工作方向。

2. 实施阶段

进一步调研各供应商资质、经营情况、资源现状及未来规划，确定与企业战略的匹配性；建立成本分析模型，深入分析二级部品甚至三级部品成本情况及品质状况，确定具有成本竞争力的可持续材料；结合市场走势及需求信息，编制工序计划表；选择与企业整体战略相匹配、具有持续成本竞争力的供应商建立良好的战略合作伙伴关系，签订开发合同或采购合同，进行新产品研发。

3. 完善阶段

持续关注市场变化趋势，定期与战略供应商召开季度营运会议、质量技术审查会议等，通过组建联合开发小组、签署战略合作协议等方式深化合作，保持双方技术方向的一致性，巩固战略合作关系。加强内部各组织的沟通及协调，建立完善的供应商认证及评价体系，及时发现问题，不断优化和完善供应链体系，确保持续竞争力。

**（二）战略采购实施方案**

战略采购是一项复杂的工程，需要从细分供应商、集中采购、标准化管理、建立成本分析体系等多个维度同时进行，这样才能降低采购总成本，保持企业的持续竞争力。

1. 细分供应商

差异化的供应商管理策略、业务流程及管理规则，可在保障技术的同时，降低企业采购物资、服务的综合成本，故在明确战略采购实施方案前，应先细分供应商。根据供应商的重要性及双方利益关系，将供应商称为“伙伴”，可分为三种类型：战略合作伙伴、重要合作伙伴及普通合作伙伴。战略合作伙伴是指相互依存度高、战略合作一致性好、综合竞争力强、交易金额较高的供应商，此类供应商应着重检查战略采购实施方案，通过技术共享、联合开发、战略协同等方式建立紧密的合作关系，并不断扩大合作领域，夯实合作基础。重要合作伙伴是指双方有较高的共同利益、交易金额较高，或资源相对稀缺的供应商，此类供应商通常已经建立了稳定的供求关系，应建立互信、长期的合作关系，定期进行商务及技术交流，确保稳定供应及提高价格竞争力。普通合作伙伴是指资源充裕、竞争激烈，或有较低的共同利益的供应商。此类供应商双方牵制力不足，需持续关注其商务配合策略、经营情况及技术力量，以预防风险发生。

2. 集中采购

对于有多个子公司或者采购点的企业，若分开采购，将会出现同类型产品使用不同供应商的情况，不仅无法利用规模效益争取最优价格和服务，出现呆滞料时也无法及时找到兄弟公司协助消耗。建立集团化采购管理模式，在一定程度上降低了采购工作的差异性，促进了物流服务的标准化，减少了采购管理的工作量，并在确保稳定供应及适当竞争的前提下，尽可能缩减供应商数量，增加单个供应商购买额，充分调动供应商的合作积极性。通过增加采购量来提高议价能力，降低单位采购成本，这是实施战略采购的根本。此外，集中采购可以更合理地调配企业内部资源，进行精益管理，降低企业运营成本。

3. 标准化管理

标准化的工作流程及管理方式，可以极大地提高工作效率，降低出错概率。为了做好战略采购工作，应与企业内各个部门检查并优化工作流程，梳理备料及物资验证流程，降低突发事件发生概率。为了合理进行新产品选型，应结合技术验证结果、成本、商务配合情况、品质状态及市场需求状况，制订各物资的验证计划，建立标准化资源池；定期组织销售、开发、质控等部门开会了解市场变化趋势，更新物资验证进度及质量情况，选择性价比最优的物资进行新产品研发，提高产品的价格竞争力。

4. 建立成本分析体系

战略采购的目的是确保总成本最低，因而除需考虑单价外，还需对运费、产品成本、仓储费、税金等进行综合对比。根据二八原则，从物料清单中选择采购金额占比较高的物资，充分调查各供应商资源情况、供需现状、产能规划、成本构成等信息，调研二级甚至三级部品原材料供需情况、价格及走势，同时确保每种规格物资至少有 3 家竞争供应商，进而确保供应链持续的成本竞争力。

### （三）战略采购实施方法

1. 进行战略分析

谈判不是简单的货比三家，要进行战略分析（包括供应市场分析），这种分析不仅涉及日常成本信息和数据的收集、以往项目的成本分析、价格曲线走势的研判等，还涉及对采购物料的行业分析，甚至对宏观经济形势的预判。这样企业才能掌握谈判的主动权，控制整个谈判的进程。例如，建筑行业的采购商需要知道未来宏观政策会对哪些原材料的价格造成冲击。此外，企业还要对供应商的经营战略作出判断，以此来判断采购关系是否可靠。

2. 建立战略联盟关系

这是基于核心能力要素组合的战略采购理念。企业要与少数战略合作伙伴建立相互参股和控股的战略联盟关系而非简单的买卖关系，优化组合生产要素和物流流程，以此来降低采购成本。此时，供应商的评估和管理不再是以交易为第一要则，而应该优先考虑是否符合战略匹配。

3. 引入供应竞争

通过招标方式，企业扩大对供应商的选择范围，引入竞争机制，科学公正地选择最符合自身利益需求的供应商。

4. 优化采购管理

企业在将“物料采购数量”和“供应商数量”这两个影响采购成本的硬指标进行优化之后，就应当从采购成本降低工作转向采购管理优化工作。事实上，供应商提供的任何服务都是有成本的，以间接的形式包含在价格中，企业只有将其细分，选择所需，才能降低采购总成本。

5. 提高物料、工艺和服务的标准化水平

采购不仅是定价与付款的问题，还涉及产品设计、运输管理、质量管理和生产管理等方面的问题。传统企业往往认为将客户需求转化为产品设计是企业内部的事情，其实不然，采购部门和设计部门如果不能与包装箱供应商共同合作并讨论包装设计，则结果是产品虽然满足了客户需求，但包装箱可能出现纰漏。因此，在产品设计阶段就应当充分考虑未来在生产、仓储、运输和销售等环节的对接细节，提高物料、工艺和服务的标准化水平，减少后续成本。这是战略采购在供应链整体优化的充分体现。

### （四）战略采购实践

1. 集中采购实践

费森尤斯卡比是一家提供与医疗护理相关的产品和服务的医疗保健公司，其生产的每台机器都配有一个监控装置。费森尤斯卡比深入分析供应商市场数据，发掘在全球具有强大竞争优势（尤其在技术和业务发展方面）的监控装置供应商。基于市场调研，费森尤斯卡比的采购部门做出部署。费森尤斯卡比首先选择了约 20 家供应商，列出了一个长长的供应商清单；随后，经筛选形成了一个较短的供应商清单；最后，制定标准，进行跨部门评估和现场审核，并完成报价邀请书（RFQ）/建议邀请书（RFP）等常规流程。如今，费森尤斯卡比不仅在选定的供应商处采购，还把供应商的内部核心技术提前应用到费森尤斯卡比的产品中。这就是战略采购的一个例子，从整个集团出发，制定战略采购决策。

2. 工序外包实践

费森尤斯卡比原来的工厂，不仅做产品组装，还做一些加工工序。当时，该公司有一整个车间专门做喷漆工序，每台机器都要进行喷漆，完成后放到烘箱里烘干，使油漆停留在机器表面。喷漆工序技术含量较低，对费森尤斯卡比这样的高科技公司来说，意义不大。对此，采购部门进行了调查和商议，并向上级部门反馈、报告，得到董事会批准后，最终做出将整个喷漆工序外包的决定。将工厂里的工序外包出去，不属于常规采购的工作内容，属于战略采购的工作内容。

3. 技术和专利采购实践

国内有很多顶尖学者会进行一些科研项目，产生了大量与高新技术相关的知识产权（IP）。但令人遗憾的是，有些科研成果并没有推向市场，转换成商业成果。费森尤斯卡比会挑选一些还没有真正应用到市面上的技术，并将其采购回公司进行研发，从而使公司的产品有所创新。这正是一种战略采购行为。因此，战略采购不仅采购产品和服务，当市面上有好的 IP 时，也要纳入进来，为公司创造新的价值。

## 本章小结

智慧采购战略是指在企业战略要求下，基于当前与未来智慧采购工作需求，具有指导性的、长远的智慧采购方案和规划。智慧采购战略包含六个方面的基本内容：采购品种、采购方式、供应商选择、订货谈判、采购进货、智慧采购工具。企业在制定智慧采购战略前，必须对供应市场有清晰而正确的认知。影响采购企业主动进行供应市场分析的原因有：技术的不断创新、供应市场的不断变化、社会环境的变化、汇率的变化、产业转移。智慧采购战略的影响因素包括企业文化、采购成本、技术水平和市场。企业在制定智慧采购战略时要遵循授权原则、风险控制与职责分离原则、集体决策原则、采购总成本原则。采购品种战略是根据品种市场性质和需求性质选择合适物资的战略。它涉及种类、性质、数量、质量等的选择。采购方式战略主要有：集中采购战略、分散采购战略和联合采购战略。在制定供应商选择战略时，首先要创建科学合理的供应商考核指标，然后严格规范供应商选择流程。采购进货战略涉及运输方式、运输路径、运输商的选择。制定智慧采购工具战略可以从四个方面着手：以创新驱动为核心；建立完善的大数据信息处理系统；全面发挥云计算和人工智能的作用；融合区块链技术，构建智慧采购系统。战略采购与企业性战略相关，其目的是对供应基地在有助于企业性战略方向上给予发展和领导，创造竞争优势。战略采购具有有序化、系统化、协作化这三个特征。战略采购作为整合公司与供应商战略目标和经营活动的纽带，包括供应商选择和评价、供应商发展、交易双方的关系建立和采购整合这四个方面的内容。战略采购实施方法主要有：进行战略分析、建立战略联盟关系、引入供应竞争、优化采购管理、提高物料、工艺和服务的标准化水平。

## 思考题

### 一、单项选择题

1. 将采购得到的货物运进自己仓库的全过程的实施战略，属于（　　）。

A. 采购进货战略　　B. 采购品种战略　　C. 采购方式战略　　D. 订货谈判战略

2. 在市场上，供小于求的物品称为（　　）。

A. 常规品　　B. 紧缺品　　C. 单一品种　　D. 联合品种

3. 预先确定订货点和订货批量，然后随时检查库存。当库存下降到订货点时，就发出订货申请，订货批量每次都相同，这种采购策略称为（　　）。

A. 定期订货采购策略　　B. 定量订货采购策略

C. MRP 采购策略　　D. JIT 采购策略

4. 预先确定订货周期和最高库存水准，然后以规定的订货周期为时间周期，周期性地检查库存，发出订货申请，订货批量每次不一定相同。订货批量为当时的实际库存量与规定的最高库存水准的差额，这种采购策略称为（　　）。

A. 定期订货采购策略　　B. 定量订货采购策略

C. MRP 采购策略　　D. JIT 采购策略

5. 卖方寡头垄断下的竞争市场的特点是（　　）。

A. 一个供应商，多个购买者　　B. 许多卖方和买方

C. 少量卖方和许多买方　　D. 许多卖方和少量买方

6. 航空运输的优点是（　　）。

A. 能耗小，无污染　　B. 运输能力强

C. 经济性好　　D. 运输速度快，机动性好

7. 将来自各客户手中的小批量货物整合成大批量货物，然后联系专业承运人进行运输的是（　　）。

A. 托运人协会　　B. 货运代理人　　C. 经纪人　　D. 航空公司

### 二、多项选择题

1. 采购品种战略包括采购物资的（　　）。

A. 采购种类　　B. 采购模式　　C. 采购品质　　D. 付款条件

2. 供应市场信息的来源主要有（　　）。

A. 市场人员的调查及客户的反馈　　B. 权威部门的信息披露

C. 相关报刊、杂志、电视报道　　D. 互联网发布

3. 智慧采购战略的影响因素主要有（　　）。

A. 企业文化　　B. 采购成本　　C. 技术水平　　D. 市场

4. 集体决策方法主要有（　　）。

A. 头脑风暴法　　B. 实地调查法　　C. 名义小组法　　D. 德尔菲法

5. 联合采购的优点主要有（　　）。

A. 降低采购成本　　B. 提高管理水平　　C. 减少运输费用　　D. 简化采购作业手续

6. 采购进货战略主要涉及（　　）。

A. 运输方式的选择　B. 运输路径的选择　C. 运输商的选择　　D. 用户需求分析

7. 战略采购作为整合公司与供应商战略目标和经营活动的纽带，包括的内容有（　　）。

A. 供应商选择和评价　　B. 供应商发展

C. 交易双方的关系建立　　D. 采购整合

## 三、简答题

1. 如何理解智慧采购战略与企业战略之间的关系？
2. 采购企业为什么要主动进行供应市场分析？
3. 制定智慧采购战略时要遵循的原则有哪些？
4. 集中采购的优缺点是什么？
5. 制定智慧采购工具战略可以从哪几个方面着手？
6. 战略采购的目标是什么？
7. 战略采购实施方法有哪些？

课后案例：海尔采购与供应链管理有何过人之处

# 第三章　智慧采购需求、计划与预算管理

## 学习目标

了解智慧采购需求预测的基础知识。

理解智慧采购计划的制订流程。

掌握智慧采购预算的基础知识。

## 学习重点和难点

智慧采购需求预测的概念是重点。智慧采购计划的制订、智慧采购预算的编制是难点。

## 导入案例

### 温州探索批量集采数字化“新玩法”

2021年，浙江省温州市的两个通用类品目批量集中采购试点项目顺利完成。该市财政局以财政数字化改革为依托，“量体裁衣”设计不同的采购模式，探索批量集中采购融合数字化改革的“新玩法”。

**一、采购品目的“新选择”与“新花样”**

各地批量集中采购的品目多以办公设备等货物类通用商品为主，而此次温州的批量集中采购试点项目则有“新选择”，不仅包含了传统的货物类品目，还增加了服务类品目。

**二、在品目的具体选择方式上，也有“新花样”——大数据筛选**

从种类繁多的采购品目中，该市财政局通过大数据筛选了全市各单位都需要进行采购的，且通用性强、技术规格统一、便于归集的，不涉及资产划分的服务类政府采购品目，最终选出了云计算服务。此外，货物类品目则选出了该市教育系统重点民生工程——“温馨教室”工程，具体涉及15所学校821间普通教室安装的新风设备。

**三、服务类的“统采统管”新模式**

在采购模式上，温州市财政局按照不同品目制定合适的批量集中采购模式，并将数字化平台的应用融入采购过程，协调预算安排，监督指导相关业务主管部门牵头、汇总、归

集采购需求，委托采购代理机构通过电子化交易平台实行批量集中采购，让采购模式有了更多“新意”。

云计算服务批量集中项目主要采用“统采统管”的模式。据介绍，此前，该市各党政机关、事业单位政务云运行模式主要采取单位自行申报财政预算购买，因没有统一标准，导致服务价格和服务内容各异、政务云资源需求虚高。对此，此次试点重点从四个环节入手，缩减财政预算资金，提高资金使用效益，避免资源使用浪费，确保项目平稳运行。

在预算安排环节，要求各相关部门每年在上报第二年信息化建设预算经费时同步上报政务云预算和需求。温州市财政局和业务主管部门——市大数据局依据各相关部门往年采购实施、资金使用、需求量的合理性和必要性进行联合审查，将所有分散项目预算整合安排到业务主管部门，由业务主管部门开展采购活动，整合形成批量集中的规模效应，防止重复立项，精简项目预算支出，缩减财政预算资金。

在具体采购环节，由主管业务部门统一制定需求标准，合并相同采购需求项目，大幅减少采购项目数量，扩大单个项目的采购规模，由主管业务部门统一采用公开招标的方式组织实施采购，发挥规模效应，提高资金使用效益。

在使用管理环节，由业务主管部门制定项目使用管理办法，根据政府采购活动的实施结果，向各相关部门提供资源清单，各相关部门可通过线上系统上报需求，业务主管部门根据项目的实际建设规模、周期、紧急性及历年资源使用率等多方面综合考量，统筹分配项目资源。同时，业务主管部门定期通报项目资源使用情况，督促各相关部门提升项目资源使用效率，有效避免资源浪费。

在资金支付环节，由业务主管部门按月将项目资源清单通过线上（电子清单）和线下（纸质清单）两种方式发送给各相关部门的经办人。清单内容由经办人签字盖章确认后，作为业务主管部门统一支付服务经费的依据，更好地保障经费及时支付。

### 四、货物类的“统采分签”新模式

新风设备项目主要采用“统采分签”的模式实施批量集中采购。

在项目实施环节，业务主管部门根据各单位上报的政府采购预算安排，提取各部门同品目的采购需求进行归纳整合，协调相关业务主管部门牵头将项目采购确认书全部集中，委托业务主管部门实施批量集中采购，简化项目审批流程，节约程序成本。

在项目需求论证环节，业务主管部门负责采购，通过数字化平台全面归集各单位采购项目具体需求，预算需求协同财政部门联合审查，吸纳各单位合理的特色需求。同时，充分调动社会力量参与项目的积极性并有效监督项目开展。内部审核与外部参与、监督相结合，对于存在无法统一的特定需求项目采用多标段实施批量集中采购，科学确定统一的采购内容和需求标准，兼容个性化需求，使需求参数达到最优。

在合同签订和验收环节，根据采购确认书和批量集中采购结果，由各采购单位分别与中标（成交）供应商签订采购合同。由采购牵头部门进行验收，邀请实际使用人、第三方检测机构工作人员、服务对象等参与联合验收程序，通过标准统一、流程规范的集中验收，加强对供应商履约情况的监督，减少分散验收不严谨导致货不对版、以次充好的情况，降低验收成本。验收合格后，由各采购单位支付资金，资产入库。

### 五、试点成效的“新变化”

“两种模式各有所长。云计算服务批量集中采购项目的模式，特点在于采购业务主管部门根据职能划分确定需求基本一致、承接主体变化范围较小、项目重复率高、无资产管理要求的服务类或货物类项目归集采购内容，统一安排预算支持，在预算源头控制方面实现资金节约。新风设备批量集中采购项目的模式，特点在于通过电子化手段收集同一品目下、需要进行资产管理的货物类采购内容，由业务主管部门牵头接受各采购单位的采购计划，通过统一需求、统一采购、统一验收，扩大规模效应，合并环节流程，实现提质减支。”温州市财政局相关负责人介绍，“这两个试点项目取得了较好的成效，在资金利用等方面都有了新变化”。

从经济效益角度看，以云计算服务批量集中采购项目为例，在全市各相关单位信息化项目建设需求大幅增加的情况下，通过批量集中采购，保持了2021年度的政务云经费与2020年度基本持平，并在项目审查中核减申报项目34个，节约2022年度财政预算资金约0.81亿元。从新风设备批量集中采购项目看，通过批量集中采购将15个单位的项目整合为一个采购项目，节约资金551.13万元，该市各县市区已陆续就新风设备开展批量集中采购，已开展的项目平均节资率达38.55%。

此外，从程序成本看，将多个采购项目合并为一，简化审批流程，降低采购运行成本，大幅减少采购代理费、专家评审费、履约验收成本及供应商投标成本，仅新风系统就至少可节省65万元。

据了解，温州市财政局对通用类品目批量集中采购管理的项目，是浙江省政府采购数字化共建共享改革的首批试点项目之一。该市财政局以财政数字化改革为依托，以“统一标准、统一采购、统一管理”为原则，以业务协同作为突破口，以节省财政资金为目标，探索通用类商品批量集中采购管理工作新模式，为批量集中采购模式在浙江全省的进一步推广应用提供了重要经验。

**案例思考**

（1）结合案例，列举批量集中采购模式融合数字化改革的“新玩法”。

（2）尝试思考批量集中采购模式融合数字化改革对企业的作用。

## 第一节　智慧采购需求的确定

智慧采购工作是社会主义市场经济体制的重要组成部分，智慧采购工作中的需求、计划与预算管理工作是企业采购经济活动的重要环节，得到了企业广泛的重视。现如今，随着信息技术的发展，企业智慧采购工作已网络化、系统化。

### 一、智慧采购需求预测的概念

企业在生产经营过程中会产生对原材料、零部件等有形物资的采购需求，也会产生对软件、技术、保险等无形产品的采购需求。采购工作是沟通企业生产需求与供应商物资供应的桥梁，是企业生产活动的开端，也是企业连续、稳定生产经营的保障。同时，采购活动产生大量资金流、信息流、物流等，对企业的经营成本、利润等有重大影响。

在企业开展采购相关工作时，应依据实际采购需求，选择合理的采购方式、采购品种、采购批量、采购频率、采购地点、采购时间等，以有限的资金保证企业需要的同时，在降低企业运营成本、加速资金周转和保证产品质量等方面发挥作用。然而，面对日益复杂的市场环境，企业要想准确了解产品在未来一段时间内的需求是很困难的，只能通过某些方法或者依据原先的经验对未来的需求进行推测或判断，尽可能使企业的产品满足市场需求。

智慧采购需求预测是指运用科学的方法和手段，分析物资市场调查结果、企业历史采购记录等资料，研究并预测下一阶段需要采购的物资数量，考虑价格和其他方面的因素，对未来一定时期内采购市场的变化趋势和影响因素做出估计和推断，为采购需求的确定和修正提供参考依据。智慧采购需求预测依托大数据理念、技术和资源，依法高效采集、有效整合、充分运用采购信息数据，利用现代信息技术手段，借助 MRP、ERP 采购信息系统对采购品种和数量实行更为科学、精准、高效的智能化预测，实现及时发现并自动预测采购数量的目标。

## 二、智慧采购需求预测的重要性

1. 智慧采购需求预测是企业制订采购计划的基础

企业采购计划是对未来采购活动的提前部署，采购市场预测是企业对采购市场未来发展趋势的陈述，有了采购市场预测，才能更好地执行采购计划并部署采购活动，使采购计划适应采购市场环境的变化。再者，在采购实践中，执行采购计划开始时，需要根据采购需求安排原材料采购数量，确定合理的库存水平，而采购计划的制订需要智慧采购需求预测来指导，同时预测企业未来数周乃至数月的生产、销售、资金计划。此外，智慧采购需求预测是企业采购决策的前提，采购决策是企业采购活动的核心，没有对未来发展趋势的预测，决策只能是盲目的，只有在科学预测的基础上做出的决策，才能靠得住、行得通。采购市场预测是企业增强竞争力和提高经营管理水平的重要手段。

2. 智慧采购需求预测的准确性在一定程度上决定了企业的经营绩效

智慧采购需求预测的准确性影响企业对未来市场的理解，决定企业的经营决策，也在一定程度上决定了企业的经营绩效。为达到智慧采购需求预测准确性的目标，需要使用较为复杂的定量预测模型，考虑多种影响因素，所以通常借助计算机等先进的信息处理工具完成预测。

智慧采购需求预测不仅是企业制订采购计划的基础，它还是企业制定采购规划、安排生产、制订销售计划乃至物流管理计划的重要依据。任何企业生产某种产品都需要一定的原材料、零部件，而提供生产所需的原材料、零部件需要一定的交货期，产品同样也需要一定的时间（交货期）才能送至客户消费的商店。客户在做出购买决策后往往不愿意等待，他们总是希望立即或在合理时间内收到产品、享受服务。如果企业缺乏智慧采购需求预测，收到客户订单后才确定企业采购计划，则失销现象会大量发生。因此，任何企业都有必要对企业的采购需求状况做出预测，企业据此制订采购计划，筹备资源要素。生产标准产品的企业会根据预测，储存一定数量的原材料和零部件，以尽量缩短交货期。生产定制产品的企业，如工作母机的生产商，由于按订单生产，一般不会有产成品堆积在仓库中，但也要根据预测，准备足够的生产工具和人力。

3. 智慧采购需求预测可以实现低水平库存与高水平服务的并存

企业生产系统是一个复杂而庞大的系统，一个产品可能会有成千上万个零部件，这些零部件按一定的时间进度、一定的比例关系装配成数个完整的产品。装配生产线一旦运转起来，各个零部件只要有一个不能及时到位，产品就无法进行装配。因此从产品到零部件、再到原材料，从总装车间到某个分装车间、再到各个仓库，整个企业的生产需要有一个庞大、精确的计划。这个计划包括生产计划和采购计划。通过这个计划才能将不同空间、不同时间的零部件有条不紊地进行生产和装配，按时按量地组织到总装配线，最后装配成合格的产品。

生产装配过程中所需的零部件不一定都是自己生产的，有相当一部分需要采购。由于零部件品种多而杂，靠人工制订采购计划，不但工作量大，需要许多工作人员参与，而且工作人员相互之间协调难度大，常常顾此失彼，零部件重复采购的现象频发，甚至出现部分零部件零采购的现象。有的零部件库存积压严重，有的零部件却缺货，既产生了很高的库存成本，又影响了装配生产线的正常运转。

传统的采购需求预测方法在处理制造过程中的供需矛盾时，有很大的盲目性，会造成大量原材料及在制品库存。具体而言，传统的采购模式要解决订什么、订多少、何时提出订货三个问题，企业靠维持一定量的库存来保证需求，如果对需求的情况不了解，盲目维持一定量的库存，造成高水平库存与低水平服务，则会造成很大的浪费。对传统库存储备采购方法来说，服务水平越高则库存水平也越高，而且服务水平达到90%以上时，再要提高服务水平，库存水平上升很快。从理论上讲，服务水平接近100%，库存水平必然趋于无穷大。另外，传统的采购方法的假定条件是需求均匀，而在制造过程中形成的需求一般是非均匀的——不需要的时候库存量为零，一旦需要就是一批。这种采购方法加剧了需求的不均匀性，平均库存水平几乎提高一倍，因而占用更多的资金，造成企业浪费较多的机会成本。

鉴于上述原因，人们提出智慧采购需求预测。它可以精准确定原材料和零部件的需求量，消除了库存的盲目性，实现了低水平库存与高水平服务的并存。

## 三、智慧采购需求预测的程序、方法和优势

相较于传统采购需求预测，智慧采购需求预测的实现更强调于最新信息技术的应用，将一般采购需求预测的程序和方法电子化、线上化。

### （一）智慧采购需求预测的程序

对于企业采购决策者而言，应根据企业经营决策的需要及预测目标的内容、性质、特点和具体要求而决定智慧采购需求预测的程序，具体如下。

1. 确定预测目标

由于预测的对象、期限不同，预测时采用的分析方法和收集的资料有所差异。因此，智慧采购需求预测首先要明确规定预测的目标，即预测要达到的要求、需要解决的问题，根据预测的对象，确定预测的范围、时间等。

对不同市场需求情况进行预测时，预测结果的准确性和可靠性与预测期限有关，因而根据预测期限的长短可以分为长期预测、中期预测、短期预测、近期预测。

长期预测期限一般为 5 年或 5 年以上，主要根据企业的长远发展战略和市场的需求发展趋势进行预测和分析。长期预测由于预测期限较长及不确定因素较多，预测结果和实际情况之间的误差也较大。一般来讲，它只能描述一个大概、粗略的预测对象。例如，经济发展形势的预测。

中期预测的期限范围为 1～3 年，主要围绕企业的经营战略、新产品的研究与开发等方面进行预测。中期预测由于预测期限不长、不确定因素较少，相关数据资料也比较完整，预测结果比较准确，能够避免长期预测带来的局限性。例如，对新产品的市场需求进行预测、预测企业所需原材料的可得性等。

短期预测期限一般以月为时间单位，期限范围为 3～12 个月，主要确定某种产品季度或年度的市场需求量，从而调节企业自身的生产能力。例如，编制生产计划表、组织短期货源等。

近期预测期限一般以周、旬为时间单位，主要对企业内部的各个环节进行预测，确定物料或零部件的需求量，以保持生产过程的连续性和稳定性，近期预测的目标一般比较明确，不确定因素较少，可预测性较强，预测结果一般也比较准确。例如，预测某段时间内生产某种产品所需的零部件数量、确定生产批量的大小和批次等。

2. 收集相关资料

预测要广泛收集影响预测对象未来发展的企业可控与不可控的一切资料，即内部与外部环境的资料。对资料要进行加工、整理、分析，剔除由于偶然因素造成的不正常情况的资料。在通过调查取得各种信息的基础上，根据市场过去和现在的需求状况及影响采购市场需求变化的各因素之间的关系，实现采购需求的精准预测。

3. 建立预测模型

随着科学技术的飞速发展，预测方法越来越多。预测方法不同，适应范围和预测精度也不同。因此，根据预测目的和范围、预测期限、精度要求及数据资料的占有情况，选择不同的预测方法。选择的原则是误差小，时间快，方法简，费用省。

4. 修正预测结果

通过数学模型计算预测值时，不可能把影响采购市场预测的全部因素考虑进去，即使有些因素已经考虑，但各种因素影响程度的估算也会有偏差，故而为避免预测误差过大，要对预测值的准确性进行估计，分析各种目标的变化对预测可能产生的影响，并对预测值进行必要的修正。此外，预测人员的素质对预测结果也会有影响。预测结果仅是企业确定市场采购量变化的起点。若发现预测与实际不符，应立即进行修改调整，并分析产生误差的原因，修正预测结果，提高预测精度。

### （二）智慧采购需求预测的方法

科学的市场需求预测，除必须明确采购需求预测的意义、程序等有关概念外，还必须掌握智慧采购需求预测的方法。智慧采购需求预测的方法包括定性预测方法和定量预测方法。由于不同企业间运作方式的不同及同一企业采购物品的不同，选择恰当的智慧采购需求预测的方法是企业采购工作的重点内容之一。

1. 定性预测方法

定性预测方法是预测人员通过对采购市场情况的数据资料进行分析，根据自身的实践经验及直觉判断，对有关市场需求指标的变化趋势或未来结果进行预测的方法。定性预测方法主要有德尔菲法、类比法、用户调查法、经验判断法。

(1) 德尔菲法。

专家不知道有哪些人参与预测，他们是在完全匿名的情况下交流思想的。后来，改进的德尔菲法允许专家开会进行专题讨论。该方法需要经过 3~4 轮的信息反馈，在每次反馈中调查组和专家组都可以进行深入研究，使最终结果基本能够反映专家的基本想法和对信息的认识，因此最终结果较为客观、可信。小组成员的交流是通过回答组织者的问题来实现的，一般要经过若干轮反馈才能完成预测。

最典型的小组预测结果是反映多数人的观点，少数人的观点至多概括提及一下，但是这并没有表现出小组的不同意见的状况。然而，统计回答却不是这样，它报告 1 个中位数和 2 个四分点，其中一半落在 2 个四分点之内，一半落在 2 个四分点之外。这样，每种观点都包括在统计中，避免了只反映多数人的观点。

(2) 类比法。

类比法又称比较类推法，分为纵向类推预测法和横向类推预测法两种。这种方法一般把预测目标同其他类似事物加以对比分析，推断预测目标未来发展变化趋势，得出预测的结论。

纵向类推预测法是一种将当前采购市场需求情况同历年比较，来预测市场未来情况的方法。横向类推预测法是在同一时期内，将某一地区某项产品的市场情况与其他地区进行比较，然后预测这个地区市场未来情况的方法。

(3) 用户调查法。

用户调查法是调查者直接调查采购企业，分析它们采购量的变化趋势，预测某种物资在未来一定时期的采购量的方法。此外，还有全面调查法、抽样调查法、典型调查法等调查方法。用户调查法需要的时间长、费用高，实行起来困难大。采用抽样调查法或典型调查法应根据基本用户或重点用户的情况，推断出全部用户的情况。这样做既省时间，又省费用，而且预测结果也比较准确。

(4) 经验判断法。

经验判断法是依靠熟悉业务的、有经验的、具备综合分析能力的工作人员进行预测的方法。在采购市场的预测中，常用的经验判断法有以下三种。

① 经理人员评判法。将一些经理人员集中起来，座谈研究市场的前景。由于他们主管各项业务，对市场情况、发展方向比较清楚，经过座谈，相互启发、相互补充，能做出比较切合实际的判断。

② 采购人员意见综合法。企业召集从事市场采购工作的有关人员，对市场进行预测。由于他们对自己负责的领域是熟悉的，因此他们的估计是比较可信的。这些直接从事市场采购工作的有关人员，尽管他们看到的是一个局部，但他们所做的短期预测还是比较准确的。此法用于中、长期预测有一定的困难。

③ 意见汇总法。汇总企业采购所属各个部门的预测意见，然后加以分析判断，确定预测结果。

2. 定量预测方法

定量预测方法是应用数学模型和统计方法对数据资料进行分析，然后对预测指标的变化趋势和未来结果进行预测的方法。它的优点是：依据调查数据推理得出结论，以科学理论为基础，逻辑推理预测的结果也较有说服力。它的缺点是：预测需要大量的调查数据，花费的成本较高，因而应用起来受到的限制较多。常用的定量预测方法包括时间序列预测法和回归分析法。

（1）时间序列预测法。

事物发展是有连贯性的。一般来说，除突发事件外，未来是过去发展至今变化的继续。时间序列预测法就是根据这一逻辑，运用历年统计资料，寻找事物特性值随时间的变化规律和发展趋势，从而推测未来的方法。时间序列预测法比较适用于较稳定事物的短期预测。

简单移动平滑法与加权移动平滑法是简单、常用的两种预测方法。

简单移动平滑法是把一组已知观察序列的平均值作为下一期预测值的方法。对于给定的时间序列数据，按一定时间间隔依次后移求出每一时间间隔的简单平均数，称之为移动平均数。简单移动平滑法把过去数据对预测值的影响作用等同看待，实际上远近不同的历史数据对预测值的影响作用也不同。一般来说，距预测期越近的数据对预测值的影响作用越大。

为了加强近期数据的作用，提高预测准确程度，将简单移动平滑法修正为加权移动平滑法。加权移动平滑法根据若干个最近的数据的不同位置，分别赋予不同的权数，这个过程称为加权，然后把加权处理后的数据之和作为下一个时期的预测值。既突出了近期数据的影响，又没排除过去数据的作用，因而这种方法更符合实际，更能准确表达未来的趋势。

（2）回归分析法。

回归分析法就是通过对自变量及其因变量的对应数据的统计分析而建立变量间因果关系模型的方法。用回归分析法进行预测就是用求得的关系模型对因变量进行预测。由于影响预测对象发展变化的因素是多方面的，而且影响因素与预测对象之间的关系也是多种多样的，可能是线性的，也可能是非线性的，因此，回归分析法的数学模型分为线性回归模型和非线性回归模型。在回归预测模型中含有一个自变量的称为一元回归，又称单回归；含有两个及以上自变量的称为多元回归，又称复回归。含有一个自变量的线性回归模型称为一元线性回归模型，含有多个自变量的线性回归模型称为多元线性回归模型。回归预测是数理统计中回归法在预测中的应用，主要用于研究预测对象与影响因素之间的因果关系和影响程度，并据以预测将来影响因素变动时的结果。

下面举例说明简单移动平滑法和加权移动平滑法的实际应用及它们所产生的误差对比。

**[例题 3-1]** 维修部门最近 10 个月某备件的消耗量如表 3-1 所示，请用简单移动平滑法预测第 11 个月的消耗量（本例以计算结果为准，不按常理取整，省略单位）。

**表 3-1　　某备件的消耗量**

| 月份 | 1 | 2 | 3 | 4 | 5 | 6 | 7 | 8 | 9 | 10 |
|---|---|---|---|---|---|---|---|---|---|---|
| 消耗量 | 38 | 36 | 38 | 47 | 51 | 48 | 50 | 50 | 53 | 46 |

使用第 8 月到第 10 月共三个月的消耗量预测第 11 个月的消耗量，第 11 个月的预测消

耗量（预测值）为49.7［(50+53+46)/3≈49.7］。按照同样的计算方法，分别计算出第4月到第10月的预测值，求出这七个月预测值和实际消耗量的差值，得到预测偏差（见表3-2）。第4月到第10月的预测偏差平方值之和的平均数为36.37（254.6/7=36.37），36.37的平方根为±6.03。该方法预测消耗量的偏差为±6.03。简单移动平滑法预测某备件消耗量如表3-2所示。

表3-2 简单移动平滑法预测某备件消耗量

| 月份 | 实际消耗量 | 预测消耗量 | 预测偏差 | 预测偏差平方值 |
| --- | --- | --- | --- | --- |
| 1 | 38 | | | |
| 2 | 36 | | | |
| 3 | 38 | | | |
| 4 | 47 | 37.3 | 9.7 | 93.4 |
| 5 | 51 | 40.3 | 10.7 | 113.8 |
| 6 | 48 | 45.3 | 2.7 | 7.1 |
| 7 | 50 | 48.7 | 1.3 | 1.8 |
| 8 | 50 | 49.7 | 0.3 | 0.1 |
| 9 | 53 | 49.3 | 3.7 | 13.4 |
| 10 | 46 | 51.0 | -5.0 | 25.0 |
| 合计 | | | | 254.6 |

［**例题3-2**］维修部门最近10个月某备件的消耗量如表3-1所示，请用加权移动平滑法预测第11个月的消耗量（本例以计算结果为准，不按常理取整，省略单位）。

假设预测月份前三个月的实际消耗量对预测月份消耗量的预测权重分别为0.16、0.33、0.5，第11个月预测消耗量为48.49（50×0.16+53×0.33+46×0.5=48.49）。第4月到第10月的预测偏差平方值之和的平均数为32.80（229.58/7=32.80），32.80的平方根为±5.73，该方法预测消耗量的偏差为±5.73。加权移动平滑法预测某备件消耗量如表3-3所示。

表3-3 加权移动平滑法预测某备件消耗量

| 月份 | 实际消耗量 | 预测消耗量 | 预测偏差 | 预测偏差平方值 |
| --- | --- | --- | --- | --- |
| 1 | 38 | | | |
| 2 | 36 | | | |
| 3 | 38 | | | |
| 4 | 47 | 36.96 | 10.04 | 100.80 |
| 5 | 51 | 41.80 | 9.20 | 84.64 |

续表

| 月份 | 实际消耗量 | 预测消耗量 | 预测偏差 | 预测偏差平方值 |
|---|---|---|---|---|
| 6 | 48 | 47.09 | 0.91 | 0.83 |
| 7 | 50 | 48.35 | 1.65 | 2.72 |
| 8 | 50 | 49.00 | 1.00 | 1.00 |
| 9 | 53 | 49.18 | 3.82 | 14.59 |
| 10 | 46 | 51.00 | -5.00 | 25 |
| 合计 | | | | 229.58 |

比较以上两种方法预测消耗量的偏差，我们可以看出，加权移动平滑法比简单移动平滑法的预测结果更加准确。

**（三）智慧采购需求预测的优势**

大数据技术把数据的采集、处理、存储、管理及分析等功能集于一体，具有数据规模庞大、数据传输迅速、数据类型多样等特征。大数据技术之所以能够被广泛应用到市场预测、采购等领域，是因为该技术数据精度高、处理效率快，并且其与传统技术相比，能够对某些具有特定含义的数据进行专业化处理，使数据变得更有价值。

大数据技术在采购领域的运用被称为智慧采购。在信息化采购平台中应用此技术，进一步提升平台的数字化、智能化水平，从而实现采购的“智慧”化。实施智慧采购，能够科学合理地收集、处理和储存采购数据，以有效应对常见的数据资源量大、数据资源混乱等问题。

大部分企业已将信息技术运用于智慧采购需求预测，设计了一系列先进的系统，如物料需求计划（MRP）系统、能力需求计划（CRP）系统、分销资源计划（DRP）系统、企业资源计划（ERP）系统等。这些系统大大提升了智慧采购需求预测的精准度，加快了智慧采购需求预测的速度，节省了大量人力成本，实现了智慧采购需求的智能预测。

MRP 系统可被视为一种典型的智慧采购需求预测系统。IBM 公司于 20 世纪 60 年代率先提出了基于物料需求计划（MRP）的生产管理模式，IBM 公司在计算机上实现了 MRP 处理。最初，MRP 被看成一种比库存订货点法更好的库存管理方法，现在普遍认为它是一种计划理念，即保障订单上的有效到货日期的方法，它是闭环 MRP 的基础。

MRP 是指利用物料清单、库存数据和主生产计划计算物料需求的一套技术。其基本任务有以下两点：①从最终产品的生产计划（独立需求）中导出相关物料（原材料、零部件等）的需求量和需求时间（相关需求）；②根据物料的需求时间和生产（订货）周期确定其开始生产（订货）的时间。

MRP 系统实质上是生产企业用来制订物料需求计划、进行生产管理的一个应用软件，可以用来制订企业的物料投产计划，还可以用来制订外购件的采购计划，非常适用于加工、制造、装配企业，配合使用计算机，可以迅速制订比较详细的生产计划和采购计划。因此，很多大型企业均采用 MRP 系统，并且获得了较好的成效。

MRP 应用的目的之一是进行库存的控制和管理。按需求的类型可以将库存分为两种：

独立需求库存和相关需求库存。独立需求库存是指将要被消费者消费或使用的制成品的库存，如自行车生产企业的自行车库存。制成品需求的波动受市场条件的影响，而不受其他库存品的影响。这类库存问题往往建立在外部需求预测的基础上，通过一些库存模型的分析，制定相应的库存政策对库存进行管理，比如什么时候订货、订多少，如何对库存品进行分类等。相关需求库存是指将被用来制造最终产品的原材料或零部件的库存。自行车生产企业为了生产自行车要保持很多原材料或零部件的库存，如车把、车梁、车轮、车轴、车条等。这些物料的需求不需要预测，可以通过相互之间的关系进行测算。这里自行车被称为父项，车轮称为子项。

MRP 基本的思想原理是由主生产计划（MPS）和主产品的层次结构逐层逐个求出主产品所有零部件的出产时间、出产数量。其中，所有零部件依据企业内部生产，需要根据各自的生产时间提前安排投产时间，形成零部件投产计划。如果零部件需要从企业外部采购，则要根据订货提前期确定提前发出订货的时间和采购的数量，形成采购计划。按照采购计划和零部件投产计划进行采购和生产，不仅能保证产品的交货期，而且还能降低零部件的库存，减少流动资金的占用。

MRP 逻辑原理如图 3-1 所示。物料需求计划是依据主生产计划（MPS）、物料清单（BOM）和库存文件而形成的。

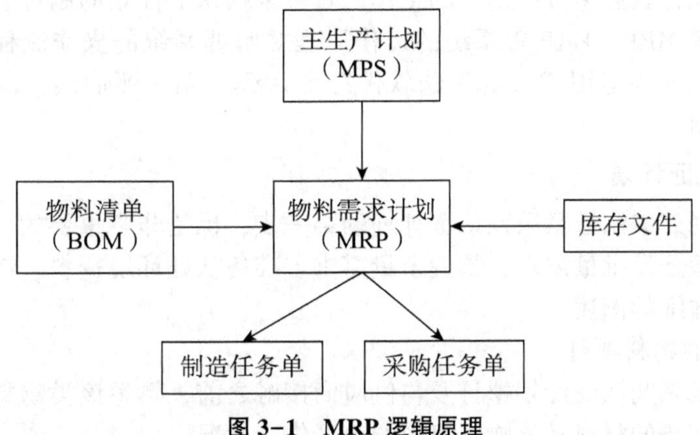


**图 3-1　MRP 逻辑原理**

主生产计划（MPS）主要描述主产品及其结构文件决定的零部件的出产进度，表现为各段时期内的生产量、出产时间、出产数量或装配时间、装配数量等。

物料清单（BOM）又称产品结构表或产品结构树，主要反映主产品的层次结构、所有零部件的结构关系和数量组成。根据这个文件，可以确定主产品及其各零部件需要的数量、需要的时间和它们之间的装配关系。

**阅读材料：数字化转型下的招标采购需求计划管理探索**

制造资源计划（MRPⅡ）是对制造企业的所有资源进行有效计划的一种方法。MRPⅡ包括许多相互联系的功能，如经营规划、生产规划、主生产计划、物料需求计划、能力需求计划及有关能力和物料的执行支持系统。这些系统的输出与各种财务报告集成在一起。制造资源计划是闭环 MRP 的直接发展和延伸，MRPⅡ也被称为基于网络计划的管理系统。

# 第二节　智慧采购计划的制订

采购计划是指企业管理人员在了解市场供求的情况下，以认识企业生产经营活动过程和掌握物料消耗规律为基础，对计划期内物料采购活动所做的预见性的安排和部署。实施智慧采购计划是为了保证企业正常的产销活动，在某一特定时期内做出具体安排（何时购入何种物料）。智慧采购计划的制订在企业的产销活动中具有重要的作用。

在智慧采购作业中，制订智慧采购计划是第一步。为了便于管理物料的采购数量和采购成本，企业需要制订合理的智慧采购计划以配合企业生产计划和资金调度，确定物料的耗用标准，预测物料需要的时间和数量，避免物料储存过多占用库存空间或供应中断影响产销活动，使采购部门事先准备，选择有利时机购入物料。制订智慧采购计划，需要新兴信息技术的支撑，如大数据技术、云计算技术等。

## 一、智慧采购认证计划

负责制订智慧采购认证计划的人员，应为具有丰富的采购经验和生产管理经验的复合人才，并且还要配合认证单位或部门的工作。智慧采购认证计划的制订人员除具备上述技能外，还需要了解 MRP、ERP 等系统的运作原理并掌握系统的操作流程。编制智慧采购认证计划的主要流程为运用相关的采购软件准备认证计划、评估认证需求、计算认证容量、制订认证计划。

### （一）准备认证计划

准备认证计划是编制智慧采购认证计划的第一步，也是非常重要的一步。从熟悉认证的物料项目、熟悉开发批量需求、掌握余量需求、准备认证环境资料、制定认证计划说明书五个方面进行详细的阐述。

1. 熟悉认证的物料项目

这一步在智慧采购认证计划拟订及与供应商接触之前，熟悉该类物料项目涉及的专业知识范围、认证需要的材料及该物料目前的市场供应状况。

2. 熟悉开发批量需求

熟悉开发批量需求能够制订出比较准确的认证计划。物料批量需求的开发通常存在两种情形：一种情形是本身就存在的物料批量需求，在以前或者目前的采购环境中能够发掘到物料供应商；另一种情形是企业需要采购未出现在采购环境中的物料，需要采购部门寻找能够提供新物料的供应商。

3. 掌握余量需求

随着企业的发展、规模的扩大，市场需求也越来越多，旧的采购环境的容量不足以支撑企业现有的物料需求，或者由于采购环境存在下降趋势，采购环境的容量逐渐缩小，无法满足采购需求。在上述两种情况下，都需要备用容量，这就会产生余量需求，要求对采购环境进行扩容。有关采购环境的容量信息通常是由认证人员和订单人员提供的。

4. 准备认证环境资料

采购环境有认证环境和订单环境两个部分。各供应商的情况不同，有些供应商的认证容量较大，但订单容量较小；而有些供应商的情况恰恰相反，其认证容量较小，订单容量较大。产生这种情况的原因是订单容量的技术支持难度比认证容量的技术支持难度小得多，具体表现为认证过程本身是对供应样件的小批量试制过程，这个过程需要强有力的技术支持，有时甚至需要与供应商一起开发。订单过程是供应商的规模化生产过程，其突出表现就是自动化机器流水作业及已经固化在生产流程之中的稳定的生产技术工艺。不难看出，认证容量和订单容量是两个完全不同的概念，企业在对认证环境进行分析的时候一定要分清这两个概念。

5. 制定认证计划说明书

准备好认证计划需要的各种材料，主要是认证计划说明书（物料项目名称、需求数量、认证周期等)，同时附开发需求计划、余量需求计划、认证环境资料等。

**（二）评估认证需求**

制订好认证计划后，需要对其进一步评估以确定认证需求的准确性。

1. 分析开发批量需求

做好开发批量需求的分析，掌握物料的技术特征等信息。根据不同的划分要求有不同的分析方法：按照需求的环节，可以分为研发物料开发认证需求和生产批量物料认证需求；按照供应情况，可以分为可直接供应物料和需要定制物料；按照国界，可以分为国内供应物料和国外供应物料。在这种复杂的情况下，认证人员应该详细分析开发批量需求，必要时与开发人员一起研究物料的技术特征。在已有的采购环境下，凭借认证计划经验对采购物料进行分类。可以看出，认证人员需要具备计划知识、开发知识、认证知识等，兼具从战略高度分析问题的能力。

2. 分析余量需求

分析余量需求之前要对余量需求进行分类。余量需求有两种产生来源：第一种是市场销售需求的扩大；第二种是采购环境订单容量的萎缩。这两种情况都会导致目前采购环境的订单容量难以满足客户需求的现象。对于第一种情况，通过市场及生产需求计划得到各种物料的需求量及需求时间；对于第二种情况，需要分析现实采购环境的总体订单容量与原定订单容量之间的差别。这两种情况的余量相加即可得到总的需求容量。

3. 确定认证需求

通过认证手段，获得具有一定订单容量的采购环境，根据开发批量需求及余量需求的分析结果确定认证需求。

**（三）计算认证容量**

计算认证容量是编制智慧采购认证计划的第三步，主要包括以下内容。

1. 分析项目认证资料

业务对于认证人员来说是尤为重要的，不同认证项目的过程和周期差别很大。各种物料项目的加工过程各式各样，非常复杂。对于作为采购主体的企业来说，一般只有几种需要认证的物料项目，熟练分析几种物料认证资料是有可能的。对于物料项目的认证资料，需要企业的物料采购人员尽可能去熟悉。

2. 计算总体认证容量

在采购环境中，订单容量和认证对于供应商来说是两个不相同的概念，有时可以相互借用，但是存在一定差别。认证供应商时，需要一定的资源用于支持认证比例操作，或者只做认证项目，这一般是供应商评判的标准和要求。总而言之，为了防止供应商只做批量订单，不做样件认证，认证容量与订单容量的比例应当在合同里体现说明，将采购环境中所有供应商的认证容量叠加起来是计算采购环境总体认证容量的方法，部分供应商认证容量需加上适当的系数。

3. 计算承接认证容量

供应商的承接认证容量等于当前供应商正在履行认证的合同量。计算承接认证容量是一个极其复杂的过程，各物料项目的认证周期也各不相同，一般来说是计算某个时间区间的承接认证容量。最为恰当和及时的处理方式就是借助强大的信息系统，做到模拟显示供应商已经承接认证充足，以便于认证计划决策使用。

4. 确定剩余认证容量

某一物料所有供应商群体的剩余认证容量的总和，称为该物料的认证容量，可以用公式简单进行计算。计算过程可电子化，物料需求计划系统一般不支持这种算法，需要单独创建系统。认证容量是一个近似值，仅供参考，认证人员对此不可过高估计，但他需要知道认证过程的操作。认证容量不仅是采购环境中的指标，而且还是动力源，能够推动企业不断创新和可持续发展。认证容量的价值体现为络绎不绝的新产品问世。

**（四）制订认证计划**

在以上步骤的基础上制订认证计划，主要包括以下内容。

1. 对比认证需求与认证容量

认证需求与供应商对应的认证容量之间一般都会存在差异。如果认证需求低于认证容量，可根据认证需求直接制订认证计划；如果认证需求远远超出认证容量，则应针对剩余的认证需求制订采购环境之外的认证计划，以找到新的供应商。

2. 综合平衡

综合平衡是在综合考虑生产经营、认证能力、材料生命周期等因素的基础上，判断认证需求的可行性。尽可能调整认证计划以满足认证需求，并计算认证容量无法满足的剩余认证需求。要想满足剩余认证需求，必须在公司采购环境之外的社会供应群体中寻找容量。

3. 确定剩余认证计划

对于采购环境无法满足的剩余认证需求，应提交给采购人员进行分析并提出对策，制定采购环境之外的供应商认证方案。如果采购环境之外的社会供应商尚未与公司签订合同，则在制订认证计划时应特别注意，认证计划应由经验丰富的认证人员或认证机构负责。

4. 制订认证计划

制订认证计划的主要目的是衔接订单计划。

## 二、智慧采购订单计划

制订智慧采购订单计划主要包括四个环节：准备订单计划、评估订单需求、计算订单容量、制订订单计划。就智慧采购而言，四个环节均可通过信息、数据处理技术实现优化。

1. 准备订单计划

根据客户订单和市场需求计划制订更准确的订单计划。进一步细分客户订单和市场需求计划，以生成生产需求计划。对于采购的生产需求，生产需求计划通常是订单计划的主要来源。编制生产需求计划的主要步骤有：确定总需求、确定净需求、计划订单日期和订单数量。此外，订单环境数据的准备也是订单规划的一个重要部分。订购环境数据主要包括供应商信息、订购比例信息、最小包装信息和订购周期。然后，根据生产需求计划和订单环境数据开发订单计划手册（记录物料名称、需求数量、到货日期等）和相关附件（市场需求计划等）。

2. 评估订单需求

通过对市场签订合同数、未签订合同数、未按时交付合同数等一系列数据的分析，考虑其他因素，可以全面了解市场需求，从而准确评估市场需求。根据市场需求和生产需求的分析结果，确定订单需求，制订满足企业长期发展和短期实际需求的订单计划，这是其中一个重要的环节。

3. 计算订单容量

如果不能准确计算订单容量，就无法制订正确的订单计划。计算订单容量主要包括采购数据分析、总认证容量计算、承接认证容量计算和剩余认证能力确定等内容。对于采购工作来说，供应商信息非常重要，供应商的物料供应是满足生产需求和紧急市场需求的必要条件。

对供应商进行身份验证时，通常需要供应商提供一些资料来支持身份验证操作。在供应商认证协议中，通过将采购环境中所有供应商的认证能力相加来反映采购环境下的总体认证能力。一些供应商的认证能力只能通过适当的因素提高。硬件中所有提供程序组的剩余身份验证能力之和称为硬件身份验证能力。采购环境下的认证能力是企业持续创新和可持续发展的动力源。持续的新产品流程是认证能力价值的体现，从而生产各种新产品组件。

4. 制订订单计划

（1）对比物料需求与供应商容量。

将企业的物料需求与供应商容量（能力）进行比较。如果物料需求低于供应商容量，且公司需求能够满足，公司只需根据物料需求制订订单计划；如果物料需求大于供应商容量，则需要进行物料平衡。申请单位应根据现有生产能力制订相应的物料需求计划。对于无法满足的剩余物料需求，需要重新制订认证计划。

（2）综合分析。

对市场、需求和订购能力进行综合分析。分析物料需求被满足的情况，保障供应商能够按照规定的数量和时间交货。对于其余无法满足的订货需求，可根据需要调整订单计划。

（3）制订订单计划。

制订订单计划主要是确定订货数量和订货时间，制订合理的订单计划是采购工作有序推进的基础和保障，因而越来越被企业重视。

## 三、影响智慧采购计划制订的因素

### （一）影响智慧采购计划制订的一般因素

1. 采购环境

采购环境通常是指来自企业内外部的影响采购工作的不可控因素。企业外部的不可控因素有国内外经济发展状况、人口变化、文化及社会环境、法律法规、技术发展及竞争状

思政案例：银川营造“公开、公平、公正”的政府采购环境

况等；企业内部的不可控因素主要有企业财务状况、技术水准、厂房设备、物品供应情况、人力资源及企业声誉等。这些因素对智慧采购计划有一定的影响。例如，在纺织企业的棉花采购中，由于供求关系、国内市场的变化及棉花收获季节等因素，市场价格往往会发生根本性的变化。因此，在制订棉花采购计划时，不仅要考虑订单的一致性，还要考虑棉花市场的价格波动，选择合适的采购时机。

2. 年度计划

在激烈的市场竞争中，企业根据市场销售情况确定生产经营规模。当市场上没有短缺时，企业的年度计划通常根据销售计划拟订，而销售计划的制订又受预期的影响。

3. 生产计划

生产计划规定了企业在计划期内生产产品的品种、质量、数量，生产进度及生产能力的利用程度。一般而言，生产计划源于销售计划，生产计划确定了企业在计划期内生产产品的实际数量及其具体分布。如果销售计划过于乐观，将会造成库存积压，给企业带来财务负债；相反，过于保守的销售计划将难以满足客户的需求，剥夺利润机会。后者往往是由于销售人员对需求的估计不准确，导致生产计划快速变化，预算频繁调整，智慧采购计划修订，物料供需持续不平衡。生产计划影响智慧采购计划的制订，故企业采购部门也应积极参与生产计划的制订，提供各种资源信息，给计划部门提供参考资料。企业制订的生产计划相对稳定，以防出现物品供应不上或物品积压的现象。

4. 物料清单

在高新技术产业中，由于产品工程的不断变化，使用的物料清单很难及时响应和修改，导致按生产计算的物料需求量与实际使用量不符，采购出现偏差。因此，智慧采购计划的准确性取决于物料清单的准确性。

5. 库存控制卡

如果库存控制卡记录正确，则表示实际物料与账目相符，库存控制良好。如果部分收到的物料不符合规格，则实际可用的物料数量将小于收到的物料数量，因此计划中的采购数量也将小于实际采购数量。

6. 标准成本

标准成本通常用于编制采购预算，因为很难预测将来要采购的物料的价格。如果标准成本的计算基于以前的采购数据，并且由工程师准确计算原材料成本、人力成本、制造成本等构成的总成本，则其准确性毋庸置疑。因此，标准成本与实际采购成本的差异用来衡量采购预算的准确性。

影响智慧采购计划的一般因素有很多，在制订智慧采购计划后，公司各部门需要定期保持联系，根据实际情况进行必要的调整和修订，以保障公司的正常运作，协助财务部门规划资金来源。

### （二）影响智慧采购计划制订的其他因素

1. 传统的采购流程不能适应智慧采购发展的要求

多数企业的大部分采购计划仍然需要由销售专员、销售部门经理、采购专员、采购部门经理、仓库专员和产品设计师等共同制订。一些企业的采购效率较低，迫切需要简化复杂的采购流程。

2. 对信息技术的利用程度不高

许多公司使用企业资源计划（ERP）系统制订和管理采购计划，但尚未实现 ERP 系统的财务、业务一体化目标。采购计划的调整工作由于文件交付和审批过程冗长而被拖延，而且因未及时输入库存数据和其他信息而受到限制。

3. 智慧采购系统建设成本高

企业不仅要在基础设施建设上投入大量资金，还要建立和维护智慧采购系统。这个过程将耗费大量成本。

4. 信息管理程度低下

智慧采购涉及资金和产品的流动，两者建立在信息流动的基础上。虽然大多数企业已经采用多种技术进行采购，但其目标是节约成本、提高工作效率，因而容易忽视信息管理和信息共享。企业与供应商之间的资源共享与协作水平低、采购数据管理混乱、信息接口不一致、信息沟通速度慢和保密性差，给智慧采购的发展带来了诸多困难。此外，部分企业信息化水平低，信息基础设施不完善，信息系统质量差，信息人才匮乏，企业内部信息传递缓慢，采购信息与其他信息整合度不高，在企业外部，又缺乏与供应商的有效沟通，最终阻碍了智慧采购的发展。

5. 采购人员的专业技术水平不高

采购人员的专业技术水平对智慧采购的发展和智慧采购计划的编制起着关键作用。一些企业缺乏高素质的专业人才及先进的人力资源管理理念。一方面，在招聘初期，没有制订针对人才需求的具体计划；另一方面，企业为了节约成本，采购人员缺乏新技术和新知识的培训，导致采购人员的专业技术水平不高，具有科技思维和创新思维的采购人员较少，阻碍了智慧采购计划的制订。

## 四、典型的智慧采购计划制订系统——CRP

在闭环 MRP 系统中，关键工作中心的负荷平衡称为资源需求计划，它的计划对象为独立需求件，主要面向的是主生产计划（MPS）；把所有工作中心的负荷平衡称为能力需求计划（CRP），即详细的能力规划，其规划对象是与需求相关的部分，主要用于车间。由于 MRP 和 MPS 之间存在着内在的关系，资源需求计划和能力需求计划之间也是一脉相承的，后者是在前者的基础上进行计算的。

1. 能力需求计划的依据

（1）工作中心。对于工作中心，工作时间要量化生产或加工能力，以成本为计算单位。

（2）工作日历。这是一个特殊的计划日历，由普通日历组成，不包括节假日、停工日等非生产日，并按顺序显示日期。

（3）工艺路线。工艺路线反映材料加工方法和顺序。工艺路线的文件描述了加工和装配过程的顺序、每个过程中使用的工作中心、时间配额、外包过程的时间和成本等。

（4）由 MRP 输出的零部件作业计划。

2. 能力需求计划的计算逻辑

闭环 MRP 的基本目标是满足客户和市场的需求。因此，在制订计划时，需要把需求规划放在首位，不考虑能力约束，然后再进行能力规划，并反复计算、调整和验证。能力需求计划的计算逻辑是将物料需求计划的订单转换为产能需求量，生成产能需求报告。能力需求计划逻辑示意如图 3-2 所示。

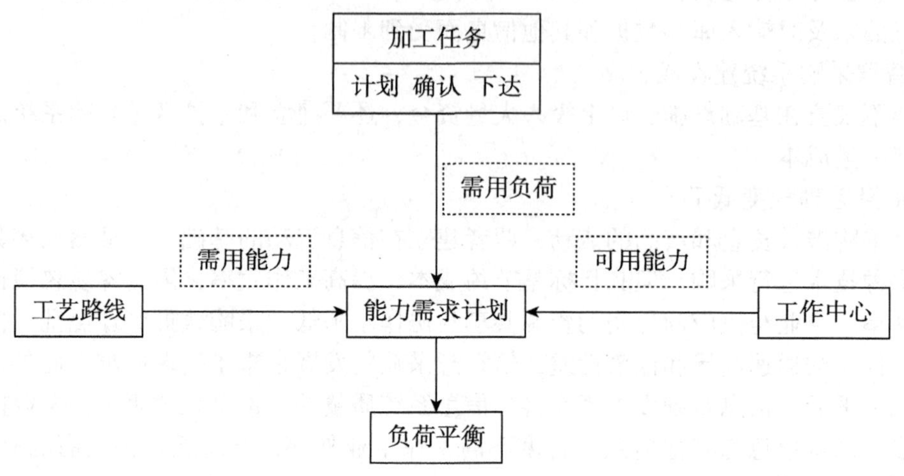


**图 3-2 能力需求计划逻辑示意**

# 第三节 智慧采购预算

## 一、智慧采购预算的含义、内容、意义与优势

### （一）智慧采购预算的含义

预算通过数字表示预期结果，各企业在未来一定期间经营决策的目标通过数据系统反映预算，预算是企业经营决策的数量化和具体化。编制预算可以促使人们更加详细地制订计划及平衡各种计划，能使计划工作更细致、更精确。

采购预算相当于定量计划，用于协调和控制一定时期内资源的获得、配置与使用。此外，它在确定公司未来决策目标方面具有系统性和目的性的特点，并且业务决策的价值和优势已经逐渐显现。

智慧采购预算是采购部门深度融合互联网+、大数据、云计算等信息技术，为配合企业年度的生产数量或销售预测，依据企业的整体预算制度，实现所需原材料、零部件等的成本的电子化、标准化的线上采购估计。在公司生产部门经理向上级管理者提交采购申请审批通过后，采购部门工作人员负责执行。采购人员根据所需采购物资数量测算采购成本，编制采购预算。采购调查、采购计划和采购预算三者密切相关。采购部门涉及的主要预算有资产预算、原材料预算、MRO 预算和采购费用预算。上述一系列过程于智慧采购而言，可通过采购系统实现流程的自动化。

### （二）智慧采购预算的内容

智慧采购预算和一般采购预算都包括的内容有销售计划、生产计划、采购计划、价格预期、资金预算、采购费用预算等。

1. 销售计划与生产计划

首先，根据企业当前的经营和销售情况拟订销售计划；然后，依据销售计划预测经营行为，并编制生产计划。宏观经济指标、财务状况、其他厂商的生产技术水平和管理水平等，都是影响销售预算的主要因素。当计划销售额大于实际销售额时，即供过于求，会产生生产过剩的状况，致使产品积压，企业的财务杠杆增大，不利于资金周转。当计划销售额小于实际销售额时，即供不应求，会造成生产紧缺，企业的利润减少。因此，销售计划的准确程度与企业资金运转情况之间联系直接且密切。由于销售的不确定性，生产计划应随之调整，生产计划的改变同时又会影响采购计划，可以说制订销售计划是编制采购预算的第一步。

2. 采购计划

采购计划是依据生产计划而制订的。生产计划随着销售计划的调整而变化的同时，影响采购数量。伴随制造工艺的改进、技术更新速度的加快及产品用料需求的变化，采购计划也在发生变化。在库存物料方面，考虑到储存损耗及记录不清的情况，实际供应量也会大打折扣。采购计划应根据实际情况的变化做出相应调整，继而调整采购预算的金额。采购金额需根据采购计划中的采购频率确定，采购预算要考虑资金周转的因素。企业财务状况将影响采购预算的精确度及采购数量。一般，公司的资金使用计划的周期较长。因此，公司制订采购计划时，需考虑产品线、市场份额及新项目的开拓战略等方面，在更新设备、执行拓展计划等情况发生时对其进行调整。采购预算必须考虑价格变动、付款时间、采购提前期等因素。

制订采购计划时还应考虑生产率的变动对物料需求的影响。一方面，如果生产率降低，所消耗物料的数量会超出计划的数量，导致采购计划中的采购数量不能满足生产需要；另一方面，次品率的增加同样会使物料耗用增加，会导致采购计划中的采购数量不能满足生产需要。

3. 价格预期与资金预算

价格预期的不确定性通常是由市场价格变化及汇率变动等导致的。许多公司因未来价格的不确定性而采用标准成本定价。标准成本是企业成本会计依据历史记录，结合当前经济发展趋势和市场变动因素而确定的。生产成本的不确定性导致定价与实际购入价格存在差额。大部分公司基于标准成本评价采购预算的准确性，当预算所依据的假设已经发生变化时，差额越大表明采购预算越不准确，采购部门的定价绩效越低。

资金预算的大致计算方式为采购数量乘以物料的单位价格，进而分配到各个时期。根据不同行业，预算可以分为长期预算和短期预算。长期预算适用于生产周期长、产品线复杂的行业，关键环节在于对价格的把握和预调。大部分行业可以按季度或年度编制采购预算。价格预测的好处在于可以确定销售成本，如果原材料价格过高，则产品销售利润降低，这时采购人员应开发合适的替代材料，价格预测打好了“这一过程”的提前量。维护、修理材料和辅助用料的采购计划往往是年度计划，这些材料的采购预算应根据成本占比、预测存货和价格水平进行调整。

4. 采购费用预算

采购费用包括工作人员的工资、房租、办公费、通信费、招待费、员工福利、教育培训费等。在编制采购费用预算时，剔除不合理的支出，有利于推进采购工作顺利进行。比照上年计划与实际支出情况，做好本年采购费用预算的同时，采购部门应定期对比本年计划与实际支出情况，从而随时调整，既能控制好采购费用，又能及时解决发现的问题。

由于影响采购预算的因素众多，采购部门需要与生产部门、销售部门保持密切联系，针对生产、销售过程中的现实状况进行及时调整，并与财务部门配合做好资金的分配工作。

### （三）智慧采购预算的意义

智慧采购预算不仅涉及预测，还涉及巧妙处理各种变量，这些变量是有助于公司未来占据主导地位的绩效指标。智慧采购预算是智慧采购行为计划的量化，编制智慧采购预算能够帮助企业管理者更加精准地制订和实施计划，同时这也是一种重要的管理理念。

（1）协调企业部门之间的合作经营。

各部门通过联合编制智慧采购预算，明确各自所处的地位和作用，协调各自的作业步伐，从全局出发，统筹兼顾、全面安排，促使各部门工作的有机结合。

（2）合理安排企业部门之间的资源，保证资源分配的效率。

企业拥有的资源是有限的，合理安排，实现以最少的投入获得最多的经济效益的目标。在编制智慧采购预算和其作业计划时，应充分考虑各部门的资源需求和经营活动的预算，保证资源分配的效率。

（3）对企业物料成本进行控制、监督。

预算是分析、控制各项经济活动的尺度，各部门通过编制切实可行的智慧采购预算，控制、监督各项经济活动，从而避免不必要的开支，降低企业物料成本，确保预定目标的顺利完成。

（4）保障企业战略计划和作业计划的执行，确保企业组织目标一致。

编制智慧采购预算期间，企业采购部门和其他职能部门被分配了一定任务量的工作，每个部门都有各自的绩效目标，明确了部门和员工的绩效联系，从而将企业的经济效益和员工的收益结合起来，促使员工努力完成采购目标，保障企业战略计划和作业计划的执行。

### （四）智慧采购预算的优势

与传统采购预算相比较，智慧采购预算表现出以下优势。

（1）较强的整合能力。

在信息整合能力方面，借助5G技术，利用先进手段，实现编制过程中信息的无缝对接；在业务整合能力方面，实现智慧采购业务涉及的一切费用的整合，包括对外部资源的整合管理，实现“零”化管理。

（2）数据的智能化访问。

除了简单的形式表达，还可以借助视频、语音等形式描述与智慧采购预算相关的数据，减少工作量，从而实现智能化。

（3）更强的灵活性。

借助信息技术手段，企业实现对供应链上下游（如上游供应商、下游市场）的实时监控，根据实际情况快速调整智慧采购预算。

（4）更加人性化。

根据上述的智能化特性，采购人员在负责供应商评估、采购交易等工作时，可以对未来的情况进行一定预测。

（5）创造成本优势。

编制智慧采购预算到一定阶段，可以完全明晰企业和供应商之间的业务，减少重复作业，实现降本提效、精准预测，进而创造成本优势。

## 二、智慧采购预算的原则、预算组织形式及流程

### （一）智慧采购预算的原则

智慧采购预算以金额的形式呈现，它的编制必须以企业整体预算制度为基础，遵循一定的原则。

1. 实事求是地编制智慧采购预算

编制智慧采购预算的过程中，以企业制定的经营目标为前提，秉持实事求是的原则。首先制订销售计划，然后明确生产计划，最后编制智慧采购预算。

2. 选择合适的预算期

在时间范围方面，智慧采购预算的预算期应与企业的计划期保持一致，切忌过短或过长，过短的预算期不能保证计划的顺利执行，而长于计划期的预算期是没有实际意义的。智慧采购预算按照时间范围可分为长期智慧采购预算和短期智慧采购预算。长期智慧采购预算作为公司战略性计划的关键组成部分，其预算期超过一年；短期智慧采购预算又称年度智慧采购预算，其预算期在一年以内。公司准确预测的能力很大程度上决定了实际预算期。预算期这一时间跨度往往被分解成更小的时间间隔，如月、季。

3. 积极稳妥、留有余地编制智慧采购预算

编制智慧采购预算的过程中，充分发挥预算指标的指导和控制作用，在保证预算指标先进性的同时，也要保证预算指标的可操作性。另外，编制智慧采购预算时应适当留有余地，预留一定的空间，以适应市场上的变化，避免发生意外时企业处于被动地位，影响正常的生产经营活动。

4. 比质比价编制智慧采购预算

在编制智慧采购预算时，要广泛收集采购物料的市场信息（如质量、价格等），根据市场信息对比质量和价格，进而确定所要采购的物料。企业在采购物料时，要注意严格审查供应商的资格，从质量、价格和信誉等方面择优选取。具备招标条件的，企业应采取招标采购形式，如大宗原材料、用于技术改造的物料等物资的采购。对于已经确定的供应商，应当及时掌握其市场信息变化，以便及时做出调整。

5. 加强信息共享，科学管理采购数据

企业需要恰当分析不同的采购情境、采购对象，对采购业务进行整合优化，运用好具有高速传播效率和严谨加密程序的5G、大数据等技术，不但能实现快速高效的信息沟通，建立与公司业务相匹配的智慧采购平台来编制智慧采购预算，而且可以保护企业采购数据和客户数据，提升采购质量。

### （二）智慧采购预算的预算组织形式

借助大数据、云计算、人工智能、物联网、区块链等技术手段共同构建智慧采购平

台，编制智慧采购预算。智慧采购预算的预算组织形式有很多，这里主要介绍概率预算、零基预算、弹性预算和滚动预算。

1. 概率预算

在编制预算的过程中，会涉及价格、成本、业务量等变量。管理者在编制预算时，并不能十分精确地预见哪些变量在何时发生何种变化，以及变化到何种程度，只能大体估算出它们发生变化的可能性（概率），从而近似地判断出变量的变化趋势、变化范围和变化结果，再对各变量进行调整，计算出可能的值。这种利用概率编制的预算，即概率预算。概率预算必须根据不同的情况来编制，有以下两种情况。

（1）若销售量与成本的变动不存在直接联系，这时只需要利用各自的概率分别计算出销售收入、变动成本、固定成本的期望值，然后直接计算利润的期望值。

（2）若销售量与成本的变动存在直接联系，这时需要用计算联合概率的方法来计算利润的期望值。

2. 零基预算

零基预算是在编制预算时，不用考虑所有预算项目以往的情况，一切从零点开始，完全按照未来一定期间内企业生产经营活动的需要和各项业务的轻重缓急，如实确定各项预算是否有支出的必要及支出数额大小的预算组织形式。

与传统的预算组织形式相比，零基预算优势明显，主要体现在：确定任何一项预算时，无须考虑前期的实际水平，只要考虑在计划期内该项目本身的重要程度即可，以零为起点确定预算的具体数据，其大致编制步骤如下。

（1）拟定预算目标。相关部门基于企业目标和各部门的具体任务，针对可能发生的预算项目逐一考证其支出的必要性和支出金额，编写各预算项目的方案。

（2）成本—效益分析。对每个预算项目需要的经费和能获得的收益进行计算和比对，通过对比的结果衡量和评估各预算项目的经济效益，然后具体权衡其重要性，从而列出各预算项目的先后次序。通常，预算委员会（由企业负责人、总会计师等人员构成）负责对各部门提出的预算项目进行成本—效益分析。

（3）按照确定的结果，结合计划期内可动用的资金实施分配，落实预算。一切预算额以零为起点，不受现行预算框架的束缚是零基预算的主要特点。零基预算的优点是能调动各层管理人员的主观能动性，促使各级管理人员把有限的资金切实可行地用到最需要的地方，量力而行、精打细算，实现整个企业的良性循环，从而提高企业整体经济效益。不足之处是零基预算一切支出均以零为起点，分析研究的工作量太大；就排序而言，如何把许多不同性质的业务按照其重要性进行排序，对一个企业来说是很困难的，很容易带有某些主观性色彩。因此，在实际的预算工作中，可若干年编制一次零基预算，然后再略做适当调整。

3. 弹性预算

弹性预算又称变动预算。这是一套适应多种业务量的预算，在编制预算时，要考虑计划期内各种可能变动因素的影响。弹性预算会随着业务量的变化产生相应的调整，具有伸缩性。编制弹性预算，首先要确定在计划期内业务量的可能变化范围。在具体编制工作中，对一般企业而言，正常生产能力的 70%～110% 为其变化范围，其间隔取 5%～10%，也可取计划期内预计的最高业务量和最低业务量为其上限和下限。其次，根据成本形态，将计划期内的费用划分为变动费用和固定费用。在编制弹性预算时，固定费用在相关范围内不随业务量的变动而变动，因而不需要按照业务量进行调整。对于变动费用，则要按照不同的业务量水平进行计算。

弹性预算一般用于编制弹性成本预算和弹性利润预算。弹性利润预算是对计划期内各种可能的销售收入可以实现的利润所做的预算，它以弹性成本预算为基础。弹性预算实例如表 3-4 所示（省略单位）。

**表 3-4　　弹性预算实例**

| 可能的业务量 | | 变动费用 | 固定费用 | 预算总费用 |
|---|---|---|---|---|
| 70% | 7000 | 7000 | 5000 | 12000 |
| 75% | 7500 | 7500 | 5000 | 12500 |
| 80% | 8000 | 8000 | 5000 | 13000 |
| 85% | 8500 | 8500 | 5000 | 13500 |
| 90% | 9000 | 9000 | 5000 | 14000 |
| 95% | 9500 | 9500 | 5000 | 14500 |
| 100% | 10000 | 10000 | 5000 | 15000 |
| 105% | 10500 | 10500 | 5000 | 15500 |
| 110% | 11000 | 11000 | 5000 | 16000 |

4. 滚动预算

滚动预算又称连续预算，其主要特点是预算期内随时间的推移而自行延伸，始终保持一定的期限（通常为一年）。当年度预算中第一季度（或月份）预算执行完毕后，就根据新的情况调整和修订后几个季度（或月份）的预算。滚动预算实例如图 3-3 所示。

**图 3-3　滚动预算实例**

滚动预算的理论依据：企业的生产经营活动是延续不断的，因此预算也应全面反映这一延续不断的过程。另外，现代企业的生产经营活动是复杂的，随着时间的推移，它将产生难以预料的结果。滚动预算在执行过程中可以结合新的因素，对其不断进行调整与修订，使预算更贴合实际，有利于充分发挥预算的指导和控制作用。

### （三）系统编制智慧采购预算的业务流程

以制造业为例，通常年度经营计划是指业务部门的营销计划，然后再制订生产计划。生产计划主要涉及智慧采购预算、制造费用预算和直接人工预算。由此可知，智慧采购预算的主要内容是采购部门为配合年度经营计划，对所需原材料、零部件等的数量及其成本的详细估量，促使完成整个企业目标。智慧采购预算的编制必须依据企业整体预算制度。系统编制智慧采购预算的业务流程如下。

（1）审查企业的长期计划和目标。采购部门作为企业的组成部门之一，在编制预算时，要以企业总体的发展目标为出发点，结合企业具体的长期计划，确保企业发展与目标之间的协调统一。

（2）制订明确的工作计划。采购负责人应了解本部门的各项业务活动，明确各项业务的特性和范围，制订出详细的工作计划。

（3）确定所需的各种资源。采购负责人要依据工作计划，对业务支出做出切合实际的估计，进而确定好实现目标所需的各种资源。

（4）确定预算数据。企业编制预算的难点之一在于确定预算数据，即便是有经验的预算人员也很难做出比较准确的判断。普遍的做法是将历史数据与企业目标相结合确定预算数据，即逐项分析历史数据和未来目标，使各项成本支出合理可行。

（5）汇总编制总预算。对各部门草案进行审核、归集、调整，汇总编制总预算。

（6）修改预算。由于预算有所偏差，需根据实际情况选定一个偏差范围。一般，企业可以根据经验数据及行业平均水平确定偏差范围。设定好偏差范围后，采购经理为控制业务的进展，需对比实际支出和预算。如果超出了偏差范围，就有必要对具体的预算提出建议或进行必要的修订。

（7）提交预算。将编制好的预算提交企业负责人批准。智慧采购预算必须体现其科学性、严谨性、可靠性，达到提高企业经济效益的目的。因此，在编制预算时，采购部门必须重视决策过程，结合现实情况，多开展一些调研活动，解决影响企业经济效益的关键问题，制定降本增效的目标、规划。

编制预算之前，采购部门必须做好市场调研，广泛收集基础资料及供应商信息，如市场需求量、物料价格、消耗定额、费用限额等，并对其进行必要的整理、分析，然后再用于编制预算。编制预算时，采购部门应厘清切实可行的编制程序、制定修改预算的办法、做好执行情况的分析等，最大限度地实现企业的总目标，以达到最优效果；每项预算应尽量做到数字化，即写明各项支出所对应消耗物料的型号、数量、价格，越具体越能准确判断预算的合理性，采购部门应精打细算、节约开支。为保障合理性与可行性，便于预算编制和采购管理工作的开展，预算指标应有未知、合理的假定背景。企业应让尽可能多的员工参与预算的编制工作，在提高员工积极性的同时，促使信息在更大范围内流动，提高预算的精细度和可操作性。

现今，各种各样的结算方式可供选择，如依据企业信用的延期付款方式。由于采购行为发生时间与货款支付时间存在时间差，在编制智慧采购预算时，企业应考虑资金支出情况，做好资金预算。

## 三、信息技术与智慧采购预算

《国务院办公厅关于复制推广营商环境创新试点改革举措的通知》《国家发展改革委等部门关于严格执行招标投标法规制度进一步规范招标投标主体行为的若干意见》等文件发布，加大先行先试力度，突出数字赋能“智慧交易”，推进智慧采购全流程电子化改革，突出信息技术的全覆盖，推动经济社会持续健康发展，奋力谱写中国式现代化招标采购新篇章。

1. 分布式数据库技术在信息化采购平台数据层中的应用

因为采购过程中会产生采购合同数据、采购金额数据及采购清单数据等，所以信息化采购平台应当具备数据处理和储存的基本功能。信息化采购平台之所以能够科学合理地对采购数据进行收集、处理和储存，能够准确地对采购数据进行分类和清晰标注，是因为数据层应用了分布式数据库技术，能够解决数据资源量大、数据资源混乱等采购数据问题，在面临处理和储存大规模数据集时，能够有效地将结构化或半结构化数据进行自动储存，而且还能防止数据损坏或数据丢失的情况。根据平台数据管理需求，该技术将数据信息以表格的形式储存到数据库中，将平台信息分为基本信息和管理信息。

分布式数据库技术可以将平台中所有提取出来的公共属性数据进行统计和管理，其中包括采购负责人、采购分类、采购物品类型、采购金额、采购付款方式、采购收款方式、物品入库方式、物品出库方式及仓库负责人等数据，实现信息化采购平台的信息管理功能。

2. 大数据分析技术在信息化采购平台服务层和应用层中的应用

服务层和应用层主要利用大数据分析技术，建立采购服务管理和查询模型。该模型能够分析百万量级真实用户的查询日志和标准评测集的查询语句，高效实现大规模 RDF（资源描述框架）服务管理和查询功能。基于大数据分析技术的采购服务管理和查询模型如图 3-4 所示。

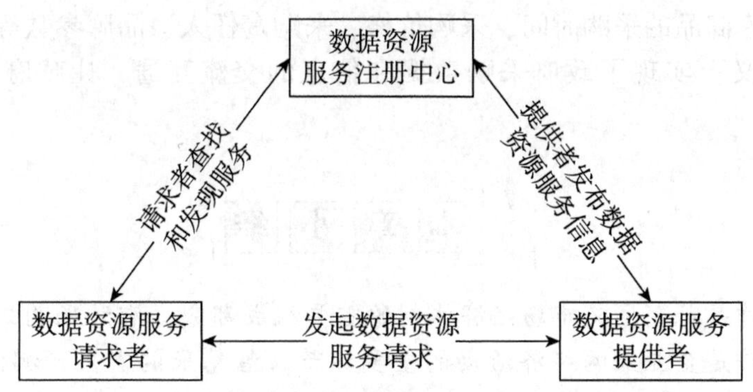


**图 3-4　基于大数据分析技术的采购服务管理和查询模型**

该模型包含三个主要实体，一是数据资源服务注册中心，二是数据资源服务请求者，三是数据资源服务提供者。在应用过程中，首先，数据资源服务提供者通过通用的接口在数据资源服务注册中心进行登记，设定平台注册功能参数。其次，数据资源服务请求者根据自身的服务需求，在数据资源服务注册中心进行搜索，选择能满足自身的服务需求的服务。最后，根据服务检索结果，利用数据资源服务描述中的资源节点信息，与数据资源服务提供者进行绑定，实现相应服务，获取所需的数据资源进行调用。

3. 大数据技术助力政府采购

随着信息技术的快速发展，我国政府采购也具有了更为广阔的发展空间。无论是发达国家还是发展中国家，都在积极探索符合本国国情的、能够凸显本国优势的电子化政府采购。从国民经济信息化的起步工程——“三金工程”到拉开了我国电子政务全面推进序幕的“政府上网工程”，再到“中国政府采购网”的正式开通，我国的政府采购事业逐步走向智能化的道路。

成都市公共资源交易服务中心倾力打造了政府采购电子商城。大数据技术实现了政府采购数据的挖掘、分析、共享，促成了“价低质高”“需采相符”的透明式政府采购新格局，政府采购商品标准通用、市场可买、货源充足。进入政府采购电子商城的电商品牌及商品采用公开招标，根据投标电商的优惠率、仓储能力、物流能力、服务能力及账期服务承诺等多方面综合评审确定。政府采购电子商城通过采用大数据采集技术和大数据分析技术处理商品信息数据（商品价格、配件信息、售后服务信息、供应商名称等），通过采用大数据存储技术实现商品目录的动态管理，确保主流电商品牌的热门商品在商城中售卖。

4. 依托互联网技术实现全资产链路管理

政府采购电子商城依托互联网技术打通了从预算编制到资产管理之间的“堵点”，实现了全资产链路管理，这一革命性的改变加快了服务型政府建设步伐。政府采购采购对象多、涉及面广、采购金额大。例如，政府采购电子商城的应用，将整个采购流程划分为计划管理、商品选购、订单管理、支付管理、合同管理、资产入库管理和售后服务管理七个环节，实现精准化管理。政府采购电子商城全程可溯的特点有助于精确编制预算。首先，系统会自动为每笔交易生成独一无二的订单编号，自动将需要采购的商品与采购计划匹配；其次，在订单配送环节，系统会在订单界面自动显示商品物流信息；再次，采购人员验收完毕后，只需在订单界面填写电子验收单和履约评价，系统会自动生成统一的电子合同；最后，在资产入库管理环节，资产管理人员可充分凭借商城自动记录采购信息的优势，准确掌握入库商品的采购时间、采购价格、采购责任人、品牌参数等信息。政府采购电子商城真正意义上实现了政府采购数据和信息的交流互通，让政府采购变得更加智能化。

## 本章小结

智慧采购工作是社会主义市场经济体制的重要组成部分，智慧采购工作中的需求、计划与预算管理工作是企业采购经济活动的重要环节。智慧采购需求预测依托大数据理念、技术和资源，依法高效采集、有效整合、充分运用采购信息数据，利用现代信息技术手段，借助 MRP、ERP 采购信息系统对采购品种和数量实行更为科学、精准、高效的智能化预测，实现及时发现并自动预测采购数量的目标。制订智慧采购计划，需要新兴信息技术的支撑，如大数据技术、云计算技术等。智慧采购预算是采购部门深度融合互联网+、大数据、云计算等信息技术，为配合企业年度的生产数量或销售预测，依据企业的整体预算制度，实现所需原材料、零部件等的成本的电子化、标准化的线上采购估计。

## 一、单项选择题

1. 影响智慧采购计划制订的一般因素（　　）。

A. 采购环境　　B. 年度销售计划

C. 物料清单　　D. 智慧采购系统建设成本

2. 智慧采购预算相较于传统采购预算的优势（　　）。

A. 确保企业组织目标一致　　B. 保证资源分配的效率

C. 数据的智能化访问　　D. 协调企业各部门之间的合作经营

## 二、多项选择题

1. 对不同市场需求情况进行预测时，预测结果的准确性和可靠性与预测期限有关，因而根据预测期限的长短可以分为（　　）。

A. 长期预测　　B. 中期预测　　C. 短期预测　　D. 近期预测

2. 制订好认证计划后，需要对其进一步评估以确定认证需求的准确性。评估认证需求主要包括的方面有（　　）。

A. 分析开发批量需求　　B. 分析余量需求

C. 确定认证需求　　D. 确定物料金额

3. 智慧采购预算和一般采购预算都包括的内容有（　　）。

A. 销售计划　　B. 生产计划

C. 采购计划　　D. 价格预期及资金预算

4. 智慧采购预算的预算组织形式有（　　）。

A. 概率预算　　B. 滚动预算　　C. 零基预算　　D. 弹性预算

5. 制订订单计划是制订智慧采购订单计划的最后一个环节，其内容主要包括（　　）。

A. 对比物料需求与供应商容量　　B. 综合分析

C. 确定余量　　D. 制订订单计划

## 三、简答题

1. 简述智慧采购需求预测的重要性。

2. 简述智慧采购预算的意义。

3. 系统编制智慧采购预算的业务流程有哪些？

**课后案例：云扩科技智能 RPA**

# 第四章　供应商智慧化选择与管理

## 学习目标

理解供应商智慧化开发的含义。

了解供应商智慧化选择的原则、步骤与策略。

掌握供应商智慧化管理。

了解供应商关系智慧优化。

## 学习重点和难点

智慧供应链模式下供应商开发和选择是重点，供应商智慧化管理系统的设计与实现是难点。

## 导入案例

### 企企通签约海思科集团供应商关系管理（SRM）平台项目

好的供应商关系是构建供应链的基础，越来越多的企业认识到供应商关系管理平台建设的重要性。海思科医药集团股份有限公司（以下简称海思科）正式与企企通签约供应商关系管理（Supplier Relationship Management，SRM）平台项目，以期完成建设一体化上下游供应链管理平台的目标，实现内部协同生态，合规保供，降本增效。

#### 一、SRM 平台助力药企提升效率

海思科成立于2000年，是一家集新药研发、生产制造、销售等业务于一体的多元化、专业化医药集团上市公司。海思科的研发实力在化学制药行业中名列前茅，在肠外营养细分市场占有率领先，属于肝病用药生产企业，在肝病及消化和抗感染两个细分市场占据重要地位。

对医药企业而言，确保供应商的产品符合国家相关规定及通过公司审查确保供应，并建立长期、紧密的业务关系极其重要。采购询价、招标等重要环节往往在线下进行，容易造成过程不公开透明等问题。此外，评定流程中，绩效考核数据及采购数据的报表依然通过手工统计，数据处理效率低且准确性不够，难以满足海思科快速发展的需要。

引入企企通供应商关系管理（SRM）平台项目后，海思科通过供应商管理、采购管理、对账管理、合同管理、报表管理、主数据管理等功能模块帮助企业改善与供应链上游

供应商的关系，将采购人员从烦琐的事务性工作中解放，使他们得以投入更具价值的寻源判断和管理协作中。此外，该平台整合、统一了供应商资源和竞争优势，海思科打通了内部采购业务，从需求提报、寻源定价到履约送货付款的全流程，全面优化了采购效率。

**二、数字化高效管理，赋能供应链协同生产**

在医药生产领域，传统的生产需要大量的数据报表，且涉及供应商资源、招标竞价、来料管理、计划协同，管理操作复杂。借助企企通供应商关系管理平台的数字化解决方案，可以实现从供应商潜在、评估、引入到正式交易的全流程管理，让供应商每笔来料都规范、可控。同时，在供应绩效管理中及时发现供应链的短板，实时优化。

在询价、招标竞价过程中，海思科还随时跟进管理每个招标项目，监督在线报价与投标，开展在线比价评标，确保采购环节公开、透明，为重大采购和企业管理提供有力支持。

SRM 平台已成为企业生产“智”造的主流。企企通 SRM 平台不仅适用于大型生产制造领域，还适用于医药制造等科技含量高的领域。企企通将持续加强与产业伙伴的合作，共同促进企业管理水平的提升，从而取得商业的成功。

**案例思考**

（1）海思科为什么引入 SRM 平台？

（2）结合案例，谈谈你对供应商智慧化选择与管理的认识。

## 第一节 供应商智慧化选择

党的二十大报告明确提出“着力提升产业链供应链韧性和安全水平”。面对新变局、新挑战，着力提升产业链供应链韧性和安全水平，形成具有自主可控、稳定畅通、安全可靠、抗击能力的产业链供应链，在关键时刻不掉链子，事关经济发展大局。要把握新一轮科技革命和产业变革新机遇，切实保障我国产业链供应链安全稳定，同时深化产业链供应链国际合作，让发展成果更好地惠及各国人民。供应商作为其中极为重要的一环，供应商智慧化选择与管理至关重要。

全球竞争加剧，产品需求日益多样化，供应商在交货期、价格、提前期、库存水平、产品设计、服务、产品质量等方面都影响着企业经营。企业应当选择一批优秀的供应商，这不但对企业的正常生产起决定作用，而且对企业的发展也非常重要。因此，企业应将供应商的选择工作当作企业经营管理的重要任务。

### 一、供应商智慧化开发和选择

供应商智慧化选择的第一要务是供应商智慧化开发。所谓开发供应商，就是从无到有地寻找供应商，建立一支满足采购方需要的供应商队伍，以保证采购方生产和流通顺利进行。可以说，这支供应商队伍是采购方宝贵的供应商资源，其可以实现适时适量为采购方提供物资供应的目标。因而，供应商智慧化开发的过程实际上就等同于采购方后勤队伍的建设过程，这是一项很重要的工作，同时也是一个庞大复杂的系统工程，需要精心策划、认真组织。

### （一）供应商智慧化开发的背景和内涵

1. 供应商智慧化开发的背景

（1）采购“云计算”。

随着各类采购信息化系统的建设和发展，系统之间互联互通难、信息共享难、业务协同难等问题凸显，云计算技术在采购中的应用为解决上述问题带来了曙光。云计算技术的应用优势：一是数据标准化，数据实现统一标准以后，第三方电商平台（如京东、苏宁、天猫）可以实现与采购信息化系统的对接；二是降低成本，采用云计算架构的采购信息化系统的运营成本一般比传统的系统运营方式下降30%~40%；三是提升采购效率，通过统一的云平台，可以在线完成从预算到需求、再到招投标这一系列的工作，极大提高了采购工作的效率。

（2）采购“大数据”。

采购项目实施包括需求提报、计划审核、任务下达、采购评审、合同签订、质量监督等多个环节，涉及采购需求单位、采购机构、采购监管部门、供应商等多个主体。在采购项目实施的不同阶段，不同主体都会产生大量的采购数据信息（如采购需求信息、招标技术参数信息等），这些信息种类多样、来源广泛，具有典型“大数据”的特征。因此，对上述信息的处理、分析及研判需要运用大数据技术，挖掘、提取其中蕴含的丰富信息，为采购政策分析、过程监管、效能评估提供有力科学的决策支撑。

（3）采购“智能化”。

信息化发展的最高阶段是智能化，以采购智能化为最高发展目标。采购智能化体现在采购需求智能预测、采购资源预先掌控、采购流程自动优化等方面。京东在采购智能化推进方面一直处于较为领先的地位，使“采”“购”真正融为一体。

2. 供应商智慧化开发的内涵

企业应为所有供应商建立精准的差异化画像，将供应商的精准画像结果应用于采购方案策划、采购寻源、执行效果监控等过程，降低供应商寻源成本和时间，减少采购失败率，提高采购质量。供应商智慧化开发涉及供应商调查、资源市场调查、价格分析、追踪考核等。

### （二）供应商智慧化选择概述

1. 供应商选择的内涵

供应商的选择对于企业来说是多目标的，选择的依据是供应商的评价结果，评价因素包括可见和不可见的因素。另外，供应商选择贯穿在供应商开发的全过程中，具体步骤：首先在众多的供应商中，每个品种选择5~10个供应商进入初步调查；其次，再选择1~3个供应商进行深入调查；再次，初步确定1~2个供应商；最后，初步确定的供应商进入试运行，并进行考核，筛选出最后的供应商。

2. 供应商智慧化选择的内涵

为更好地选择供应商，企业将依托融合大数据、人工智能技术的“互联网+”平台，引入物联网设备、人工智能机器人等基础设施构建现代供应商选择系统，并形成智能化、生态化、集成化、可视化的供应商管理体系。

3. 供应商智慧化选择的原则

一个优秀的供应商需要具备：一定的生产能力，体现为产量高、规模大、经验丰富、生产设备好等；先进的技术水平，体现为设计能力和开发能力强、产品的技术含量高等；有力的管理水平，体现为有魄力、有能力的企业管理者和完善的管理体系等；较高的服务水平，体现为完备的售后服务制度和热情友好的客户服务态度等。

成功企业的采购经验表明，供应商智慧化选择的基本要点：在采购目标明确的基础上对目标供应商进行深入细致的调查研究，以全面了解每个候选供应商的情况，然后进行综合平衡与择优选用。具体而言，供应商智慧化选择应遵循如下原则。

（1）目标定位原则。

供应商评审人员应依据所采购商品的品质特性、采购数量等选择供应商，注重对供应商考察的广度和深度，使建立的采购渠道能够保证品质要求、减少采购风险。这样有利于企业产品打入目标市场，让客户对企业生产的产品充满信心。

（2）优势互补原则。

选择的供应商应当在经营方向和技术能力方面符合企业预期的要求，若供应商在某些领域具有比采购方更强的优势，则在日后的合作中能在一定程度上优势互补。在建立关键、重要零部件的采购渠道时，更需对供应商的供货能力、技术水平等方面有清楚的把握。只有那些在经营理念和技术水平符合和达到规定要求的供应商，才能成为企业生产经营和日后发展的合作伙伴。

（3）择优录用原则。

在相同的报价及交货承诺下，毫无疑问要选择那些商誉好、为知名企业供货的厂家作为供应商。

（4）共同发展原则。

如今，市场竞争越来越激烈，如果供应商不以全力配合企业的发展规划，企业在实际运作中必然会受到影响。若供应商能以荣辱与共的精神来支持企业的发展，把双方的利益捆绑在一起，则双方能对市场的“风云变幻”做出快速、有效的反应，企业能以更具竞争力的价位争夺更多的市场份额。

**（三）客观选择和评价供应商的基本思路**

供应商的选择并不是一件简单的事情，尤其是对战略供应商和重要供应商的选择，它们直接影响企业的市场竞争力。因此，对这两类供应商的选择不仅要考虑短期指标，还必须从长远意义上考虑。对于优先型供应商，企业在交易中具有绝对优势地位；对于商业型供应商，双方交易表现出明显的短期化趋势。供应商智慧化选择涉及短期标准和长期标准。

随着采购额占销售收入比例的不断增加，采购逐渐成为决定企业成败的关键因素。采购方普遍选择供应商建立战略伙伴关系、控制双方关系风险并制定动态的供应商评价体系。不同企业的不同发展阶段，供应商的选择和评价指标不尽相同。通过量化指标来客观选择和评价供应商的基本思路：建立供应商阶段性评价体系、进行网络化管理、秉持关键点控制的四项原则、进行体系的维护。

1. 建立供应商阶段性评价体系

供应商选择是一个连续的、对供应商不断考察的过程，需要建立供应商阶段性评价体系。首先，对供应商进行评审和综合分析评分，评审和综合分析评分的内容包括管理体系、资源管理与采购、产品实现、设计开发、生产运作、测量控制和分析改进等方面，将评价结果分为不同分数段（0~100分），如80分以上为体系合格的供应商，合格的供应商进入公司级的供应商认定流程及标准维护体系中。

其次，对于合格的供应商采取QSTP加权标准。Q即Quality，代表供货质量，占30%评分比重；S即Service，代表供货服务，占30%评分比重；T即Technology，代表技术，占10%评分比重；P即Price，代表价格，占30%评分比重。

最后，通过专项专组辅导和结果跟踪的方法进行供应商问题的辅导和改进工作。具体来说，根据所负责采购物料特性把货源开发组员分为几个小组，如板卡组、机械外设组、器件组、包装组等。

供应商战略伙伴关系评价关系到企业发展的战略性问题。供应商战略伙伴关系评价是一种供应商关系分类管理办法。供应商战略伙伴关系评价的特点：流程透明化、操作公开化，所有流程的建立、修订和发布都通过一定的控制程序，以保证其相对稳定性。评价指标尽可能量化，以减少主观因素的干扰。根据收集到的信息，由商务小组负责分析，评价供应商战略伙伴关系，并将结果提交战略小组。

2. 进行网络化管理

在管理组织架构方面，网络化管理是将不同的信息点连接成网的管理方法。例如，对新供应商的认证，应由公司级的质量部门和采购中心负责，而对于相关产品的差异性需求，则应由各事业部的质量处和研发处提出。在业务的客观性和流程的执行监督方面，工作各个环节的监督机制应尽量减少人为因素，使操作及决策过程透明化、制度化，通过成立业务管理委员会，采用国际审核办法，检查采购中心内部各项业务流程的遵守情况。

3. 秉持关键点控制的四项原则

（1）门当户对原则。

门当户对原则体现了一种对等的管理思想，与“近朱者赤”的合作理论并不矛盾。在非垄断性货源的供应市场上，由于供应商的管理水平和供应链管理实施的深入程度不同，应当优先考虑规模、层次相当的供应商。行业佼佼者不一定就是首选的供应商，如果双方规模差异过大，在供应商总产值中采购占比过小，则采购方往往在生产排期、售后服务、谈判空间等方面不能尽如人意。

（2）半数比例原则。

从供应商风险评估的角度，半数比例原则要求购买数量不能超过供应商产量的一半。如果仅由一家供应商供货并分摊100%的成本，则采购方风险较大。一旦该供应商出现问题，按照“蝴蝶效应”原理，势必影响整个供应链的正常运行。此外，采购方依赖某些供应材料或产品的前提是考虑地域风险。

（3）供应源数量控制原则。

实际供货的供应商数量应该有所限制，同类物料的供应商数量最好保持在2~3家，有主次供应商之分。这样可以降低管理成本，提高管理效果，保证供应的稳定性。采购方要想与供应商建立信任、开放交流的长期合作关系，首先必须分析市场竞争环境，然后分析当前产品的需求、类型和特征，最后确定是否有建立上述关系的必要。对于公开且竞争激烈的供应商市场，应多家比价、控制数量、择优入围。对于只有几家供应商可供选择的有限竞争市场和垄断货源的独家供应市场，采购方则需要采取合作战略，以获得更好的产品品质、更紧密的伙伴关系、更好的排程、更低的成本和更多的支持。

（4）供应链战略原则。

对于实施战略性长期伙伴关系的供应商，可以签订一揽子“协议合同”。在发现某个供应商出现问题时，应及时调整供应链战略，仔细分析近期目标和长期目标，妥善处理短期利益和长期利益的关系。采购方如果考虑长期目标和长期利益，则不得不放弃短期目标和短期利益。

4. 进行体系的维护

采购作为企业发展和运行必须进行的工作之一，它的发展模式与企业的整体组织管理架构以及运营管理阶段有关，因而企业需要根据整体战略的调整而不断调整有关采购方面的要求和策略。另外，供应商管理体系需要根据行业、企业、产品需求和竞争环境的不同而采取不同的维护手段。细化的标准本身就是一种灵活性的体现。

## 二、供应商智慧化选择的步骤、注意事项、策略与方法

### （一）供应商智慧化选择的步骤

供应商智慧化选择是指运用先进的信息技术（如云计算技术、大数据技术）构建相应的信息系统，系统地开发和选择供应商，具体步骤如下。

1. 物料分类

企业应将采购物料分类，确定关键的原材料、零部件等，物料重要程度决定企业与供应商关系的紧密程度。将主生产物料和辅助生产物料按采购金额比重分成 A、B、C 三类，然后找出关键物料、重点物料，重点管理关系比较密切的供应商。对于供应非重点物料的供应商，企业应与其保持一般的联系，甚至双方不必建立固定的供应商关系。

2. 供应商调查

按材料成分或性能分类，收集生产各类物料的 5～10 个厂家，填写供应商调查表，确定资源市场；也可用传真或其他方式交给供应商填写并获取反馈。

3. 资源市场调查

咨询政府部门（如与经济统计相关的部门）、供应商，了解资源市场的供应量、需求量、供应能力等基本情况以及供应商概况（如发展趋势）。

4. 分析评估

（1）成立供应商评估小组。小组一般由企业总经理、采购经理、质量管理经理和技术部门工程师组成。

（2）供应商分析。整理核实反馈回来的供应商调查表，如实填写供应商资料卡片。由供应商评估小组负责资料比对和综合评估，按物料采购金额、供应商规模、生产能力等基本指标对供应商进行分类，对于每种关键物料、重点物料初步确定 1～3 家供应商，准备进行深入调查。

（3）资源市场分析。在供应商分析的基础上，结合资源市场调查的有关资料分析资源市场的基本情况，包括资源市场的生产能力、技术水平、管理水平、可供应的资源量、质量水平、价格水平、需求状况和竞争的激烈程度等。

（4）根据资源市场的性质，确定相应的采购策略、产品策略和供应商关系策略。例

如，确定资源市场是富余型市场还是紧俏型市场，是竞争市场还是垄断市场。

5. 深入调查供应商

从初步调查分析的合格者中，选定 1~3 家供应商，进行深入调查。

第一阶段：送样检查。随机抽样检验供应商生产的一批样品。检查合格进入第二阶段，检查不合格，允许再生产一批送检，如果抽样仍不合格，则供应商落选。

第二阶段：考察生产工艺、质量保证体系和管理模式等生产条件是否合格。合格者中选；不合格者愿意改进则还有机会进入第三阶段。

第三阶段：生产条件改进考察。愿意改进并在规定期限达到了改进效果的供应商中选。不愿意改进或愿意改进但在规定时间内没有达到改进效果的供应商落选。

6. 价格谈判

对送样或小批量合格的产品、材料要评定品质等级，并进行比价或议价，确定一个最优的价格。价格谈判的指导思想是合理和双赢，要考虑长远合作，互惠互利才能共同发展，才会有长远利益。价格谈判成功以后，就可以签订试运行协议，并依据协议以一种供需合作关系进行物料采购供应，根据情况，试运行阶段的时长范围可以是 3 个月到 1 年。

7. 供应商辅导

价格谈好以后，采购企业将与试运行供应商建立一种紧密关系。采购企业要积极辅导试运行供应商。采购企业应当根据生产的需要和供应商的条件，规范相互之间的作业协调关系，制定作业手册和规章制度。为适应采购企业的需要，采购企业应当对供应商在管理、技术、质量保障等方面进行辅导和协助。

8. 追踪考核

在试运行阶段，采购企业要从供应业务的产品质量、交货时效、交货数量和信用度等方面对供应商进行追踪考核。具体来说，采用全检或随机抽样检验的方式，用质量合格的次数占总检验次数的比率（质量合格率）表述产品质量是否合格，用误时的交货次数占总交货次数的比率来描述交货是否准时，用供应满足程度或缺货程度来描述交货数量是否达标。对于信用度的考核，一般用失信次数占总次数的比率来衡量，具体操作：考察在试运行期间，供应商是否认真履行自己承诺的义务，是否对合作事项认真负责，往来账目中是否有赖账、拖账。例如，没有履行事先的承诺，没有按约定及时付款或还款等，都属于供应商失信行为。

9. 供应商选择

追踪考核步骤涉及的指标每月考核一次，一个季度或半年综合考核评分一次，然后计算各个指标的加权综合评分，将评分结果分成优秀、良好、一般、较差几个等级。优秀者可以通过考核，结束考核期，签订正式供需合同，成为采购企业正式的供应商，建立一种比较稳定的供需关系。一般、较差者则视为未通过试运行阶段的考核，结束考核，终止供需关系。

10. 供应商的使用

当供应商选定之后，则签订正式供需合同，建立比较稳定的供需关系，开始正常的供应业务。在业务运行开始阶段，仍需要加强指导与配合，对供应商的操作提出明确的要求，不断改进和协调工作。需要注意的是，要以书面条文的形式规定工作守则、规章制度、作业要求等，有些还要添加到合作协议中。另外，还要加强评估与考核，不定期检查和协商，以保障业务运行的健康有序。

11. 供应商的激励和控制

在供应商的整个管理过程中，还要加强激励和控制，激励即充分鼓励供应商积极主动地做好供应工作，而控制即采取各种措施（如签订合同、提出技术要求等），以防范供应商的不正当行为，防止给采购企业带来损失，保证采购企业利益不受影响。

### （二）供应商智慧化选择的注意事项

通过一定的技术辅助供应商智慧化选择的过程中，有以下注意事项。

（1）设定科学合理的供应商考核指标。

设定科学合理的供应商考核指标是进行供应商智慧化选择的至关重要的一步，只有依据自身实际情况设定考核指标，才能准确、客观地对供应商进行选择和评价，结果也更为科学合理。因而，采购企业应该以质量、供应、价格以及服务等方面为基础，设定科学合理的供应商考核指标，并建立供应商考核体系。

（2）严格制定供应商智慧化选择的流程。

企业应严格制定供应商智慧化选择的流程，保证供应商的选择渠道是正规的，设定的供应商考核指标是科学合理的。围绕考核重点，根据采购企业的具体情况，划分考核指标的权重。有侧重地对考核标准进行划分，并以此来综合考核供应商。在综合评分环节，要保持客观的态度，避免带有个人感情色彩。

（3）一般情况，外包采购的比率越高，则选择供应商的机会越大，以能够分工合作的专业厂商为主要对象。

（4）企业应着重选择能共存共荣的供应商作为单一供应商，建立长期关系。

（5）若只重视采购成本或交货期，则买卖双方的关系是短期的，只有买卖双方建立长期的关系，买方（采购企业）才能让卖方（供应商）介入产品设计并共享资讯。

（6）选择国内的供应商，采购价格较低，由于地理位置近，可以实现及时生产或者零库存策略。选择国外的供应商，扩大供应来源，可能接触到先进的技术手段和生产理念，提升自身的技术含量。

### （三）供应商智慧化选择的策略

对供应商进行科学的评价，可以选择优秀的供应商。供应商智慧化选择的具体策略如下。

1. 稳定策略

企业应选择综合素质较好的供应商作为合作伙伴，并不断加强与其的关系，以便长期合作。采用这种策略可使企业货源稳定，产品的质量、数量、交货期得以保证，使企业能稳定经营。

2. 动态选择策略

企业面临的经营环境总是在不断变化的，面对以下两种情况，企业要重新选择供应商或开发新的供应商。第一种情况，市场的需求是多变的，为了满足市场的需求，企业的产品组合要不断调整，这导致企业采购物料的结构也要不断调整，当超出原来供应商的经营范围时，需调换供应商。第二种情况，与供应商建立长期稳定的关系固然重要，但是供应商的信誉会发生变化，企业应淘汰一些不合格的供应商，开发新的供应商，与之建立合作关系。

3. 对应策略

在评价供应商时，对于科技含量较高的产品，质量、服务因素权重大，而价格因素权重小；一般大宗商品在质量一定时，价格因素权重大。

针对不同的产品、不同的市场态势，在选择供应商时应分别采取对应的策略。对于供小于求的紧俏产品，不及时购买就有可能买不到，影响企业的经营，因此在评价供应商时，质量因素权重可适当放小，否则采购不到，会因小失大。对于供大于求的滞销产品，企业采购时选择的余地大，要货比多家，在评价供应商时将质量、价格因素权重适当放大。对于供求平衡的平稳产品，评价供应商时，质量因素是主要的，其次才是价格因素。

**（四）供应商智慧化选择的方法**

智慧化选择供应商，要根据具体情况采用合适的方法。

1. 考核选择

考核选择是在充分了解供应商的基础上，再进行认真考核、分析比较而选择供应商的方法，详细步骤列举如下。

（1）调查供应商。

供应商调查可以分为初步调查和深入调查。初步调查的调查内容包括产品的品种、规格、质量及价格，供应商的生产能力、地理位置、运输条件等。相较而言，深入调查的调查内容较复杂，深入调查对象的选择标准主要依据供应商的实力（如生产能力和技术水平）、产品质量保障体系构建情况和管理水平等而制定。首先，采购企业将各类产品按重要程度分类；其次，根据供应商的生产能力推演实际生产情况。关键产品、重要产品价值高、精度高、性能优越、技术先进，会装配关键、核心的零部件，因而采购企业务必要认真选择供应商。

（2）考察供应商。

初步确定的供应商要进入试运行阶段进行考察，试运行阶段的考察更实际、更全面、更严格。在考察过程中，要进行所有评价指标（包括产品质量合格率、按时交货率、交货破损率、价格水平、信用度等）的考核评估。在单项考核评估的基础上，还要进行综合评估。综合评估就是把各个评价指标进行加权平均计算而得出一个综合成绩的过程，综合成绩越好，意味着供应商表现得越好。

（3）考核并选择供应商。

通过试运行阶段，得出各个供应商的综合成绩，基本上就可以确定哪些供应商可以入选，哪些供应商被淘汰。优秀的供应商理应入选；较差的供应商予以淘汰；一般的供应商根据情况，将其列入候补名单。一些企业为了在供应商之间促成竞争机制，通常选 2 个供应商（包含 A、B 角供应商）或 3 个供应商（包含 A、B、C 角供应商）。A 角供应商是主供应商，分配较大的供应量；B 角或 C 角供应商是副供应商，分配较小的供应量。综合成绩为优的供应商为 A 角供应商，候补供应商可作为 B 角供应商。一段时间以后，如果 A 角供应商的表现有所退步而 B 角供应商的表现有所进步，则可以把 B 角供应商提为 A 角供应商，把原来的 A 角供应商降为 B 角供应商。这样无形中就造成了 A 角供应商和 B 角供应商竞争的局面，促使它们竞相改进产品和服务，使采购企业获益。当供应商选定之后，应当终止试运行阶段，签订正式合同。

2. 招标选择

招标选择的主要工作：准备合适的招标书；建立权威的评标小组和制定相应的评标规则；组织招标投标活动。

招标活动的关键环节就是评标活动。能不能选择到优秀的供应商，关键就看评标活动的具体操作。在投标活动中，广大供应商的主要工作：起草投标书，参与投标竞争；参加招标会，进行投标说明和辩论。根据各个供应商的投标书及其投标说明和辩论，评标小组质询、分析和评比，最后宣布中标的供应商。依据上述步骤最终确定供应商。

## 三、智慧供应链模式下供应商的开发和选择

2017 年 10 月，国务院办公厅印发《关于积极推进供应链创新与应用的指导意见》，其指出要形成一批适合我国国情的供应链发展新技术和新模式，基本形成覆盖我国重点产业的智慧供应链体系。智慧供应链以信息技术为依托，不但提高了响应速度、降低了供应链成本，而且使复杂的供应链在效率、透明度、敏捷性和柔性等方面进一步提升。智慧供应链主要有可视化、透明化、协同性三个方面的优势。具体而言，可视化体现在流程和过程信息可以追溯、可以交互、可以在线播放；透明化体现在信息共享、不对称性弱化、无缝衔接；协同性体现在节点企业可以更便捷地了解供应链内部信息，并且随机调整其内容，提高运作效率，进一步增强协同性。因此，在以数据和技术为驱动力的新商业模式下，构建供应商开发评价指标体系并合理选择供应商是智慧供应链助力节点企业获取竞争优势的关键。

### （一）智慧供应链模式下供应商开发流程

供应商开发的目的是规范供应商的选择，从而达成保证产品质量和降低企业成本的双重目标。供应商开发是采购工作的核心和前提，其直接影响企业产品质量及经济效益。明确供应商开发流程，使采购工作有章可循，采购小组在框架内开展工作，高效率的同时也便于开发长期合作的供应商。供应商开发流程列举如下。

（1）进行产品开发的需求分析，明确是否有必要进行。如果可以用现有产品代替，则会很大程度上减少时间和精力的耗费。

（2）进行供应市场竞争分析，了解市场供应状况是供过于求还是供应稀缺，这有利于后期的商务谈判。根据实际情况、行业特点和企业性质发布新的物料信息，开发供应商。开发供应商的方式：①招标，如公开招标，让更多的供应商参与投标；②在行业产品展销会与同行企业共享供应商资源；③通过政府的行业统计调查报告，主动联络供应商等。

（3）初步调查供应商。掌握供应商生产能力、产品质量保障体系构建情况等重要信息。

（4）根据开发物料的具体情况设定评价指标，并做定性和定量分析，检验样品，进行供应商综合评审。依据综合评审结果对供应商进行排名，择优录用。对排名靠前的供应商进行实地调研，小批量试制，然后针对价格、交货日期、付款条件等合同条款进行谈判，从而选择最终的供应商。

### （二）智慧供应链模式下供应商开发评价指标体系

供应商开发过程中最重要的步骤就是构建供应商开发评价指标体系。选择合适的指标

并进行相关的定性、定量分析，这对供应商最终的评审结果有着至关重要的影响。适宜的指标、合理的选择策略和流程、全面的考察和评估有利于开发更优秀的供应商。智慧供应链模式相较于传统供应链模式，指标选择有很大不同，如供应商信息化程度、生产智能化程度、设备自动化程度等都需要考虑在内。在智慧供应链模式下，供需双方信息融合、开放共享、深度协同，为供应链高效运转提供基础和保障。借助智慧供应链技术优势，全面打通供应商，全程把控采销、质控、仓储、配送、售后、技术六大环节，实现供应链全链条商品可追溯。

供应商开发过程中，需要对供应商进行初步调查，从而了解较为浅层次的信息（包括供应商财务状况、价格水平、行业地位、客户满意度等）和较为深入的资料（如供应商智慧化程度、信息技术的应用情况、柔性制造的推进情况、产品研发的速度等）。在初步调查的基础上，再进一步根据样品的检验结果对供应商的综合能力进行排名。需要特别注意的是，智慧供应链模式下与供应商开发相关的指标应该体现智慧化水平，赋予能够体现智慧化程度的指标（可视化生产控制、柔性制造、智慧化生产、自动化设施设备等方面的指标）较大的权重。

在智慧供应链模式下，分别从产品竞争力、智慧化程度、市场竞争力、外部环境和财务评价五个方面对供应商开发进行全面、准确的评价。

1. 产品竞争力

产品竞争力可以反映供应商生产的产品在市场中的竞争地位。它体现在质量、柔性程度、价格三个方面。

（1）质量。

供应商产品占据质量高地有利于企业在激烈的市场竞争中赢得优势，反之，如果供应商产品质量不达标，会给采购方（企业）带来严重损失，进而降低供应链整体服务水平和经济效益。因此，质量是评价供应商开发的重要指标，可以从ISO质量体系认证、可视化生产过程控制、智能化品质管理这几个方面衡量产品质量，可以通过物联网技术、电子数据交换（Electronic Data Interchange，EDI）技术、条码技术等，提高产品生产过程的透明度和可控性，从而提升产品质量。

（2）柔性程度。

柔性制造可以实现生产和管理过程的自动化，能有效提高企业的工作效率，降低工作的繁重程度，减少人工操作失误，这有利于企业控制生产成本。

（3）价格。

在高品质的基础上维持较低的价格一直是采购人员的工作目标，而产品价格往往受到企业成本、期望利润、合作意愿等多方面因素的制约。另外，采购方更希望供应商可以提供详尽的降价计划，从而达成其采购成本逐步降低的绩效目标。

2. 智慧化程度

（1）智能制造。

智能制造从产品的开发设计、设施配置、生产能力、生产过程控制再到运营投产，甚至整个供应链体系的方方面面都体现智慧化。智能制造相较于传统制造具有明显的优势，有利于供应链成员信息共享，便于对产品从源头开始的追踪和控制。

（2）研究开发。

新产品的研究开发和旧产品的改造升级是智慧供应链研究开发的内容，内涵为进一步利用所开发的新功能、新特征或者新用途来满足消费者的新型需求，进而帮助企业抢占消费市场并赢得市场竞争优势。智慧供应链研究开发依赖新的科学技术，研发团队要进行市场调研、行业发展趋势预判，同时还要将研发成本、研发周期、技术积累等考虑在内。此外，很多企业非常重视研发团队的组建，高薪聘用高精尖专业人才。通过研发资金投入比例和新产品开发比率考核研发团队的研究开发能力。

（3）信息化程度。

智慧供应链模式下，上下游企业间利用互联网技术，完善信息化平台管理，推动一体化系统（如 ERP 系统、电子数据交换系统等）建设，不仅有利于迅速、准确地传输数据，便于高效的无纸化办公，还可以提高信息可靠性、降低成本。因此，信息透明、开放共享、深度协同是智慧供应链高效运转的基础和保障。据此，考量信息化程度可以从信息化人员构成占比、信息系统/平台建设资金投入比率和系统安全可靠性运行比例三个方面着手。

3. 市场竞争力

衡量供应商的市场竞争力，可以从所占市场份额、行业知名度和客户群结构三个方面考核，它们也是展现供应商自身竞争优势的重要体现。

4. 外部环境

外部环境是对企业外部政治环境、社会文化环境、资源环境、技术环境、经济环境等的总称。

5. 财务评价

通过净资产收益率、总资产周转率两项财务评价指标考察供应商的盈利能力和营运能力，从而衡量供应商的获利能力和资产经营能力。

智慧供应链模式下，供应商选择、评价与研究是供应链管理的新课题。指标的合理性和关键指标之间的相关性，可能会影响评价结果。此外，选取合适的评价方法并应用于具体的模型中是供应商开发的下一个研究方向。

## 第二节　供应商智慧化管理

供应商是为企业生产（或科研单位研发）提供原材料、设备、零部件以及其他资源的企业，它既可以是生产企业，也可以是流通企业。供应商管理是指企业的供应部门将经济效益作为主要目的，对企业需用物资的供应厂商进行选择、考核、评比和不断优化的动态管理过程。供应商管理是物流管理的重要环节。有效的供应商管理，不管是从单个企业的角度来看，还是对整个供应链来说，都至关重要。供应商管理是提升企业竞争力的有效手段。加强供应商管理可提高产品质量、降低成本、缩短交货期、增强企业在市场竞争中的应变能力。建立科学合理的供应商管理体系，不断优化企业的供应网络，对于提高供应商管理效益以及企业核心竞争力有着重大意义。从服务客户的角度来看，供应商管理的作用：①有助于提高客户对产品和服务的满意度；②有助于提升供应商对客户需求反应的敏捷性。

## 一、供应商智慧化管理概述

供应部门的重要职责之一便是供应商管理，优秀的企业更是将供应商管理拔高到了战略高度。随着经济环境的不断变化，企业在供应商管理方面也有了很大创新，从传统的供应商管理逐步发展到现代的供应商智慧化管理，供应商管理行为发生了明显变化。

### （一）供应商管理的发展历程

1. 传统供应商管理模式

传统供应商管理模式涉及大量分散的供应商，而且供应商之间建立特定供应关系的情况较少。这些分散的供应商是可以被替代的，存在竞争，因而企业将价格和质量作为主要的选择标准，尤其以价格为重，没有形成正式的行为评估标准。

2. 较先进供应商管理模式

与传统供应商管理模式相比，较先进供应商管理模式着重于数量有限的关键供应商的管理。同时，企业建立供应评估系统并与供应商进行大量的双向沟通，更加关注供应商质量。在供应商管理方面规范化，要求供应商有正式的认证，对供应商成本构成等有较详细的说明和分析，与供应商签署包括行为规范、正式评估服务等内容的协议。

3. 供应商智慧化管理模式

供应商智慧化管理模式通过大数据、5G、物联网、云计算等信息技术，企业间实现战略性配合，供应商实现自我认证，同步双向沟通，进行系统的评估反馈，有利于采购方及供应商共同优化供应链。

### （二）供应商智慧化管理的重要性和优势

1. 供应商智慧化管理的重要性

资源市场中，物资的供应总量、供应价格、竞争态势、技术水平等都是由资源市场所有成员共同决定的。供应商是资源市场的组成部分之一，与采购方有直接关系，必然直接或间接对采购方产生影响。采购方所采购的物资只能从资源市场中获取，因而物资的价格水平、质量水平都必然受到资源市场中采购方的影响。

基于传统的市场理念，供应商和采购方是利益相互冲突的矛盾对立体，采购方希望供应商提供物美价廉的商品，而供应商希望从采购方处获利。供应商在数量上弄虚作假、在质量上以劣充优，资源市场中存在供应商坑害采购方的案例。为应对这种情况，采购方需要花费很多人力、物力来加强物资检验，防止假冒伪劣商品入库，增加了物资采购的成本。长此以往，各方为防止利益受损，相互精心设防，处于紧张的关系状态。

供应商与采购方之间应密切联系，结成追求利益最大化的利益共同体，而不是相对独立的利益主体。供应商与采购方之间，既相互依赖，又相互对立。供应商与采购方之间的关系会直接影响采购方的生产和成本效益。如果采购方找到一个优质供应商，不但物资供应稳定、可靠、准时、质优价廉，而且双方关系融洽，共同协调、相互支持，那么这有利于采购方的采购管理、生产管理和成本管理。

为了创造良好的与供应商的关系，采购方有必要注重供应商的管理工作。通过供应商智慧化管理，了解、开发、选择供应商，合理使用和控制供应商，建立一支可靠的供应商队伍，为企业生产提供稳定、可靠的物资供应保障。供应商管理是采购管理的基础。唯有建立起一支优质的供应商队伍，采购方的采购工作才能顺利进行。

2. 供应商智慧化管理的优势

（1）成本优势。供应商智慧化管理实施到一定阶段时可以完全衔接采购方与供应商之间的业务，减少重复作业，推动采购工作公开化、透明化，净化采购环境，实现降本增效。

（2）数据的智能化访问。除了简单的表达形式，借助图片、语音、视频等表达形式描述与采购相关的数据，可减少工作量，实现数据的智能化访问。

（3）较强的整合能力。一方面是信息整合，借助 5G 技术，无缝对接采购过程中的各种信息；另一方面是业务整合，通过智慧采购，实现采购业务所涉及的一切流程的整合，整合管理外部资源，真正做到“零”化管理。

（4）灵活性更强。通过信息技术及通信网络，实现对上游供应商、下游市场终端和企业仓库的实时监控，根据情况随时调整好相应策略。

（5）更加人性化。依据供应商智慧化管理的特性，采购人员在做供应商评估、采购交易等工作的同时，还能对未来关系进行预测。

（6）时空优势。跨越空间局限与全球的优质供应商合作，优势互补、共同进步，提高采购效率，为快速响应客户需求打好基础。

**（三）供应商智慧化管理的内容**

供应商智慧化管理是指通过利用大数据、云计算等信息技术手段，改造传统物资采购模式、运营模式，助力提质增效、筑牢廉洁采购防线，实现采购系统软件合理化使用的智能化管理过程。

1. 供应商个体调查

了解与企业合作的各个供应商的基本情况，这是供应商个体调查的目的，为资源市场调查和供应商开发做准备。

2. 资源市场调查

资源市场调查的目的是在供应商个体调查的基础上，进一步掌握整个资源市场的基本性质和基本情况。是买方市场还是卖方市场？是成长市场还是没落市场？是竞争市场还是垄断市场？了解所有供应商的资源生产能力、技术水平和资源市场中的价格水平等，为制定采购策略做准备。

3. 供应商开发

基于供应商个体调查和资源市场调查，开发更好的供应商，但这并不一定是完全合乎采购方要求的供应商。供应商需要在现有的基础上加以改造提升，这样才能基本合乎采购方的要求。

4. 供应商评估与考核

供应商评估与考核是一项很重要的工作。在供应商开发阶段、选择阶段需要评估与考核，在供应商使用阶段更需要评估与考核。不过每个阶段评估与考核的内容和形式并不完全相同。

5. 供应商选择

在供应商评估与考核的基础上，选定合适的供应商。

6. 供应商激励与控制

与选定的供应商开展常规的合作业务，建立一种理想的合作关系，在供应商使用阶段要激励和控制供应商。

## 二、供应商调查

供应商调查是供应商智慧化管理的首要工作，即对供应商进行一定程度的调查。供应商调查，在不同的阶段有不同的要求。

### （一）初步供应商调查

1. 初步供应商调查的目的

初步供应商调查的目的是了解供应商的基本情况，一方面是为选择最佳供应商做准备；另一方面是了解和掌握整个资源市场的情况，因为大量供应商基本情况的汇总就是整个资源市场的基本情况。

2. 初步供应商调查的特点

初步供应商调查仅了解一些简单的、基本的情况。该阶段的调查面比较广，对资源市场中所有供应商都有所调查、了解，从而初步掌握资源市场的整体概况。

3. 初步供应商调查的方法

初步供应商调查的基本方法是访问调查法，需要访问有关人员（如用户、市场管理人员、供应商市场部门工作人员）。在初步调查供应商时可以建立供应商卡片，以便于后续选择供应商。同时，供应商卡片也要根据情况变化经常进行修改和更新。

4. 供应商分析的主要内容

（1）产品的品种、规格和质量是否符合采购方需要。只有符合采购方需要，才可以作为潜在供应商，采购方才有必要对其进行分析。

（2）分析供应商的实力（包括生产能力等）、规模、技术水平、管理水平及资信情况。

（3）供应商的信用度调查。信用度是指供应商对客户和银行等的诚信程度，表现为供应商履行承诺和义务的程度，特别是在产品质量、交货期、往来账目处理等方面能够认真履行相应义务，坦诚相待。对信用度的调查，在初步调查阶段，可采用访问制，得出定性结论。在详细调查阶段，通过大量的业务往来，统计并分析供应商的信用度，这样可以得到定量结果。

（4）商品是垄断性商品，还是竞争性商品？如果是竞争性商品，则供应商的竞争态势如何？市场份额如何？商品购销情况如何？商品的定价是否合适？

（5）从供应商到采购方的交通情况如何？分析供应商的运输方式、运输时间，思考运输成本是否合适？

### （二）资源市场调查

有定义将初步供应商调查纳入资源市场调查，但资源市场调查不只是调查供应商，还应包括以下内容。

1. 资源市场的性质、规模及容量

判断资源市场是竞争市场还是垄断市场？是卖方市场还是买方市场？是新兴市场还是

没落市场？资源市场究竟有多大范围？有多少资源量？有多少需求量？

2. 资源市场中各供应商的情况

根据初步供应商调查的情况，分析众多供应商的调查资料，汇总得出资源市场的基本状况（包括资源市场的可供应资源量、生产能力、需求状况、质量水平、价格水平、技术水平、管理水平和竞争激烈程度等）。

3. 资源市场的环境

资源市场的环境涉及其管理制度、法治建设、规范化程度、市场发展前景等方面，包括资源市场的经济环境、政治环境等。

4. 资源市场调查的目的

资源市场调查的目的是进行资源市场分析，资源市场分析的内容总结如下。

（1）分析资源市场是富余型市场还是紧俏型市场，是竞争市场还是垄断市场。对于竞争市场，应当制定竞争性采购策略；对于垄断市场，应当制定垄断性采购策略。

（2）分析资源市场是成长市场还是没落市场，如果是没落市场，需趁早替换产品，不能等到产品被淘汰了再去开发新产品。

（3）分析资源市场总体水平，根据资源市场总体水平来选择合适的供应商，通常选择在资源市场中处于先进水平的供应商（产品质量好且价格低的供应商）。

### （三）深入供应商调查

深入供应商调查是指经过初步供应商调查后，对准备发展为供应商（候选供应商）的企业进行更加深入的考察活动。对候选供应商现有的设备工艺、生产技术、管理技术等进行考察，考察要深入到各生产加工阶段、质量检验环节。掌握候选供应商是否符合管理规范要求，是否构建质量保证体系。有时，考察活动还包含样品试制（根据生产要求进行资源分组），试制成功才算考察合格。只有挖掘可靠的供应商，才能建立起比较稳定的物资采购供需关系。深入供应商调查需要耗费较多的时间和精力，调查成本高，因此只有供应商符合以下情况才需要进行调查。

1. 发展成紧密关系的供应商

若供应商与采购方之间的关系已经发展成紧密关系，则在进行 JIT 采购时，供应商的产品免检，直接送上生产线进行装配。

2. 供应关键零部件的供应商

如果采购方所需要的是关键零部件，特别是精密度高、质量要求高、加工难度大、在采购方的产品中起核心作用的零部件，那么在选择供应商时，需要特别小心，应当进行深入调查，证明其生产的关键零部件确实能够达到要求时，再选定供应商。

对于供应非关键零部件的供应商或关系一般的供应商，通常只做初步供应商调查即可。

## 三、供应商智慧化管理系统的设计与实现

### （一）“新基建”下的供应商管理

“新基建”是指具有较高科技水平的基础设施建设，强调新需求、新技术和新机制。“新基建”中的信息基础设施建设又称“数字新基建”，是数字经济的基座，是推动企业

全面数字化转型的基础保障。现阶段，大数据技术对采购业务的数字化有着相对显著的影响，大数据技术已经较为成熟地应用于各行各业中。随着人工智能和云计算等技术的普及，采购环节的技术变革成为可能，也赋能产业进一步提升其商业价值。数字经济规模的不断扩张将推进产业的数字化升级，而数字新基建带来了大数据优势以及AI赋能的自动化采购，这些为数字化采购的实现贡献了更多的可能性。

思政案例：江西政采电子卖场效益进一步提升

1. 智能寻源，多类型供应商管理与采购渠道

数字化采购能够帮助企业在供应商寻源和管理环节获得更丰富的资源，从而加强在系统中对供应商匹配度、响应速度等因素的管控。大中型企业通常选择自建仓库，这里就需要规划内部协同能力，将负责供应商环节业务的人力资源信息化，转换为企业的资源储备，减少对人的经验的依赖。对于小微企业，其议价能力较弱，通常在供应商寻源中选择电商采购平台，这样它也能享受企业采购专享价，精简了采购业务板块的人力需求。

2. 采购需求在不同规模企业间存在差异

不同规模的企业在采购需求上存在较大差异。企业规模越大，安全要求越高，与既有系统对接需求越强。对于内部系统较为复杂的大型企业，采购业务需要横跨ERP、OA（办公自动化）、CRM（客户关系管理）等系统，涉及采销、人力、财务、业务等多个部门，大型企业通常有较强的议价能力和更复杂的场景需求。面向此类客户，厂商需要具备较强的整合供应商资源、分析内部业务需求的能力，提供可定制、高安全性的产品，注重流程的合规性。就中小型企业而言，其在数字化采购上的特点：单次采购量较小、需求零散、供应商管理能力弱、议价能力弱、ERP体系不完善等。中小型企业更青睐付款方式灵活、周期长、使用成本低的产品，切实需要降本增效。

### （二）供应商管理系统的设计与实现

供应商管理的根本目的是通过提高产品、服务质量及交付能力，缩短企业采购周期和生产成本，从而提升核心竞争力。在建立合作关系之前，企业采取各种方式对潜在供应商进行考核评估，并在合作过程中不断跟踪及反馈，确保整个供应链稳定运行。国家“十四五”规划纲要中明确提出，推进产业数字化转型，实施“上云用数赋智”行动，推动数据赋能全产业链协同转型。信息化手段不仅帮助企业提升供应商管控能力，还可以实现供应商资源的有效整合，深化生产制造各环节的数据应用。在深刻剖析企业供应商管理问题的基础上，构建供应商管理系统功能架构，详细介绍其主要功能模块，表明应用效果。该系统在一定程度上解决了企业的供应商管理问题，为其他信息系统提供有效数据支撑。

1. 企业供应商管理问题

客户需求的多样性、生产周期的不确定性以及生产过程中大量插单或变更等现象，导致物料采购品类繁杂、业务额度小、物料采购计划制订难度大，企业生产周期受供应商产品质量合格率、按时交货率的直接影响。由于技术约束、客户个性化要求，还存在单一供应商。因此，企业通过制定规章制度和考核办法来约束企业与供应商之间的各项活动。一方面，指导企业快速从供应商处采购原材料并按客户订单要求如期完成生产交付，确保企业高效运转；另一方面，通过设计不同评价指标进行考核，根据考核结果进行供应商分类，不断探索与优秀供应商的合作方式，促进合作模式的升级。企业供应商管理问题列举如下。

(1) 供应商准入审批手续滞后。优先选择优选名录中的供应商，当优选名录中的供应商无法满足供货条件时，选择新的供应商完成采购相关工作，需办理供应商准入审批手续，但在实际过程中供应商准入审批手续常常事后补办。

(2) 供应商信息更新不及时。一般情况下，在供应商定期评价或某个部门发生采购业务时，供应商信息会发生更新，但无法在更新后及时通知其他部门，可能导致其他人员在不知情的情况下使用了“不合格”的供应商。通过搭建供应商管理系统，可以打造统一的供应商维护入口，解决企业内部供应商信息“一物多码”问题，规范企业供应商管理流程。企业供应商管理包括供应商资质有效期管理、投诉建议管理和黑名单管理等。

(3) 缺乏有效的供应商评价手段。在组织评价过程中通过电话、邮件等方式跟踪进度，工作量较大，且评价结果靠人工收集、统计，容易出错，急需现代信息化手段辅助供应商评价。

2. 系统功能设计

供应商管理系统功能架构包括供应商档案管理、供应商准入管理、供应商评价管理、供应商信息变更管理、供应商信息有效期管理、投诉建议管理、黑名单管理等。

(1) 供应商档案管理。

供应商档案管理主要用于查询和展示系统中所有供应商的信息，包括供应商编码、供应商分类、供应商名称、纳税人登记号、开户银行、公司地址、法人代表、联系方式、合格供方编码、资质信息、供货范围、管理部门等。供应商档案管理模块存储供应商所有的信息，包括基本信息和管理信息。实行供应商档案管理的目的是更加有效地对供应商实行管理，提高工作效率。供应商档案管理模块只对用户开放查询权限，支持用户查询所有供应商的信息。

(2) 供应商准入管理。

供应商准入管理涉及合格供方准入申请、业务往来准入申请和名录外准入申请。根据不同采购业务的管理要求，填写供应商准入申请单，然后系统根据准入类型，启动不同审批流程，通过后供应商信息写入供应商档案。

(3) 供应商评价管理。

企业应对供应商的资质、质量保证能力、产品和服务绩效等方面进行评价，根据评价结果进行供应商等级分类。评价结果为“基本合格”及以上等级的供应商纳入合格供应商名录，评价结果为“不合格”等级的供应商取消合格供应商资格。供应商评价管理模块可管理评估方案、评估表、评估报告等。

(4) 供应商信息变更管理。

当供应商发生更名、资质变更、法人变更等情况或企业内部考核评定结果需重新评级时，需根据实际情况更新供应商信息。根据企业对供应商变更的管控要求，设计了基本信息变更和管理信息变更两种类型，并根据不同变更类型设置了不同的审批流程。

(5) 供应商信息有效期管理。

系统对供应商信息进行有效期控制，可以及时提醒管理人员更新系统中的供应商信息，包括名录外供应商状态有效期管理和供应商资质有效期管理。名录外供应商状态有效期管理是指通过名录外供方准入手续进入系统的供应商，生效期即将满 1 年时进行提示，重新办理准入手续，否则该供应商信息自动失效。供应商资质有效期管理是指在办理合格供方或名录外供方准入手续时，在提交的供应商资质信息中设置失效期，当失效期临近时进行提示，供应商提供新的资质信息，办理供应商信息变更手续。

（6）投诉建议管理。

投诉建议管理一般有两个使用场景：产品使用过程发现严重质量问题，向供应商反馈，但供应商不响应；根据单位管理制度，质量部门定期集中收集供应商投诉建议信息，业务人员提交投诉建议单，审批通过后，由采购部门从商务角度要求供应商履行响应，根据供应商反馈结果对供应商进行处理。

（7）黑名单管理。

当出现供应商多次供货合格率过低、交货履约率过低、质量问题整改响应不及时等情况时，业务人员可随时发起供应商黑名单申请，采购、管理人员进行相关确认，审批通过后更新供应商档案，纳入黑名单的供应商不会直接从系统中删除，但在其他信息系统中无法使用。

深入分析企业在供应商管理中存在的问题，构建好企业供应商管理系统，规范供应商准入、变更、评价、投诉建议等管理流程，提高供应商信息更新的及时性，减少不同系统重复录入、手续重复办理等工作，有助于企业数据标准化和供应商管理水平的提高。通过综合分析供应商、采购商等的信息，可以不断提高供应商评价水平，建立更加完善的供应商奖惩机制，构建牢固的供需关系，促进企业的可持续发展。

## 第三节　供应商关系智慧优化

党的二十大报告指出，“构建高水平社会主义市场经济体制。完善产权保护、市场准入、公平竞争、社会信用等市场经济基础制度，优化营商环境”。多管齐下促进营建包括供应商在内的公平竞争的市场氛围，为供应商关系管理指明了方向。

以往，大量传统企业的原材料采购及库存物流成本占其销售收入的一半甚至更多，且这个比例随产品个性化定制、规模小型化和外源供应趋向的发展而不断提高。因此，供应链管理和采购业务绩效在提高企业竞争力方面显得尤为重要。有两种模式管理供应商关系和提高绩效：一种是正常交易模式，另一种是伙伴模式。

正常交易模式主张把对供应商的依赖降到最低，而实现企业议价能力的最大化提高。这种模式的供应商关系特征：短期交易合同、经常性再投标、信息共事度不高及信用水平低下。与之相反，伙伴模式要使买卖双方由敌对关系转变成合作关系。由此产生了供应商关系管理思想。

### 一、供应商关系智慧化管理的内涵

#### （一）供应商关系管理含义

供应商关系管理（Supplier Relationship Management，SRM）用于改善企业与供应链上游供应商的关系，是致力于与供应商建立和维持长久、紧密伙伴关系的管理思想和解决方案，是旨在改善企业与供应商之间关系的新型管理机制。供应商关系管理通过整合企业和供应商的资源和优势来共同开拓市场，扩大市场需求和份额，降低产品前期的高额成本，实现双赢。现阶段，供应商关系管理升级为供应商关系智慧化管理，以信息技术为支持，将先进的电子商务技术、数据挖掘技术、协同技术等紧密集成在一起，为企业产品的策略性设计、资源的策略性获取、合同的有效洽谈、产品内容的统一管理等过程提供了优化的解决方案。实际上，它是以“扩展、协作、互助的伙伴关系，共同开拓市场份额，实现双赢”为导向的企业资源获取管理的系统工程。

世界经济一体化、企业经营全球化以及高度竞争造成客户需求的高度个性化与多元化，使得企业与客户、企业与供应方之间的关系变得更加密切，与此同时，企业与供应方之间关系的复杂性与管理的艰巨性也在不断增加。任何一方的偏差，都会对企业经营造成不可估量的影响。这要求企业将供应商关系作为企业供应链上重要的一环加以维系，并系统总结供应商关系管理独特的规律，加之采用信息技术作为现代企业供应商关系管理的基础。供应商关系管理对企业发展而言具有以下优势。

第一，优化供应商关系。供应商关系管理能够帮助企业针对供应商的性质及其对企业的战略价值进行分类，评出不同的优先等级，从而采取不同的对待方式。

第二，扩展、加强与重要供应商之间的关系，与其建立合作，共享计划、产品设计和规范信息，并在运作方式上进行改进，甚至可以采取外包的形式。

第三，建立竞争优势。供应商关系管理能够主动帮助企业去建立、改进与供应商之间的战略同盟，不是被动地与供应商打交道，而是主动地引导、改变和管理与它们之间的合作关系及其业务模式。

第四，在保证产品质量的前提下，供应商关系管理能够帮助企业降低供应链与运营成本，提高利润。

**（二）供应商的关系类型**

1. 长期目标型

长期目标型的最主要特征是双方之间的关系是交易关系，它们希望彼此能保持比较长期的买卖关系，获得稳定的供应。但是双方所做的努力只停留在短期的交易合同上，各自关注的是如何谈判，如何提高自己的谈判技巧；而不是如何改善自己的工作使双方都获利，也不是供应方以提供标准化的产品或服务来保证每一笔交易的信誉。因此，当交易完成时，双方关系也就终止了。

与供应商保持长期、良好的交易关系大有裨益，双方有可能为了共同利益而改进各自的工作计划，并在此基础上达成超越买卖关系的合作。长期目标型的特征是建立一种合作伙伴关系，双方的工作重点是从长远利益出发，相互配合，不断改进产品质量与服务水平，共同降低成本，提高供应商的竞争力。同时，合作的范围遍及各企业内的多个部门。

2. 渗透型

渗透型的管理思想是把对方企业看成是自己企业的延伸，故而提高对对方企业的关心程度。为能够参与对方的业务活动，有时会在产权关系上采取适当的措施，如互相投资、参股等，以保证双方利益的一致。在组织、管理上采取相应措施，保证双方员工参与对方企业的有关业务活动。这样可以更好地了解对方的情况，使供应商容易发现改进的方向，而采购方也可对此提出相应的改进要求。

3. 联盟型

联盟型的特点是从更长的纵向链条上管理成员之间的关系。由于成员的增加，往往需要一个处于供应链上核心地位的企业来协调成员之间的关系，因此常被称为“盟主”。

4. 纵向集成型

纵向集成型关系被认为是最复杂的关系，它要求把供应商上的成员整合起来，像一个企业一样，实际上各成员是完全独立的，决策权在自己手上。在这种关系中，要求每个企业充分了解供应链的目标、要求，以期在完全掌握信息的条件下，自觉做出有利于供应链整体利益的决策。

为保证企业的运营，企业需要对原材料、零部件、设备、办公用品等进行采购。由于采购内容的差异，相对应的供应商也不同，对不同种类的供应商就要采取不同的管理策略，以实现有效管理。

**（三）供应商关系智慧化管理的基本内容**

1. 需求分析

准确、及时的需求分析是企业决策制定的先决条件之一。若想要取得市场上的采购优势，则要求供应商队伍向专业化发展，准确、及时地实施采购，做到节省开支。企业既要面对生产，又要同时满足市场中客户的要求。供应商关系智慧化管理能够整合内部和外部资源，建立高效能的采购组织，对自身业务关键性材料或者服务的需求进行战略部署，以减少日常生产运作中意想不到的问题。

2. 供应商的分类与选择

确定符合企业战略的供应商特征，对所有供应商进行评估，可以将供应商分成交易型供应商、战略型供应商和大额型供应商。一般来讲，交易型供应商是指为数众多，但交易金额较小的供应商；战略型供应商是指企业战略发展所必需的少数几家供应商；大额型供应商是指交易数额巨大，战略意义一般的供应商。供应商分类的目标是为了针对不同类型的供应商，制定不同的管理方法，实现有效管理。这种管理方式的转变，应该与各利益相关方进行充分沟通，获得支持。

3. 与供应商建立合作关系

首先，与战略型供应商和大额型供应商在总体目标、采购类别目标、阶段性评估、信息共享和重要举措等方面达成共识，并记录在案。其次，与各相关部门开展共同流程改进培训会议，发现有潜力改进的领域。再次，做好各个供应商的职责定位，明确其地位与作用。最后，双方达成建立供应商关系框架协议，明确关系目标。在这一部分可以做的工作：建立供应商的管理制度，包括供应商绩效管理、供应商的合同关系管理、采购流程的设计与实施。供应商关系智慧化管理能够使采购流程透明化，并能提高效率和反应能力，缩短周转时间，提高买卖双方的满意度。

4. 与供应商谈判和采购

企业与供应商通过谈判达成协议。供应商关系智慧化管理能够帮助企业跟踪重要的供应商表现数据（如供应商资金的变化数据等），以做谈判之用。供应商关系智慧化管理在采购过程中还可以实现企业内部与外部的一些功能。企业内部的功能包括采购信息管理功能、采购人员培训管理和绩效管理功能、供应商资料实时查询功能、在线审批功能等。企业外部（与供应商之间）的功能包括在线订购功能、电子付款功能、在线招标功能等。

5. 供应商绩效评估

供应商绩效评估是整个供应商关系智慧化管理的重要环节。它既是对某一阶段双方合作实施效果的衡量，又是下一次供应商关系调整的基础。供应商关系智慧化管理能够帮助企业制定供应商绩效评估流程，定期向供应商提供反馈。供应商绩效评估流程可以从技术、质量、响应、交货、成本和合同条款履行这几个关键方面进行评估，同时该流程还包括相关专家特定的绩效评估。评估流程的目的在于给双方提供开放沟通的渠道，以提升彼此的关系。另外，供应商也可以向企业反馈，站在客户的角度提出对企业的看法。这些评估信息有助于改善彼此的业务关系，从而改善企业自身的业务运作。

## 二、供应商关系智慧化管理存在的问题

### （一）供应商信息维护难度大

对于企业内部采购部门的日常管理来说，供应商信息维护分为供应商信息获取和更新维护。但在实际工作过程中，往往出现如下现象。

1. 供应商信息获取困难

信息时代的到来本应为企业提供更加丰富的信息获取渠道，但错误的出发点和利己现象使得企业对供应商正确信息的收集工作进展困难，除了供应商基础信息外，较难获取额外的有效信息。随着大数据技术的引入，专业性欠缺的采购人员获取到的无效信息也同步增多，缺乏对信息真实性、有效性的判断；从企业内部的角度来说，各个城市的分公司之间存在利益竞争关系，同级部门间更倾向于隐藏关键信息而非共享信息，这使得采购人员的供应商关系智慧化管理工作寸步难行，直接影响采购进展和优质供应商选取。

2. 供应商信息更新不及时

科技的发展日新月异，当今世界贸易环境多变。由于供应商信息更新不及时，导致在以往的采购过程中，出现部分企业（特别是技术开发企业）高价购买旧版本产品、供应商断供等现象，严重影响了企业项目的进度，增加了相关成本，给企业造成了巨大损失。除此之外，采购部门在与供应商交流的过程中，沟通内容单一且无时效性，缺乏信息（如供应商动态、竞争对手动态、当下的供应链政策和相关科技态势等）的分享。同时，缺乏有效的沟通渠道和信息共享的技术手段，仍然停留在社交软件上的交流。所获取的信息，采购人员也不能及时收集、整理到供应商资料库中。借助互联网平台收集到的供应商信息和采购数据如果不加以整理和甄别，则信息真伪难辨。若长期积攒，则导致难以整理提取出有效信息。

3. 供应商信息不全面、不完整

供应商资料库中的相关信息不完整，关键信息缺失，而供应商选择与准入评断信息模糊不清，也是供应商关系智慧化管理存在的问题。例如，产品价格、交付能力、企业经营状况、出错案底等信息没有完全录入企业相应资料库中。综上所述，缺乏较为全面和及时的信息对供应商进行全面的判断，往往会影响选择的速度和判断的精准度。

### （二）供应商分类管理欠妥当

1. 供应商开发之后未能充分利用

首先，在采购部门深度挖掘了优质供应商并进行价格谈判后，由于采购人员不懂得运

用专业管理思维和专业技能方法，找不到与企业匹配的合作模式和节奏，使得这些优质供应商一直被低效合作、错误利用。其次，存在一般供应商通过“走关系”顶替其他优质供应商的现象，使得某些优质供应商得不到管理层的关注而被“闲置”。

2. 供应商分类不合理、不科学

部分供应商对自身夸张宣传，却被采购部门列为战略合作供应商，顶着“战略合作伙伴”的虚名。部分供应商凭借战略关系的提升，过度享受企业的让利优惠，甚至最终成本价格高于与其他普通关系供应商合作的情况；该类供应商不珍惜合作机会的行为也会导致企业过度背离合作初衷。出现一般供应商不自觉遵守正规报价流程，反而依靠“走关系”等不正当途径进入企业长期合作伙伴的分类名单中，这种行为不仅使得其他优质、合规的供应商失去合作机会，同时也使供需双方造成损失。

3. 供应商选择流程不够规范

由于供应商评估准则的不客观和参与评估人员的主观臆断，导致供应商的准入和选择成为最具争议的主题，有时参与评估人员凭借不丰富的经验和喜好进行选择，在工作过程中掺杂了个人情感，费时耗力。在供应商选择中，第一环节被选中的供应商往往因为某些原因在第二环节被换掉、漏掉。模糊且不全面的供应商信息库，势必会影响到供应商的选择和判断，到后期对供应商进行二次筛选，也会造成工作上不必要的重复，增加人力成本。

4. 与各类供应商关系的确认与管理上存在的漏洞

根据调研，部分企业存在只有完整的供应商准入和选择环节的情况，在对供应商进行了简略的量化评估后，并未再次进行科学考量和评估活动；针对供应商与企业关系的确认，也只是由管理层的几个采购主管经过研讨后，匆匆得出结论。以每个人的想法为出发点，共同讨论三类应被列入名单的供应商：普通合作伙伴类供应商、潜在合作类供应商和战略发展伙伴类供应商。无量化参考指标、无客观理论指导、无科学认证的“三无定论”就此盖棺，这是在关系确认上的极度疏忽，缺乏规范性。

由此看来，虽然企业在前期尽力开拓新的优质供应商，但由于后期没有较好维护和管理，导致了资源利用率低，企业既没治标也没治本。在这种情况下，合作的供应商不但专业度不达标，而且欠缺系统管理，最终导致供应商流失，这对企业而言也是变相的资本流失。

此外，在进行了大致的供应商三类划分后，企业并未在供应商资料库中对该项举措进行具体实施，分类在供应商资料库中难以体现，没有实施供应商的差异化管理。这也使得供应商分类环节失去了研讨的意义。因此，分类环节之后的差异化管理必不可少。

5. 物料分类管理混乱

当下部分企业并未意识到供应商分类的必要性，也没有对物料分类引起足够的重视。企业物料分类杂乱无章，随意套用不适用自身发展的物料分类方法，导致各项管理工作的进展困难重重。很多企业成立之初，常规品项和标准品项占比较大，但随着时代的发展、企业的转型，智慧项目和目标客户的定制化需求逐渐增多，企业内部需要采购的物料种类和数量变得庞杂。

由此，企业可能忽略了物料在采购战略中的等级划分，也没有就供应商的关系建立合适的联系，物料后续的工作开展也不涉及过多供应商的管理工作，这种物料的分类管理已不适用于企业的现阶段发展。物料管理与供应商管理息息相关，若是相关人员只解决由物料本身产生的问题，没有及时在管理中找到二者关系加以汇总利用，并更新到管理方法中，那么不但可能引起一系列连锁问题，而且后续管理也难以开展。

通过分析部分企业不同物料的相关数据发现，企业没有对重点物料进行重点管理。思考物料管理与供应商分类的正相关性并加以整合与利用，是企业采购部门亟待思考的严峻问题。

#### （三）供应商合作意愿不高

1. 供应商对询价回应积极性低

企业询价环节：采购人员以邮件或电话的形式向多家供应商代表询价，多家比价，采购人员收集报价数据，汇总、归纳信息。在实际的工作中经常出现：只有一半不到的供应商会及时回复。在采购人员耗费了大量的人力成本和时间成本催促后，仍旧不能收集到完整的报价资料。

2. 某些订单对供应商吸引力小

企业客户群体众多且分散，项目种类亦是如此。实际上项目订单虽然分散，但其中也有重合的物料。企业采购人员基于独立的项目，以独立下订单的方式进行采购询价，分开下订单则将原本需要统一采购的物料打散，不能体现企业的规模效益优势。分散的订单对供应商吸引力较小，供应商对独立订单缺乏兴趣，合作意愿低，这也在很大程度上影响了采购人员的议价效果。站在供应商的角度来说，分散的订单吸引力小，企业很容易被其列为“边缘”发展关系的对象；对于企业来说，地位骤降，耗费资源的同时也很难吸引战略合作伙伴。

3. 信息平台使用率不高

采购人员凭借自身经验去挑选供应商而忽略了信息平台中的供应商信息，导致信息平台中供应商资料库使用率不高。首先，由于信息平台资料库没有定期维护更新，导致本该剔除的供应商依旧在系统中有信息显示，这会对采购人员造成困扰，浪费他们的精力。其次，供应商对一些物料种类多但需求量较少的订单并不给予过多的关注。

### 三、导致供应商关系智慧化管理问题的原因

在进行了一系列问题的挖掘后，需要找到导致供应商关系智慧化管理问题的原因，而企业可以据此作为优化策略的切入点。

#### （一）供应商准入与选择机制不完善

很多企业缺乏一套合理、科学及完整的供应商准入与选择机制，这导致重复性工作的同时也增加了管理的难度。此外，评价环节简略、不规范，没有科学的评估方式、评估规则和专业的评估组织，对供应商的准入门槛形同虚设。这说明供应商准入与选择机制急需科学、合理的解决方案。

#### （二）缺乏与供应商之间的信息共享机制

企业在供应商关系智慧化管理中的信息共享机制尚不完善。首先，企业内部缺乏合理、完备的信息查找机制、信息维护机制和信息更新机制，这使得信息的定期维护工作变得异常困难，采购人员需要投入更多的精力和时间来维护供应商信息，而由于这一环节出

现问题导致后续的工作接连受到影响。其次，对供应商信息的外部循环来说，外部环境包含各类供应商的发展环境、政策环境和科技环境，这些相关信息都需要与企业供应商，尤其是战略型供应商进行互通，并会直接影响采购成本以及相关合作关系的变更。就很多企业而言，在进行信息互通后，缺乏收集、整理、展现信息的平台，致使该环节不具备系统化特征。

信息共享机制的缺乏直接导致企业对现有的供应商信息管理受限，使得资料库中的基础信息（如电话、交易细节、合同条款等信息）和关键信息（如对方的供货能力评估信息、对方的财务水平预估信息、对方在竞争中的优势和劣势信息），以及相关的动态信息（如供应商发展态势信息与价格变动信息等）未能得到充分利用。一些模糊不清的信息对企业与供应商的关系发展产生了负面影响，甚至可能会直接影响企业的长远发展。

信息共享机制的缺乏，究其根源就是企业没有投入足够的资金、人力和技术，并且在健全信息管理机制中，支持力度较弱，没有建立健全与供应商的信息沟通渠道，在科技飞速发展的今天，没有搭建一个有技术支撑的专用网络平台，使双方难以有效获取重要信息并达成共赢。采购人员在实际工作中也不能进行高效的信息管理活动。

### （三）供应商分类缺乏科学依据

我国很多中小型企业规模不大，储备资金量有限，采购未形成规模效应。这类企业的采购管理者可能会考虑资金匮乏、企业经营不稳定等原因，对采购成本的控制更为严苛，注重短期投资回报率，在物料成本价格上异常敏感，通常抱有“物美价廉”与“多快好省”的心态，针对供应商有着“走哪算哪”的合作态度。

在这种背景下，企业的供应商分类工作形同虚设，在供应商分类环节中，依旧是以压缩成本为主要目标。而在供应商签署合同的过程中，依然是同个模板、同套条款、多次使用在不同的供应商上，这使得该环节与供应商的分类脱节，不能完整串联。

### （四）供应商绩效考核与激励机制不健全

1. 供应商绩效考核形同虚设

供应商绩效考核的结果往往与企业设置的指标息息相关。对于企业来说，若是供应商关系都难以维系，那么更不用提设置供应商绩效考核环节了。调查可知，很多企业确有设置一套供应商绩效考核标准，但是其设计原理、方案、流程、关键指标设立与分级、战略吻合度等都缺少规范，甚至没有完全被纳入管理者的考量范围中。具体表现：考核目标死板、不变通；缺乏科学的设计原理；流程混乱，经常反其道而行之，企业在供应商绩效考核中较被动，为了考核而考核，考核结果难以在供应商关系智慧化管理中起到突出作用；关键指标选取不明确，没有形成一套完整、科学、合理的供应商考核体系。企业只照搬了人力资源管理的那一套，并未形成采购战略延展与管理方案落地的供应商考核体系，不能实现供应链协同与成本把控。

2. 对供应商的激励手段单一

激励机制是供需关系长期稳定发展的核心和驱动力，但企业缺乏对供应商的有效激励，进而不能充分调动供应商为企业提供高质量产品和服务的积极性。在思想上，管理者没有意识到激励的重要性，不能严谨对待该问题，因此激励机制在现实中常常被忽视。企业对供应商的激励机制缺乏框架，细致内容有待完善。激励手段单一且不成体系，内容匮乏，激励效果不明显，不能区别于其他同类型企业，形成自己的激励优势。在供应商没有进行分类的前提下，企业也没有在激励环节中做到有的放矢，未能实现各个供应商有一一对应的激励手段。年度表扬或在交易环节中返利、折扣是远远不够的。激励手段需要有现实情况做支撑。企业仅单方面促成激励，不能针对交易结束后的情况进行综合评估，也不能在发现其不足的基础上挖掘出供应商的潜在能力。只停留在表面的激励机制不是良好的激励机制，没有与供应商一起展望未来并制定战略目标，再完善的激励机制也难以发挥出真正的作用。

3. 与优质供应商合作关系不紧密

在供应商关系智慧化管理环节中，企业没有与优质供应商进行充分的沟通与高效的协作，即未能实现供应商的价值整合，也未能借助供应商能力的提升实现企业采购竞争力的提升。合作关系不仅是为了完成单次交易活动，还是为了后期的培养与发展，在多变的市场竞争环境下，企业容易忽视维护与供应商的合作伙伴关系、达成长期战略合作、建立信息共享机制、形成命运共同体。若企业只注重自身的短期利益，则间接影响到供货质量和时效保证，可能出现断供现象，这给整个供应链带来极高的风险隐患。缺乏相互信任也是合作不紧密的重要原因之一，这也直接导致了双方不能联合决策、信息不互通，在供应链竞争中无疑是一个巨大的隐患。

与此同时，企业由于忽视供应商的关系维护，导致供应商频繁被更换，这种做法带来的负面影响是显而易见的。由于缺乏持续稳定的合作对象，供应链管理水准整体提升缓慢，更谈不上打造出真正的精益供应链。企业缺乏管理经验，在供应商的眼中便难以树立自身商誉和形象。即便从成本管理角度来看，淘汰旧的供应商，考察引进新的供应商，也会产生不小的开支，企业很容易陷入“开发引入—淘汰—再开发引入”的怪圈，难以解决根本问题。供应源头是有限的，优质的供应源更是来之不易，不恰当的供应商关系智慧化管理操作使得企业在行业内口碑受到影响，成为企业战略的绊脚石。缺乏信任的供应商会使得企业陷入无限恶性循环之中。

**（五）缺少专业的供应商关系智慧化管理人员**

供应商关系智慧化管理活动从人数上看，企业委派的管理人员数量较少且身兼数职。面对企业逐年递增的项目数量和采购总量，时常在项目较多的时间段内出现人手不足的情况。

从组织形式上看，相关人员相互分工不明确且综合素质水平低。由于企业对于采购部门相关人员招聘的门槛低，为节省人力成本，往往更多选取经验丰富但学历不高的人来弥补学历差距，这就导致原本就没有经过系统训练的招采人员，在供应商关系智慧化管理的实践中毫无理论支撑，不科学也不规范。据统计，个别企业的采购、仓储、质检等部门中，本科以下学历的人数占比达到95%，即大部分相关人员的文化素质达不到本科水平，这使得管理环节中存在一定漏洞和风险，甚至在面临突发事件的时候，鲜少有相关人员能够第一时间想出合理的解决对策，增加了企业的风险把控难度，提升供应商关系智慧化管理人员素质仍是企业面临的一大难题。企业对市场部门的业务给予了一定的资金支持，却没有对下游供应商管理给予更多的支持与鼓励。各部门的“精英”代表了该部门的最高水准，而企业的供应商管理部门的最高水准，却是部分人的“经验论”，这使得企业在商务谈判中难以占据先导地位。在水平层次低的现状背后，也存在着思想上不思进取的情况，相关人员安于现状，已经跟不上信息时代的步伐。对企业来说，缺少相关的课程培训和相关人员的绩效考核，后期的人力资源管理和供应商关系智慧化管理也难以顺利进行。

## 四、企业供应商关系智慧化管理的优化策略

企业与供应商的关系绝不是单一的买卖交易关系，更不是相互搏杀的竞争关系。在市场竞争中，两者处于同一条供应链中，是利益相关联的两个节点。对于企业而言，供应商关系智慧化管理的重要性，并不亚于下游的客户关系管理或公共关系管理。供应商关系智慧化管理不仅只与采购部门相关，因此不能在各项管理过程中简单、粗暴地“一刀切”或毫无根据地“按章办事”，还需要摒弃“只需维持合作关系”的错误理念。企业需要在系统的理论中不断完善供应商关系智慧化管理，细化从组织架构到流程规范，制定从初期设定量化的评估指标到中期考核激励，再到后期维系关系这样一系列的优化策略。

### （一）企业供应商关系智慧化管理的组织架构优化策略

很多企业都有这样的误解：供应商关系智慧化管理单纯是采购部门的事。事实上，若供应商关系智慧化管理环节没有其他部门的辅助和紧密协同，则该项工作难以有序进行。从企业的组织架构角度看，供应商关系智慧化管理的架构过于松散，无专职人员自始至终跟进管理。为了确保一切供应商关系智慧化管理活动可以成体系进行，出现突发状况时有应急的组织出面协调，首先就需要成立供应商关系智慧化管理部门并完善人员配置。

企业从采购部门、财务部门和研发部门等相关部门抽调专职人员，设立专业的供应商关系智慧化管理部门，该部门的职能包括开发新供应商、对准入后的供应商进行分类管理、对相关物料进行分类、更新和维护信息系统、完善供应商考核与激励机制等。该部门汇集了来自不同部门的工作人员，以期将术业有专攻的优势发挥到最大水平。部门的建立离不开标准化的管理方法与发达的网络科技，建立健全一套有针对性的制度守则，使所有供应商关系智慧化管理活动能最大限度地发挥作用。

与此同时，供应商的资源利用率也有待提升，将供应商的相关部门与企业的供应商关系智慧化管理部门进行外部整合，实现协同办公。这与企业的发展战略高度契合，增强了双方的信任感和供应商的忠诚度。从信息共享的角度来说，这种做法可以获取互联网上查找不到的额外信息，在一定程度上填补了供应商资料库中的关键信息，长此以往形成信息优势，助力企业竞争优势。

供应商关系智慧化管理部门并不是一成不变、不知变通的，在企业未来的发展进程中，也会有其他部门的人员转岗进入，也会有人员配置上的略微调整。该部门主管牵头，其他部门主管协同研讨人员变动；同时根据企业的战略发展变化情况，及时调整部门战略规划。成立之初的部门在一定程度上需要磨合，部门主管以月度、季度的周期开展部门总结会议，深度探讨需要改进的地方。

### （二）企业供应商准入与开发优化策略

就企业的性质而言，供应商的准入环节主要强调对即将与本企业产生合作关系的供应商进行准入门槛设立，就好比安检环节的那道“感应门”，只有通过这扇门的供应商才有资格与企业共同完成接下来的合作内容。而企业的供应商开发，即根据项目的需求订单和技术要求，制定专业的表格，主动寻求符合项目需求的供应商。从供应商的准入到开发，

形成了供应商选取的完整流程，而这个过程必须严谨完备。

1. 加强新供应商背景调查与评估审核

供应商是企业的延伸，也是企业绩效竞争力的延展。因此，选择一家具有潜在竞争力的供应商也成为推动企业发展的核心。若供应商选择环节失误，企业将面临诸如断供、库存成本增加、物料残次等风险。新供应商的选择正所谓“无调查就无发言权”，企业必须把握新供应商的选择关键点，在前期加强对其调查分析。首先要做的，即对需求订单中筛选出的新供应商进行背景调查。背景调查的主要对象包括：对方的财务水平、经营程度、同行中的口碑、潜力评估、出色的案例、加工现场环境、技术更新周期、价格波动幅度、企业战略规划、产品交付能力和相应水平等，涵盖了新供应商的规模、经营水平、综合竞争力的调查。其次，在完善了需要调查的要素后，企业需要寻找契合的方法支撑上述要素调查。供应商关系智慧化管理部门人员可通过各类企业专业交易网站、网络展销会、国内外的新闻媒体渠道获取调查信息；也可以通过向供应商发放电子调查问卷或正式版调查询问函，获取来自新供应商的一手信息，但是该方法有局限性，不能完全保证信息的正确性。国内外行业协会可以提供很客观的供应商信息，企业应多参与各类行业协会，获取各类一手资讯。基于资源的聚拢性，企业的管理层人员可以提供自身关系网，协同供应商关系智慧化管理部门开展对供应商翔实的背景调查。第三方机构也可以提供专业的信息资讯服务，企业可酌情考虑此方法。最后要做的便是制定符合企业性质和发展节奏的供应商评价标准，以此作为新供应商准入流程中的保障。这一步骤是建立在前几个环节的基础上，对潜在供应商的基本状况进行深入分析，以满足后续产品质量要求和交付要求。

2. 提升供应商关系智慧化管理人员技能

企业在人员素质的提升上所采取的措施：制订供应商关系智慧化管理培训计划；利用网络授课、聘请专家现场授课等方式落地培训计划；对相关知识技能进行考核，针对考核后的人员实行奖惩；定期召开小组会议进行总结，供应商管理相关人员进行深入探讨，查缺补漏，使下一次培训的方向更明确。培训的关键目的在于使员工更好地适应新的供应商关系智慧化管理体制。

3. 企业供应商开发标准与流程优化策略

在供应商的开发环节，重点在于根据不同的项目要求，寻找合适的供应商，这一环节强调“灵活变通”。在项目启动后，需要制定一套供应商开发标准。根据项目类型的不同，对供应商的开发侧重点也有所差异，需要采购部门组织相关人员按照表格进行开发评估，有侧重点地开展供应商开发环节的工作。按照项目类别和侧重，对战略进行分类，分为协同采购战略、集成采购战略、响应采购战略、反应采购战略，从侧重点、共通性和差异化三个维度去考量，针对不同项目，进行不同的供应商开发活动，强调供应商开发的灵活性、变通性。

### （三）企业供应商分类管理优化策略

由于企业项目众多，因此所涉及的物料和产品也繁杂多样。这意味着企业需要从庞杂的物料与混乱无序的备选供应商中，寻找联系，并加以利用。供应商定位模型，即站在企业的角度，从支出水平与 IOR（影响、机会与风险）水平两个维度，对不同种类项目中的主要物料，运用帕累托的二八原则进行分类。基于这个模型，企业的主要采购物料被分为四类：常规型、杠杆型、瓶颈型、关键型。用同一种模型，对物料和供应商同时进行分类，这极大限度地契合了企业的业务类型和管理重点，它是对企业“量身定做”的分类模型。

企业按照物料分类—供应商分类的步骤，填入所属类别的供应商名称，完成后连同供应商信息一同输入企业资料库中。及时发现缺少的信息，及时反馈。企业应给予相关技术支持，使得日后的查找工作更加方便快捷，节省采购工作的精力，精简采购流程，做到不漏掉任何一家有能力的供应商。

常规型品项：支出水平和 IOR 水平都较低的品项，这类品项具有标准化的产品质量标准和大量的供应源，企业的普通采购品项常见于这一象限，该类品项最大的特点是企业投入的管理成本和精力最小，风险较低，对企业利润影响较小。

杠杆型品项：支出水平高但 IOR 水平低的品项，这类品项供应源较多，由于价格因素，利润空间较大，采购人员把精力放在降低成本上，尽量压缩价格。该类品项对企业利润影响较大。

瓶颈型品项：支出水平较低，但 IOR 水平较高的品项，这类品项具有对技术要求高、允许偏差很低的特点，因此仅有很少的供应商可以提供相应的产品和服务，企业的定制类软、硬件常见于这一象限，对采购人员来说，前期寻找该类供应商花费精力较多，而该产品或服务的短缺会对企业造成重大影响，风险程度较高。

关键型品项：支出水平和 IOR 水平双高的重点品项，是企业的重点管理对象。与瓶颈型品项相同，该类品项供应源较少且对企业整体竞争力起到不可小觑的作用，是采购人员重点管理的品项。

根据物料的分类，同时把对应的供应商进行分类，这样供应商类别一目了然。

常规型供应商：企业供应商关系智慧化管理人员需要更多利用互联网平台，确定固定渠道，统一采购该类品项物料，由于该类品项标准程度高，不需要花费太多精力在这类供应商的管理上，只要判断哪个潜在供应商可以帮助企业将管理费用降至最低即可。

杠杆型供应商：针对该项成本空间最大的供应商，需要挑选 2～3 家固定合作伙伴，通过各种方法降低产品成本，采购部门可通过框架协议的方式，将价格压到最低；也可通过比价的形式，寻找合适供应商。而对该类供应商的关系管理，需要把供应商数量维持在 3 家左右，根据市场动态，观察价格走势，及时调整、更新杠杆型品项的供应源，需要采购人员对成本信息高度敏感。

瓶颈型供应商：由于该类型供应商数量少，获取渠道窄，技术要求高，所以企业应寻找 3 家固定合作伙伴，寻求长期、稳定的战略合作，并另外寻找 2 家替补供应商，以减少风险。对这类供应商，需要质检部门与研发部门长期跟进，采取季度走访的形式，保证对方质量和技术水平平稳上升，供应商关系智慧化管理人员需要进行长期关系维护，及时共享信息，保持密切往来。对瓶颈型供应商的管理直接影响到该类项目顾客的交付质量和顾客满意度。

关键型供应商：与瓶颈型供应商一样，该类供应商数量较少且对应了企业大部分的主要项目来源，需要企业加大投入力度，重点管理和维系合作伙伴关系，以及列入企业发展战略中，使其与企业发展战略同道而行。关键型供应商关系智慧化管理的最终目的是在降低成本的同时确保供应的质量和连续性。相关管理人员需进行商务谈判，确保成本合理的前提下，与关键型供应商签署战略合作协议。在供应商关系智慧化管理人员与其密切保持联系的同时，还要及时走访，加大激励、信息共享，建立命运共同体，统一合作双赢的思想，以防范各类风险的产生。

值得注意的是，随着科技的发展，电子产品的更新换代日益频繁，以往一些产品类型随着技术的发展与普及，物料分类情况会动态变化。如存储类产品，随着技术的发展，存储设备容量大幅度提升的同时，价格反而下降。也就是说，一些杠杆型的产品，在技术发展的同时，就变成一般型物料；瓶颈型的产品随着科技发展，风险降低，然后对应的级别也会下降。这是一个持续动态化的过程，需要提升招采人员的专业素质和市场分析力，只有随时跟进技术动态，才能对供应商进行相应的管理。企业现阶段的战略是逐步由二次开发的模式转为自主创新的模式，以产品的技术和质量优势打造企业核心竞争力，针对关键型供应商，应在技术上相互扶持，共同进步，以满足供应商和企业战略需求。

### （四）企业供应商关系维护优化策略

价值共赢的基础是关系管理。“力争建立与供应商共同繁荣的交易关系”是丰田的供应商关系智慧化管理的核心。与丰田一样，戴尔将供应商关系纳入整体采购目标中并给予高度重视。在这个变幻莫测的时代，变化的市场将企业与供应商紧密联系起来，从上下游竞争关系转为协同关系，企业应知晓供应商对应的基本关系模式：交易型、紧密型、单一供给型、外包型、战略型。在命运共同体的基础上，针对以下两大方面进行供应商的关系维护工作。

1. 培养与发展供应商

在新时代市场背景下，企业应与供应商发展成为以共赢为目标导向的利益结合体，帮助企业快速应对变化的市场环境、抵御风险，仅凭一己之力难免力有未逮。企业应在不同发展阶段选取不同的战略合作伙伴作为重点培育对象，凭借信息共享机制与定期的绩效考核机制，在合作中发现技术漏洞，反馈质量，提出新的创新点并及时传达给战略伙伴，双方将在高度信任下开展相应的解决对策。

2. 动态管理与联合决策

供应商的关系管理与维护是一项长期的动态化过程。企业应进行半年度或年度的高层互访，增强双方的信任度和忠诚度，只有高层管理人员建立密切的人脉往来，整个关系管理的根基才能得以维系。在双方的互访过程中，相互熟悉、加强沟通，战略合作伙伴关系才得以在企业内部决策中体现。企业在年末举办的供企联谊大会上，应对业绩优秀的供应商进行多媒体展示，并颁发奖状或奖品，使其感受到来自企业的高度重视；也可以对成本的看法进行分享；同时针对密切往来的供应商应及时分享未来的展望和规划，适当进行详细的阐述，使其更直观地感受到企业的合作潜能。以丰田和戴尔为例，二者不仅实现了供企合作关系，更是超越了这层关系，突破到“联合决策”阶段，这在戴尔计算机的研发上得到了充分体现。这项管理活动仅限于高度密切的战略供应伙伴，建立在高度信任的前提和战略的高度贴合上，特别是拥有高尖技术的供应商，这对企业的智慧项目发展来说，双方共同决策，实现了结合体的发展。联合决策在信息高度互通下，可以避免内耗，以企业联盟的形式共同应对市场风险。

### （五）企业供应商绩效评估及激励机制的优化策略

供应商绩效管理与采购战略之间存在着荣辱与共的潜在关系。企业对供应商的管理直接反映出企业的所思所想和企业心中理想供应商的原型。因此，高质量的绩效评估与有效的反馈使得企业与供应商的关系更为优质。可见，企业应当重视在供应商关系智慧化管理中的绩效评估与激励机制的完善。在供应商绩效管理工作开展前，双方的沟通交流很重要，双方就绩效考核相关内容与标准达成统一的基础上，各自成立相关小组定期互通，就绩效考核的回顾总结与教训积累、意见改进等方面展开深度交流，将信息传达到对方管理层，引起足够重视并纳入企业改进战略中。

在供应链质量管理中，对供应商的激励非常重要，没有有效的激励机制，就无法保证供应商产品质量的优质和稳定，也不可能维持良好的供应关系。针对供应链质量管理的特点，提出两种类型的供应商激励机制：显性激励机制——质量合同和隐性激励机制——供应商声誉。

产品质量问题和安全问题一直是公众瞩目的焦点，消费者急切呼吁相关企业应本着对消费者负责的态度提高产品与服务的质量。因此，供应链质量管理的有效实施也成为企业和学术界关注的热点问题。

据统计，在供应链环境下，产品质量不合格率为 20%~25%，是由不合格的原材料、外购件、外协件引起的，在成套供应的机电整机产品中，由此引起的产品质量不合格率竟高达 40%。由此可见，供应商产品质量的好坏直接关系到成品质量。在供应商产品的五项要素“数量、交货期、质量、成本和服务”中，质量是最重要的，质量是核心，只有在质量好的基础上要求数量、交货期、成本和服务才有意义。否则，没有质量的采购将成为毫无意义的行动。由于供应链质量管理涉及多个具有理性和决策能力的独立法人，所有权的分裂使供应链内的成员企业在追求共同质量目标的同时，仍然存在着局部利益的冲突。因此，核心企业必须建立有效的激励机制，协调与供应商的关系，提高供应商合作的积极性，保证供应商在履行合同时信守合同承诺，提供优质的原材料或零部件，减少机会主义，使供应链整体的运作效率得以提高。由此可见，供应商激励机制的合理设计是供应链质量管理的关键和核心。

在供应链质量管理中，传统的管理方法和手段都不能达到理想的效果。对核心企业而言，要想让供应商服从自己的管理有两个途径：一是运用法律手段，即合同管理；二是建立长期合作关系，强调长远利益。这两个手段就是供应链质量管理的实施基础，由此可采用两种类型的激励机制。

1. 显性激励机制——质量合同

随着供应链合作模式在企业的广泛实施，对质量管理问题的研究也由以降低质量成本为目的的单个企业的决策问题，扩展到以提高供应链整体绩效为目的的两个甚至多个企业的决策问题。因此，核心企业需要通过合同管理，来约束供应商的行动，减少机会主义，提高其合作积极性和质量管理的效率。利用合同管理，使得在供应链中不必像在企业内部那样设立复杂的组织机构，因此也避免了像维系企业内部那样严格的等级制度所需的高额管理费用和日常费用，但是它也存在着弊病且需妥善处理。在供应链质量管理中，如果制造商不能观测供应商的质量决策，为了诱使供应商选择制造商所希望的行动，制造商必须根据可观测的行动结果来奖惩制造商，在委托-代理理论中称这样的激励机制为“显性激励机制”。质量合同作为一种显性激励机制，在企业质量管理中被广泛运用。

2. 隐性激励机制——供应商声誉

由于个人的有限理性，外在环境的复杂性、不确定性，信息的不对称性和不完全性，合同当事人或合同的仲裁者无法证实或改变一切，造成了合同条款是不完全的。签订完美的合同或是不可能的，或代价太高。当遇到了合同中没有考虑的问题而需要某一方或双方承担某些责任时，如果双方不合作，则意味着重新谈判或讨价还价，谈判的破裂将导致仲裁或诉讼，这些都将造成企业额外的费用或者精力被分散。近年来，企业界和学术界强调在供应链中建立合作伙伴关系，强调在所有参与者之间建立信任机制，弥补合同的不足。委托-代理理论认为，即使没有显性激励合同，供应商出于对长远利益的考虑，也有努力工作的积极性，提供高质量产品，因为这样可以改进自己在市场上的声誉，从而提高未来的收益。声誉效应可以在解决委托-代理问题中起作用，声誉效应作为“隐性激励机制”可以达到显性激励机制同样的效果。另一方面，当真正的合作伙伴关系建立之后，企业之间合同的签订费用及签约所用的时间也大幅度减少，合同的形式趋向于越来越简单，合同的期限变得越来越长，实质上降低了供应链管理中的费用。

## 五、企业供应商关系智慧化管理优化策略实施保障

任何管理都应当成体系且需要长期持续，供应商的关系管理也不例外。这需要企业共同的努力和支持，在理论投入实践的磨合过程中给予相应保障。这一部分是结合提出的供应商关系智慧化管理的优化策略，结合企业的实际情况，分析供应商关系智慧化管理优化策略实施的规划以及提出相应的保障措施，以确保理论指导能够在各个环节的关系管理中顺畅进行。

### （一）实施重点

第一，在供应商关系智慧化管理的组织架构调整后，部门人员需要一段时间磨合彼此的工作节奏，务必明确每个人的工作职责，不耽误其他工作的开展进程。第二，在供应商准入与选择流程中，务必要相关人员严格遵守流程范式，不掺杂任何个人主观臆断和想法；在供应商开发过程中，务必要在需求订单的技术难点上对企业相关技术人员加以指导，这样在后续与供应商进行对接时不会浪费双方沟通的精力和时间。第三，供应商分类管理在初期是一个庞大的工程，由于物料庞杂，企业应加强研发人员对资料库的开发，使得采购人员在整理供应商分类时可以快速、准确地对物料及相应供应商进行查找及分类，以确保该项措施顺畅进行。整理过后的供应商分类对日后的工作产生高效能、正相关作用，所以供应商关系智慧化管理部门更应该团结起来，共同开展此项工作。同时保证分类的正确率，以防止产生“蝴蝶效应”，一时的错误在后面环环相扣。第四，在供应商的前期背景调查环节，需要相关部门结合自身的实际经验，甄别大量的信息真伪，供应商往往在调查问卷中不会告知真实情况，此时需要采取现场探访的方式，但这将增加额外差旅费用，可酌情考虑。第五，与供应商建立良好的沟通渠道、沟通机制，保证顺畅、高效沟通，保证策略进展的顺畅度。同时，信任是关系维持的基石，应继续与供应商保持高度信任。

### （二）实施难点

1. 供应商信息收集的完整性

与供应商的分类一样，供应商信息的收集是个需要时间的细致工作。在信息机制的完善中，供应商信息汇总也是一项耗时费力的细致工作，需要来自技术部门的帮助，寻求一些技术技巧，帮助相关人员快速完成信息汇总和收集。

2. 供应商信息互通机制的构建

信息平台的构建需要企业依据现阶段发展水平酌情投入支持力度。在建立信息共享机制环节中，技术是首要环节，保证研发人员的重视度和研发力度，以求更完整的信息库和更顺畅的信息共享通道。这就要平衡好研发人员的日常工作任务、兼顾到信息平台建立的进程。

3. 管理人员日常技能应用

在完成了对企业供应商管理相关部门的人员培训与考核后，理论应用到实践中，才有学习的意义，所以企业更应重视相关人员在工作中的理论运用情况，及时向部门主管反馈，确保培训实施的高回报。

### （三）实施保障措施

针对上述提出的企业供应商关系智慧化管理优化策略，除了需要相关部门协同完成，还需要企业决策层给予相关保障措施，推动优化策略的顺利进展，具体如下。

1. 企业思想保障

企业思想保障即从企业管理层面的意识程度的深层次根源做改变，意识转变是基础建设，优化策略是上层建筑，基础建设决定上层建筑。企业文化是企业灵魂所在，企业应深入贯彻团魂意识，并体现在管理中的任何一个角落；而供应商关系智慧化管理优化思想如同企业文化一般，需要企业调动各类资源，以身作则，在优化过程中起到示范带头作用，并对优化过程中相关部门发出的各类诉求给予相关支持。

2. 企业制度保障

在组织供应商关系智慧化管理、进行流程规范化的同时，也应在企业总体制度中有所体现，这包括在员工手册上的体现、在企业制度手册上的体现。在监督内部员工与新入职员工遵守制度的同时，使供应商知悉企业更改调整后的制度内容，使其增进对企业的信任和理解，更好地配合企业开展相关工作。企业应在总制度中加入关于“供应商开发相关制度”“供应商分类制度”“供应商绩效评估和激励制度”的内容，并完善“供应商调查表模板”“供应商分类流程指导”“供应商分类管理方法概述”“供应商绩效考核制度综述”“供应商关系维护方法汇总参考”等相关内容；增加供应商管理部门组织架构在企业总架构中的内容，以及制度手册中相关人员的职责分工。内容表述需清晰完整，可读性强。

3. 企业资金保障

任何一项措施的落实都离不开资金支持。在企业供应商管理优化措施落实的过程中，供应商关系智慧化管理部门应与财务部门一同估算措施落实所需的经费，交由决策层进行审核。主要资金投入如下。

（1）对于信息互通平台的建设，投入人力的同时必然增加相关人力经费，这将在研发人员的薪酬中有所体现；同时，技术的投入需要购进相关软件进行框架开发，必要时需聘请专业区块链专家进行项目指导。针对软件开发的版权问题，必要时需交由企业的法律顾问进行咨询指导。

（2）应加大管理专员的培训力度，这是一项回报率高且持久的工作。企业应在财务能力允许或预算内，最大限度地支持对管理专员的技能培训，后续的考核奖惩也要给予资金支持。企业在对专人进行专培时，需要企业给予资金保障，协调员工工作时间和培训时间；需明确培训的重点，除了必要的职业技能外，关于谈判的技巧也需要聘请专家来进行现场授课。

（3）在供应商关系维系的工作开展中，特别增加年末供应商总结大会的奖励支持金。这对供应商的激励起到了正向作用，有利于第二年采购工作的顺利开展。

## 本章小结

进行科学、合理的供应商管理是企业进行物资采购和实现现代化管理目标的重要步骤，利用各种方式把物资采购的各个方面职能进行集成。企业在采购过程中供应商管理所出现的问题，企业必须引起足够的重视，对这项工作进行科学、合理的管理，划分供应商种类，并以此建立相应的选择机制和科学的评价标准，依据供应商指标评价系统选择战略供应商，并建立长久的合作伙伴关系。企业应加强与供应商的沟通交流，积极建立信任与健康发展的双方关系，打造信息交流和共享机制，以此来实现双赢的目标。另外，企业还要通过相应的激励与控制措施，保证供应商的积极性与主动性，最大程度做好物资供应工作，以此保证企业生产的顺利进行，还要预防供应商管理中出现的风险，并减少企业由于采供不当所带来的不必要损失。无论是供应方还是采购方，都是物流供应链上的一个部分，承担着重要的责任，所以双方都应该在双赢思想的指导下建立合作关系。

**一、单项选择题**

1. 供应商智慧化选择，要根据具体情况采用合适的方法。常用的方法：一是考核选择，二是（　　）。

A. 招标选择　　B. 外包采购　　C. 直接采购　　D. 间接采购

2. 供应商绩效考核与激励机制不健全，表现在（　　）。

A. 供应商绩效考核形同虚设　　B. 对供应商的激励手段多样化

C. 与优质供应商合作关系紧密　　D. 专业的供应商关系管理人员充足

3. 在供应链质量管理中，对于供应商可采用的激励机制是（　　）。

A. 显性激励机制——质量合同　　B. 隐性激励机制——供应商奖励

C. 显性激励机制——供应商声誉　　D. 隐性激励机制——质量合同

4. “大数据”所具备的特点：（　　）。

A. 种类多样、来源单一、海量多元　　B. 种类较少、来源广泛、海量多元

C. 种类多样、来源广泛、海量多元　　D. 种类多样、来源广泛、少量多元

**二、多项选择题**

1. 供应商的关系类型包括（　　）。

A. 长期目标型　　B. 渗透型　　C. 联盟型　　D. 纵向集成型

2. 一般来说，供应商智慧化选择应遵循（　　）。

A. 目标定位原则　　B. 优势互补原则

C. 择优录用原则　　D. 共同发展原则

3. 关键点控制的原则包括（　　）。

A. 门当户对原则　　B. 半数比例原则

C. 供应源数量控制原则　　D. 供应链战略原则

4. 产品竞争力可以反映供应商生产的产品在市场中的竞争地位，可以从三个方面加以反映——（　　）。

A. 质量　　B. 柔性程度　　C. 价格　　D. 受欢迎程度

**三、简答题**

1. 简述企业供应商准入与开发优化策略。
2. 简述供应商智慧化开发的背景。
3. 供应商智慧化管理有哪些明显优势？
4. 简述供应商智慧化管理的内容。

**课后案例：供应链战略中的供应商管理——供应链战略系列报道**

# 第五章 智慧采购谈判和合同管理

## 学习目标

了解智慧采购谈判的含义及其构成要素。
掌握智慧采购谈判的作用、智慧采购谈判方案的设计。
了解智慧采购谈判的策略与技巧。
熟悉智慧采购线上谈判的实施。

## 学习重点和难点

智慧采购线上谈判的实施是重点。智慧采购网上谈判系统的实施是难点。

## 导入案例

### 中国高铁技术引进谈判

一场关于高速铁路技术的国际谈判引发了世界范围内的关注。原铁道部以其深谋远虑和策略多端，成功地与几大国际铁路技术巨头进行了一系列精彩绝伦的博弈，其中最引人注目的是与德国西门子的谈判。

2004 年，原铁道部抛出了一项大手笔的采购计划，计划采购 140 列时速超过 200 千米的高速动车组。这个消息一经发布，便引起了全球铁路行业的震动。德国西门子、法国阿尔斯通、日本川崎重工和加拿大庞巴迪，这四家业界领头羊立刻被这个诱人的大订单所吸引。

原铁道部巧妙地设置了投标条件，明确要求外国企业需要与中国企业合作，并完成核心技术转让，才能进入中国市场。这一策略限制了外国企业的操作空间，同时为中国企业赢得了技术引进的有利条件。原铁道部确保了谈判的主动权在自己手中。

在这场谈判中，原铁道部充分展现了其策略的高明。一方面，通过提出高标准的技术要求和合作模式，迫使西门子等公司降低预先提出的技术转让费；另一方面，原铁道部的谈判团队通过精湛的谈判技巧，掌控了整个谈判过程。谈判过程充满了激烈的角逐和战术较量。在面对西门子时，原铁道部展现了坚定不移的态度并恰当地运用了策略。西门子团队最初试图以技术优势要求高价位，但很快发现原铁道部不仅在技术上有着明确的要求，而且在价格上也有着坚定的底线。

这场谈判不仅是技术和商业利益的较量，更是智慧和策略的比拼。原铁道部的谈判团队凭借其深思熟虑的策略和坚持不懈的态度，成功将西门子及其他竞争对手引入了自己设定的谈判框架内。在这个过程中，原铁道部不仅成功地引进了世界先进的高速铁路技术，还确保了中国未来铁路行业发展的自主权。

这场谈判是国际商业谈判史上的一个经典案例，是商业谈判和国际交流的重要范例。通过这场谈判，原铁道部不仅在短期内获得了所需的尖端技术，更为中国铁路行业的长远发展奠定了坚实的基础。随着技术的引进和消化，中国铁路行业在后续的发展中迅速崛起，逐渐在国际舞台上占据了重要地位。

这展现了中国在全球化背景下的战略眼光和谈判智慧，为今后的国际合作和竞争提供了宝贵的经验。通过这次成功的谈判，中国不仅在技术层面实现了飞跃，也在国际交流和合作中赢得了尊重和认可。中国铁路行业的快速发展不仅是技术和经济实力的体现，更是国家智慧和战略思维的体现。

**案例思考**

分析原铁道部在采购谈判中采取了哪些策略。

# 第一节　智慧采购谈判概述

## 一、智慧采购谈判的含义及其构成要素

### （一）智慧采购谈判的含义

谈判是指人们为了改善彼此之间的关系而相互协调和沟通，以期在某些方面达成共识的行为和过程。谈判实质上是智慧与口才的充分体现，双方只有在沟通和交流的基础上，了解对方的需求，才能够做出相应的决定。

采购谈判是指企业在采购时与供应商所进行的贸易谈判。采购方想以比较理想的价格、产品质量和服务条件获取供应商的产品，而供应商想以期望的价格和服务条件向采购方提供产品。当双方未达成一致之前，就需要通过谈判来解决。

据研究，在组织中，谈判工作占管理者工作时间的20%左右。但在实际谈判中，谈判者常常不能获得双方均满意的结果，增加了社会冲突。如何高效地进行谈判，一直是困扰许多企业的难题。

党的二十大报告提出，加快发展数字经济，促进数字经济和实体经济深度融合，着力提升产业链供应链韧性和安全水平。随着国内与国际电子商务的蓬勃发展，电子商务全球化，在现实应用中电子商务具有更广阔的外延、流程越来越复杂；企业业务拓展步伐加快，遍布全球。异地商业谈判更加频繁，通过引进先进的谈判技术，企业不断向规模化、集团化、国际化发展，为了更好地进行商务交流，寻求快捷、有效的谈判形式变得刻不容缓。

企业在全球范围内的经营活动对智慧采购谈判的内涵与形式提出了新的要求，即及时、有效、远程、异地，这样才能支撑高效的企业决策。随着信息技术的快速发展，移动互联网深度普及，多媒体技术和网络通信技术为远程采购谈判的实现奠定了媒介基础和技术基础。

### （二）智慧采购谈判构成要素

智慧采购谈判作为一种协调往来关系的沟通交际活动，是一个有机联系的整体。为了完整地认识和把握谈判活动，有必要深入分析其构成要素。一般来说，智慧采购谈判由四个基本要素构成。

1. 谈判主体

所谓谈判主体，就是指参加谈判活动的双方人员。实际上，谈判主体包括关系主体和行为主体两个方面。关系主体是在智慧采购谈判中有权参加谈判且能承担谈判后果的自然人、社会组织等实体，行为主体是实际上参加谈判的人，这里所说的谈判主体是指行为主体。

成功的谈判不胜枚举，失败的谈判也数不胜数。一方面，这固然与谈判议题有关；另一方面，与谈判人员的素质和修养息息相关。谈判人员应当具备多方面的良好素质和修养。

2. 谈判客体

所谓谈判客体，是指在谈判中双方所要协商解决的问题．也就是谈判的标的。问题可以是立场观点方面的，也可以是基本利益方面的，还可以是行为方面的。一个问题要成为谈判客体，大致上需要具备三个方面的条件。一是它具备双方的共同性，即这一问题是双方共同关心并希望得到解决的，如果不具备这一点，就构不成谈判客体。二是它要具备可谈性，也就是说，谈判的时机要成熟。在现实生活中，本该坐下来谈判的事，一直未能真正去做，这主要就是因为谈判的条件尚未成熟。这样的情形是不少见的。谈判时机的成熟是谈判双方得以沟通的前提，当然，成熟的时机也是人们经过努力可以争取到的。三是谈判客体必然涉及双方或多方的利害关系，谈判时不仅要注意自身的利益，还应该实现双方或多方的共赢。

3. 谈判方式

谈判方式是指谈判人员之间对解决谈判客体所采用的方法，也就是谈判沟通的技巧。谈判方式有很多，依据不同的标准，可以进行不同的分类。

以心理倾向性为标准，谈判方式可划分为常规式谈判法（多用于固定客户之间的交易）、利导式谈判法（通常采用将计就计、投其所好的策略）、迂回式谈判法（利用某些外在条件间接作用于对手）和冲击式谈判法（使用强硬手段给对方施加压力）。

以谈判者所采取的策略、所持的态度为依据，谈判方式可划分为软弱型谈判法、强硬型谈判法和有软有硬型谈判法。势弱的谈判者希望避免冲突，为达成协议而选择让步，希望圆满达成协议，却总是为遭受剥削而深感苦恼。势强的谈判者对对方提出的每一项条件都坚守不让，采取寸利必争的策略，以获得利益最大化。软弱型谈判法和强硬型谈判法统称立场性谈判法，是谈判主体间以各自的立场为出发点，依照谈判主体的意志进行讨价还价的一种谈判方法。有软有硬型谈判法又可以看成是原则性谈判法，谈判者根据价值来取得协商，根据公平的标准来做决定，采取灵活变通的方法，以寻求谈判双方各得其利、均有所益的最佳方案。原则性谈判法和传统意义上的立场性谈判法有很大的不同（见表5-1）。原则性谈判法是一种理想的、广泛适用的谈判策略。

表 5-1　　立场性谈判法和原则性谈判法的比较

| 谈判标准 | 谈判方法 | |
|---|---|---|
| | 立场性谈判法 | 原则性谈判法 |
| 是否重视利益 | 否 | 是 |
| 是否重视立场 | 是 | 否 |
| 是否有灵活性 | 否 | 是 |
| 是否有利于建立良好的关系 | 否 | 是 |
| 是否有利于提高谈判效率 | 否 | 是 |
| 是否有利于达成明智的协议 | 否 | 是 |

4. 谈判约束条件

谈判约束条件主要包括谈判的规模、谈判的时间、谈判的保密程度及谈判者的权限。例如，由什么层次的人员参加谈判，在什么时间、什么地点进行谈判，在什么范围内公开谈判等都要加以明确。

作为一个有机联系的整体，除了以上基本构成要素之外，还要考虑其他对谈判具有重大影响的因素。

## 二、智慧采购谈判的作用

智慧采购谈判的结果会直接影响谈判双方的利益，甚至会影响谈判双方的战略方向。如果谈判失败，则影响短期的利润，甚至影响长期的利益。有效的谈判是组织良好运营的保障。

（1）降低采购成本。通过智慧采购谈判可以以较低的采购价格获取供应商的产品和服务，降低采购成本。沃尔玛通过降低采购成本，形成了“天天平价”的价格核心竞争力。

（2）保证产品质量。通过智慧采购谈判可以保证产品质量。产品质量是最主要的谈判客体，在谈判过程中要尽可能地关注产品质量，让供应商把好源头关口、守好质量防线。

（3）降低库存成本。通过智慧采购谈判可以促使供应商及时交货，保证交货期，按时满足采购方的需求，这样可以降低采购方的库存成本。

（4）获取优惠。通常，产品和服务的购买伴随着不同程度的优惠，如免费送货、免费技术咨询、免费安装调试、免费现场指导等。通过智慧采购谈判，应尽可能地争取各方面的优惠。

（5）转嫁风险。采购过程中存在风险，可能因主、客观因素导致事故的发生，造成货品的损失，甚至对采购人员造成不同程度的伤害。通过智慧采购谈判，采购方与供应商商榷，让供应商承担采购方不该承担的风险，只有这样，采购方才能减少甚至规避风险，降低风险带来的损失。

（6）减少纠纷。在采购过程中，会出现各种纠纷，如交货延期、货品丢失等情况，通过智慧采购谈判解决问题、达成共识，出现纠纷时，有据可查、高效处理，这对谈判双方都有利。

## 三、建立智慧采购谈判系统的重要性

### （一）建立沟通方便的智慧采购交易平台

将能够接入互联网的全球范围内的企业都“网”在同一个市场中，企业与市场都被虚拟化。这就需要搭建一个沟通方便的智慧采购交易平台，承载这些被虚拟化的企业。这些虚拟化的企业外延覆盖全球市场，从而有助于企业抓住新的市场机会。

### （二）打破智慧采购谈判障碍

由于外贸市场的虚拟化、全球化，交易双方就必须面对跨地区、跨国界的空间障碍。互联网技术为打破智慧采购谈判障碍提供了基本的条件。商务沟通非常复杂，寻找贸易伙伴、初步相互接触、合同谈判签署尚需要进行大量的系统开发工作。

### （三）降低交易成本、提高交易效率

企业成本包括营销成本、生产成本、库存成本、管理成本、交易成本等，其中生产成本、库存成本、管理成本具有刚性。互联网技术的应用，使营销成本有了较大的压缩空间。比如，借助网上智慧采购谈判工具，就可以以低成本优势达成与世界各地客户或员工进行高效沟通的目的。最直接的表现是，简化了交易环节，提高了交易效率，降低了交易成本。智慧采购谈判效率很高，可即时沟通、随时解决问题。

### （四）节省时间和费用

通过智慧采购谈判，异地谈判者相互之间能够直接进行交流，节省了费用（如差旅费），避免浪费时间，也避免在中间环节造成误解，令时间回归到工作中，保证了智慧采购洽谈高效进行。

### （五）接受度高、应用面广

随着现代通信的发展，网络已成为人们生活工作中不可缺少的一部分，智慧采购交易平台操作简单、处理能力强，谈判者能够进行语音交流、文本交流、视频交流并传输文件，大大拓宽了客户群体的范围。

## 四、智慧采购谈判的特征

### （一）目的性

智慧采购谈判总是以某种利益的满足为目标，是建立在人们需要的基础上的。当人们想交换意见、改变关系或寻求同意时，人们开始谈判，人们想满足自己的某些利益。利益包含的内容非常广泛，有物质的、精神的，有组织的、个人的等。当这些利益的满足需要与他人进行合作时，就要借助智慧采购谈判。

### （二）多边性

智慧采购谈判是两方及以上的交际活动，只有一方则无法进行智慧采购谈判。在两方谈判的情况下，只有谈判各方的利益有可能通过对方的行为而得到满足时，才会产生智慧采购谈判。当卖方不能提供买方需要的商品时，或者买方完全没有意向购买卖方出售的商品时，双方也不会进行智慧采购谈判。至少有两方参与是进行智慧采购谈判的先决条件。

### （三）关系性

智慧采购谈判是寻求建立或改善人们的社会关系的行为。人们的一切活动都是以一定的社会关系为条件的。就商品交换活动来讲，从形式上看是买方与卖方的商品交换行为，但实质上是人与人之间的关系，是商品所有者和货币持有者之间的关系。买卖行为之所以能发生，有赖于买方或卖方新的关系的建立。智慧采购谈判的目的是满足某种利益，这就需要建立新的社会关系，或巩固已有的社会关系，而这种社会关系的建立和巩固是通过智慧采购谈判实现的。并非所有的谈判都能起到积极的社会效果，失败的谈判可能会破坏良好的社会关系，这可能会激励人们改善社会关系，从而产生新一轮的智慧采购谈判。

### （四）过程性

智慧采购谈判是一种协调行为的过程。智慧采购谈判的开始意味着某种需求希望得到满足、某个问题需要解决或某方面的社会关系出了问题。由于谈判各方的利益、思维及行为方式不尽相同，存在一定程度的冲突和差异，因而智慧采购谈判实际上就是寻找共同点的过程。解决问题、协调矛盾，不可能一蹴而就，需要一个过程。这个过程随着新问题、新矛盾的出现而不断重复，社会关系需要不断协调。

### （五）特定性

智慧采购谈判选择在参与者认为合适的时间和地点举行。这是区分狭义的谈判和广义的谈判的一个很重要的依据。智慧采购谈判时间与地点的选择实际上对智慧采购谈判的结果有直接的影响。尽管一般的智慧采购谈判不一定对此非常苛求，但至少企业之间、团体之间乃至国家之间的智慧采购谈判是这样的。购销谈判、项目谈判、外贸谈判等都对时间和地点的选择十分重视。

### （六）契约性

智慧采购谈判是指双方或多方互换商品和服务，并试图对交换比率达成协议的过程，协商成功后，以合同、协议、条约等形式达成契约，达成一定的信息传递、问题共识和行为约束。

综上所述，智慧采购谈判是参与各方出于某种需要，在一定时空条件下采取协调行为的过程。

## 五、智慧采购谈判的管理流程

一般情况下，智慧采购谈判的管理流程包括确定采购谈判目标、收集采购谈判信息、初步确定谈判项目、收集和分析供应商信息、议价分析、分析谈判优劣势、制定谈判方案、组织实施谈判、签订采购合同、执行采购合同和汇总谈判资料等，采购经理、采购主管、采购人员等多层级员工共同参与，与供应商进行协调沟通。

理论上，智慧采购谈判的管理流程如图 5-1 所示。实践中，将智慧采购谈判的管理流程分为三个显著的阶段：谈判前期阶段、谈判中期阶段和谈判后期阶段。

### （一）谈判前期阶段

谈判前期阶段的主要工作是制定谈判方案。具体工作主要包括以下内容。

（1）确定采购谈判的具体目标，认识双方各自的需要。

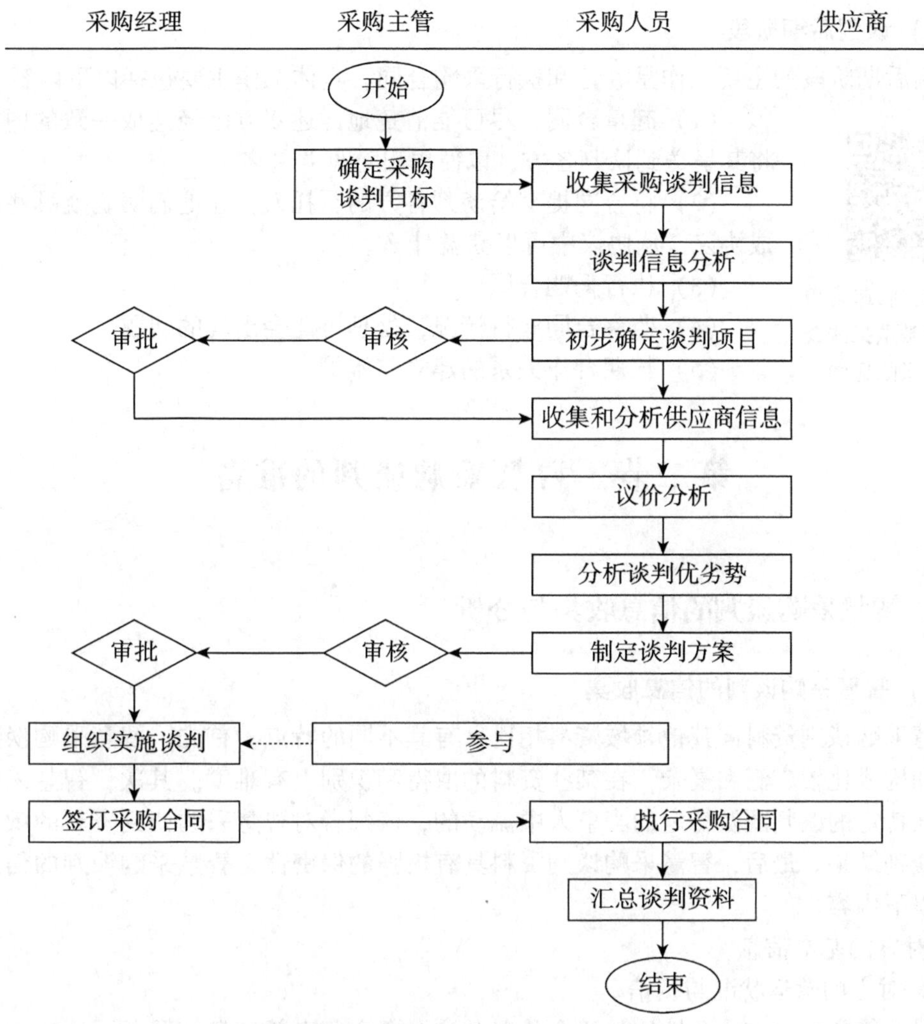


**图 5-1 智慧采购谈判的管理流程**

（2）收集相关信息并进行分析，识别实际问题和特殊情况。

（3）分析各方的优势和劣势，制定谈判策略。

（4）向其他人员简要介绍谈判内容。

（5）制定意外情况或紧急情况的预案。

（6）谈判预演。

### （二）谈判中期阶段

谈判中期阶段的主要工作是实施谈判方案，具体工作主要包括以下内容。

（1）商议谈判议程和程序规则。

（2）探讨双方希望在谈判中解决的事宜。

（3）确定需要达成一致意见的共同目标。

（4）在可能的情况下，双方需要处理阻碍谈判达成共同目标的分歧。

（5）达成协议，谈判结束。

### （三）谈判后期阶段

谈判后期阶段的主要工作是签订和执行采购合同，具体工作主要包括以下内容。

思政案例：临床常用药品集中带量采购谈判议价结果的通知

（1）起草合同，尽可能清楚地详述双方已经达成一致的内容，并将其呈送到谈判各方，以便提出意见并签名。

（2）将合同提交给谈判各方的委托人，让他们明确就哪些事项达成协议，从协议中可以获益什么。

（3）执行采购合同。

（4）监察合同履行情况，处理可能会出现的问题。

（5）长期合作关系的建立与维护。

# 第二节　智慧采购谈判的准备

## 一、智慧采购谈判的信息收集与分析

### （一）智慧采购谈判的信息收集

智慧采购谈判资料同其他领域资料相比，有其不同的特点。首先，智慧采购谈判资料的来源和构成比较广泛和复杂，在某些资料的取得和识别上有难度。其次，智慧采购谈判资料是在特定的谈判圈及特定的当事人中流动的，谈判者对智慧采购谈判资料的敏感程度影响其谈判结果。最后，智慧采购谈判资料具有极强的保密性。智慧采购谈判的信息收集应包括以下内容。

1. 对方的基本信息

（1）对方的营运状况与资信。

在尽可能掌握对方企业性质、资金状况及注册资金等有关信息情况下，还应侧重了解对方的营运状况与资信。即使对方是一个注册资金很多的公司，如果营运状况不好，也会负债累累，公司一旦破产，我方很可能收不回全部债权。对交易对象在资格、信誉等方面进行深入、细致的了解，避免交易对象不能履约，防止货款两空，造成严重的经济损失。

在掌握对方的营运状况与资信的情况下，才能确定交易的可能规模及与对方进行交易往来的时长，才能做出正确的谈判决策并给予对方优惠。

（2）对方的真正需求。

尽可能摸清对方本次的谈判目的、谈判目标，对我方的特殊要求，当前面临的困难以及对方可能接受的最低限度等内容。摸清对方真正的需求，必须透过表面现象去辨别、发现。只有认真了解对方真正的需求，才能有针对性地激发其成交的动机。在智慧采购谈判中，越有针对性地围绕需求谈判，交易就越有可能取得成功。

（3）对方谈判人员权限。

尽可能多地掌握对方谈判人员的身份、分工。如果对方是代理商，必须弄清其代理权限及经营范围，避免日后发生纠纷和损失。在智慧采购谈判中，同一个没有任何决定权的人谈判是浪费时间的。

（4）对方的谈判期限。

设法了解对方的谈判期限。任何谈判都有一定的期限，期限带来的压力常常迫使人们不得不采取快速行动，立即做出决定。了解对方的谈判期限，以便控制谈判进程，给对方施加压力，促使对方接受有利于我方的交易条件。

（5）对方的谈判作风和对方谈判人员的情况。

谈判作风指的是在反复、多次谈判中所表现出来的一贯风格。了解对方的谈判作风可以更好地采取相应的对策，以适应对方的谈判风格，尽力促使谈判成功。另外，尽可能了解对方谈判人员的情况，如业务能力、经验等信息。

2. 采购商品的市场资料

市场资料是智慧采购谈判可行性研究的重要内容。市场情况瞬息万变，市场竞争日益激烈。对此，必须进行多角度、全方位的了解和研究。市场资料主要包括以下内容。

（1）交易商品市场需求量、供给量及发展前景。

（2）交易商品的流通渠道和习惯性销售渠道。

（3）交易商品市场分布的地理位置、交易商品的运输条件等。

（4）交易商品的交易价格、优惠措施及效果。

市场资料对智慧采购谈判可以产生重大影响，谈判人员要密切并注市场的变化，根据市场的供求规律，选择有利的交易商品，并在谈判中与对方确定交易价格及优惠措施。

3. 有关交易商品的资料

交易条件资料是智慧采购谈判准备阶段必须掌握的信息资料。有关交易的商品资料一般包括以下内容。

（1）商品名称。

商品名称是交易商品在国际上的通称和在各地的别称。统一商品名称可避免因叫法不同而失去交易机会或发生误会的情况。商品名称要遵循进出口有关规定。

（2）商品品质。

商品品质是指商品本质性的质量和外观形态。世界各国对可交易商品的品质有不同的标准和规定。在合同中应明确交易商品的品质遵循何时颁布的何种版本的规定，以避免日后发生误会或造成不必要的损失。

（3）商品数量。

世界各国对同一计量单位概念可能有不同的解释和习惯用法。了解清楚这些情况，才能在合同中明确规定，避免日后因实际交货量和原订货量有所差异而发生纠纷。

（4）商品包装。

国际市场上，同类商品在包装的种类、材料、规格及运输标志等方面有通用的规定。企业应紧跟商品包装的最新发展趋势（在材料、设计方面），改进包装，适应市场，增强商品的竞争力，了解各个国家和地区消费者对商品包装在式样、构图、文字、线条、符号、色彩等方面的设计上的不同心理期待与要求，以迎合消费者喜好。

（5）商品装运。

企业应熟知主要运输线路营运情况和有关规定，了解各种运输方式的运费率、附加费用，以便选择合理的运输方式，确定报价，划清费用界限。此外，企业应制订切实可行的装运计划和交货计划，避免纠纷。

（6）商品保险。

国际上，同类商品在保险的险别、投保方式、投保金额等方面执行通用的做法。一些国家和地区对交易商品在保险方面可能有特殊的规定，企业应提前做好准备，以便在谈判中争取有利条件，避免损失。

（7）商品检验。

企业应事先了解清楚检验机构的有关情况（检验机构的权限、信誉、检验设施等），以保证交易商品顺利通过检验，注意检验内容、检验标准、检验方法、检验时间。

（8）商品价格和支付。

企业应探查市场同类商品的成交价，总结价格影响因素，制定价格策略。不同国家和地区的商人在报价、还价上有其特殊的技巧，有时在交易过程中报价是有“水分”的，企业应针对性地考虑应对策略。此外，交易双方应商榷商品交易的支付方式，确定支付币种，以避免日后发生误解和纠纷。

4. 竞争对手资料

竞争对手资料是谈判双方力量对比中的一个重要“砝码”，会影响谈判天平的倾斜度。竞争对手资料主要包括以下内容。

（1）现有竞争对手的商品产能、品种、质量、性能、包装等方面的优缺点。

（2）现有竞争对手的定价策略、让价策略等。

（3）现有竞争对手的销售渠道、分销实力等。

（4）现有竞争对手的信用状况、履约状况、企业素质等。

（5）现有竞争对手的推销实力、广告宣传、服务项目等。

了解竞争对手是比较困难的，作为卖方，至少知道一个销售价格高于自己，而质量比自己差的竞争对手的详细情况；作为买方，则应掌握有关供应商的类似情报。通过分析，找出主要竞争对手及研究其对本企业商品交易的影响，认清本企业在竞争中所处的地位，并制定相应的竞争策略，掌握谈判的主动权。

5. 相关的环境资料

在智慧采购谈判中，社会环境背景对具体谈判项目的确立、谈判进程和谈判结果起到相当重要的作用。因此，在准备阶段必须认真收集以下信息。

（1）政治状况。

政治状况关系到谈判项目的确立和谈判协议履行的结果。因此，必须了解对方国家的政治体制、制度和政府的政策倾向，以及非政府机构对政策的影响程度，特别是要了解对方国家的政局稳定性，判断政治风险。政治风险一般是由政党的更替、政治改革、社会动荡、经济制裁等造成的。若在合同履行期内存在政治风险，将使有关的企业蒙受沉重的经济损失，这是应该尽力避免的。

（2）法律制度。

要了解与商贸谈判活动有关的法律法规。除了要熟知我国现有的法律法规外，还要认真了解当事各国的法律法规及国际法律法规，如《联合国国际货物销售合同公约》《联合国国际贸易法委员会仲裁规则》等。

（3）商业习惯。

商业习惯不同会使商贸谈判在语言使用、接触报价、谈判重点等方面存在极大的差异。商业习惯在国际贸易谈判中显得尤为重要，各国家乃至地区的做法都有自己的特色，而且差别很大，如果不认真了解商业习惯，就会误入陷阱，或使谈判破裂。

（4）社会文化。

社会文化主要涉及文化教育、宗教信仰、生活方式和社会习俗等。跟外国商人谈判，特别要注意对宗教信仰和社会习俗的了解，了解这些情况，不但可以避免不必要的冲突和误会，而且可以更快、更好地理解对方的谈判行为，促使谈判成功。

（5）财政金融。

企业应随时了解主要货币的汇兑率及其浮动变化趋势，了解国家的财政金融政策以及银行对开证，议付、承兑赎单或托收等方面的有关规定等。

**（二）信息收集的方法和途径**

1. 检索调研法

检索调研法是根据现有的资料和数据进行调查、分类、比较、研究的信息资料收集方法。检索调研法的信息资料来源很多，主要列举如下。

（1）统计资料。例如，我国、对方国家及国际组织的各类统计月刊或统计年鉴，以及各国有关地方政策的各类月刊或年鉴。

（2）期刊等专业书籍。例如，我国的《国际商务研究》《国际贸易研究》等都刊登有与贸易谈判活动有关的资料。

（3）各专门机构的资料。例如，政府机关、金融机构、市场信息咨询中心、对外贸易机构等提供的资料。

（4）谈判对方公司的资料。例如，会计资产负债表、报价单、财务计划书、公司出版物（报告）、新闻发布稿、商品目录与商品说明书、公司高层的公开谈话与公开声明等。

2. 直接观察法

直接观察法是调查者在调查现场对被调查事物及被调查者的行为与特点进行观察、测度的信息资料收集方法。直接观察法的形式主要有以下几种。

（1）参观对方的生产、经营场地。例如，参观工厂、门店等。

（2）安排非正式的初步洽谈。通过预备性接触，创造机会，当面了解对方的态度，观察对方的意图。

（3）购买对方的产品进行研究。将对方的产品拆开后进行检验，分析其结构、工艺等，以确定其生产成本。

3. 专题询问法

专题询问法是以某一项命题向被调查者征询意见的信息资料收集方法。运用专题询问法，被调查对象有：

（1）对方内部知情人员，如对方企业现在或过去的雇员等。

（2）与对方有过贸易往来的人，如对方的顾客、对方的供货商代表等。

在做好智慧采购谈判信息准备工作的同时，还应该配置谈判人员或者建立谈判小组，秉持层次分明、分工明确、团结协作的原则，明确赋予谈判人员权利和义务，设定谈判人员职责范围，为智慧采购谈判做好人力资源准备。谈判小组主要由小组领导、法务人员、专业人员和后援人员（如后勤人员等）组成。

### （三）智慧采购谈判的信息分析

收集完智慧采购谈判的相关信息后，可以应用多种方法对信息进行分析，为制定智慧采购谈判策略提供依据。

1. 波特五力模型分析

波特五力模型是迈克尔·波特于20世纪80年代初提出的。他认为行业中存在着决定竞争规模和程度的五种力量，这五种力量综合起来影响着产业的吸引力以及现有企业的竞争战略决策。五种力量分别为供应商的议价能力、购买者的议价能力、潜在竞争者进入的能力、替代品的替代能力、同行业内现有竞争者的竞争能力。

该模型被用于评估整体的市场结构以及一个组织在市场中的地位。它是准备智慧采购谈判的起点，收集的信息有助于识别谈判中所使用的变量。

（1）供应商的议价能力。

供应商主要通过其提高投入要素价格与降低单位价值质量的能力，来影响行业中现有企业的盈利能力与产品竞争力。供应商的议价能力主要取决于它所提供给采购方的投入要素，当供应商所提供的投入要素的价值占产品总成本的比例较多或其对采购方的生产过程非常重要，或其会影响产品的质量时，供应商的议价能力大大增强。

（2）购买者的议价能力。

购买者的议价能力体现在压价或要求提供优质的产品或服务，从而影响行业中现有企业的盈利能力。

（3）潜在竞争者进入的能力。

潜在竞争者进入某行业，在带来新生产能力、新资源的同时，为赢得一席之地，将侵占该行业原有企业的市场份额，这有可能会与原有企业发生原材料采购的竞争，最终导致行业中原有企业盈利水平降低，甚至危及这些企业的生存。潜在竞争者进入的能力体现为消除进入新领域所遇到的障碍的能力以及能与该领域原有企业竞争的能力。

（4）替代品的替代能力。

两个处于同行业或不同行业的企业，所生产的产品可能互为替代品，它们之间存在相互竞争的行为，这种由替代品引发的竞争会以各种形式影响行业中现有企业的竞争战略。总之，替代品价格越低、用户转换成本越低，其所能产生的竞争压力就越强；竞争压力的强度，可以通过考察替代品销售增长率、替代品厂家生产能力与盈利扩张情况来加以描述。

（5）同行业内现有竞争者的竞争能力。

大部分行业中的企业，相互之间的利益都是紧密联系在一起的，各企业竞争战略组成了企业整体战略，各企业的目标都是赢得竞争优势、增强竞争能力，因此，必然会存在冲突与对抗，这些冲突与对抗构成了现有企业之间的竞争。竞争强度与许多因素有关。

2. PEST分析

PEST分析是指宏观环境的分析，P是政治（Politics），E是经济（Economy），S是社会（Society），T是技术（Technology）。在分析一个企业集团所处的背景的时候，通常依据这四个因素来分析企业集团所面临的状况。

（1）政治环境主要包括政治体制与制度、政治局势、政府态度等。

（2）经济环境涉及GDP（国内生产总值）、利率水平、财政货币政策、通货膨胀、失业率水平、居民可支配收入水平、汇率、能源供给成本、市场机制、市场需求等内容。

（3）社会环境主要指人口环境和文化背景。人口环境主要包括人口规模、年龄结构、人口分布、种族结构和收入分布等因素。

（4）技术环境包括新技术、新工艺、新材料的创新、发展及应用。

有时，也会用到 PEST 分析的扩展变形形式，如 SLEPT 分析、STEEPLE 分析。其中，STEEPLE 是 Social/Demographic（社会/人口）、Technological（技术）、Economic（经济）、Environmental/Natural（环境/自然）、Political（政治）、Legal（法律）、Ethical（道德）的英文单词的缩写形式。

3. SWOT 分析

SWOT 分析，S 是优势（Strengths）、W 是劣势（Weaknesses）、O 是机会（Opportunities）、T 是威胁（Threats），就是将与研究对象密切相关的各种主要内部优势、劣势和外部机会、威胁，通过调查列举出来，并依照矩阵形式排列，然后用系统分析思想，把各种因素相互匹配起来、加以分析，从中得出一系列相应的结论，而结论通常带有一定的决策性。SWOT 分析可以对研究对象所处的情景进行全面、系统、准确的研究，从而根据研究结果制定相应的发展战略、对策等。

按照企业竞争战略的完整概念，战略应是一个企业“能够做的”（组织的强项和弱项）和“可能做的”（环境的机遇和威胁）的有机组合。优势和劣势是组织内在的，而机会和威胁则与已识别出的问题有关，尤其与 PESTEL 分析所得出的结果有关。SWOT 分析一般有四种组合的分析结果，SWOT 分析结果对照如表 5-2 所示。

表 5-2　　SWOT 分析结果对照

| | 哪些是我们的强项 | 哪些是我们的弱项 |
|---|---|---|
| 哪些是我们的机遇 | S→O 战略 | W→O 战略 |
| 哪些是我们的威胁 | S→T 战略 | W→T 战略 |

从表 5-2 可以看出，不同的分析结果可以针对具体问题采取不同的策略。

S→O 战略是那些寻求利用组织机构的强项来开拓外部机遇的战略。

W→O 战略是那些寻求调整组织机构的弱项以便能开拓外部机遇的战略。

S→T 战略是利用组织机构的强项来减少外部威胁而免遭攻击和损害的战略。

W→T 战略是制订防御性计划来避免组织机构的弱项成为易受外部威胁攻击的对象的战略。

## 二、智慧采购谈判的策略与技巧

### （一）智慧采购谈判的策略

在智慧采购谈判中，为了使谈判能够顺利进行和取得成功，谈判人员应善于灵活运用一些谈判策略和技巧，谈判策略是指谈判人员通过何种方法达到预期的谈判目标，而谈判技巧则是指谈判人员采用什么具体行动执行谈判策略。在实际工作中，应根据不同的谈判内容、谈判对手等，选用不同的谈判策略和技巧。

1. 投石问路策略

所谓投石问路策略，就是在智慧采购谈判中，当买方对卖方的商业习惯、产品成本和价格不太了解时，买方主动提出各种问题，并引导卖方进行较为全面的回答，然后，从中获得有用的信息资料。这种策略一方面可以达到尊重卖方的目的，使卖方感觉自己是谈判的主角和中心；另一方面，买方又可以摸清卖方的底细。

阅读材料：使用投石问路策略的关键

例如，当企业向供应商购买5000件产品时，该企业就可以使用此策略。首先，企业可以向供应商询价，购买1000件、2000件、3000件、4000件的单价分别是多少。其次，企业就可以从中获取有关的信息资料，进而分析、研究供应商的产品生产成本、生产能力、价格政策等。最后，企业就能以较低的采购成本从供应商那里获得所需要的产品。

2. 情感沟通策略

如果与对方直接谈判的希望不大，就应该采取迂回策略。所谓迂回策略，也称情感沟通策略，就是先通过其他途径接近对方，彼此了解、联络感情，在沟通了情感后，再进行谈判。人都是有感情的，满足情感和欲望是人的一种基本需要。灵活运用此策略的方法有很多，如利用空闲时间主动与谈判对手聊天，并谈论对方感兴趣的话题；赠送小礼品，请客吃饭，提供交通、住宿的方便，以此增进了解，联系感情，达到建立友谊的目的，从而促进谈判顺利进行。

3. 吹毛求疵策略

吹毛求疵策略也称先苦后甜策略，即在谈判中先用苛刻的虚假条件使对方产生疑惑、压抑、无望等心态，以大幅降低对手的期望值，然后在实际谈判中逐步给予优惠或让步。由于对方的心理得到满足，所以会相应让步。该策略由于用“苦”降低了对方的期望值，用“甜”满足了对方的心理需求，因而很容易实现谈判目标，使对方满意地签订合同，从而获得较大利益。

### （二）智慧采购谈判的技巧

1. 入题技巧

谈判双方刚进入谈判场所时，难免会感到拘谨，尤其是谈判新手，在参加重要谈判时，往往会忐忑不安。为此，必须讲究入题技巧，采取恰当的入题方法。

为避免谈判时单刀直入，过于暴露，影响谈判的融洽气氛，谈判时可以采用迂回入题的方法。例如，从题外话入题，从介绍我方谈判人员入题，从“自谦”入题，从介绍企业的生产、经营和财务状况入题等。围绕谈判的主题，先从洽谈细节问题入手，条理清晰、环环相扣，待各项细节问题谈妥以后，也就自然而然地达成了原则性的协议。

一些大型的经贸谈判，由于需要洽谈的问题千头万绪，双方高级谈判人员不可能介入全部谈判，往往要分成若干等级进行多次谈判。这就需要采取先谈原则，先从洽谈原则问题入手，一旦双方原则问题达成了一致，洽谈细节问题就有了依据。大型的经贸谈判是由具体的一次次谈判组成的，在具体的每一次谈判中，双方可以确定本次会议的谈判议题，然后从谈判议题入手进行洽谈。

2. 阐述技巧

（1）开场阐述。

谈判入题后，接下来就是双方进行开场阐述，具体包括：开宗明义，明确本次会议所要解决的主题；表明我方通过洽谈应当得到的利益；表明我方的基本立场。对方开场阐述时，我方要认真、耐心地倾听对方的开场阐述，归纳、弄懂对方开场阐述的内容。如果对方开场阐述的内容与我方意见差距较大，不要打断对方的阐述，应当先让对方说完，之后再巧妙地转移话题，从侧面进行谈判。

（2）让对方先谈。

在谈判中，当我方对市场动态和产品定价的新情况不太了解，或者尚未确定购买何种产品时，一定要坚持让对方先说明可提供何种产品、产品的性能如何、产品的价格如何等，然后再谨慎地表达意见。有时候，即使我方对市场和产品情况有所了解，也不妨让对方先阐述利益要求，然后在此基础上提出要求。

（3）坦诚相见。

谈判中应当提倡坦诚相见，不但将对方想知道的情况坦诚相告，甚至可以适当透露我方的某些动机和想法。但是应当注意，与对方坦诚相见，难免要冒风险，要把握好尺度，并不是将一切和盘托出。注意正确使用语言，确保语言准确易懂、简明扼要，具有条理性、弹性。

3. 提问技巧

要用提问摸清对方的真实需要，掌握对方的心理状态，表达自己的意见观点。提问的方式有婉转式提问、开放式提问、探索式提问和引导式提问。提问的时机是在对方发言完毕时，在对方发言停顿、间歇时，在自己发言前后，在议程规定的辩论时间内。提问的其他注意事项：注意提问的速度；注意对方的心境；提问后给对方足够的答复时间；提问时应尽量保持问题的连续性。

4. 答复技巧

答复不是件容易的事情，回答的每句话，都会被对方理解为一种承诺，都要负责任。答复时应注意：不要彻底而确切地答复对方的提问，而是针对提问者的真实心理答复；降低提问者追问的兴趣，让自己获得充分的思考时间；礼貌地拒绝不值得回答的问题或者找借口拖延答复。

5. 说服技巧

讨论的话题先易后难，多向对方提出要求、传递信息，从而影响对方的意见。意见分歧时强调一致性，先谈好的方面再谈坏的方面。要强调合同有利于对方的条件，说服对方时要精心设计开头和结尾，才能给对方留下深刻的印象，结论要由我方明确提出，不要让对方揣摩或自行下结论。

## 三、智慧采购谈判方案的设计

### （一）智慧采购谈判目标的确定

谈判目标是指谈判要达到的目的，可分为三个层次：一是理想目标，指谈判者通过谈判所要达到的上限目标；二是现实目标，指谈判者期待通过谈判所要达到的下限目标；三是满意目标，指介于理想目标和现实目标之间的目标。

谈判目标的确定，是主观上的认识，与现实目标有一定差距，想要缩短这个差距促使目标实现，就要对目标的可行性进行研究，对企业内部实力与外部环境做比较分析，以寻找可行途径达到目标要求。为此，采购谈判人员需要掌握以下几个方面的信息：①市场信息，市场可供资源量、产品质量、市场价格、产品流通渠道和供销网点分布等；②环境信息，影响企业采购活动的外部因素，如国家经济政策的制定、进出口方针的制定和价格体系的改革等；③内部需求信息，企业所需原材料、零配件需用量计划，企业计划任务的变更，资金状况等；④谈判对手的信息，供货厂商生产能力、技术水平和信誉等。通过对信息的综合分析和讨论，确定恰当的目标，才容易取得谈判的成功。

### （二）智慧采购谈判方式的选择

对于谈判方式的选择，要在宏观上把握谈判的整体过程，才能实现谈判的预期目标。谈判方式主要包括以下三种。

（1）以获得原材料、零部件作为谈判目标。以能满足本企业对原材料、零部件的规格、质量、数量和交货期等需求作为谈判的目标，在资源供不应求的情况下，一般只能通过在价格或付款方式上的让步来达到目的。

（2）以获得较低的价格水平和良好的经济效益作为谈判目标。利用采购批量、付款条件等优势来达到谈判目的。

（3）以获得良好的服务作为谈判目标。可以利用对供应商长期合作的承诺和良好的价格、付款条件换取供应商的送货、包装、质量保证和技术服务等来达到谈判目的。

### （三）智慧采购谈判议程的安排

谈判议程主要是说明谈判时间的安排和谈判双方磋商的主要内容。

1. 采购谈判主题的确定

要进行一次谈判，首先要明确谈判的主题，凡是与本次谈判相关的、需要双方展开讨论的问题，都可以作为谈判的议题。可以把它们一一罗列出来，然后根据实际情况，确定应重点解决的问题。对于采购谈判来讲，备受关注的是采购原材料的质量、数量、价格水平和运输等方面的问题，因此，应把这些问题作为谈判议题的重点。

2. 采购谈判时间的安排

采购谈判时间的安排，就是要确定谈判在何时举行，为期多久。若有一系列谈判需要分阶段进行，还应对各个阶段的谈判时间做出安排。一般来说，在选择谈判时间时，要考虑几个方面的因素：考虑准备的充分程度，要注意给谈判人员留有充分的准备时间，以免仓促上阵；考虑对方的情况，不要把谈判安排在对对方明显不利的时间进行；考虑谈判人员的身体和情绪状况，要避免在身体不适、情绪不佳时进行谈判。

3. 谈判备选方案的制定

在通常情况下，谈判过程中难免会出现意外情况，让谈判人员始料未及，影响谈判的进程。为了预防这种情况的发生，在接到谈判任务时，应对整个谈判过程中双方可能做出的一切行动尽量做出合乎实际的估计，并依次设计几个可行的备选方案。在设计谈判备选方案时，可以注明在出现何种情况时，使用此备选方案，以及备选方案的详细内容、操作说明等。当然，估计有可能是错误的，这就要求我们不但在分析、讨论问题时，以事实为依据，按照正确的逻辑思维进行，而且在谈判过程中，更要注意观察谈判对手、判断谈判形势、分析谈判情况、对原定的方案进行不断的修正，并结合具体情况灵活运用。

### （四）谈判的其他准备工作

1. 谈判地点的选择

一般而言，谈判地点的选择无外乎三种情况：我方所在地、对方所在地、双方之外的其他地方。三种地点的选择各有利弊。

在我方所在地进行谈判的主要优点：以逸待劳，无须熟悉环境或适应环境这一过程；随机应变，可以根据谈判形势的发展随时调整谈判计划、人员目标等；创造气氛，可以利用地利之便，通过热心接待对方，关心其谈判期间生活等，显示我方的谈判诚意，创造融洽的谈判氛围，促使谈判成功。其主要缺点：要承担烦琐的接待工作；谈判可能常常受我方领导的制约，不能使谈判小组独立地进行工作。

在对方所在地进行谈判的主要优点：不必承担接待工作，可以全心全意地投入谈判中；可以实地考察对方的生产经营状况，取得第一手资料；在遇到敏感性的问题时，可以以资料不全面为由委婉地拒绝答复。其主要缺点：要有一个熟悉和适应对方环境的过程；谈判中遇到困难时难以调整，容易产生不稳定的情绪，进而影响谈判效果。

在双方之外的第三地点进行谈判，对于双方来说在心理上都会感到较为公平合理，有利于缓和双方的关系。但由于双方都远离自己的所在地，因此，在谈判准备上容易有所欠缺，谈判中难免产生争论，影响谈判的成功率。

2. 谈判场地的布置与食宿安排

谈判场地的布置要视谈判性质而定。对于比较重要的、大规模的采购谈判，宜选用长方形谈判桌，双方对视而坐，无形中增加了双方的谈判力量。在规模较小、双方人员较熟悉的情况下，多选用圆形谈判桌，双方围坐，增强双方融洽关系。谈判室一般不设录音设备，除非双方同意，附近应设有休息室，用于放松谈判带来的神经紧张。

作为东道主的一方，要妥善安排谈判人员的食宿问题，根据谈判人员的饮食习惯，尽量安排可口的饭菜，提供舒适的住宿环境，体现周到细致、方便舒服的原则。

## 四、智慧采购谈判的预演

为了更直接地预见谈判的前景，对于一些重要和难度很大的谈判，可以在谈判之前进行一次预演，来改进和完善谈判的准备工作。作为正式谈判前的“彩排”，可以将谈判小组一分为二，一部分人扮演谈判对手，并以对手的立场、观点和作风来与我方另一部分人员谈判，预演谈判的全过程。

### （一）谈判预演的重要性

谈判预演可以使谈判人员获得实践经验，取得重大成果。在谈判预演中，谈判人员不用担心谈判的失败，从检验谈判方案可能产生的效果出发，谈判预演不但可以使谈判人员注意到那些原本被忽略或被轻视的重要问题，而且通过站在对方角度上进行思考，可以使我方在谈判策略设计方面显得更有针对性。同时，也将丰富我方在消除双方分歧方面的建设性思路。通过谈判预演，我方对于将要谈判的各个问题，都将明确考虑可接受的解决方案和妥协方案。

### （二）拟定假设

要使谈判预演做到真正有效，还有赖于拟定正确的假设条件。

拟定假设是指根据某些既定的事实或常识，将某些事物承认为事实，不管这些事情现在还是将来是否发生，都视其为事实进行推理。依照假设的内容，可以把假设条件分为三类，即对客观世界的假设、对谈判对手的假设和对我方的假设。

在谈判中，常常由于对方误解事实而浪费大量的时间，也许曲解事实的原因就在于一方或双方假设的错误。因此，谈判人员必须牢记，自己所做的假设只是一种推测，如果把假设奉为必然去谈判，是非常危险的。

拟定假设的关键在于提高假设的精确度，使之更接近事实。为此，在拟定假设条件时要注意以下几点。

（1）让具有丰富谈判经验的人做假设，这些人身经百战，提出的假设可靠度高。

（2）必须按照正确的逻辑思维进行推理，遵守思维的一般规律。

（3）必须以事实为基准，所拟定的事实越多、越全面，假设的准确度就越高。

（4）要正确区分事实与经验、事实与主观臆断，只有事实才是靠得住的。

#### （三）谈判预演的总结

谈判预演的目的在于总结经验，发现问题，提出对策，完善谈判方案。因此谈判预演的总结是必不可少的。谈判预演的总结应包括以下内容。

（1）对方的观点、风格、精神。

（2）对方的反对意见及解决方法。

（3）自己的有利条件及运用状况。

（4）自己的不足及改进措施。

（5）谈判所需的情报资料的进一步完善。

（6）双方各自的妥协条件及可共同接受的条件。

（7）谈判破裂与否的界限。

可见，谈判总结涉及各方面的内容，只有通过总结，才能积累经验，吸取教训，完善谈判的准备工作。

## 第三节　智慧采购谈判的实施

### 一、智慧采购线下谈判的实施

俗话说“万事开头难”，谈判双方做好了各种准备工作之后，自然就要开始面对面交锋了。谈判过程有长有短，在不同的过程中，谈判双方都需要提出各自的交易条件，都会就各自的目标、彼此间的分歧进行磋商，直至消除分歧，达成一致。

#### （一）开局阶段

1. 气氛

营造谈判气氛是开局阶段的第一项工作。当谈判双方面对面时，谈判初期气氛形成，并且会影响整个谈判过程。实践证明，轻松、和谐的气氛比紧张、恐怖的气氛更加有利于相互谅解、友好合作。那么，如何营造良好的谈判气氛呢？

（1）场内。

尊重+真诚=以诚取信。在经济飞速发展的今天，诚信越来越被人们重视。因为诚信，才能彼此信任，合作才得以建立。显然，诚信度高的合作者是受人欢迎的。首先，谈判人员应注重自身形象，仪表大方，尽量适合企业文化氛围与环境，拉近彼此距离；其次，谈判人员要注意自己的表情、语气等各方面所传达的信息，在礼貌的基础上表现出对对方的尊重。自然的微笑、真诚的表达和信任的目光都有助于为彼此营造良好的气氛。

沟通+友好=自然轻松。当双方坐在谈判桌前，可多花点时间就双方感兴趣、但与谈判无关的话题随意聊聊，以这种沟通来调整气氛。试想，如果双方初次见面就急于进入实质性洽谈，难免容易冷场，可能引起紧张的气氛，不利于谈判人员调动敏捷的思维进行谈判。因此，不妨先谈谈时政、天气等，根据具体情况给彼此创造非正式沟通的机会，营造自然轻松的气氛。

（2）场外。

在正式谈判前，双方可能会有一些非正式接触的机会，而这些机会往往会在一定程度上影响谈判人员的态度、情绪及彼此之间的关系，因此千万不要忽视这些机会，要抓住时机给对方留下美好的印象，同时为今后的谈判做好关系铺垫，尽可能营造良好的谈判气氛。

2. 摸底

对于未来的谈判对手，摸底工作越深入、准确，越有利于掌握谈判的主动权，因此在开局阶段，双方应较多地把注意力放在摸清对手底牌上。如果在前面的谈判准备工作中，已做好相对充分的准备，收集到一些有关对方的资料，了解了对方谈判人员的相互关系、个人性格和思维习惯等一些相关情况，这无疑对了解谈判是十分有利的。接下来，通过与对方谈判人员的场内外沟通了解更多信息。

（1）场内。

在互相尊重、友好合作的氛围中，彼此坦诚相待，要认真倾听对方发言，不妨多巧妙地询问一些信息，了解对方所需、所想和利益。

（2）场外。

在场外的非正式接触中，闲聊时对方不经意的一句话可能就会传达很重要的潜在信息，甚至会露出底牌。在谈判过程中，从准备到接触，会掌握新的信息，会有新的认识，因此应该重新审视自己的判断，修正计划，从而推动谈判。

### （二）报价阶段

谈判双方在结束了非实质性交谈以后，就要将话题转向有关交易内容的正题，即开始报价。报价阶段一般是采购谈判由横向纵深的转折阶段。报价及随后的磋商是整个谈判过程的核心和重要的环节，它决定了一笔生意是否成交，或者一旦成交，盈利能有多少。

这里所说的报价，不仅指产品在价格方面的要价，还泛指谈判的一方对另一方提出的所有条件，包括商品的数量、质量、包装、装运、保险、支付方式、商检、索赔和仲裁等交易条件，其中价格条件具有重要的地位，因为其余的交易条件最终都会体现在价格上。一般情况下，谈判都是围绕价格进行的。

1. 报价原则

（1）合理确定开盘价。

实际谈判过程中的最初报价称为开盘价。对于采购方而言，一般是以不能突破最低的开盘价报出的期望值。专家认为：买方在开盘时报出的期望价，理所当然是“最低价”，这是因为开盘价给我方今后的报价设置了限制，通常情况下，买方报出了开盘价后，就没有机会再报出更低的价格了；开盘价报得越低，下一步价格磋商的余地就越大，在面对可能出现的意外情况或对方提出各种要求时，就可以做出更为积极有效的反应。

（2）报价应严肃、果断、清晰。

报价严肃，可使对方相信报价方的准确性和坚定性；报价时果断、毫不犹豫，这样才能给对方留下我方是认真且真诚的印象；报价要非常清晰，切忌含糊，否则容易使对方产生误解或异议。因此，在一些重大的谈判中，有必要采取书面报价的形式。

（3）避免主动解释。

报价方对所报价格不主动解释和评论。在对方提出问题前，如果报价方主动解释或说明报价，不但会暴露报价方的意图、实力等秘密，而且会让对方觉得报价方信心不足。如果对方对你的报价有不清楚的地方，或不满意的地方，他们会主动质疑的。

2. 选择报价的时机

报价的先后对各方实现既定的谈判利益具有重大的影响。应该说先报价有利也有弊。一方面，首先提出自己上界值的一方将对对方心理施加影响，它实际上等于给谈判规定了基准线，在谈判中可支配影响对方的期望值；另一方面，若不想在谈判刚开始时就使谈判破裂，就很难提出使对方报价变动太大的要求，这实际上是先报价者为谈判画了一个大圈子，最终的合同在这个圈子内展开，而且第一个报价在整个谈判和磋商中都会持续起作用。另外，如果我方报价不在对方的预料之内，也往往会打乱对方的计划，动摇对方的军心，减弱对方的自信。所以，先报价比后报价影响要大得多。但是先报价也有很大的风险，很可能先报价方提出的要求不够高，这样先报价方可能丢掉一块很大的蛋糕，也可能先报价方开始时的要求过高，使对方认为没有足够的诚意，并可能导致对方对先报价方的信誉产生怀疑。如果后报价，显然就不存在先报价的风险，可以后发制人，但也失去了先报价的优势。

那么，到底是先报价还是后报价，这无论对于买方还是卖方，都是没有定论的。一般来说，是否先报价应考虑以下因素。

（1）谈判人员对谈判标的和市场行情的了解。

如果谈判人员准备充分，知己知彼，就要争取先报价；如果谈判人员不是行家，而对方是，则谈判人员要沉住气，后报价，从对方的报价中获取信息，及时修正自己的想法。如果你的谈判对手也是外行，那么不管你是不是行家，都要争取先报价，以便牵制或引导对方。

（2）谈判人员的经验。

如果双方谈判人员都拥有丰富的谈判经验，那么彼此驾驭谈判活动的机会是均等的，谁先报价一般都无碍大局。如果对方是谈判专家，而我方人员缺乏必要的谈判经验，让对方先报价更为有利。因为在这种情况下，避免过早暴露我方的弱点，不致使对方在一开始就向我方施压。

（3）商业习惯。

一般的商业习惯是，发起谈判的一方通常应先报价。在有些商务谈判中，报价的先后顺序也有一定的惯例。例如，货物买卖谈判，多半是由卖方先报价，买方还价，与之相反的做法比较少见。

（4）与谈判人员的关系。

谈判对方如果是老客户，双方有较长时间的业务来往，彼此比较信任，合作气氛较浓，而且双方合作得不错，那么谁先报价就无所谓了。

3. 如何对待对方的报价

在对方报价时，要想在后面的报价中更为有利，就应该正确对待对方的报价。在对方报价的过程中，切忌干扰对方的报价，而应该认真听取，完整、准确、清楚地把握对方报价的内容。在对方报价结束后，我方应将对对方报价的理解进行归纳总结，并加以复述，以确认自己的理解准确无误，不清楚的地方可以要求对方予以解答。同时，我方还可以要求对方对所报价格的构成、报价依据、计算的基础及方式方法等做出详细解释，以此来了解对方报价的实质、意图和诚意，从中寻找破绽，为我方所用。在对方完成价格解释后，要求对方降价，在实在得不到答复的情况下，再提出自己的报价。

4. 欧式报价术和日式报价术

在国际商务谈判中，有两种比较典型的报价战术：欧式报价术和日式报价术。

欧式报价术的一般模式：首先提出留有较大余地的价格，然后根据买卖双方的实力对比，对比交易的外部竞争情况，通过给予各种优惠，如数量折扣、价格折扣等来逐步软化和接近买方的市场和条件，最终达成交易。实践证明，这种报价方式只要能稳住买方，往往会有一个不错的结果。

日式报价术的一般做法：将最低价格列在价格表上，引起买方的兴趣。由于这种低价格一般是以卖方最有利的结算条件为前提的，并且在这个低价格的交易条件下，各个方面都很难全部满足买方的需求，如果买方要求改变有关条件，则卖方便会相应地抬高价格。因此，买卖双方最后的成交价格，往往高于价格表中的最低价格。

在面临众多卖方竞争的时候，采用日式报价术可以排斥竞争对手而把买方吸引过来，取得优势。而聪明的买方也不愿意陷入日式报价术的圈套。通常，买方会把卖方的报价内容与其他卖方的报价内容进行比较，从而判断其报价与其他卖方的报价是否具有可比性。如果在对比中发现内容不一致，即可从中判断其内容和价格的关系。切忌只注意最后的价格，在其对报价的内容没有进行认真的分析、比较的情况下，匆忙决策，造成不应有的被动和损失。另外，即使某个卖方的报价的确比其他卖方优惠，富有竞争力，也不要完全放弃与其他卖方的接触和联系，要知道这样做实际上就是要给对方一个持续的竞争压力，迫使其继续让步。

以上两种报价术，虽说日式报价术比欧式报价术更具有竞争力，但它不符合买方的心理，因为一般人总是习惯于价格由高到低，逐步降低，而不是不断提高。因此，对于谈判高手，会一眼识破日式报价者的计谋，不陷入其制造的圈套。

### （三）磋商阶段

在采购谈判中，当一方报价后，很少出现另一方马上接受的情况。通常，买卖双方要经过一番讨价还价，最后才能达成协议。这个讨价还价的过程就是采购谈判的磋商阶段。它是谈判的关键阶段，也是最困难、最紧张的阶段，并且，在这个阶段，谈判的策略和技巧也是多种多样的。在这一阶段，谈判人员要掌握其规律和特点，为我方争取更多的利益。

1. 磋商阶段应遵循的原则

（1）把握气氛。

进入磋商阶段，谈判双方要针对对方的报价讨价还价。双方之间难免出现提问、解释、质疑、反击，甚至是发生激烈的辩论和无声的冷场。因此，在磋商阶段仍然要把握好谈判气氛，开局阶段已经营造出友好合作的气氛，进入磋商阶段后仍要保持好这种气氛。只有在这种友好合作的气氛中，才能使磋商顺利进行。磋商要求谈判人员既自我约束，杜绝粗暴、任性、骄横的做法，又尊重对方，礼貌待人。

（2）把握次序逻辑。

把握次序逻辑是指按磋商议题内涵的客观次序逻辑，来确定谈判的先后次序和谈判进展的层次。在磋商阶段，双方都面临着很多需要沟通的议题，如果不分先后次序，不讲究磋商进展的层次，想起什么就谈判什么，就会毫无头绪，造成混乱，导致毫无效率。因此，必须按照一定的规律来确定谈判议题的先后次序。

（3）合理排序议题。

各谈判议题有天然的内在因果关系。只有顺序合理，才能提高效率。双方在磋商开始时要确定几个主要的议题，按照其内在逻辑关系确定先后次序，然后逐题磋商。具体排列议题顺序时可以按照先磋商对其他议题有决定意义的议题，此议题达成共识后再讨论其他议题；也可以先磋商双方容易达成共识的议题，将问题比较复杂、双方认识差距大的议题放在后面讨论。

（4）论述的层次顺序。

纵向的逻辑次序，是指对于单个议题的磋商，谈判人员也要注意逻辑次序。单个议题也存在内在逻辑次序。要考虑将最容易讲清楚、最有说服力的内容作为磋商的切入点，避免在一些不容易说清楚的话题上争论不休，影响重要问题的磋商。例如，价格涉及成本、市场供求和比价等多方面内容，可以先用比价论述，再做成本分析。

（5）把握节奏。

磋商阶段的谈判节奏要放慢，不可过于急促。因为这个阶段是解决分歧的关键时期，双方对各自观点要进行充分的论证，许多认识有分歧的地方要经过多次交流和争辩，而且某些关键问题一轮谈判不一定能达成共识，要多次的重复谈判才能完全解决。一般来说，双方开始磋商时，节奏要放慢一点，因为此时双方都需要时间和耐心倾听对方的观点，了解对方，分析研究分歧的性质和解决分歧的途径。关键性问题涉及双方的根本利益，必然会坚持自己的观点，不肯轻易让步，还有可能使谈判陷入僵局，所以磋商要花费较多的时间。谈判人员要善于掌握节奏，不可急躁，稳扎稳打，步步为营，一旦出现转机，要抓住有利时机不放，加快谈判节奏，不失时机地消除分歧，争取达成一致。

（6）注重沟通和说服对方。

磋商阶段实质上是谈判双方相互沟通、相互说服的过程。没有充分的沟通，没有令人满意的说服，不会产生积极效果。首先，双方要善于沟通。这种沟通应该是双向的和多方面的。一方既要善于传播我方信息，又要善于倾听对方信息，并积极向对方反馈信息。没有充分的交流沟通，就会在偏见和疑惑中产生对立情绪。沟通的内容也是多方面的。既要沟通交易条件，又要沟通相关的理由、信念、期望，还要交流情感。其次，双方要善于说服，要充满信心来说服对方，让对方感觉到我方非常感谢他的协作，而且我方也非常乐意努力帮助对方解决困难。要让对方真正感觉到赞成我方是最好的决定。说服的准则是从求同开始，解决分歧，达到最后的求同，求同既是起点，又是终点。

在谈判中，当卖方已报价且针对买方的问题做出价格解释后，买方如果认为离自己的期望目标太远，或不符合自己的期望目标，必然会要求对方改善报价。这是讨价的环节。而卖方重新报价后，买方会对卖方的重新报价进行还价，这一阶段会重复多次，这就是谈判中的讨价还价的环节。当双方激烈争论、僵持不下时，双方有一方会让步，或者双方都调整自己的期望值。这就形成了磋商过程中的让步环节。综上所述，谈判的磋商过程可分为讨价、还价和让步等环节。

2. 磋商中的讨价

（1）讨价的方式。

讨价的方式基本上分为两种：笼统讨价和具体讨价。两种方式各有不同，应视具体条件而定。

1）笼统讨价。

笼统讨价即从总体条件上或从构成技术或商业条件的所有方面提出重新报价的要求。该种讨价方法常常用于对方报价后的第一次要价，也可以在最后结束时要价，或在交易复杂又缺乏可比而详尽资料的情况下使用该方法从宏观的角度去压价，笼统地提出要求，而不泄露自己掌握的准确资料。

2）具体讨价。

具体讨价即就分项报价内容，逐一要求重报改善价格条件的方法。选择这种方法的条件为：可比资料充足，对手要求具体讨价，第一次笼统讨价后，报价条件存在问题较多。具体讨价的要求在于准确性和针对性，在做法上将具体的内容分成几类。可以按内容分类，如运输费、保险费、技术费、设备条件、资料、技术服务、培训和支付条件等；也可按评论结果分类，把各项内容按水分大小归类，水分大的放在一类，小的放在另一类。分类的目的在于体现“具体性”，分类是高准确性的实务做法。只有分好类，才能进行不同程度、不同理由的讨价。在具体操作时，一般从水分最大的那一个交易条件开始讨价。

（2）讨价的次数。

如果每一次讨价都能得到一次改善的报价，则对买方有利。不过，所有的卖方都会坚守自己的价格立场。那么买方讨几次价为妥呢？这应根据价格分析的情况、卖方对价格的解释和价格改善的状况而定。只要卖方没有大幅让步，就说明还留有很大的余地；而且只要买方有诚意，卖方就会再次改善价格。只有不被卖方迷惑，买方才有可能争取到比较满意的价格。

卖方为了实现利润，一般在改善了两次价格后就不会再报价了，通常以委婉的方式表达不可以再让了。此时，买方要注意卖方的动向，不要被其迷惑，只要卖方没有实质性改善，买方应根据报价的情况、谈判对手的权限、卖方成交的决心以及双方关系的好坏，尽量争取满意的价格。

3. 磋商中的还价

（1）还价的基本要求。

1）做好准备。

谈判不是一个简单的压低价格的过程，它必须建立在企业的利益分析、市场调查和货比三家的基础上。同时，准备工作还应包括两点。一是规范条件。如果双方差距是以数字表示的，应确定是以万元（内贸）、万美元（外贸）还是百分数（%）表示，彼此统一，便于还价。二是厘清分歧。这项工作可以双方一起做，彼此核对，确认分歧情况，也算是前一阶段谈判的小结；也可以单方面厘清，不过此时应小心，别把达成协议的问题当分歧，也别把分歧当协议。

2）步步为营。

讨价还价时应根据成交条件顽强谈判，出手不松。出手时间可依据对方松紧而调整，即对方先出手，我方后出手，对方坚持，我方也随之坚持；也可依我方目标实现情况及我方所掌握的情况而自定时间，如在对方出两手后再出一手，或我方出两手而要求对方必出一手，其间应谨记最低追求目标，同时突出紧逼对手的强势谈判作风。

3）统筹兼顾。

由于价格既涉及技术问题，又涉及策略问题，包含的内容非常广泛。因此，在讨价还价中，不能仅把目光集中在价格上，应当通盘考虑，把价格与技术、商务等各个方面结合起来，统筹兼顾，这样才能使谈判更加富有意义，同时也可以缓和还价中存在的矛盾。

4）注意保密。

讨价还价阶段的保密主要包括以下几个环节。一是谈判的底线。底线不能泄露给对手。虽然在集体谈判中，可以集体参与制作方案，但底线的确定权却在高层、主谈判者、负责人的手中。二是记载方式。记载我方和对方的条件，要求均不用笔与纸，而是用脑记。对于十分复杂的问题非记不可时，如调价的公式等，手中的笔记本不能离手，或者只记对方开出的条件，我方条件均在脑中。三是面部表情。谈判人员面部不能透露内心的情绪反应，缺乏控制力的人易泄密，应予以注意。

（2）还价起点的确定。

还价起点即买方的初始报价。它是买方第一次公开报出的打算成交的条件，其不仅直接关系到自己的经济利益，也影响着价格谈判的进程和结果。

1）还价起点确定的原则。

还价起点要低。还价起点低，更容易给对方造成压力，并影响和改变对方的判断及盈余的要求，能利用其策略性虚报部分为价格磋商提供充分的回旋余地和准备必要的交易筹码，对最终达成成交价格和实现既定的利益目标具有不可忽视的作用。还价起点要接近成交目标，至少要接近对方的保留价格，以使对方有接受的可能性，否则对方会失去交易兴趣而退出谈判，或者我方不得不重新还价而陷入被动。

2）还价起点确定的参照因素。

①报价中的含水量。在价格磋商中，虽然经过讨价，报价方对其报价做了改善，但改善的程度各不相同，因此，重新报价中的含水量是确定还价起点的第一项因素。对于含水量较少的报价，还价起点应当较高，以使对方同样感到交易诚意；对于含水量较多的报价，或者对方报价只做出很少的改善，还价起点就应该低，以使还价和成交价格的差距同报价中的含水量相当。同时，在对方的报价中，会存在含水量的差异，因而，还价起点的高低也应有所不同，以此来增加还价的针对性，并为我方争取更大的利益。

②成交差距。对方报价与我方准备成交价格的差距，是确定还价起点的第二项因素。对方报价与我方准备成交价格的差距越小，其还价起点应当越高；对方报价与我方准备成交价格的差距越大，还价起点就应越低。当然，不论还价起点高低，都要高于我方准备成交的价格，以便为以后的讨价还价留下余地。

4. 磋商中的让步

在商务谈判磋商阶段，对我方条件做一定的让步是双方必然的行动。如果谈判双方都坚持自己的条件不后退半步，谈判永远也达不成协议，谈判追求的目标也就无法实现。谈判人员都要有明确的目标，同时还必须明确为达到目标可以或愿意做出哪些让步，以及多大的让步程度。让步体现了谈判人员用主动满足对方需要的方式来换取我方需要的精神实质，是磋商阶段的重要事情。但以什么方式、什么时间让步并不容易把握，因为让步直接牵涉到利益问题，所以让步时应通盘考虑。

(1) 让步的原则。

1) 不要做无谓的让步，每次让步都是为了换取对方在其他方面的相应让步。

2) 让步要恰如其分，使我方较小的让步能给对方较大的满足。

3) 在我方认为重要的问题上要力求对方先让步，而在较为次要的问题上，根据情况可以考虑我方先做让步。

4) 不要承诺同等幅度的让步。例如，对方在某一条款项目上让步 60%，我方在另一项目上让步 40%，假如对方说“你也应该让步”，则我方可以以其他理由拒绝。

5) 做出让步时要三思而行，不要随便让步，谈判人员要知道，每一次让步意味着我方的利润损失或成本增加。

6) 一次让步的幅度不要过大，节奏不宜太快，应做到步步为营。

(2) 让步的时机。

1) 以退为进。经过双方较量，我方已有收获，即对方已有让步，如果我方再想有所收获，则需做出让步，此时应退。

2) 无理则退。经过论战，我方理不如人，并且已难说服对方让步。此时若不退，就会有损形象，故此时我方应退。

3) 全局推动时则退。当双方僵持太久，厌战、失望情绪充斥谈判过程，谈判人员心情烦闷，而谈判需有结果，如果不越过眼前障碍则危及将来成果，因此需主动考虑让步。

**(四) 交易达成阶段**

随着磋商的不断深入，谈判双方在越来越多的事项上达成共识，彼此在立场与利益等方面的差异逐步缩小，交易条件的最终确立已经成为共同的要求，此时采购谈判将进入交易达成阶段。

1. 最后的总结与起草备忘录

在谈判快结束时，双方已对多方面的内容和条款进行了协商，达成了共识。此时，有必要就整个谈判过程做一次回顾，以便最后确认双方在哪些方面达成一致，对于那些没有达成共识的问题是否有必要做最后的磋商和妥协。即使最小的谈判也不可能只面对单一的问题，而大型谈判会遇到大量需要解决的问题，而且内容面广，如果不进行回顾和总结，在起草合同时，双方或一方往往会不断推翻以前的结论，不断提出新的意见。因此，在最后阶段，应对所谈论的各项内容做一个双方意见的总结，并将意见以备忘录的形式记录下来，给参与谈判的双方过目。如果双方对备忘录的内容没有异议，则可起草谈判合同或协议。如果谈判最终没有对具体的细节达成协议，也可以将双方某些已达成一致意见的原则性的问题用备忘录的形式记录下来，作为下一次谈判的参考资料。

2. 草拟谈判合同或协议

在各类采购谈判中，都需要签订书面合同。书面合同由哪一方草拟并无统一规定，但在我国涉外采购谈判中，习惯上都争取我方负责草拟合同。参加谈判的业务人员必须具备草拟合同的知识和技能。在实际货物买卖谈判中，书面合同往往是我方或对方印好的现成格式。

3. 审核合同并签字

正式合同文本书写完毕后，谈判双方就应该正式签字，签字前应进行审核。其主要内容包括：合法性审核；有效性审核，双方谈判人员有无签署合同的权利，合同内容有无相互矛盾之处；一致性审核，审核合同文本与谈判内容的一致性；文字性审核，审核合同文本是否严谨、准确地表达了谈判内容；完整性审核，审核合同条款是否有任何遗漏或省略。

审核合同时，为保证合同审核的有效性，应由2~3人进行，以便互相检验，反复审核若干次，确保万无一失。签署前的审核应当双方同时进行。签字时应注意签字人的权限。通常合同签署者必须是企业法人或被授权的企业全权代表，授权书应由企业法人签发。

### （五）谈判后的管理

1. 谈判总结

谈判结束后，不管是成功还是失败，都要对过去的谈判工作进行全面、系统的总结。谈判结束后的总结工作往往被人们忽视，实际上它对于做好今后的谈判工作是十分必要的。谈判结束后的总结应包括以下内容。

（1）我方的战略，包括谈判对手的选择、谈判目标的确定和谈判小组的工作作风等。

（2）谈判情况，包括准备工作、制定的程序和进度、采用的策略和技巧等。

（3）我方谈判小组的情况，包括权利和责任的划分、成员的工作作风、成员的工作能力和效率，以及有无进一步培训和增加成员的必要性等。

（4）对方的情况，包括工作作风、对方谈判小组整体的工作效率、各成员的工作效率和特点，以及所采用的技巧和策略等。

2. 关系维护

合同签字并不意味着双方关系的了结，相反，它表明双方的关系进入了一个新的阶段。从近期来讲，合同把双方紧紧联系在一起；从远期来讲，该次交易为今后双方继续合作奠定了基础。为了确保合同得到认真彻底的履行，以及考虑到双方今后的业务关系，应该安排专人负责同对方保持经常性的联系，双方谈判人员也应经常联系，使双方保持良好的关系。

3. 谈判资料的管理

谈判资料包括总结材料、客户档案等，应妥善保管。这样，再与对方进行交易时，上述资料即可成为非常有用的参考资料。在保存资料的同时，还要特别注意资料的保密工作，特别是关于我方的谈判方针、策略和技巧方面的资料。

## 二、智慧采购线上谈判的实施

智慧采购线上谈判是多数企业开展采购谈判的主要方式，但若操作不当，会严重影响采购工作的效率和质量，存在安全隐患，甚至会给后续的项目合同签订及合同履约带来麻烦。

采用智慧采购线上谈判可以有效避免应答人与采购人、中介机构、评审专家与其他应答人的近距离接触。为了高效、规范地开展智慧采购线上谈判工作，需要从采购文件的编制，应答文件的要求，中介机构评审硬件、软件的要求，评审专家的选择，谈判过程的记录，中介机构项目小组的要求以及建立应答沟通平台等方面进行全面深入的考虑。

### （一）采购文件的编制

采购人发布采购公告时需要明确，所有的应答人均需要提供扫描版的应答文件，即应答文件除了要满足采购公告的要求外，还需要提供一份扫描版的电子文件。采购公告中还需要同时明确，应答人要对其提供的电子文件负责，严禁弄虚作假，否则将由应答人承担一切后果。

其中可能存在的问题是应答人为了将其中的盖章版电子表格扫描清晰，往往会选择高参数的扫描设置，从而致使整个电子文件容量偏大，打开或上传时系统速度偏慢。因此，采购人可以要求应答人同时提供 WORD 版和 PDF 扫描版的应答文件，从而方便评审专家查看。

由于谈判过程由传统的面对面谈判变成了网络视频谈判，因此采购人应在采购文件中详细介绍开展网络视频谈判的模式及操作要求，确保谈判能及时、高效地进行。

另外，谈判记录的编制也会发生重大的变化，与线下面对面谈判时的编制方式不同，需要采购人在采购文件中明确谈判记录的记录方式及双方确认的方式。

### （二）应答文件的要求

一是应答文件要确保格式符合要求。提供的扫描件必须是规范的纸质文档的扫描件，严禁图片编辑，否则后果由应答人承担。

二是应答文件必须确保清晰。尤其是涉及应答人审计中的相关数据，要确保通过放大能够看得清晰。

三是应答文件要同时提供扫描版和可编辑版。除了要提供扫描版的应答文件外，还需要提供 WORD 或 WPS 可编辑版的文档，并且提供的此类文档必须有目录，且目录是自动生成的，能够方便查阅者查看。

### （三）中介机构评审硬件、软件的要求

线上评审与线下评审存在极大的区别，线上评审时评审专家查看的是电子版的应答文件，采用的是视频谈判的方式，因此中介机构需要提供开展上述谈判的必要硬件和软件。

首先，各评审专家的计算机硬件必须满足打开应答文件软件的要求。采用线下评审时，各评审专家在计算机上进行的操作主要集中在填写相关的阅标记录及处理相关的文档方面，对计算机的配置没有太严格的要求。而采用线上评审时，各评审专家需要查看的是文件容量较大的扫描件格式的文档，因此需要满足快速打开、快速查找的硬件要求。

其次，中介机构需要准备满足多个供应商共同视频通话的房间及硬件设备，需要将评审室的信息及时、准确地传达到每位应答人，同时需要将应答人的信息及时、准确地传回评审室。视频通话的硬件还需要具备视频录制的功能，确保将每位应答人的细节全部记录在案，以备后查。视频通话需要具备加密功能，确保谈判的内容不被其他人窃取。由于谈

判时评审专家组需要与每个应答人进行单独的谈判，各应答人谈判的内容、应答的信息要求保密，当出现技术安全问题导致某应答人的信息被其他应答人窃取时，将导致不公正现象的发生。

最后，评审小组的小型内网服务器同样需要满足线上谈判的要求。小型内网服务器传输的文件多数为容量较小的文件，而线上竞谈时可能会产生大量容量较大的线上文档，当小型内网服务器的传输容量不够、传输速度不快时，将会造成工作效率的降低，甚至影响智慧采购线上谈判。

### （四）评审专家的选择

采用线上评审方式，评审专家需要评审的是应答人提供的电子版应答文件，而非纸质版应答文件，如果应答人不熟悉计算机操作，不能熟练、快捷地应用相关软件打开应答文件，将会大大降低评审的工作效率。

例如，在进行不同应用程序的切换时，可以采用“ALT+TAB”键进行连续的快捷切换，若采用鼠标进行切换，将大大降低工作效率，浪费工作时间。又如，评审环节在 PDF 文档中查找信息时，可以通过目录查看页码，然后直接输入页码来进行信息查找。如果评审专家不熟悉上述操作，将会极大降低工作效率。

还有一点也需要注意，由于评审时评审专家需要长时间在计算机前进行操作，如果评审专家年龄偏大，甚至眼睛已经老花，那么长时间的评审过程将会对其产生极大不便，甚至可能引起评审专家的身体不适。

因此，进行智慧采购线上谈判时，需要优先选择年富力强、熟悉计算机软硬件的专家来评审。评审专家选择恰当后，将会极大地提高评审的工作效率，并进一步缩短评审工作时间，减少各应答人的等待时间。

### （五）谈判过程的记录

智慧采购谈判方式与招标采购方式最大的不同之处在于智慧采购谈判方式允许采购人、评审专家与应答人进行充分的沟通交流，就采购文件中不明确的细节进行充分的讨论、细化，此时需要将谈判讨论的内容落实到纸面上，并且双方签字。线下竞谈时，双方可以非常方便地进行签字的操作，但在线上竞谈时，则需要双方通过网络进行多个来回的确认。

在进行谈判记录的确认时，可以先由应答人按照中介机构提供的应答格式、根据谈判的过程编制谈判记录，谈判记录由应答人完成初步编制，不建议采用线上过程进行传输。初稿编制完成后，可以由评审专家进行线上审核，经过安全加密后，整体来说相对安全。当评审专家对谈判记录审核完毕后，先由应答人签字、扫描并对文档进行安全加密后传输至中介机构，中介机构将文档打印成纸质版后，由评审专家进行签字确认。

### （六）中介机构项目小组的要求

智慧采购线上谈判对中介机构项目小组提出了更高的要求，传统的线下评审没有线上视频、线上文档传输、线上文档安全处理等操作，而线上评审所有的资料传送及谈判过程都需要借助网络。因此，中介机构项目小组必须在原先人员的基础上增加至少 1 名掌握计算机、网络等相关技能的操作人员，确保在谈判过程中能及时、有效地应对和解决可能出现的问题。

另外，为了提高整个项目谈判的工作效率，中介机构项目小组甚至需要对应答人、评审专家进行相关的培训。针对应答人，需要详细说明线上相关应答文件的处理要求和操作方式、线上视频连线的具体操作模式；针对评审专家，需要重点培训如何高效地进行线上应答文件的评审，确保既节省时间，又能准确找到有用信息。

**（七）建立应答沟通平台**

为了方便应答人对项目相关信息的查看，中介机构项目小组可以建立应答沟通平台，将所有应答人全部加入，一方面可以通过平台开展视频谈判，另一方面可以及时发布公告信息，方便所有人查看。

例如，当需要对项目的某个细节信息进行澄清时，可以由中介机构发布盖章版的信息文件，所有应答人能够及时查看，有效避免不公平现象的发生。又如，当采购人决定采取几轮报价时，可以在平台发布每轮报价具体的截止时间及开始时间。

但需要注意的是，中介机构项目小组在建立应答沟通平台时最好以项目为单元来进行组建，其中应答人仅限于对此项目的应答人，其他无关应答人严禁加入。

若智慧采购谈判方式完全在线上进行，采购人和中介机构最需要关注的是应答文件的规范提交、谈判过程的安全开展以及谈判的规范记录等方面，而上述内容的高效开展需要中介机构投入必要的人力和物力方能实现。总之，各采购人采用线上竞谈这种方式时需要把握的一个根本原则就是，落实各种措施，确保各应答人进行了充分、深入、公平的竞争，并对各类记录进行规范的留痕。

## 第四节　智慧采购合同管理

### 一、采购合同概述

**（一）合同的概念和特征**

1. 合同的概念

党的二十大报告提出，“支持中小微企业发展。深化简政放权、放管结合、优化服务改革。构建全国统一大市场，深化要素市场化改革，建设高标准市场体系。完善产权保护、市场准入、公平竞争、社会信用等市场经济基础制度，优化营商环境。”在采购过程中，合同是当事人之间确立、变更、终止民事关系的协议。合同是平等主体的自然人、法人和其他组织之间设立、变更、终止民事权利义务关系的意思一致的协议。广义的合同是指任何确立当事人权利义务的协议；狭义的合同仅指民事上的合同，是指确立、变更和终止民事法律关系的协议。

2. 合同的特征

合同是平等主体的自然人、法人和其他组织所实施的协议。签订合同是两个或两个以上当事人意思表示一致的民事法律行为，一个当事人不可能形成合同。签订合同是以设立、变更、终止民事权利义务关系为目的的民事、法律行为。

3. 合同的订立

合同的订立又称为缔约，是当事人为了建立合同关系，以达成意思表示一致而形成合意的状态和过程。合同的订立描述的是缔约各方自接触、洽商直至达成合意的过程，是动态行为和静态协议的统一体。

合同成立是一种状态，主要标志就是订约方对合同的主要条款达成一致。合同成立的条件：第一，必须存在双方或多方合同当事人；第二，必须对合同主要条款达成意思一致；第三，合同成立必须经过要约和承诺这两个阶段。只有要约而没有承诺，合同关系是不存在的。合同成立必须经过要约和承诺两个阶段，意味着当事人具有明确的订立合同的意向。

当事人行使权利、履行义务应当遵循诚实信用原则，诚实信用原则要求当事人在订立合同的全过程中，都要诚实，讲信用，不得有欺诈或其他违背诚信的行为。

### （二）采购合同的特征、内容和类型

采购合同是采购方与供应方，经过双方谈判协商一致同意而签订的“供需关系”的法律性文件，合同双方都应遵守和履行。签订合同的双方都有各自的经济目的，采购合同是经济合同，双方受法律保护的同时也承担法律责任。采购合同是采购谈判所达成协议的法律实现阶段，采购管理各方都会十分重视采购合同的管理工作。采购合同管理直接关系到采购工作的顺利进行，关系到各自的利益能够得到有效保护。

1. 采购合同的特征

（1）采购合同的约束性。

采购合同的约束性指项目参与各方均应在采购合同签订和履行过程中自觉、认真、严格地遵守采购合同的各项规定和要求，享有各自的权利，履行各自的义务，发扬协作精神，处理好采购合作关系，做好各项管理工作，使采购合同各个条款得到完整的实现。

（2）采购合同的过程性。

虽然签订采购合同是双方短暂的一个行为，但采购合同管理工作却引申到采购合同签订之前和之后。采购合同签订前的各项准备工作至关重要，这些准备工作包括采购合同文件草案的准备、招标工作的准备、评标工作的准备等。合同当事人应监督跟踪采购合同签订后的履行工作，保证合法权益得到保护。因此，采购合同管理实际上是一个跨度较大、时间较长的管理过程。

（3）采购合同的复杂性。

采购合同中既体现出商务上的要求，也体现出技术上的要求，有严谨、明确的合同条款和履行程序，既要明确采购合同双方的义务和权利，还要遵守国家相关的法律法规。因此，采购合同管理的具体内容十分丰富。

2. 采购合同的内容

采购合同是平等主体的当事人协商签订的由一方转移标的物的所有权于他方，他方受领该标的物并支付相应价款的合同。换句话说，采购合同是出卖人转移标的物的所有权给买受人，买受人支付价款的合同。因此，一份完整的采购合同一般包括以下条款。

（1）当事人的名称和住所。

（2）标的物。

（3）质量和数量。

（4）履行期限、地点和方式。

（5）价款和付款方式。

（6）违约责任。

（7）争议解决条款。

3. 采购合同的类型

（1）一般采购合同。

供应方提供符合相关质量标准的商品或服务，采购方支付款项。

（2）质量担保采购合同。

质量问题构成了采购方和供应方的谈判矛盾。供应方知道自己的质量水平拥有信息优势，而采购方却处于信息劣势。为保证采购方和供应方自身的利益不受侵犯，并保证供应链绩效最优，谈判双方必须运用合作激励机制（一定程度信息共享），设计契约惩罚（供应商提供不合格产品的惩罚）。

（3）备货采购合同。

采购方和供应方通过谈判签订备货采购合同。供应方为采购方提供一定的采购柔性，采购方承诺在销售旺季采购一定数量的产品。供应方按其承诺数量的一定比例为采购方保留存货。采购方可以按原始的采购成本采购供应方保留的货物，但要为没有采购的部分支付罚金。

（4）数量折扣采购合同。

按照数量折扣采购合同，供应方承诺在一定时期给予采购方购买的总价值一定的价格折扣，这种折扣主要根据采购方的采购数量按一定比例进行调整。

（5）最低购买数量采购合同。

在最低购买数量采购合同下，采购方在初期做出承诺，将在一段时期内至少向供应方购买一定数量的产品。通常供应方根据这个数量给予一定的价格折扣，购买产品的单位价格将随着数量的增加而降低。

（6）数量柔性采购合同。

在数量柔性采购合同下，规定每期订货计划的最大波动比率，供应方有义务满足数量柔性采购合同规定最高上限的供应量，同时数量柔性采购合同规定采购方最小购买数量。数量柔性采购合同中规定的最高上限有助于遏制采购方高估需求而导致供应链供应过多的状况。

（7）时间柔性采购合同。

传统的供应采购合同不仅指定了购买数量，还确定了具体的购买时间。在时间柔性采购合同中，买卖双方合作更趋灵活，时间柔性采购合同规定了采购方一定日期的采购数量，但没有规定具体的采购时间。

（8）退货采购合同和削价采购合同。

退货采购合同经常应用于时令产品。在一定期间内，采购方可以按照一定的价格把积压的产品退还给供应方。削价采购合同是更新类型的采购合同，它以一定价格削减激励，让采购方继续保留那些过时产品，其主要目的是避免采购方把过时产品退还给供应方。

**阅读材料：不是法人签订的采购合同是否有效**

（9）定量采购合同。

定量采购合同经常用于供应方生产能力、采购方需求等方面不确定的供应链中。定量采购合同规定采购方在指定的若干时期内，每期向供应方购买固定数量的产品。

## 二、采购合同的履行

### （一）合同履行的定义

合同履行是指合同的双方当事人按照合同约定，正确、适当、全面地完成合同中规定的各项义务的行为。合同当事人在履行合同时要注意以下几点。

（1）履行主体。履行主体不仅包括债务人，也包括债权人。

（2）履行标的。合同的标的是合同债务人必须实施的特定行为，是合同的核心内容，是合同当事人订立合同的目的所在。

（3）履行期限。履行期限是指债务人履行合同义务和债权人接受履行行为的时间。如果履行期限不明确，双方当事人可以签订补充协议；协议不成的，按照合同的条款和交易习惯来确定；如果仍然无法确定的，债务人可以随时履行，债权人也可以随时要求履行，但应当给对方必要的准备时间。

（4）履行地点。履行地点是债务人履行债务、债权人受领给付的地点，履行地点直接关系到履行费用和时间。

（5）履行方式。合同的履行，一般包括对标的的履行、对价款或酬金的履行。

（6）履行费用。履行费用是指债务人履行合同所支出的费用。

### （二）合同履行的原则

1. 适当履行原则

适当履行原则，又称正确履行原则或全面履行原则，是指当事人按照合同规定的标的及其质量、数量，由适当的主体在适当的履行期限、履行地点，以适当的方式全面完成合同义务的履行原则。当事人应当按照约定全面履行自己的义务。

全面履行原则和实际履行原则既有联系又有区别。实际履行原则强调债务人按照合同约定交付标的物或者提供服务，至于交付的标的物或提供的服务是否适当，则无力顾及。因此，适当履行必然是实际履行，而实际履行未必是适当履行。

2. 协作履行原则

协作履行原则，是指当事人不但适当履行自己的合同义务，而且应基于诚实信用原则要求对方当事人协助其履行债务的履行原则。它一般包括以下内容。

（1）债务人履行合同债务，债权人应适当受领给付。

（2）债务人履行债务，时常要求债权人创造必要的条件，提供方便。

（3）因故不能履行或不能完全履行时，应积极采取措施避免或减少损失，否则还要就扩大的损失自负其责。

（4）发生合同纠纷时，应各自主动承担责任，不得推诿。

3. 经济合理原则

经济合理原则要求在履行合同时讲求经济效益，付出最小的成本，取得最佳的合同利益。例如，债务人选择最经济、合理的运输方式，选择合理期限履行合同。变更合同、对违约进行补救体现经济合理原则。

4. 情势变更原则

情势变更原则，是指合同依法成立后，因不可归责于双方当事人的原因发生了不可预见的情势变更，致使合同的基础丧失或动摇，若继续维护合同原有效力则显失公平，允许变更或解除合同的原则。情势变更原则有其存在的合理性和生命力。

（1）情势变更原则的适用条件。

1）有情势变更原则的事实。

2）情势变更发生在合同成立以后，履行完毕以前。

3）情势变更的发生不可归责于双方当事人。

4）情势变更是当事人不可预见的。

5）情势变更使履行原合同显失公平。

（2）情势变更原则的效力体现。

1）变更合同，使合同履行公平合理。

2）解除合同。

**（三）合同履行中的抗辩权**

抗辩权是指专门对抗请求权的权利，即权利人行使其请求权时，义务人享有的拒绝其请求的权利。民法上的抗辩权很多，诸如同时履行抗辩权、后履行抗辩权、不安抗辩权、先诉抗辩权、时效消灭抗辩权等，这些抗辩权除了具有民事权利的一般特点之外，还具有自己的特征。

1. 抗辩权的特征

抗辩权的客体是请求权，而且该项请求权只能是有财产内容的抗辩权。抗辩权是一种防御性而非攻击性的权利，只有一方当事人行使请求权，另一方当事人才可能对此进行抗辩，否则“对抗”就无从谈起。抗辩权的有效行使权是对请求权效力的一种阻却，它并没有否认相对人的请求权，也没有变更或消灭相对人的权利。

2. 抗辩权的类型

抗辩权按其是否从属于主债权而存在，可以分为独显抗辩权和从属抗辩权。抗辩权按其行使效力的强弱不同，可以分为永久抗辩权和一时抗辩权。抗辩权按其是依法律规定和当事人的约定而生，可以分为法定抗辩权和约定抗辩权。

3. 同时履行抗辩权的法定条件

（1）在同一双务合同中互负对待给付义务。

（2）互负的义务已到了清偿期。因为同时履行抗辩权是在同时履行时的抗辩权，是一种对方在不为给付时也同时拒绝给付的违约救济权，所以对方的对待给付义务没有到履行期，也就不存在同时履行抗辩权。

（3）须对方未为对待履行义务。只有在对方未同时履行义务时，才享有同时履行抗辩权，拒绝自己的履行。这种拒绝是相互的，自己可以拒绝向对方履行，对方也可以拒绝向自己履行，最终的平衡通过同时履行而实现，或者以都不履行而告终。

4. 后履行抗辩权的法定条件

（1）必须是双务合同。

（2）合同债务的履行存在先后。履行先后可根据当事人约定、法律规定或交易习惯确定。

（3）先履行义务一方不履行债务或履行债务不符合约定。

5. 不安抗辩权行使条件

（1）通知义务。当事人因行使不安抗辩权而中止履行时，应当及时通知对方。这是对对方权利的必要保护，双方及时了解情况后，可以提出异议，或采取补救措施等。如果不尽及时通知义务，行使不安抗辩权的一方应当承担相应的违约责任。

（2）对方提供担保时应及时恢复履行。法律赋予不安抗辩权的目的是保护先履行义务一方的债权，如因相对方提出担保措施而使债权得到了保障，不安抗辩权的适用条件就不存在，此时应当恢复已中止的债务履行。这种法定附随义务也是对不安抗辩权的一种限制。

## 三、采购合同的违约责任

### （一）违约行为的概念

违约行为，是指当事人一方不履行合同义务或者履行合同义务不符合约定条件的行为。

（1）违约行为的主体是合同当事人。

合同具有相对性，违反合同的行为只能是合同当事人的行为。如果由于第三人的行为导致当事人一方违反合同，对于合同相对方来说只能是违反合同的当事人实施了违约行为，第三人的行为不构成违约。

（2）违约行为是一种客观的违反合同的行为。

违约行为的认定以当事人的行为是否在客观上与约定的行为或者合同义务相符合为标准，而不管行为人的主观状态如何。

（3）违约行为侵害的客体是合同相对方的债权。

因违约行为的发生，使债权人的债权无法实现，从而侵害了债权。

根据不同标准可将违约行为做以下分类。

（1）单方违约与双方违约。双方违约，是指双方当事人分别违反了自己的合同义务。当事人双方都违反合同的，应当各自承担相应的责任。可见，在双方违约情况下，双方的违约责任不能相互抵消。

（2）根本违约与非根本违约。以违约行为是否导致另一方订约目的不能实现为标准，违约行为可做此分类。其主要区别在于，根本违约可构成合同法定解除的理由。

（3）实际违约与预期违约。

阅读材料：不一样的火鸡

### （二）合同违约的构成要件

违约责任的构成要件是指违约当事人应具备何种条件才应承担违约责任。违约责任的构成要件可分为一般构成要件和特殊构成要件。所谓一般构成要件，是指违约当事人承担任何违约责任形式都必须具备的要件。所谓特殊构成要件，是指各种具体的违约责任形式所要求的责任构成要件。例如，赔偿损失责任构成要件包括损害事实、违约行为、违约行为与损害事实之间的因果关系、过错；违约责任的构成要件是过错和损害行为。各种不同的责任形式的责任构成要件是各不相同的。

1. 有不履行或者不完全履行合同义务的行为

违约责任只有在存在违约事实的情况下才有可能产生，当事人不履行或者不完全履行合同义务，是违约责任的客观要件。违约行为包括以下几种情况。

（1）拒绝履行。合同当事人拒绝履行合同又称毁约，是指当事人不履行合同规定的全部义务的情况。

（2）不完全履行，又称部分履行，是指当事人只履行合同规定义务的一部分，对其余部分不予履行。

（3）迟延履行，又称逾期履行，是指当事人超过合同规定的期限履行义务。在合同未定期限的情况下，债权人要求履行后，债务人未在合理期限内履行，也构成迟延履行。

（4）质量瑕疵，是指履行的合同标的达不到合同的质量要求。对质量瑕疵，权利人应在法定期限内提出异议，否则，后果自行承担。

（5）不正确履行，是指合同义务人未按合同规定的履行方式履行义务。

2. 当事人的违约行为造成了损害事实

损害事实是指当事人给对方造成了财产上的损害和其他不利的后果。从权利角度考虑，只要有违约行为，合同债权人的权利就无法实现或不能全部实现，其损失即已发生。在违约人支付违约金的情况下，不必考虑对方当事人是否真的受到损害及损害的大小；而在需要支付赔偿金的情况下，则必须考虑当事人所受到的实际损害。

3. 违约行为和损害结果之间存在着因果关系

违约当事人承担的赔偿责任，只限于因其违约而给对方造成的损失。对合同对方当事人的其他损失，违约人自然没有赔偿的义务。违约行为造成的损害包括直接损害和间接损害，对这两种损害违约人都应赔偿。

### （三）采购违约分类

采购违约按不同的标准有不同的分类：采购违约的形式主要有供应商拒绝交货、不适当交货以及拒绝或迟交单证及资料。交货义务是供应商的主给付义务，供应商不履行交货义务将使企业的采购合同目的落空或受挫。因供应商不履行交货义务或不适当履行交货义务而引起的违约，是采购中的主要违约形式之一。

供应商违反交货义务的表现主要包括：拒绝交货，交货时间、地点、方式、数量、质量和包装有问题，拒绝交付提货单证以外的有关单证和资料，交付提货单证以外的有关单证和资料的时间、地点、方式有瑕疵等。

交货是指供应商将货物交由企业实际占有，或将货物的占有权移转于企业。供应商为交货的目的而合理地放弃对货物的占有，将货物交由承运人、仓储保管人等第三人占有的，也属交货。

1. 供应商交货种类

供应商交货可分为现实交货和拟制交货两类。

（1）现实交货。现实交货也称实际交货，是指供应商将货物交由企业实际占有，或为向企业交货的目的而合理地放弃对货物的占有，将货物交由承运人、仓储保管人等第三人占有。供应商为向企业交货的目的而将货物交由第三人占有的，应当有合同、习惯或法律上的依据，或得到企业的同意时，才具有合理性，才构成现实交货，并在企业不知情且没有理由知情时，依诚实信用原则履行适当通知义务。

（2）拟制交货。拟制交货指供应商将对货物的占有权转移于企业，但并不在合同生效后实际交货。由于拟制交货情况下，供应商移转对货物的占有权即具有货的效力，而供应商并不实际交货，故拟制交货应当有合同依据或法律依据。拟制交货又可分为简易交货、指示交货和占有改定三种。

1）简易交货。在合同成立前，货物已经由企业实际占有，供应商不可能于合同生效后再向企业实际交货，因而法律推定供应商在合同生效时即已完成交货。

2）指示交货。指示交货也称为象征性交货，是指在货物已由第三人实际占有时，供应商将提取货物的单证等占有权凭证，甚至所有权凭证交付给企业以转移占有权，或将对于第三人的返还物的请求权让与企业，以替代实际交货。

3）占有改定。占有改定也称为供应商保有占有权的货物买卖，是指企业同意供应商在货物出售后的一定时间内继续占有、使用货物，仅需将货物所有权移转于买卖人，因而推定出供应商在将所有权移转于企业时完成交付。

2. 供应商拒绝交货的表现形式

（1）供应商在交货期限届满以后的一段合理时间内仍未交货，以致构成重大违约，或企业依约取得解除权的，属拒绝交货。

供应商在交货期限内未交货，在交货期限届满后仍未交货的，不一定属于拒绝交货，而可能属于迟延交货。区别拒绝交货和迟延交货的关键是，看供应商不交货的后果是否构成重大违约，或企业是否依约取得解除权。若答案肯定的，则属拒绝交货，否则属迟延交货。

（2）供应商在交货期限届满之前或之后，明确表示它将不交货，或其状况、行为已显著表明它将不交货的，属拒绝交货。

供应商在交货期限届满之前预期拒绝交货时，如果企业尚未因此采取实质性行动或尚未实际性改变交易安排，则供应商可采取适当的交货方式除去其预期拒绝交货的违约事实。然而，企业因供应商预期拒绝交货而未履行相应义务的，不构成违约。

供应商在交货期限届满后明确表示不交货，或其状况、行为已显著表明不交货的，如果企业尚未就供应商明示或默示拒绝交货采取实质性行动，或实质性改变交易安排，则供应商可以以适当的交货方式除去其拒绝交货的违约责任，但仍应承担迟延交货的违约责任。企业因供应商明示或默示拒绝交货而未履行相应义务的，不构成违约。

不论供应商在何时明确表示不交货，如果企业已因此通知供应商解除合同的，则供应商不得再以交货的方式除去其拒绝交货的违约事实。

（3）供应商在交货期限内未交货，经企业催告要求在合理宽限期内交货的，如果供应商在该合理宽限期内仍未交货，或明确表示不在该合理宽限期内交货，则属于拒绝交货。

（4）供应商在交货期限届满以后的一段合理时间内虽然向企业交货，但所交货物或所交单证上记载的货物根本不是或实质上有别于合同项下货物，且拒不交付替代物或替代单证的，属于拒绝交货。

应当注意的是，拒绝交货应当与自始不能交货及利用合同诈骗相区别。供应商自始不能交货，却仍与企业订立合同的，应按侵权行为予以处理；构成合同诈骗罪的，则应通过刑事诉讼程序处理。

3. 不适当交货识别。

（1）供应商未按照约定的期限交付货物或交付提取货物的单证。合同约定交付期间的，供应商应在该交付期间内的任何时间交付。合同未约定交付期限或者约定不明确的，按协议补充的期限交付。不能达成补充协议的，按合同有关条款或交易习惯所能确定的期限交付。交付期限不能由合同条款或交易习惯确定的，供应商可以随时交付，企业也可以随时要求交付，但应当给对方必要的准备时间（所谓必要的准备时间，应自供应商将收取货物的通知送达买受人时起计算，或自企业将催告交付的通知送达供应商时起计算，其长短应视具体情况而定）。

（2）供应商未按照约定的地点交付货物或交付提取货物的单证，或者交付地点未明确说明。

**（四）违约责任**

违约责任即承担违约责任的具体方式。违约责任有三种基本形式，即继续履行、采取补救措施和赔偿损失。当然，除此之外，违约责任还有其他形式，如支付违约金和定金责任。

1. 继续履行

（1）继续履行的概念。

继续履行也称强制实际履行，是指违约方根据对方当事人的请求继续履行合同规定的义务的违约责任形式。其特征：继续履行是一种独立的违约责任形式，不同于一般意义上的合同履行。具体表现：继续履行以违约为前提；继续履行体现了法的强制；继续履行不依附于其他责任形式；继续履行的内容表现为按合同约定的标的履行义务，这一点与一般履行并无不同；继续履行以对方当事人（守约方）请求为条件，法院不得径行判决。

（2）继续履行的适用。

继续履行的适用，因债务性质的不同而不同。

1）金钱债务：无条件适用继续履行。金钱债务只存在迟延履行，不存在履行不能。因此，应无条件适用继续履行的责任形式。

2）非金钱债务：有条件适用继续履行。对非金钱债务，原则上可以请求继续履行。但下列情形除外：法律上或者事实上不能履行（履行不能）；债务的标的不适用强制履行或者强制履行费用过高；债权人在合理期限内未请求履行（如季节性物品的供应）。

2. 采取补救措施

（1）采取补救措施的含义。

采取补救措施作为一种独立的违约责任形式，是指矫正合同不适当履行（质量不合格）、使履行缺陷得以消除的具体措施。这种责任形式，与继续履行（解决不履行问题）和赔偿损失具有互补性。

（2）采取补救措施的类型。

关于采取补救措施的具体方式，《中华人民共和国消费者权益保护法》规定为修理、重作、更换、退货、补足商品数量、退还货款和服务费用、赔偿损失；《中华人民共和国产品质量法》规定为修理、更换、退货。

（3）补救措施的适用。

在补救措施的适用上应注意：补救措施的适用以合同对质量不合格的违约责任没有约定或者约定不明确，而依相关法条仍不能确定违约责任为前提。换言之，对于不适当履行的违约责任形式，当事人有约定的情况应依其约定；没有约定或约定不明确，首先应按照相关法条规定确定违约责任；没有约定或约定不明确，又不能按照相关法条规定确定违约责任的，才适用这些补救措施；应以标的物的性质和损失大小为依据，确定与之相适应的补救措施；受害方对补救措施享有选择权，但选定的方式应当合理。

3. 赔偿损失

赔偿损失，也称违约损害赔偿，是指违约方以支付金钱的方式弥补受害方因违约行为所减少的财产或者所丧失的利益的责任形式。

赔偿损失的确定方式有两种：法定损害赔偿和约定损害赔偿。法定损害赔偿是指由法律规定的，违约方因其违约行为而对守约方遭受的损失承担的赔偿责任。约定损害赔偿是指当事人在订立合同时，预先约定一方违约时应当向对方支付一定数额的赔偿金或损害赔偿的计算方法。它具有预定性（缔约时确定）、从属性（以主合同的有效成立为前提）、附条件性（以损失的发生为条件）。

4. 支付违约金

违约金是指当事人一方违反合同时应当向对方支付的一定数额的金钱或财物。依不同标准，违约金可分为法定违约金和约定违约金、惩罚性违约金和补偿性（赔偿性）违约金。

关于违约金的性质，一般认为，现行的违约金制度是不具有惩罚性的违约金制度，而属于赔偿性的违约金制度。即时约定的违约金数额高于实际损失，也不能改变这种基本属性。

5. 定金责任

所谓定金，是指合同当事人为了确保合同的履行，根据双方约定，由一方按合同标的额的一定比例预先给付对方的金钱或其他替代物。债务人履行债务后，定金应当抵作价款或者收回。给付定金的一方不履行约定的债务的，无权要求返还定金；收受定金的一方不履行约定的债务的，应当双倍返还定金。据此，在当事人约定了定金担保的情况下，如一方违约，定金罚则即成为一种违约责任形式。定金应当以书面形式约定，定金的数额由当事人约定，但不得超过主合同标的额的 20%。

**阅读材料：一个煎饼引发的采购合同管理问题**

**阅读材料：蓝凌智慧合同管理平台解决方案**

# 第五节 智慧采购网上谈判系统的实施

## 一、智慧采购网上谈判系统的工作流程

智慧采购网上谈判系统以经谈判双方签名的电子合同的达成为终极目标，它的工作流程是电子合同的检索、生成、签名、归档。智慧采购网上谈判系统的基本设计思路是在系统中同时实现视频、音频和文字交流，可以选择电子合同模板，实现电子合同模板浏览、电子签名、安全认证、保存与归档的功能，使电子签名在功能上与传统签名相同。在计算机屏幕的显示上可以分区：电子合同模板区、网上谈判区、谈判结果区、签名与认证区。智慧采购网上谈判系统的工作流程如图 5-2 所示。

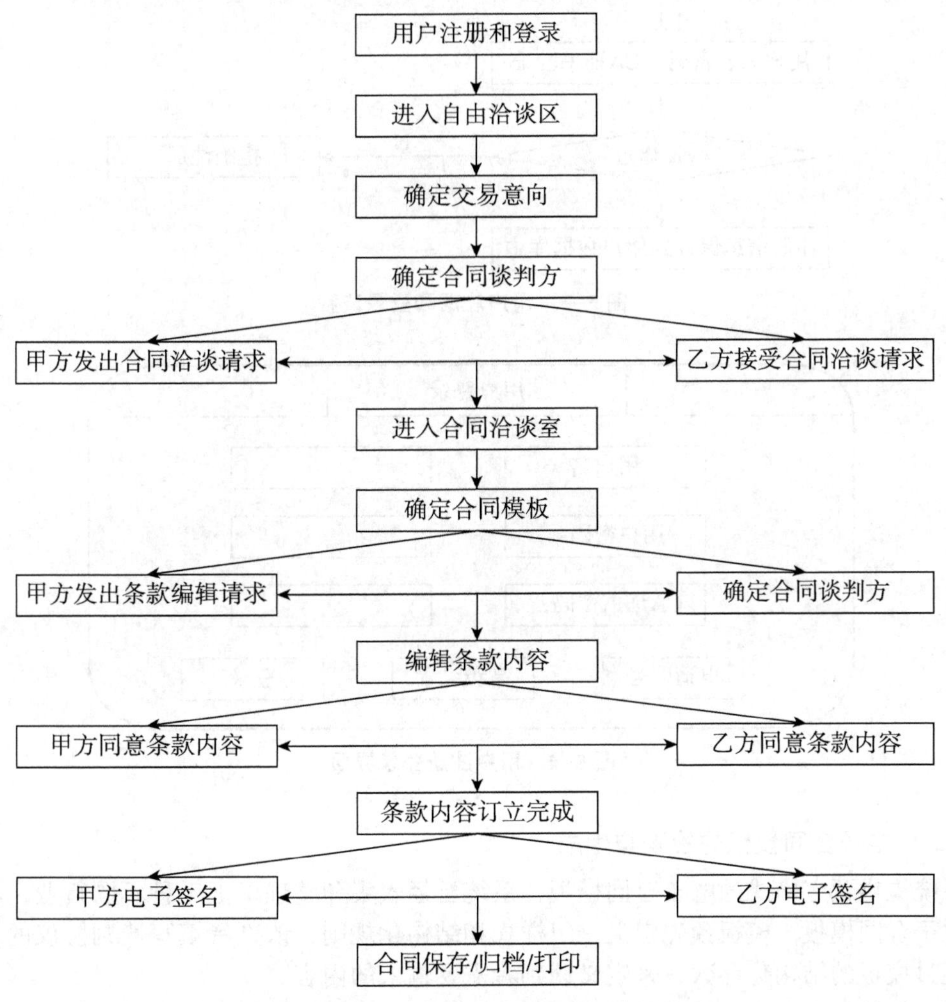


**图 5-2 智慧采购网上谈判系统的工作流程**

### （一）用户注册和登录

在谈判开始前，谈判各方注册自己的信息，进入系统客户端。谈判者注册时，必须提供自己的电子签名、认证证书序列号，以便系统对注册者的身份进行验证，这时系统需要从 CA 服务机构的目录服务器中查询索取，根据证书序列号获得证书之后，首先用 CA 的根证书公钥验证该证书的签名，验证通过说明该证书是第三方 CA 签发的有效证书，然后检查证书的有效性、该证书是否失效或进入黑名单等，从而确定注册者的身份是否合法。用户注册和登录流程如图 5-3 所示。用户注册登录界面如图 5-4 所示。

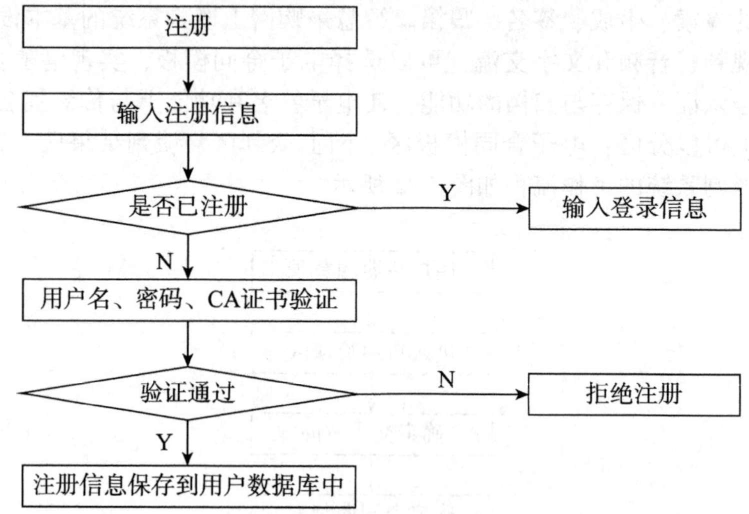


**图 5-3　用户注册和登录流程**

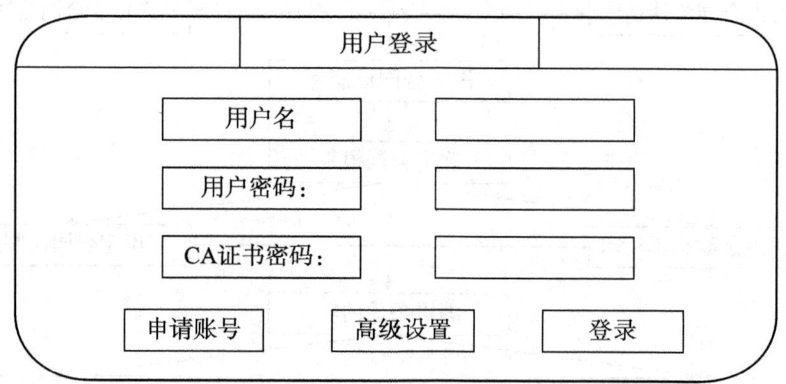


**图 5-4　用户注册登录界面**

### （二）电子合同模板的检索与生成

系统提供预定格式的电子合同模板，系统已经收集和整理了上千种不同行业、不同类型的电子合同模板。模板预先定义一组样式和结构化规则，谈判者填写谈判协议的基础文档，通过模板的结构化参数，来定义谈判者需要输入的内容。

为了能够让用户快速找到需要的电子合同模板，系统设计了强大的模板搜索引擎：逐级检索和定位检索。逐级检索的方式是先选择合同的分类，然后选择类的子类，甚至子类的子类，逐级选择，直至选择到需要的电子合同模板。定位检索的方式提供了一些检索参数给客户，如关键字、所属行业等，通过模板搜索引擎直接检索到需要的电子合同模板。若系统中不存在谈判者需要的模板，还可自定义模板存入电子合同模板数据库中。电子合同模板的检索和生成如图 5-5 所示。

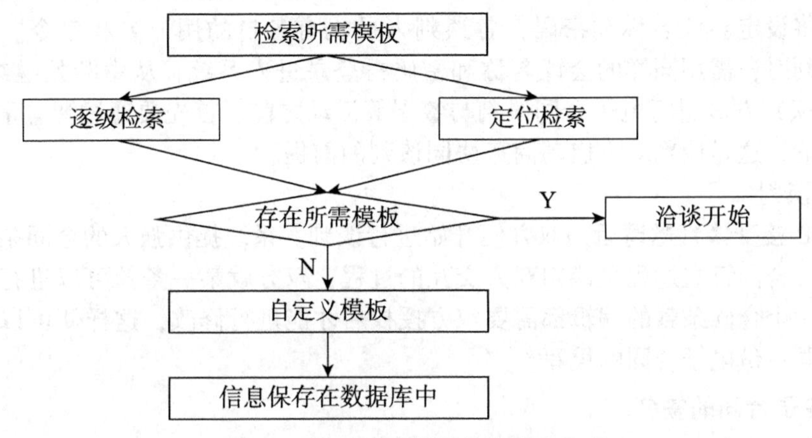


**图 5-5　电子合同模板的检索和生成**

### （三）电子合同生成

广义的电子合同是指一切基于计算机和网络而订立的，明确交易双方权利和义务关系的协议；狭义的电子合同仅指通过电子数据交换形式订立的，明确交易双方权利和义务关系的协议。

智慧采购网上谈判系统中的电子合同扩展了狭义电子合同的概念，实现了邀请谈判方、选择电子合同模板、生成电子合同等功能服务。不同电子合同的具体款项不同，但其实现机制相似。电子合同的生成如图 5-6 所示。

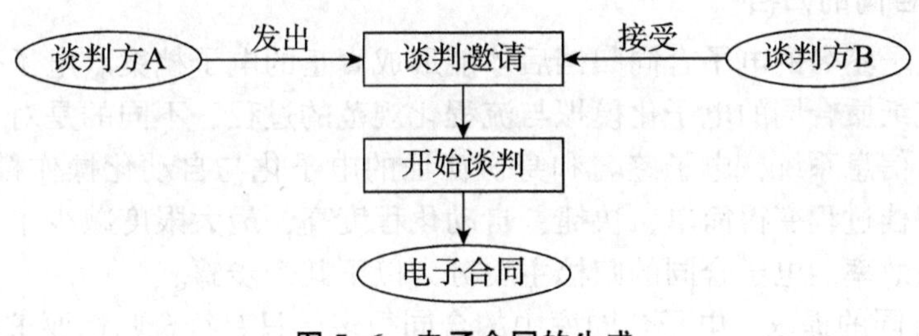


**图 5-6　电子合同的生成**

1. 自由洽谈

在现实的商务活动中，电子合同订立之前总会有一个磋商的过程，系统提供三种不同的洽谈方式——文本、语音和视频，供用户选择，用户还可以邀请其他人进入谈判室开展会议洽谈，可以完全满足不同层次的用户的需要。系统还为用户提供“生成洽谈备忘录”功能，用户可以管理文本、语音和视频的洽谈记录，洽谈记录可以保留，以供用户日后查询。

2. 谈判邀请

在自由洽谈阶段，谈判者可以初步确定自己的交易意向，寻找合适的交易者。若自由洽谈成功，谈判方 A 则邀请谈判方 B 进行详细磋商。

3. 邀请接受

随着谈判邀请的完成，谈判方 B 接受谈判，双方进入特定的谈判会议房间。对于某个谈判会议，将设定会议名称和密码，各谈判人员也有各自的用户名和口令。谈判可以中断，恢复谈判时，需用同样的会议名称和密码再登录进入系统，从中断处继续开始谈判。谈判方 A 与谈判方 B 进行电子合同谈判与签署等活动之前，首先要通过智慧采购网上谈判系统进行邀请，这是谈判双方启动商务协同谈判的前提。

4. 开始谈判

谈判方 B 接受谈判邀请后，双方便开始进行谈判。系统提供强大的合同条款定位和条款编辑功能，合同订立过程是谈判双方交互的过程，双方就某一条款可以进行深入、细致的研讨，每一个合同条款的编辑都需要双方授权后才能进行修改，这样便可以通过网上交互来完成对同一份电子合同的填写。

**（四）电子合同的签名**

电子合同填写完成后，便进入签约阶段。由于电子合同中存在特殊风险，比如一方欺诈、一方放弃（否认）、内容异议等，为了控制电子合同完成后的更改行为，必须寻找一种能够降低风险的方法和措施。在现有网络技术条件下，《中华人民共和国电子签名法》的出台，无疑控制了电子合同的特殊风险，这是促使广泛采用电子合同作为合同形式的有效法律手段。在本系统中，预留了电子签名系统接口，通过选择合适的签名软件来实现电子合同的签订。双方都进行电子签名后，系统将电子合同的状态置为“已签订”。在本系统中，处于“已签订”状态的电子合同，就具有法律效力，受到有关部门的保护和监督，同时平台也对电子合同执行情况进行动态跟踪。

**阅读材料：中国电信采购订单电子印章的应用**

**（五）电子合同的归档**

拥有合法电子签名的电子合同归档后才能形成真正的电子档案。电子合同归档过程可以看作是对传统纸质合同的电子化模拟与流程化规范的过程，不同的是对合同的全部管理都采用了网络、信息系统，电子签名和身份认证的电子化与自动化操作模式。这种方式，使电子合同的归档过程变得简单、快捷，自动化程度高，最大限度减少了人工的干预，提高了归档工作的效率。电子合同的归档主要分为以下几个步骤。

（1）电子合同的提取。电子合同库中的合同很多，只有符合归档要求的电子合同才能存放到归档服务器中。智慧采购网上谈判系统定期检查电子合同库，若电子合同状态处于“已签订”，就符合归档的要求，必须存放到归档服务器中，同时还要提取电子合同建立双方信息、创建时间、合同主题、关键字等。

（2）电子合同的接收、整理、分类。将提取出来的电子合同进行分类、组合、排列和编目，形成体系。电子合同的系统接收、整理、分类有助于档案的利用、开放，这是整个档案工作重要的基本建设。

（3）电子合同的存储与检索。在系统管理员的操作下，整理分类后的电子合同存储到相应类别的数据库中。在电子合同的存储管理过程中，任何人都只能按规定的权限对电子合同进行操作，并有相应的记载。为了方便检索查询，必须设置题名、创建者、形成时间、主题词、分类号等检索项，还可设置合同编号等辅助检索项；根据检索项提供多条件组合查询；设置目录检索、全文检索功能；对查询结果进行显示、排序、转存、打印等处理。

## 二、智慧采购网上谈判系统的管理模块

参照谈判的工作流向，并结合智慧采购网上谈判系统的整体功能，将智慧采购网上谈判系统抽象为五个模块：用户信息管理模块、电子认证及签名模块、合同管理模块、多媒体交互模块、附加谈判支持模块，智慧采购网上谈判系统的构建模块如图 5-7 所示。

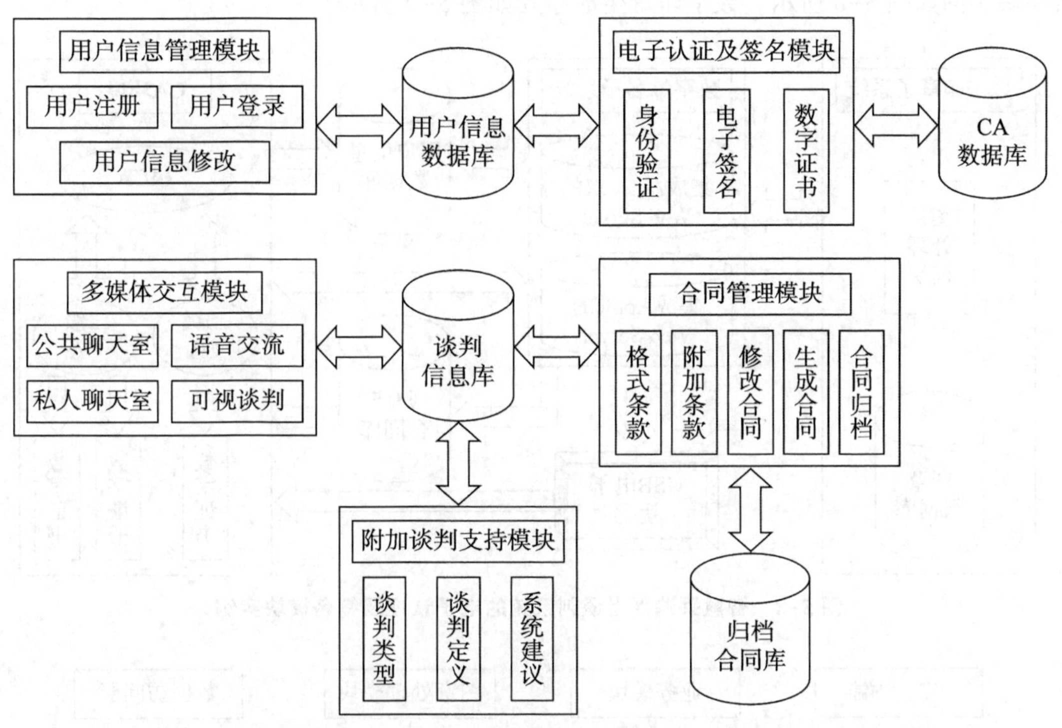


**图 5-7 智慧采购网上谈判系统的构建模块**

### （一）用户信息管理模块

用户信息管理模块的功能主要包括用户注册、用户登录和用户信息修改。系统支持以 B/S 模式或者 C/S 模式登录，为了满足智慧采购网上谈判系统的安全需求，系统在接受用户注册时，需要用户提供相应的真实信息，包括其数字证书信息，若此用户尚未拥有数字证书，必须要求其先申请数字证书。系统将用户分为注册用户和一般用户，不同的用户角色在系统中被赋予不同的权限。一般用户是指已经注册过，但缺乏相关资质证明的用户，比如其数字证书的有效性处于被验证状态；由于注册用户拥有完备的资质证明和数字证书，他拥有发出谈判邀请、接受谈判邀请的权利，以及后续的网上谈判和电子合同签订的权利。符合合法注册条件的用户名及密码申请会被通过，用户的 CA 数字证书信息被当作保密用户信息存于一个独立的用户信息数据库中。这个数据库只接受用户信息管理模块和

电子认证及签名模块的访问。

每次用户登录时都需要访问用户信息数据库，验证用户的合法性，并要附加验证 CA 数字证书的有效性。注册用户对电子合同进行签名时，需要再次访问用户信息数据库，获得该注册用户的 CA 数字证书信息，供电子认证及签名模块使用。当然，此模块还支持用户对注册信息的修改，用户信息数据库还可以记录用户的非法访问次数等信息，以便智慧采购网上谈判系统发出谈判预警。

### （二）电子认证及签名模块

电子认证及签名模块是智慧采购网上谈判系统的核心模块之一，主要功能就是保障电子合同的机密性、真实性、完整性和不可否认性。智慧采购网上谈判系统的电子认证及签名模块实例如图 5-8 所示。数字印章生成序列如图 5-9 所示。

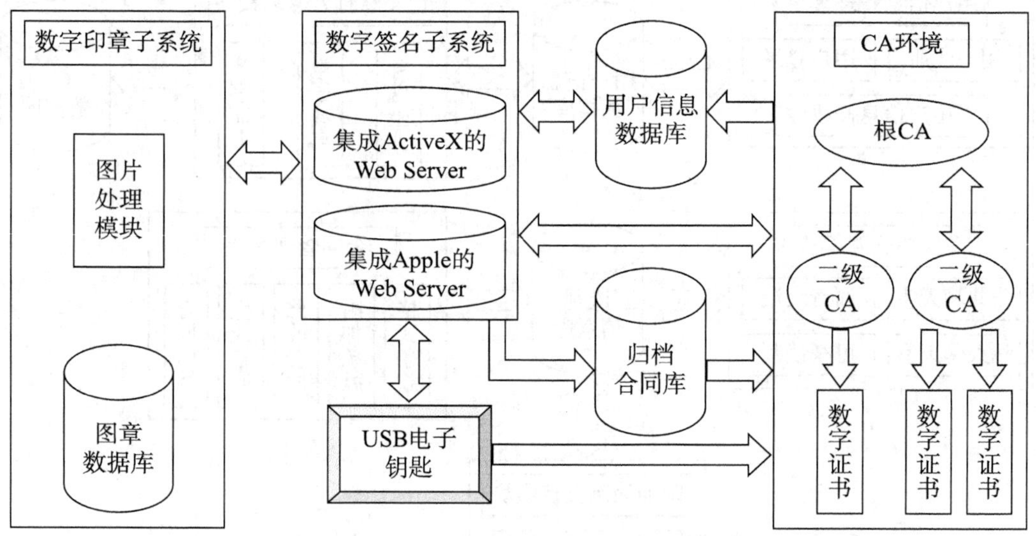


图 5-8　智慧采购网上谈判系统的电子认证及签名模块实例

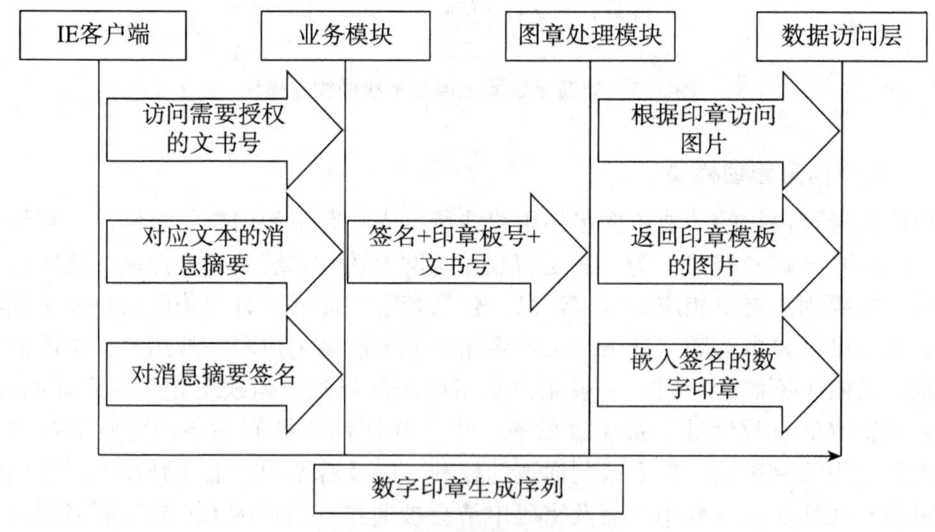


图 5-9　数字印章生成序列

1. 系统登录时的辅助身份验证

大多数管理信息系统（MIS）或即时通信系统均采用用户名密码方式来登录系统，采用此种方式进行登录虽然简便快捷，但安全性较差，将这种方式应用于一些重要的认证系统时就会存在着很大的风险，密码很容易被人盗取或破解。因此，智慧采购网上谈判系统的身份验证需要解决是否有人使用他人的用户和口令进行登录的非法访问的问题。

在登录时，系统强制进行 CA 数字证书验证，不管验证能否通过，都由用户信息数据库将其作为日志进行记录。通过验证的登录记录可以供合法用户查询与统计，未通过验证的登录被记入非法登录表中，并由智慧采购网上谈判系统在适当的时候进行集中扫描和统计处理，对于非法登录次数较多的用户提出告警反馈，当然这个过程离不开与 CA 数据库的交互。

2. 数据在网络中传输的保密性

智慧采购网上谈判系统在运行时，谈判双方的两个终端间的通信的安全隐患较大，信息在传输过程中有可能被窃取并被篡改。引入数字签名和数字认证，两个谈判终端的每次信息交互，均利用对称密钥进行加密，这个对称密钥是由信息发送方随机产生的，而这个对称密钥从信息发送方安全送达信息接收方是依靠信息接收方的非对称公开加密来实现的。

3. 电子合同的存储安全

大多数系统基于操作效率上的考虑，将信息以明文的形式保存在后台数据库服务器上，而后台数据库服务器对于某些人又是透明的，这里就存在敏感信息被泄露的安全隐患。

出于存储安全方面的考虑，智慧采购网上谈判系统把归档的电子合同以密文的形式保存在归档合同库中，比如，采用对称加密算法将归档的电子合同进行加密，密钥的选取可由谈判双方共同商定。每次注册用户检索归档电子合同时，都需要进行身份验证，并需要检索者提供相应的密钥，方能检索成功。

4. 传输信息的完整性和不可否认性

在智慧采购网上谈判系统中，每一个注册用户均拥有一个可信的认证中心分配的唯一的名字，并附带一个包含名字和用户公开密钥的证书。具体的证书信息在用户注册时被要求记录到用户信息数据库中。如果谈判者甲和谈判者乙需要相互通信，甲必须从用户信息数据库中取得乙的证书，然后向 CA 数据库发出验证请求，对乙进行验证，同样乙也要对甲进行验证，这样交易双方的身份就可以确认了。

采用哈希函数或数字指纹的原理，甲将要发送的信息生成一个摘要。甲对这个摘要进行数字签名，用其私钥对这个摘要进行加密，加密后发送到乙，如果乙可以用甲的公钥解密加密后的摘要，甲就无法否认这个摘要是他发送的，即解决了传输信息的不可否认性。

乙将密文解开后同样采用哈希函数或数字指纹的原理，将解开的信息生成一个摘要，将这个新产生的摘要和甲发送给他的摘要进行比较，如果这两个摘要相同，则说明乙收到的信息没有被修改过，这样就可以来验证传输信息的完整性。

如果电子合同洽谈完毕并被签发，由于整个信息的传输过程受到了电子签名和电子认证的双重安全保障，所以被双方签发的电子合同内容是完整的，结果是不可否认的。

5. 电子合同的时间取证

智慧采购网上谈判系统中引入了电子认证，由第三方 CA 权威机构支持。注册用户在每次登录时均需要强制进行 CA 数字证书验证，而且在每次谈判双方需要进行信息通信的时候也需要相互验证 CA 数字证书。在最终的电子合同归档到后台数据库服务器时，智慧采购网上谈判系统需要再次认证谈判双方的身份和 CA 数字证书。在这几次的 CA 数字证书的验证过程中，CA 数据库均记录相应的查询访问时间，这个记录在 CA 数据库中的具体访问时间的查询功能可以考虑由附加谈判支持模块实现。在争议发生时，向 CA 数字证书服务中心提出查询请求服务。总之，智慧采购网上谈判系统对 CA 数字证书的多次验证不仅保证了系统和谈判过程的安全性，也在谈判双方对已归档的电子合同发生争议时，保证了谈判者的权益。

### （三）合同管理模块

合同管理模块的主要功能是处理电子合同的生成、修改及归档等工作。该模块应用于支持即时在线谈判的电子商务谈判支持系统，因此该模块的设计需要考虑：在线电子合同的生成必须快速，方法必须简捷，内容必须充分。

在线成文合同的生成是谈判双方充分讨论的结果，出于系统敏捷度的考虑，这需要用微小数据传输量来实现大量文档的互传。该模块能根据用户需要，生成灵活多变的电子合同，不能是空白合同的简单填空，生成电子合同的过程必须是动态的。经签名确认的电子合同一旦生成，就与商务行为双方身份产生鲁棒性，可以作为电子合同履行与司法诉讼的依据。为了满足以上的模块设计目标，首先对该模块的核心——电子合同，进行简要的剖析。

（1）电子合同的抽象分析。

电子合同是商务行为中规范双方权利义务的文档，具有不可替代的法律效力，电子合同必须灵活、详尽，并且能够对抗恶意的商业欺诈。电子合同是由功能各异的条款组成的。同类合同条款的种类和功能大体相同，不同的只是各个条款实现的方法。例如，商品买卖合同必须由交易金额、支付方式、履约时限、违约责任等组成；如果买卖双方在不同的地区或国家，就要加上运输条款和关税条款。

（2）合同管理模块数据库的设计。

合同管理模块数据库用来存放电子合同的具体条款，是一个高度规范化的二层文档数据库。合同管理模块数据库如图 5-10 所示。

第一层根据合同条款模块所要实现的功能（如支付、担保、免责等），将烦琐的条款进行归类；第二层根据实现具体条款功能的不同方法，将条款分类细化定型。各个模块的接口均由指针指引，该指针对应于合同范式中的指针，同一模块内部有多种条款选择，以适应用户的灵活要求。

由具体条款的指针，实现对文档的调用，总的过程如下。

合同范式数据库→某一范式→合同模版数据库→某一合同模块具体条款→某个条款的具体方法。

关于合同条款中涉及的关键信息，比如具体的交易金额、甲乙方名称、货物名称和数

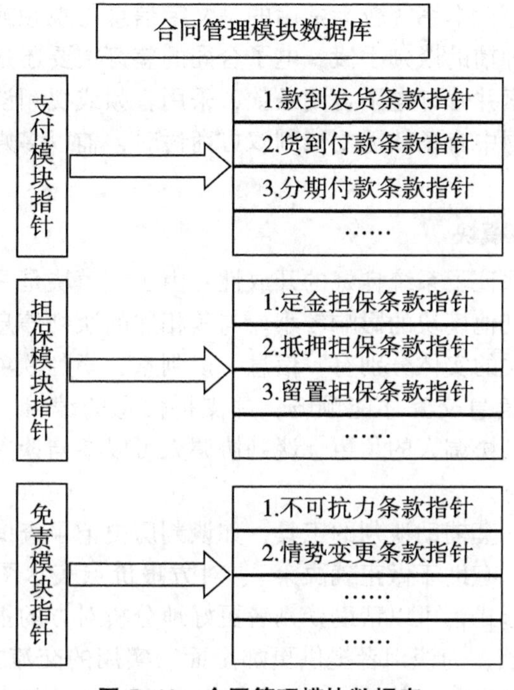


**图 5-10　合同管理模块数据库**

量、支付地点等，内容在合同全文中是统一的，信息形式是字符或者数字。因此，它们在模块条款中应以“待替换的统一变量”的形式存在，可以在智慧采购网上谈判系统的合同管理模块中加入一个简单的全文查找与替换功能，在合同条款模块文档完成拼接后，在合同全文中实现替换。

（3）洽谈合同的交互流程。

两个异地的谈判者在远程终端上就可以通过指针来完成以合同草案为蓝本的在线实时谈判。发送端的用户在智慧采购网上谈判系统上生成合同草案，智慧采购网上谈判系统将合同草案的组成部分在数据库中的相应指针序列发送到网络；接收端的用户通过智慧采购网上谈判系统接收后，按照收到的指针序列在本地数据库中按序查找。由于数据库的顺序与设计是相同的，所以按相同的指针顺序生成的是相同的合同。如果接收端的用户对合同草案的某些条款有异议，则在数据库中用自己满意的条款替换，反向发送修改后的指针序列。这样，对简短指针序列的反复快速传送，就使双方达到了网上谈判的目的。这一过程就对应于实体商务谈判过程中的要约与反要约。由于仅仅传输指针，所以智慧采购网上谈判系统的整体效率较高，使实时的网上谈判成为可能。

**（四）多媒体交互模块**

在智慧采购网上谈判系统中，提出了更丰富的谈判手段，如音频、视频和多媒体共享等手段，来更好地辅助、支持谈判，达到更好的用户谈判体验。

注册用户身份验证成功后进入系统，成功进入系统的注册用户可以在公共大厅通过公共频道对公众发布信息，称之为群聊。当然，成功进入系统的注册用户可以在公共大厅看见所有在线用户，并可以对其他在线用户发出聊天请求，如果对方接受，则二者可以开始私人聊天，若对方拒绝，则本轮私人聊天终止。

在聊天方式的选取上，本系统较为常用的是文字信息与视频或音频相结合的方式。而音频或视频仅仅作为一种辅助谈判手段，电子合同的签订主要还是以文字信息的形式。

依靠文字信息来检索并修订电子合同条款，采用音频或视频谈判主要是出于效率上的考虑，特别是当电子合同中有条款需要谈判双方商讨时，辅以多媒体的手段，谈判效率上就会提高很多。

**（五）附加谈判支持模块**

附加谈判支持模块保证了系统良好的开放性，由于该模块是一个抽象的独立过程支持模块，该模块的变动对其他模块的影响较小。与其相连的谈判信息库则在谈判过程中极其重要，在谈判过程中相关的实体分别有：信息、谈判室、谈判款项等，当谈判信息库中有了这些后，在谈判时的信息交互才能顺畅，并支持信息的编辑、保存、撤回等功能。另外，该模块中提供了谈判协调人的角色，谈判协调人可以参与谈判过程，向谈判双方提供建议，保证谈判顺利进行。

该模块也可以集成一套辅助谈判的工具，如谈判历史记录查询工具（谈判者可以对相应的谈判主题进行查询，有助于做正确决策）、对方报价点表示图生成工具（对方报价点依时间顺序表示为图表形式，可以帮助谈判者更好地分析对方的报价策略）以及文档传送工具（实时传送相关文档，为谈判者提供更加全面、实用的交流方式）。为注册用户使用智慧采购网上谈判系统提供在线帮助，从而帮助他们更有效地使用本系统。

智慧采购谈判是智慧采购业务的主要活动，在开展智慧采购谈判之前需要做好资料的收集与分析、谈判方案的设计，为了促成双方谈判的达成，在谈判中需注意谈判策略与技巧的使用，以达到我方的谈判目标，必要时可以进行谈判预演。选择在线上开展智慧采购谈判活动，则需注意主要的关键点，在签订采购合同时，需注意合同的完整性与合法性，当出现违约情况时，应进行责任判定与处理。最后，了解智慧采购网上谈判系统的工作流程、智慧采购网上谈判系统的管理模块，帮助谈判者在谈判前分析谈判局势，进行战略准备，在谈判过程中实时分析、处理有关的数据、信息，以争取在谈判过程中处于主动、有利的地位。智慧采购网上谈判系统为谈判者提供一种交互手段，使谈判各方根据对已有信息的分析，从而达成一致满意的决策。

**一、单项选择题**

1. 智慧采购谈判构成要素不包括（　　）。

A. 谈判客体　　B. 谈判方式　　C. 谈判过程　　D. 谈判主体

**二、多项选择题**

1. 智慧采购谈判的信息分析方法有（　　）。

A. 波特五力模型分析　　B. PEST 分析

C. SWOT 分析　　　　　　　　　D. SLEPT 分析

2. 在国际商务谈判中，比较典型的报价战术有（　　）。

A. 欧式报价术　　B. 日式报价术　　C. 美式报价术　　D. 中式报价术

3. 智慧采购线上谈判应答文件的要求有（　　）。

A. 应答文件要确保格式符合要求　　B. 应答文件必须确保清晰

C. 应答文件要提供扫描版　　D. 应答文件要提供可编辑版

4. 交货是指供应商将货物交由企业实际占有，或将货物的占有权移转于企业。供应商为交货的目的而合理地放弃对货物的占有，将货物交由承运人、仓储保管人等第三人占有的，也属交货。交货可分为（　　）。

A. 简易交货　　B. 指示交货　　C. 现实交货　　D. 拟制交货

**三、简答题**

1. 建立智慧采购谈判系统的重要性有哪些？
2. 智慧采购谈判的策略与技巧有哪些？
3. 简述开展智慧采购线上谈判活动的主要关键点。
4. 智慧采购网上谈判系统的管理模块由哪几部分组成？
5. 实际模拟采购谈判的过程。

（1）以小组为单位，分为采购谈判的甲、乙双方，每小组五人，进行角色分工。

（2）确定某几种物料作为谈判标的物。

（3）模拟完成一次采购谈判。

（4）谈判成功，签订采购合同，谈判破裂，总结失败教训。

**课后案例：IBM 智慧采购管理系统**

# 第六章　智慧采购成本管理与库存控制

## 学习目标

了解智慧采购成本构成、智慧采购成本管理的基本概念。
了解降低智慧采购成本的策略和方法。
熟悉库存和库存周转的概念。
掌握降低库存的方法和控制采购库存的模式。
掌握常见的库存控制模型。

## 学习重点和难点

智慧采购成本的构成、降低智慧采购成本的策略和方法是重点。降低库存的方法和控制采购库存的模式、常见的库存控制模型是难点。

## 导入案例

### *海尔的采购方法*

海尔作为全国大型智能家电公司有独属于自己的采购方法，以确保海尔内部供应。

**一、海尔 JIT 采购**

海尔物流整合了集团内分散在产品事业部的采购、原材料仓储配送，通过整合内部资源来获取更优的外部资源，建立起强大的供应链资源网络。供应商的结构得到根本性优化，能够参与到前端设计与开发的国际化供应商比例大大提升，多家世界 500 强企业都已成为海尔的合作伙伴。

海尔实行并行工程，一批跨国公司以其高新科技参与到海尔产品的前端设计中，不但保证了海尔产品技术的领先性，增加了产品的技术含量，同时大大加快了开发速度。海尔采购订单滚动下达到供应商，一般的订单交付周期为 10 天，加急订单为 7 天。战略性物资（如钢材）每个月采购 1 次，3 个月与供应商谈判协商价格。另有一些供应商通过寄售等方式为海尔供应，即将物资存放在海尔物流中心，但在海尔使用后才结算，供应商可通过 B2B 网站查询寄售物资的使用情况，属于寄售订单的海尔不收取相关仓储费用。

JIT 采购要考虑销售的淡季和旺季问题，在旺季之前要提前做预算。海尔 1 个月的预测精度可达到 80%，3 个月的预测精度为 50%。另外，海尔 JIT 采购一般不能退货，无逆向物流，不能取消订单。

## 二、海尔的供应商管理

海尔从20世纪末开始进行供应商网络的优化，打散原来的供应商体系，重新选择供应商，以形成强强联合，合作共赢，从侧重质量转向侧重全过程的激励与控制。对供应商的主要激励措施是配额分配，配额比例由原来的人工统计数字到现在的由系统根据质量考评、供货考评和价格排名三个综合因素决定，而价格排名根据网上招标的结果来确定。

海尔对供应商的评价主要侧重质量、成本、交货期、能否参与到早期设计过程等方面，具体考核指标包括设计控制、文件和资料控制、采购和仓库、产品标识和可追溯性、工序控制、检验与试验、内部质量审核、培训等方面。对供应商的评价包含在对供应商的质量体系考核评价里面。海尔对3个月绩效不合格的供应商实行严格淘汰，对存在一定工艺问题的供应商，要求其进行整改，保障供货。

## 三、海尔电子采购平台

海尔物流与供应商还搭建起公平、互动、双赢的采购协作平台。在企业外部，采购协作平台成为企业与客户、企业与供应商沟通的桥梁。通过海尔电子采购平台，所有的供应商均在网上接收订单，并通过网上查询计划与库存状态，及时补货、实现JIT供货。

供应商在网上还可接收图纸与技术资料，缩短了传递时间。另外，海尔与银行联合，实现网上贷款支付（实现网络结算的供应商占70%~80%），一方面付款及时率与准确率均达到了100%；另一方面，每年可节约供应商上千万元的费用。通过海尔电子采购平台，海尔不但加快了整个供应链的反应速度，而且与供应商真正实现了双赢。

海尔还搭建起全球网上招标平台，使全球供应商可以网上注册登记，查看合作招标项目，在线模拟招标，在线招投标，网上反向拍卖（海尔大部分零部件价格通过网上招标和反拍卖确定），网上查询招标公示。全球网上招标平台建成后，海尔供应商网络能力迅速增强，实现了公平、公开、公正的招标原则，使招标过程透明化，使海尔广纳全球网络资源，提升企业的核心竞争力。通过海尔电子采购平台，海尔内部订单周期缩短，及时性、准确性提高。

## 四、海尔产业链供应模式

随着海尔经营规模的扩大和流程再造，海尔物流除不断优化内部的供应链外，在产业链的上游，海尔打破了与供应商之间传统的买卖关系，在全国多地的制造基地建设以海尔为中心的产业链，引进数十家国际顶尖供应商在当地投资建厂，建立配套工业园，而供应商可以直接参与海尔的产品设计，一个具有世界竞争力的家电优势产业集群初步形成。全球供应链资源网的整合使海尔获得了快速满足客户需求的能力。

从海尔内部来讲，产业链的建设使海尔供应链的响应速度更快、成本更低，在竞争中不断超越竞争对手。供应商在周边地区建厂后，由于距离的缩短，实现了JIT准时供货，园区内的供应商生产完成之后，直接向海尔的生产线按订单补货，实现线到线的供货，以最快的速度响应全球客户的订单。

同时，供应商参与到海尔产品的前端设计与开发中，海尔能够根据客户的需求与供应商零距离沟通，保障了海尔整机技术的领先性。另外，一些电源线等厂家参与到海尔标准化的整合工作中，使海尔零部件的数量大大减少，通用化大大提高，增强了海尔在成本方面的竞争力。

由于零距离的响应，海尔在物流成本与物流质量方面实现了零库存与零缺陷，做到了与供应商的双赢，整条供应链的竞争力增强。对于海尔的供应商来讲，通过与海尔合作可享受到优惠的产业政策。与海尔的零距离，一方面可以提高质量、交货期的竞争力，不断获得更多、更稳定的海尔内部的大订单，还可获得全球其他企业的订单，保证了高的盈利水平；另一方面，新材料与新技术可以优先应用到海尔的各种产品上，实现了技术优先转化为生产力，大大提高了其本身的竞争力。

**五、海尔的分销物流网络**

随着产品销售网络的扩大，海尔的分销物流网络不断延伸，从城市到农村，从沿海到内地，从国内到国际，海尔物流正在向全球进军。1999 年，海尔在迪拜和德国汉堡港设立了物流中心。通过汉堡港物流中心，海尔向欧洲客户供货的时间缩短一半以上。在国内，海尔已拥有全国网络化的配送体系，形成了全国最大的家电分拨物流体系、返回物流体系和备件物流体系。

通过对集团内外运输资源进行整合重组，海尔建立起覆盖全国的网络配送体系，为零距离销售提供物流保障。同时海尔还与邮政联合，开辟了 B2C 销售物流的全新模式。随着与邮政合同业务量的逐步增多，合作已经从单一的产品配送渗透到了海尔的分销链中。海尔生产部门完成 B2C、B2B 订单的需求以后，产品将通过海尔全球配送网络送达客户手中。这样以海尔为核心企业，与分销商、客户形成的分销网络，通过实施物流管理，在缩短提前期、降低库存、加快资金周转、提高响应市场应变能力方面，发挥了巨大的作用。

因此，海尔依靠 JIT 物流，以信息代替库存，使仓库成为一条流动的河，以时间消灭空间。物流已成为海尔销售竞争的重要手段之一，迅速、安全的分销物流体系将海尔获得的订单及时转变为产品，及时配送给客户，提供了强有力的支持，并给客户提供了满意的服务。

**案例思考**

（1）海尔为何要搭建电子采购平台？

（2）海尔是如何降低采购成本的？

## 第一节　智慧采购成本概述

数字经济的蓬勃发展，物联网、云计算、大数据和人工智能等技术的高速演进，尤其是企业数字化战略思维、数字化意识的不断增强，推动了全球供应链数字化和智慧化转型。

整体来看，我国的供应链智慧化处于转型探索阶段，部分进入践行实施阶段，少数企业达到数字化、智慧化转型深度应用阶段。2016 年 G20 杭州峰会“数字经济”概念的提出，习近平总书记对数字经济发展的指示和要求，《国务院办公厅关于积极推进供应链创新与应用的指导意见》《商务部等 8 部门关于进一步做好供应链创新与应用试点工作的通知》等文件的出台，进一步推动了我国企业数字化转型和供应链数字化发展，涌现出部分领先的供应链数字化转型成功的企业。采购是供应链中的一个重要的增值环节，必将向数字化、智慧化转型。

近年来，采购已经由传统的服务角色发展成为企业间信息交换的管理者和整个供应价值链的选择者和维护者。一些更具战略性的决策，如供应商群体结构设计决策、自制-外购决策、发展长期合作关系决策和企业与供应商整合决策等，出现在采购领域。随着信息技术的迅速发展，企业又开始将视野放在信息技术上，希望发挥信息技术的使能，提高采购效率，降低采购成本。

## 一、智慧采购成本

### （一）基本概念

越来越多的管理者认识到采购成本的下降对提高企业价格至关重要，图 6-1 是从供应链角度出发，展示了成本的重要性。过去，许多企业只关注企业内部成本控制，开发出许多成本管理的方法，比如价值分析法。尽管这些方法现在仍然适用，但无法再像过去一样发挥巨大的潜力。全球化的发展，外包已成为趋势，产品大部分的配件由供应商提供。在这种环境下，企业要想降低成本，必须从全局考虑，成本的控制涵盖从供应商的供应商到顾客的顾客。

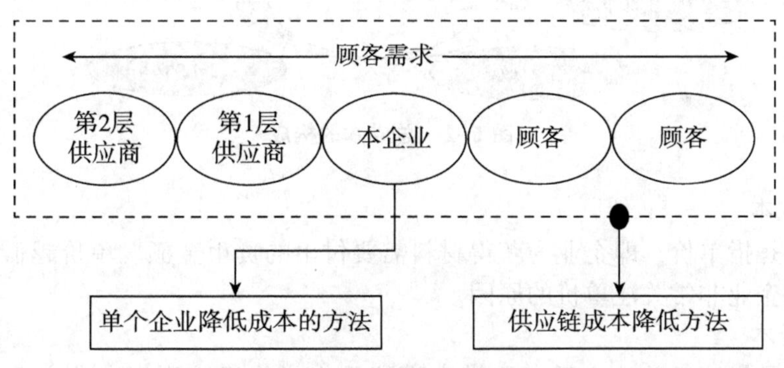


**图 6-1　成本管理方法**

新成本管理思想的出现要求发挥采购活动的重要作用。而智慧采购则是在新成本管理的思想上加入信息技术，发挥信息技术的使能。智慧采购是指通过利用互联网、云计算、大数据、物联网和区块链等信息技术，实现企业间的信息共享，从而形成智能化、自动化采购。当然，智慧采购并不能消除传统的采购管理活动，它是依托信息技术提高采购效率，降低采购成本。

智慧采购成本是企业从供应商购进生产所需的物料而发生的所有费用支出，包括价格成本、物流费用、采购人员的管理费用等必要开支。

### （二）智慧采购成本的构成

传统的采购成本只包含从卖方发出到进入仓库的一系列支出。从企业的实际利益出发，为了更精确地进行管理，了解采购物品对后续流程的影响，国外学者创立了 TCO（所有权总成本或总拥有成本）理论，该理论延伸了传统的采购成本概念，对采购物品后续的管理成本、缺货成本、质量成本（因采购物品的质量造成的企业经济损失）等隐性成本进行计量、归类。TCO 理论具有成本管理的全面性，能合理地将相关费用归类于采购的物品，有利于增强企业内部管理的科学性、管理决策的相关性、成本控制的准确性。

在采购时不仅要关注单价，更应该关注总成本，以追求总成本最低为目标，这就是 TCO 理论。总成本的本质是生命周期成本。对一般的生产性材料来讲，总成本包括购买成本、运输成本、检验成本、仓储成本、质量成本与交易成本。而对于固定资产类的设备或生产线而言，总成本还包括运行成本、维护成本、售后成本以及处置成本（见图 6-2）。下面重点介绍生产性材料的总成本。

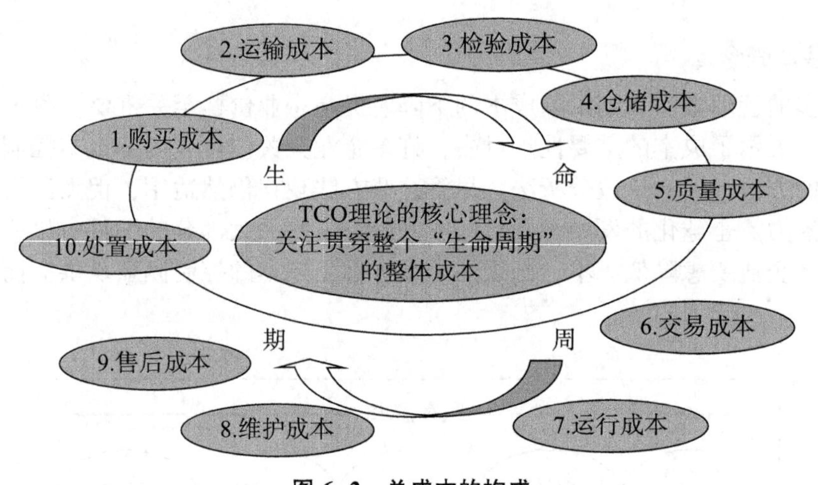


**图 6-2 总成本的构成**

1. 购买成本

购买成本是指单价，即企业为获得材料需要付出的货币金额。单价越低，购买成本越低。这也就是企业非常关注单价的原因。

2. 运输成本

运输成本是指谈好单价之后，从供应商那里将货物运输到指定地点而发生的所有成本。它包括装卸搬运费、运输费、保险费、运输途中的货损费；如果是进口的材料，还包括检验检疫费、通关费、码头费、仓租费、转包装费等。

运输成本主要取决于运输方式和运输工具。运输方式主要有三种：供应商送货上门、买方自提和第三方物流公司承运。同样的单价，不同的运输方式，就会带来不同的总成本。因此，在采购时要特别关注运输方式并予以明确，这样才能争取更低的总成本。同样地，运输工具也会影响运输成本。铁路运输、公路运输、水路运输、航空运输和管道运输中的每种运输工具都有一定的适用条件，企业在选择运输工具时应综合考虑。

3. 检验成本

检验成本是指货物送到工厂之后，由检验人员对货物进行检验所发生的费用。它包括检验的人工费，使用设备或仪器的折旧费，消耗的材料、试剂等能耗费用。

检验的目的是验证质量是否达到标准。不同的质量水平，检验成本就不一样。来料质量越好，检验频率就越低，抽样的数量就越少，甚至免检，检验成本也就越低。相反，如果来料质量较差，则需花费更多的检验费用。因此，在采购时还要关注来料的质量水平并与供应商共同努力维持稳定的质量水平，这样才能降低检验成本，从而获得更低的总成本。

4. 仓储成本

检验之后，货物要入仓。仓储成本是指货物入仓之后直到出货之前，为了保管好这批货物所发生的费用，通常也叫作库存持有成本。它包括资金占用成本、搬运成本、折旧成本和其他相关成本，具体说明如下。

（1）资金占用成本。维持存货并确保品质需要投入资金，这样投入的资金就无法使用到其他有可能产生收益的项目上，如果这笔资金在其他地方的投资回报率为 20%，则每年存货产生的资金占用成本也为这笔资金的 20%。

（2）搬运成本。存货数量增加，则搬运和装卸的机会也会更多，搬运工人和搬运设备同样增加，其搬运成本就会增加。

（3）折旧成本。存货容易发生品质变异、破损，报废、价值下跌、呆滞料的情况也会出现，因而丧失的费用就会增加。

（4）其他相关成本。如存货的保险费用、其他管理费用等。

仓储成本主要是因为材料库存而引起的，没有库存就没有仓储。不同的库存方式，仓储成本也不一样。同样的单价，不同的库存方式，就会带来不同的总成本。因此，在采购时要采取更有利的库存方式，这样才能尽可能降低总成本。

5. 质量成本

材料在仓库存放一段时间之后，就要投入生产。质量成本包括内部损失成本与外部损失成本。内部损失是指在生产过程中发生的损失，主要包括以下四个方面。

（1）材料破损：材料本身质量有问题，或者与其他材料不配套，或者与机器配合不当，都会降低材料在生产过程中的实际利用率，增加破损。

（2）产品返工：因为材料的原因造成产品返工，带来浪费。

（3）降级损失：产品生产出来未达到目标等级，或者返工后仍不能达到目标等级，则要做降级处理，与目标价格之间就会有差异。

（4）报废损失：有时候无法进行返工，或者不允许进行返工，则只能报废。报废损失还涉及废品分析费用与处理费用。

外部损失则是指产品发货出去之后因为客户投诉而引起的相关损失，主要涉及处理投诉的费用，因投诉而产生的退货、换货、保修或者销毁等造成的损失。

质量成本主要取决于材料质量的可靠性与稳定性，材料质量越不可靠，波动越大，则质量成本越高。同样的单价，不同的质量可靠性与稳定性，就会带来不同的总成本。因此，在采购时不仅要关注质量是否合格可靠，还要关注其可靠性与稳定性，这样才能获得更低的总成本。

6. 交易成本

交易成本是指在材料的生命周期中采购部门发生的所有事务性的费用，包括拜访工厂、跟催交货和交际应酬等费用。这主要取决于对供应商的管理水平、供应商自身的服务水平，以及供应结构的合理性。对供应商的管理做得越好，供应商自身的服务水平越高，供应结构越合理，则交易成本越低。

同样的单价，与供应商交易的难易程度不一样，将带来不同的总成本。因此，在采购时务必加强对供应商的管理，进行供应结构的优化，这样才能获得更低的总成本。

TCO 理论不仅考虑直接的采购成本，还考虑采购后产生的成本，从采购物资的整个生命周期的角度核算总成本，有助于企业科学认识采购的重要性，进一步优化采购管理。

## 二、影响采购成本的因素

1. 价格

采购价格主要由供求关系决定，当企业采购的货品供过于求时，企业在与供应商谈判时占据主动性，具有很强的讨价议价能力，相反则货品价格由供应商决定。除供求关系影响采购价格外，企业采购数量也会对采购价格产生一定的影响，供应商会依据采购数量给出对应的销售折扣，这降低了企业的平均采购价格，此时集中化的大批量采购优势明显。购货方的付款方式亦是影响采购价格的一个因素，通常供应商会规定购货方在一定期限内及时付款，从而享受折扣，付款期限越短，购货方享受的折扣和优惠就越多，因而降低了平均采购价格。

2. 采购计划

在开始采购之前，采购管理人员会根据市场需求做出采购预算，再统一分配人员，考虑采购活动的细节。按照时间的长短，采购计划分为月度计划、季度计划、半年度计划，按照采购物品的用途，其分为生产性物料采购计划、机器修理配件采购计划、办公室日用品采购计划等。周密的采购计划是决定采购成本管理效果的关键因素，可以有效规避市场风险，统一合理配置资源。

3. 供应商的选择

供应商的选择是影响企业采购成本构成的重要因素，正确评估供应商需要对其做出全面的调查研究，如书面调查、线上问卷调查，运用一定的决策方法。不科学的供应商选择决策会造成采购后期物料的品质问题，从而增加采购成本。供应商的管理也是一个长期动态的博弈过程，其中还涉及对供应商的激励，如签订长期购货合同、提高产品信任程度等。

4. 采购人员素质

制造业企业的采购部门工作量巨大，工作时间长、强度大，需要采购人员具有一定的职业素质才能胜任该部门的工作。采购人员应具备以下素质：道德素养，采购工作中极其容易出现贪污腐败现象，优秀的采购人员具备较高的道德水准，始终保持忠诚度，向综合能力好的供应商订购物料，不以权谋私；一定的谈判技巧，采购人员无法避免与供应商代表的谈判，此时对于采购人员的灵活应变能力、语言表达能力、逻辑思维能力要求较高，抓住关键点，掌握对方的底线，可以让企业在采购谈判中占据主导地位。

5. 采购订货批量

最佳的采购订货批量可以平衡仓储成本和购买成本的关系，使得仓储成本和购买成本之和最小。采购订货批量越大，仓储成本越大。企业整批间隔进货，每一次的采购时间与物料消耗时间接近，能节省仓储成本，又不会造成生产物料的短缺。随着经济订货批量模型逐渐完善，现代企业利用计算机对企业最佳订货批量进行计算。

6. 智慧采购方式

智慧采购依托于电子信息技术，企业在引入相关技术的同时，还要确定智慧采购流程和智慧采购方式，如使用 EDI 技术时需要确定智能合同的再订货点。

思政案例：政府采购支持中小企业力度将加大

# 第二节　智慧采购成本管理概述

## 一、基本概念

随着互联网技术的发展，企业数字化转型已经变成企业经营的重要方向。2022 年 7 月 29 日，中国物流与采购联合会、亿邦智库在第三届国有企业数智化采购与智慧供应链高峰论坛上重磅发布《2022 数字化采购发展报告》。报告指出，2022 年全国数字化采购渗透率约为 7.5%，在产业数字化进程中数字化采购前景可期。2021 年全国企业采购市场规模超过 174 万亿元，而全国数字化采购总额约为 10 万亿元，以此计算我国采购数字化渗透率尚不足 10%，百万亿级的采购市场规模，数字化率每提升一个百分点，会为数字化采购市场带来万亿级的市场空间。

根据埃森哲数据统计：一家公司，如果其采购物料的费用占到其销售产品成本的 55%，那么采购费用每下降 1%，对利润增长所做出的贡献，相当于销售额增加 12%～18% 所带来的利润增长。国内生产企业，一般情况下采购支出占产品生产成本的 30%～70%，可见采购费用的下降对提高利润率有巨大的潜力。

智慧采购成本管理是信息化时代的产物，具体是指企业以电子采购平台的搭建为基础，将采购成本管理的各个环节通过平台进行运作，以期达到持续优化企业采购流程、提升采购效率、降低采购成本、增强对供应商的管控等目的。平台可以由第三方搭建，也可以由企业自己搭建。信息化水平的提高为企业搭建电子采购平台进而变革采购成本管理提供了基础，传统的采购成本管理虽能短期带来采购成本的降低，可立足于长远却存在着诸多的局限性。智慧采购成本管理将企业与供应商整合在同一个平台中，不断优化采购成本管理的各个环节，实现双方共赢，得到供应商的广泛响应。

## 二、智慧采购成本控制的理论基础

采购成本的构成具有动态性和多样性的特征，因此影响采购成本的因素也复杂多样，既有价格方面因素，又有采购数量方面因素，还有采购策略、市场信息等多方面因素。归纳起来，对企业采购成本控制理论影响比较大的主要有如下理论。

### （一）供应链管理理论

供应链管理无论在理论上，还是企业在实际应用上都有快速的发展。在理论与实践不断创新中，企业管理者逐渐认识到客户与产品之间的关联使企业供应链得以生存与获利。许多企业惊奇地发现，在供应链的销售端有着减少成本、增加企业获利的机会。供应链管理理论因此受到重视。企业供应链的基本作用，在于针对信息流、物流及其相应的资金流，进行相对科学的控制与管理，从而实现将原材料过渡为最终产品，再通过销售，移送至消费者手中。在此环节中，不仅涉及供应商和制造商，还涉及分销商和消费者，属于相对完整的产业链。

对于供应链管理理论而言，其秉持的是集成思想。供应链管理执行自供应商起至消费者结束的整体“三流”控制职能，是一种新的管理策略，它把市场上不同的企业集成起来以增加整个供应链的效率，它更注重企业之间的合作。供应链中涉及的多样化企业，都是相辅相成、无法分割的。

根据供应链管理理论，供应链管理主要包括以下管理内容。

（1）针对企业合作的战略性供应商及其相关合作伙伴的正常关系管理。

（2）针对供应链中多样化产品的实际需求及其相应的预测分析。

（3）针对供应链，开展更深层次的细节设计。

（4）企业管理层和企业物资供应的正常管理。

（5）在供应链管理层面中，涉及相关生产集成化计划管理等。

（6）在供应链管理层面中，涉及消费者物流服务（配送、包装等）管理。

（7）企业间有关汇率等问题的资金流管理以及基于供应链上企业交互的信息管理等 。

### （二）战略采购管理理论

战略采购的基本概念于 1997 年首次提出。战略采购是企业计划并实施控制战略性及具体操作性的相关采购决策的综合过程，旨在基于企业自身的实际能力，开展采购部门的全部活动，从而实现企业自身的远景计划。对于战略采购管理而言，实质上就是企业和供应商彼此之间，通过建立上述模式，切实降低企业的实际进货渠道成本，而并非简单降低采购价格。故此，对于现代化的战略采购管理来说，其不仅充分发挥了企业内部的具体优势，还有效吸纳了企业外部存在的相关优势，实现企业与供应商彼此之间的合作双赢局面，这是至关重要的。

就企业采购而言，不仅涉及原材料采购，还涉及生产管理、质量管理和产品设计。其中，最为重要的就是设计层面。在此层面，对客户提出的多样化实际需求，定制出相应的企业产品。然而，由于设计工作者无法准确掌握客户的实际需求，故此，需要让客户参与到企业供应链中来，全面实施企业的战略采购。

供应商与企业之间需要实现多种要素的优化组合。摒弃短期的一次性关系，构建相对稳定的战略联盟，实现长期合作。然而，对于这种方式而言，不但关注供应商的管理模式及其相应的评估，而且倾向于双方在战略方面的相互匹配，并基于企业文化和企业能力，进行细致对比。实践中，企业为了形成稳定的战略联盟会建立相互参股、双方控股的制度，这样能切实保障企业的长远稳定发展。

当前，企业采购已经摒弃原有的只关注价格因素的传统采购方式，而是基于供应市场的需求分析，选择更加适合企业的供应商。实际上，对于此类分析方式而言，不仅涉及产品价格及其实际质量等诸多方面，与此同时，还涉及产品行业分析，在某些情况下，需要针对宏观经济形势，进行相对准确的预判。除此之外，企业需要针对供应商的战略进行相对准确的判断，以此来保障双方采购关系的可靠性。

总而言之，对于企业战略采购管理方面而言，必须摒弃原有的价格对比方式，基于供应商和企业彼此之间的需求分析，选择更加适合企业的供应商。

#### （三）采购流程再造及内部控制相关理论

通常情况下，对于内部控制而言，企业基于特定的经营目标，切实保障企业资产及其多样化信息的安全性，同时切实保障企业经营活动的经济性及有效性，采取自我约束并控制评价的基本方法。实际上，在企业全部业务中，采购业务只是其中一种，然而，采购业务蕴含的风险却存在于企业的方方面面。故此，企业采购程序需要具备一定的规范性，并且需要相对清晰，不可随意删减，否则将增加采购环节面临的风险，甚至危及企业安危。基于上述问题，企业不仅需要针对具体采购流程，进行相应的控制，与此同时，还需要不断完善采购控制制度，以此来实现全面控制。

对于企业而言，当其针对自身的采购业务流程，在实际运行的过程中，必须立足于企业的自身特点，并基于下述方案，进行逐步完善。

（1）选择最佳综合流程，尽可能删减不必要的流程，并且针对瓶颈流程及其相应的残缺流程，进行相应的重组合并。

（2）针对流程进行更深层次的细致设计，基于此类流程，积极构建“扁平化”的相关组织，从而切实提升流程中相关工作者的团队协作。

（3）采用相对合适的供应商，积极建立相对全面的供应商评价制度，从而针对多样化供应商实现精细的分类管理。

## 三、基于 TCO 理论下的智慧采购成本管理的特点

TCO 理论将与智慧采购业务相关的成本划分为显性成本与隐性成本两个部分。显性成本包括直接购买的价格成本、运输物流费用、采购部门办公费用、采购人员差旅费用、供应商管理费用、仓库储存费用、储存期间发生的合理损耗、技术成本等；隐性成本包括缺货成本、质量成本和其他隐性成本。造成质量成本的原因有采购人员对供应商的了解不够深入、检验入库产品时不够严谨等，缺货成本主要是由于供应商不能准时交货或采购计划不合理造成的。

1. 长期而非短期

TCO 理论是智慧采购成本管理的长期工具，并不是在传统的方式上对单次采购价格的管理，它评估整个采购过程中的全部真实成本，当运用 TCO 理论对单独一项材料进行采购管理时，采购部门需要对材料供应商进行全面的考察和资质评估，以获得全面的评价信息，此时也要注意，为了能够将这些资料和信息进行准确的计量，参与采购的人员要针对采购环节的全部成本进行准确的计量，确保数据详细、真实、准确。

2. 评估结果准确

在对供应商运用 TCO 理论进行评价时，不单是评价供应商给出的产品报价，还需要考评供应商整体状况，包括交货及时性、供货源的合法性、货品的质量等级等，根据考察到的数据对供应商的所有权总成本进行计算。TCO 理论的特点就是全面性，所获得的资料

也是最全面、系统的，综合一系列的计算结果，对供应商进行评估是最全面、最准确的。

3. 问题导向性强

TCO 理论的应用不单纯指成本管理，它是一种“短板”概念的管理理念，表述着某一项事情的成败取决于它的短板而并非优点，其可应用的范围非常广泛，可以针对各个领域、各个方面进行全面的分析，找出问题的短板，也就是最薄弱的一环，针对这一环进行改善，从而达到整体提升的目的。基于 TCO 理论的这种特点，在企业内部管理中，很多部门也可以应用到，进行各种管理问题的分析。基于 TCO 理论下的智慧采购成本管理要求企业管理层参与其中，企业管理层对相关部门的每个员工以及与成本有关的各个环节进行全面的考察，辨别出这一整套成本过程中哪些是为企业创造价值的环节，哪些环节不能够创造价值，哪些环节会造成价值的流失，最后针对分析结果定制和调整解决方案。

4. 综合评价性强

鉴于 TCO 理论的全面性，企业可以选择与总成本最低的供应商建立长期稳定的战略合作关系，这样的优化选取可以减少企业供应商的数量，优中取优，以这种方式来降低企业在选择和管理供应商方面的成本，同时也可以简化整个采购过程中的与供应商的采购流程，缩短采购时间。

## 四、采购成本管理的三个环节

河钢集团采购总公司各级党委、党总支将学习宣传贯彻党的二十大精神列入“第一议题”，将学习成效转化为攻坚克难、干事创业的强大动力，结合采购实际成立党员攻坚团队，着力解决降本增效过程中遇到的各项难题。党员立足岗位，学用结合，强化对宏观经济、钢材、原燃料市场变化的研究，努力提升精准把握市场趋势的能力，通过分期分批招标、避峰就谷采购、抢抓窗口机遇等采购措施，快速、果断调整采购价格，在优质保供的同时实现最大程度降本。

采购成本管理是指企业采购过程中对各项成本的科学管理行为，包括采购成本核算、采购成本分析和采购成本控制三个环节。

### （一）采购成本核算

采购成本核算是指将企业在采购过程中发生的各种损耗按照一定的对象进行分配和归集，以计算总成本和单位成本。它是采购成本管理的基础环节，为采购成本分析和控制提供基础信息，主要核算采购订货成本、采购维持成本和采购缺货成本。采购订货成本包括请购手续成本、往来沟通成本、采购人工成本、差旅费用、招待费用、保险费用等；采购维持成本包括资金成本、搬运成本、仓储成本、折旧及损耗等；采购缺货成本包括安全库存成本、延期交货成本、顾客流失成本等。采购成本核算方法及应用要点如表 6-1 所示。

表 6-1 采购成本核算方法及应用要点

| 核算方法 | 应用要点 |
| --- | --- |
| 品种法 | 以“产品品种”为对象编制采购成本明细账、采购成本计算单；采购成本计算期一般采用会计期间 |

续表

| 核算方法 | 应用要点 |
| --- | --- |
| 分批法 | 以“批次”“批号”为对象编制采购成本明细账、采购成本计算单；采购成本计算期与产品的生产周期一致，与会计报告期不一致 |
| 分步法 | 以“步”为对象归集费用、计算成本；采购成本计算期一般采用会计期间 |
| 作业成本法 | 把直接成本和间接成本（包括期间费用）作为产品（服务）消耗作业的成本同等地对待，拓宽了成本的计算范围 |

在具体实施采购成本核算时应遵循以下原则。

1. 合法性原则

计入采购成本的费用都必须符合法律、法规、制度等的规定，不符合规定的费用不能计入采购成本。

2. 可靠性原则

可靠性原则意味着真实性和可核实性。真实性是指所提供的成本信息必须与真实的经济事项一致，不能造假，不能人为地提高或降低成本。可核实性是指在成本核算既定的原则下即便由不同的会计人员进行核算，得到的结果也都是一样的。真实性和可核实性是为了确保采购成本核算信息的正确、可靠。

3. 相关性原则

相关性原则涉及成本信息的有用性和及时性。有用性是指成本核算要提供有用的信息，为成本管理、预测、决策服务；及时性是指强调信息取得的时间性，及时的信息反馈有助于及时地采取措施，改进工作，而过时的信息往往只是无用的资料。

4. 分期核算原则

企业为了取得一定期间所采购产品的成本，必须将采购活动按时间阶段（如月、季、年）划分为各个时期，分别计算各期的成本。成本核算的分期与会计年度的分期应保持一致，这样有利于核算利润。

5. 一致性原则

成本核算所采用的方法，前后各期需要保持一致，以使各期核算口径统一，便于后期的审查。

6. 重要性原则

企业应突出重点，把对成本有重大影响的项目作为重点，力求精细。而对于那些不太重要的项目，可以从简处理。

**（二）采购成本分析**

采购成本分析是指利用采购成本核算及其他相关资料，分析采购成本水平与构成内容的基本情况，研究影响采购成本升降的各种因素及其变动原因，寻找降低采购成本途径的分析方法，具体实施步骤如下。

第一步，采购成本分析专员根据采购物资的实际情况编制采购成本分析表。采购成本分析表一般包括材料成本、所需设备工具、人工成本、制造费用、营销费用、税金、供应商管理成本等，交由采购经理审核。

第二步，审核通过后将采购成本分析表发给供应商，要求供应商在规定时间内填写信息。

第三步，回收采购成本分析表，对供应商所使用的物资特性、生产工艺、使用设备情况进行分析，并根据实际情况向供应商提出优化意见。

第四步，采购成本分析专员根据分析和评估的结果估算采购物资的总成本，编制采购成本分析报告，作为采购过程中与供应商议价的基础。

### （三）采购成本控制

采购成本控制是企业根据一定时期预先建立的采购成本管理目标，在采购成本核算和采购成本分析的基础上，对各种影响采购成本的因素和条件采取的一系列预防和调节措施，以控制采购成本的管理行为。在具体实施过程中，企业需要结合实际，选择合适、有效的成本控制方法。

1. 应用采购物品 ABC 分类管理方法

把采购物品分为不同的类型，根据重要性采取不同的采购决策。

2. 实施集中采购战略

考虑如何控制采购成本，很容易想到的解决之道便是采取集中采购战略，进行直接采购或结成同盟联合采购。对于企业各生产单位共同生产使用的大宗物资，例如油料、钢材，各生产单位所使用的同一型号的工矿配件、电器、标准件等，可集体统一向供应商直接订购，减少中间环节，降低采购成本，同时，供应商的技术服务、售后服务也会更好。将能够标准化的物资产品尽量标准化，能采用通用部件的尽量采用通用部件，减少采购物资品种，才能更好地实现集中采购。另外，有条件的几个同类厂家可结成同盟联合订购，以解决单个厂家订购数量小而得不到更多优惠的问题，把采购的规模优势最大化。

3. 采用电子采购方式

互联网独特的优势使电子采购日益成为非常重要的采购手段。以 IBM 为例，IBM 通过互联网与95%的供应商做生意，大约有数百亿美元的交易额在网上进行，使得 IBM 与供应商的成本缩减高达数十亿美元。与传统采购方式相比，电子采购方式可大幅度地降低采购和供应成本，并使采购方与供应方紧密协作。在实际操作中，需要注意网上供应商的筛选、认证和评估，网上订单与实际交付能力和时间的匹配，物流方面的要求应在合同中说明。

4. 进行招标采购

招标方法有两种，一是公开招标，二是邀请招标。实践中可采取函件邀请招标、现场竞标、网上竞标等多种形式。公开招标由采购人员发布招标公告。邀请招标时，投标供应商不少于 3 家，开标后报价最低的厂商得标。通过招标采购，企业可以掌握主动性，最大程度降低采购成本。

5. 使用议价策略

企业在实施采购谈判时，要根据现有的市场情况使用压价策略，注意灵活多变。市场情况一般分为卖方市场、中性市场和买方市场，分别采用灵活多变策略、均衡策略和压制策略。在议价过程中，采购方需要注意以下几点。

（1）进行规范的比价分析。经过报价分析与审查，将 3~7 个厂商的报价从高到低排列，进行比价。先与排行第三低者议价，探知其最低报价后，再与第二低者议价。经过这两次议价后，“底价”基本浮现出来。若此底价比报价最低者还低，表示第三、第二低者合作的意愿非常高，则可再找当初报价第一低者议价，若第一低者价格低于底价，则可以考虑选择第一低者，否则可以选择第三或第二低者。

（2）不可轻易表露购买意愿。企业应采取“欲擒故纵”的议价技巧，不要明显地表露出自己的意愿，否则将使自己处于谈判的劣势。若能判断卖方有强烈的出售意愿，再要求更低的价格，做出不答应即放弃或另寻合作方的态度。

（3）不宜过度压迫卖方降低价格。过度压价容易导致交货质量方面的困扰，影响总成本，就买方而言得不偿失。

6. 建立长期合作关系

与供应商建立长期稳定的合作关系，增加双方的信任，有利于提升议价空间。供应商可能会出于长期合作关系而给予优惠。

## 第三节　采购价格和品质控制

随着经济的快速发展和市场竞争的加剧，生产与销售的利润空间已经被充分压缩，为了实现经济效益的最大化，物资供应成为企业控制成本的主要途径，而采购和供应商管理作为物资供应中的关键环节，其在采购成本控制中的作用不言而喻。

### 一、采购价格控制

#### （一）影响报价的因素

对报价进行控制，首先必须了解影响价格的各种因素，以便进行有针对性的控制。具体来说，影响采购价格的因素如下。

1. 供应商成本

供应商成本是影响采购价格最根本、最直接的因素。供应商进行生产，其目的是获得一定利润，否则生产无法继续。因此，采购价格一般在供应商成本之上，两者之差即为供应商的利润，供应商成本是采购价格的底线。

2. 规格与品质

采购价格与采购物料的品质有很大关系。如果采购物料的品质一般或低下，供应商会主动降低价格，以求赶快脱手，有时甚至会贿赂采购人员。

3. 采购物料的供需关系

当企业需采购的物料紧俏时，则供应商处于主动地位，会趁机抬高价格；当企业所采购的物料供过于求时，则企业处于主动地位，可以获得最优的价格。

4. 生产季节与采购时机

当企业处于生产的旺季时，对原材料需求紧急，因此不得不承受更高的价格。避免这种情况的最好办法是提前做好生产计划工作，并根据生产计划制订相应的采购计划，为生产旺季的到来提前做好准备。

5. 采购数量

如果采购数量大，就可以享受供应商的数量折扣，从而降低采购价格。因此，大批量、集中采购是降低采购价格的有效途径。

6. 交货条件

交货条件也是影响采购价格非常重要的因素。交货条件主要包括运输方式、交货期的缓急等。如果货物由采购方来承运，则供应商就会降低价格，反之就会提高价格。

7. 付款条件

供应商一般都规定现金折扣、期限折扣，以刺激采购方能提前用现金付款。

### （二）采购价格的调查

1. 确定调查范围

一般来说，由于采购的原材料种类较多，企业可采取 ABC 分类管理方法，尤其对于 A 类重点材料，更要进行重点调查。常见的采购调查情况列举如下。

（1）选定主要原材料 20~30 种，其价值占总值的 70%~80%。

（2）常用材料、器材，属于大量采购项目。

（3）性能比较特殊的材料、器材（包括主要零配件），一旦供应脱节，可能导致生产中断。

（4）突发事件的紧急采购。

（5）波动性大的物资采购。

（6）计划外支出，用于设备器材的采购，影响经济效益的采购。

2. 信息收集

企业可以通过查阅杂志报纸、登录信息网站、参加展览会和商业协会等进行信息收集，信息收集方式如图 6-3 所示。

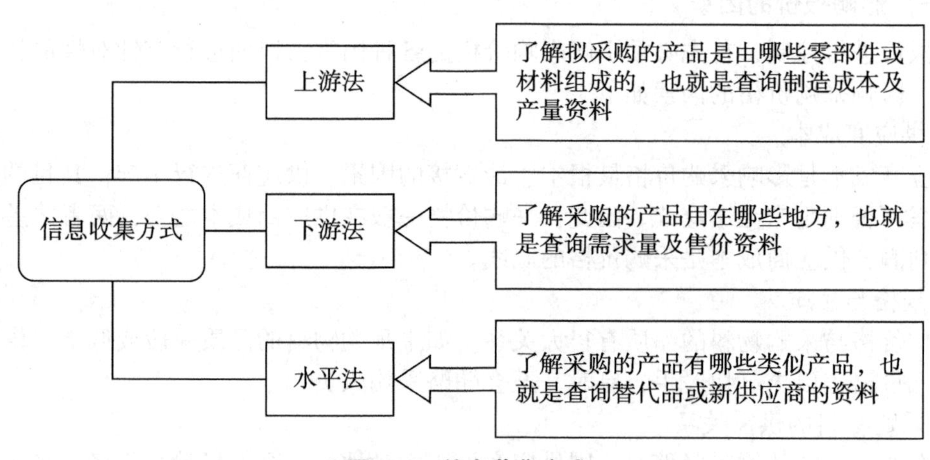


**图 6-3 信息收集方式**

3. 处理调查资料

可将采购市场调查所得资料加以整理、分析与讨论。在此基础上提出建议，根据调查结果，编制调查报告及进行商业环境分析，研究更好的采购方式。

4. 计算采购价格

对影响采购价格的各种因素进行科学的分析，必要时采取改进措施。以合理的物料成本、人工成本及作业方法为基础，计算出采购价格。其计算公式如下：

采购价格=物料成本+人工成本+设备折旧+行政费用+利润

在按上述公式计算采购价格时，如果卖方无法接受，应根据各项目的资料，逐一检查双方的报价明细和差距，并互相修正错误，以达成协议。有经验的采购人员，可凭自己的判断和过去累积的数值资料算出合理的价格。

5. 分析处理供应商的报价

价格分析与计算只是提供了一个参考的依据。在实际的操作中，对于各供应商，需要尽量统一报价模板和要求。在进行分析、审查、比较报价时，可依图 6-4 所示的程序进行。

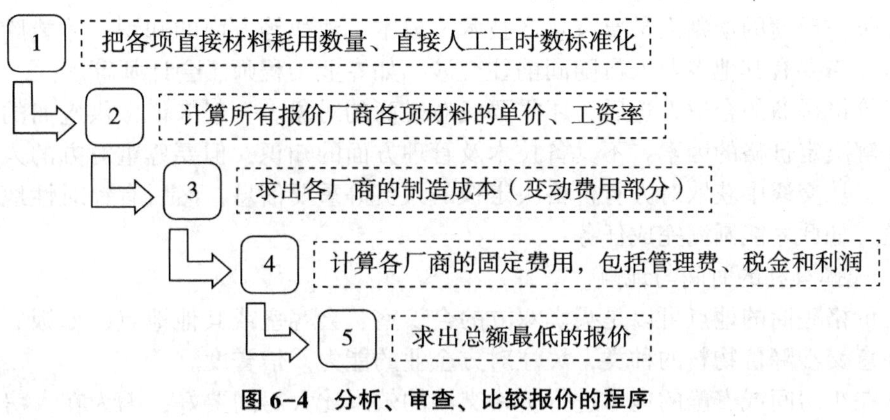


**图 6-4　分析、审查、比较报价的程序**

6. 与供应商磋商采购价格

（1）尽可能与对方负责人进行价格磋商。

价格磋商尽管有级别的要求，但为了有效地完成价格磋商、缩短价格谈判的过程，除非供应商有级别对等的要求，否则应尽可能与对方负责人直接进行价格磋商。

（2）完善谈判技巧。

在减价磋商中，难免会遇到一些诡辩的人，他们在磋商时，常提出似是而非的言论，如产品的利润空间已经很小了，工人要求加薪、减少工作时间、物价上涨等，目的是强调价格不能再降低了。因此，企业谈判人员要根据实际计算的成本一一加以反驳，使对方无计可施，从而达到减价的目的。在磋商前要尽可能掌握如图 6-5 所示的资料。

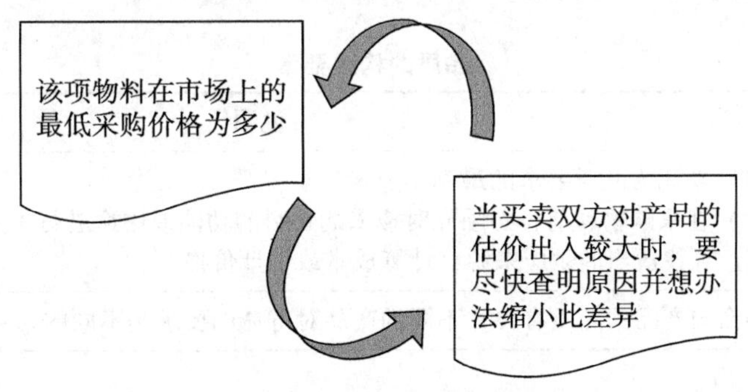


**图 6-5　在磋商前应掌握的资料**

（3）了解供应商的情况。

就买卖双方的合作关系，还要考虑下列因素。

1）企业规模大小的比较。

2）供应商对采购商的依赖程度，即采购商在供应商营业额中所占的比例。

3）供应商在行业内及市场上的信誉度评价。

4）供应商的技术水准及市场份额。

5）供应商销售情况。

6）供应商经办人的经验及实力。

（4）寻找合适的人与合适的对象。

负责价格磋商的谈判人员要有生产技术、成本、法律等方面的知识，才能胜任减价磋商。有时，需要有其他专业人员随同前往交涉，如专业工程师、会计师等。

有了价格磋商的合适人选后，还需要找对磋商的对象。一般来说，供应商的销售人员不一定了解决定价格的因素，不具备技术及管理方面的知识，但要尊重对方的人员，和他们交朋友，从交谈中获取对方有价格决定权的人员等重要信息，然后有针对性地与这个人去打交道，如此才能圆满完成任务。

（5）选择有利的时间与地点。

进行价格磋商的地点可以是买卖双方的会议室、会客室或其他地点，如饭店、咖啡店等。应注意交涉降价物料的种类，关注对方企业的能力、信誉度。

通常在小房间或安静的地方进行价格交涉的效果比大房间要好，因为在大房间商谈容易受外部干扰，感觉比较疏远，气氛较差，不易缩短交涉双方的距离。为了建立彼此间长期的感情，也可一同进行休闲活动或健身活动，如打高尔夫球、乒乓球等。

至于时间的选定要因人而异。由于人的情绪容易受环境的影响，所以聪明的交涉者要善于察言观色，事先加以留意并见机行事。

## 二、采购品质控制

采购物料质量控制是企业产品质量控制的第一个环节，物料质量直接影响产品质量和生产进度，因此，企业必须做好采购品质控制。

### （一）品质的构成要素

品质的构成要素如表 6-2 所示。

表 6-2　品质的构成要素

| 序号 | 要素 | 说明 |
|---|---|---|
| 1 | 功能 | （1）功能为品质要求的最基本要素；<br>（2）在采购物料前，必须先对拟采购物料的功能或用途进行深入了解，才能遵守规范，寻找适当的供应来源，计算成本或估计价格 |
| 2 | 寿命 | 寿命与产品的品质有关。不同的产品对寿命的要求是不同的 |

续表

| 序号 | 要素 | 说明 |
|---|---|---|
| 3 | 稳定性 | (1) 内在的稳定性，主要重视性能的稳定性，如生产效率或速率、温度及各种物理或化学特性的变化性；<br>(2) 外在的稳定性，注重外观的稳定，如形状结构、颜色等；<br>(3) 一般来说，稳定性越高，其品质越好，采购时应要求供应商提供规格或性能说明，必要时需要做实质性测试 |
| 4 | 安全性 | 除重视采购标的物本身的安全设计或本质上的安全度外，也要注重该产品在投入生产或使用时，有无危险、对环境污染危害的程度，及时采取预防措施 |
| 5 | 先进性 | 在采购时，应注意所采购材料是否为老旧落伍材料，能否跟上现代化潮流，迎合大众需求 |

### （二）建立采购品质管理制度

建立采购品质管理制度，使采购品质管理工作事事有人管、人人有专职、办事有依据、考核有标准，使所有参与人员为保证和提高采购品质而认真工作。因此，企业可根据实际情况制定相应的采购品质管理制度。在此，介绍几种常规的制度。

1. 进货检验控制制度

进货检验控制制度应对进货的验收、隔离、标示、结果进行处理，涉及进货检验或试验的方法及判断依据，所使用的工具量具、仪器仪表和设备的维护与使用，检验人员、试验人员的技能要求等方面内容。

2. 采购品质记录管理制度

企业可按照ISO质量管理体系的要求对采购品质的记录进行控制。采购品质记录包含的内容如图6-6所示。

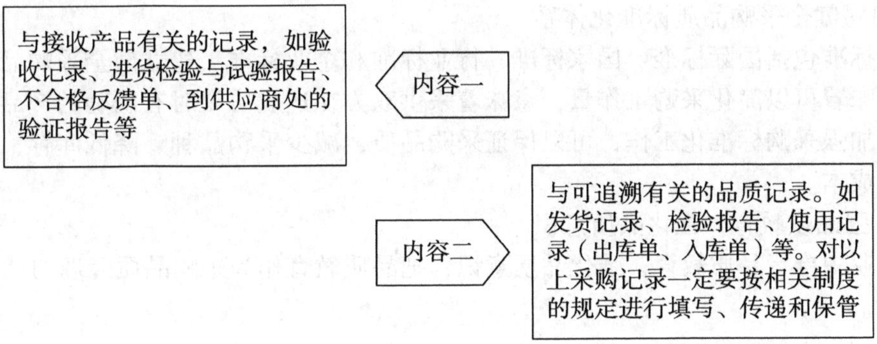

图6-6　采购品质记录包含的内容

3. 供应商选择评估制度

供应商选择评估制度应就供应商选择评估体系的审核等明确权责人员、作业程序及结果处理办法等。

### （三）健全采购品质保证体系

采购品质保证体系是企业以保证和提高采购品质，运用系统的原理和方法，设置统一协调的组织机构，把采购部门负责的、采购环节中的采购品质管理活动严密地组织起来，形成的一个有明确任务职责、权限且互助协作的采购品质管理有机体系。要建立起一个完善的、高效的采购品质保证体系，必须做到如图 6-7 所示的几点。

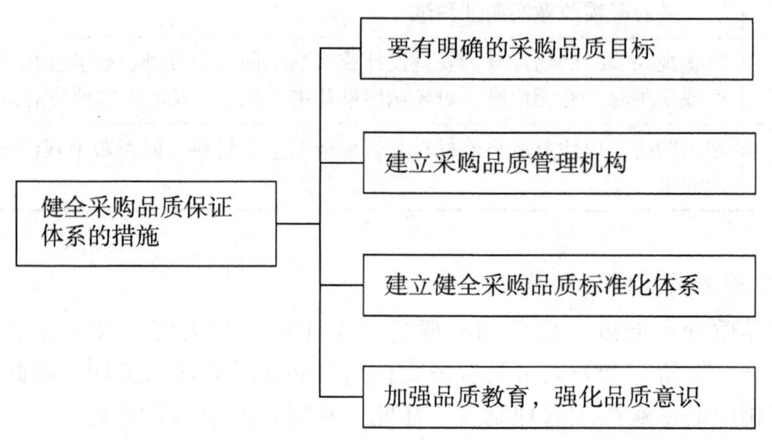


图 6-7　健全采购品质保证体系的措施

1. 要有明确的采购品质目标

采购品质目标是采购部门遵守和依从的行动指南。而采购品质目标确定后，则要层层下达，以保证其实施。

2. 建立采购品质管理机构

采购品质管理机构应能起到协调技术部门与采购部门、协调供应商与采购部门的作用，使各方面配合得更好。

3. 建立健全采购品质标准化体系

采购标准包括国际标准、国家标准、行业标准和企业标准。建立健全采购品质标准化体系则意味着可以简化采购工作量，意味着采供双方在达成协议时有明确的产品尺寸、规格。通过加强采购标准化工作，可以保证采购品质、减少采购品种、降低库存，从而降低最终的总成本。

4. 加强品质教育，强化品质意识

在企业中推行品质教育，强化品质意识，把品质教育作为采购品质管理的“第一道工序”实行。

### （四）控制供应商品质

供应商品质控制是采购品质控制的重点，企业可以综合使用各种方法，控制供应商品质的方法如图 6-8 所示。

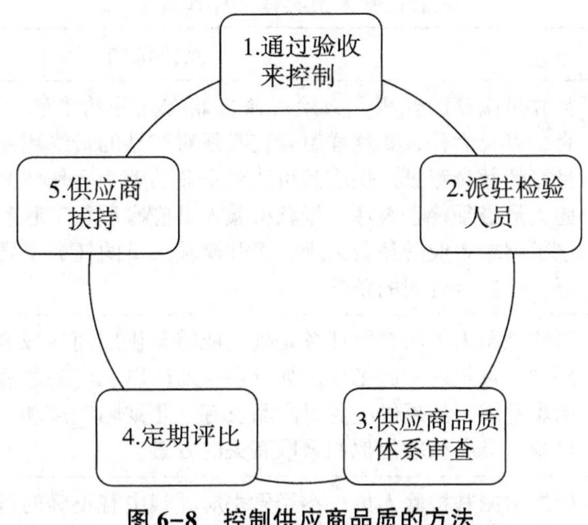


图 6-8　控制供应商品质的方法

1. 通过验收来控制

验收是指检查或试验后，认为合格而收受。检查合格与否，需以验收标准的确立以及验收方法的制定为依据，再决定是否验收。一般来说，常见的验收方法如图 6-9 所示。

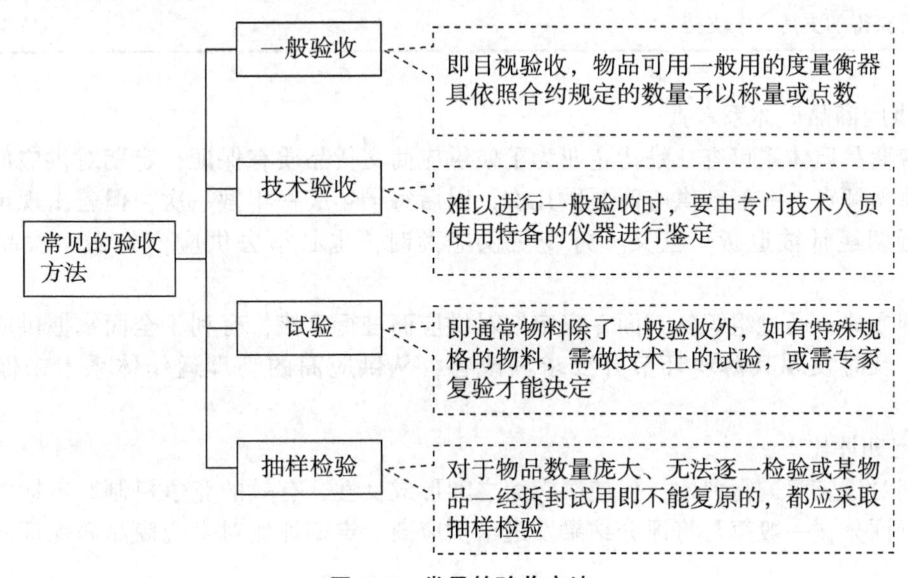


图 6-9　常见的验收方法

2. 派驻检验人员

此方法类似于前一种，只不过是将进料检验人员派到供应商处，降低供应商的质量成本，间接降低企业的成本。

企业应让派驻检验人员实行具有针对性的工作方法，首先应使他们明白自己的义务。弄清楚应选择哪种类型的人担任派驻检验人员，应如何培训，他需要何种支持与协助，应如何评价他。派驻检验人员具体的操作要求如表 6-3 所示。

表 6–3 派驻检验人员具体的操作要求

| 序号 | 要求 | 具体说明 |
| --- | --- | --- |
| 1 | 确定派驻检验人员 | 派驻供应商的代表，必须对该行业有充分的了解，必须了解各部件如何组合，以及为什么要这样组合；必须对产品的最终用途有充分的了解；应该有良好的教育背景。供应商可能对企业的整个运作体系知之甚少，因而派驻检验人员必须善于表达。派驻检验人员应有质量工程经验或来料验收经验，应该了解本企业的经营理念。派驻检验人员的任务是帮助供应商理解企业的需要，并执行合同的条款 |
| 2 | 派驻检验人员的义务 | 派驻检验人员的首要任务是确信能够与供应商达成合同，应与企业经营管理层的质量经理一起工作。如果供应商所属工厂的总经理对此持有异议，则会困难重重。如果供应商对产品没有“零缺陷”或相似的质量改进方案，派驻检验人员必须敦促他们采取有关的方案 |
| 3 | 派驻检验人员的培训 | 应发给派驻检验人员一本经营手册，其中有正确的行为指南，政策和指导应该足够宽泛，给予派驻检验人员在发展与供应商关系时的个人自由度，但又应该有足够的限制 |
| 4 | 派驻检验人员的报告 | 派驻检验人员提供的报告应是有用的、直接的、定期的，但并不是频繁的。这些报告的副本应加以保存 |
| 5 | 派驻检验人员可获得的支持 | 派驻检验人员必须知道，如有合理的需要，可以直接求助部门经理，得到支持 |

3. 供应商品质体系审查

供应商品质体系审查，是指企业为了使供应商交货品质有保证，定期对供应商的整个管理体系做评审。一般新供应商要做几次，以后每半年或一年做一次，但若出现重大品质问题或近期经常被退货，且又不好变更供应商时，也必须去供应商处做一次品质体系审查。

实施方式：通过组织各方面专家定期对供应商进行审核，有利于全面掌握供应商的综合能力，及时发现其薄弱环节并要求其改善，从供应商的管理运作体系上来保证来料品质。

4. 定期评比

定期对供应商进行评比，促使供应商之间形成良性、有效的竞争机制。定期对所有供应商进行评分，一般每月将评分结果发送给供应商。定期评比对供应商品质保证有很多正面效果。

5. 供应商扶持

对低价位、中低品质水准的供应商进行供应商扶持，指派专业人员对其进行指导，并促使其在品质上有一定的提高，这是验收方法中最具有远见的一种。

**（五）与供应商签订品质保证协议**

品质保证协议对供应商明确提出品质要求，协议中规定的品质检验、试验与抽样方法应得到双方认可和充分理解，从而通过与供应商配合来保证采购产品的品质。

1. 品质保证协议的要求

（1）品质保证协议的要求应得到双方认可，防止给今后的合作留下隐患。

（2）品质保证协议应当明确检验的方法及要求。

（3）品质保证协议提出的品质要求应考虑成本和风险等方面的内容。

2. 品质保证协议的内容

（1）双方共同认可的产品标准。

（2）由供应商建立品质管理体系，由公司第三方对供应商的品质管理体系进行评价。

（3）本公司的接收检验方法（包括允收水准 AQL 的确定）。

（4）供应商提交检验、试验数据记录。

（5）由供应商进行全检或抽样检验。

（6）检验或试验依据的规程/规范。

（7）使用的设备工具和工作条件，明确方法、设备、条件和人员技能方面的规定等。

## 第四节　降低智慧采购成本的策略和方法

企业针对影响采购成本的各种因素，应当制定合适、有效的智慧采购战略，加强对采购成本的控制，使企业采购物资的成本最低。

### 一、降低智慧采购成本的策略

#### （一）建立完善的采购制度

《深化政府采购制度改革方案》是 2018 年 11 月 14 日中央全面深化改革委员会第五次会议通过的方案。为贯彻落实《深化政府采购制度改革方案》，构建统一开放、竞争有序的政府采购市场体系，促进政府采购领域公平竞争、优化营商环境。财政部于 2019 年 7 月 30 日发布《关于促进政府采购公平竞争优化营商环境的通知》。

企业物资采购成本在企业生产的总成本中占有很大的份额。一般情况下，采购部门的实际工作范围相对广泛，并且都是对外采购。在此情况下，假设企业尚未制定较为严谨的采购制度，将很容易出现员工暗箱操作的问题。因此，企业要降低采购成本，需要建立一个完善的与采购相关的制度，从多个方面开展行之有效的管理及其相应的控制。

企业管理类似于社会管理，必须制定多样化制度，来加强实际管理力度，唯有如此，才能切实增强企业自身的实际管理水平。在此过程中，企业必须严格把控自身的采购成本，并且逐步实现采购制度的全面性，这样才能顺利开展后期的采购工作。通常情况下，企业必须基于自身具备的实际特点，制定出行之有效的相关制度，切实保障多样化采购活动的顺利进行。实际上，在相对完善的采购制度中，不仅包含采购计划方面的诸多限制，如申请及其审批等；还包含极为明确的责任制度，在进行实际采购时，对于部门理应承担的责任，必须进行明确划分，这样才能切实保障部门之间的协同合作，以此来切实提升实际采购效率。除此之外，需要针对具体的采购方式，制定相对明确的规定，切实规避暗箱操作现象的发生；企业应该对合作过的供应商，进行建档，并对其进行定期的信用评价，通过与优质供应商合作，来切实保障企业自身的利益最大化。最后，针对企业采购产品的实际价格，及时将其和市场行情进行细致比对，观察价格变动的趋势，并且采取相应的对策。

### （二）合理选择和管理供应商

合理选择供应商是企业采购活动中的第二个环节。采购部门在收到企业的采购需求之后要解决应该向谁采购的问题。这就需要企业建立供应商准入制度。采购部门可以用不同的标准来评价、分析、选择供应商。这些标准主要体现在供应商的整体实力、以往在产品设计方面的具体表现、对采购物资质量的承诺、供应商的管理水平、生产技术能力、产品的成本控制、送货服务的态度和供应商的产品创新能力等方面。企业的采购人员往往需要实地考察供应商生产情况，但这种考察会增加企业的实际成本，所以采购人员在确定考察对象时必须十分谨慎。为企业提供重点物资的供应商必须经过企业的质检部门、采购部门、财务部门等多个部门联合考核后才可确定。基于多样化供应商之间的细致比较，选择出相对合适的供应商，并使同类供应商相互牵制，切实保障企业在实际谈判过程中处于有利地位。

对于企业而言，应加强管理供应商，建立供应商档案。供应商档案除了设有编号、供应商的详细联系方式和地址外，还应有实际发生交易时的付款条款、交货条款、交货期限、品质评级、银行账号等多项内容。企业在对供应商档案进行归档时要制定严格的考核程序和指标，要对供应商的考核逐一评分，只有达到或超过评分标准的供应商才能正式归档。企业物资采购必须在已归档的供应商中实行，供应商档案应定期或不定期地进行更新，并指定企业专人负责管理。对于已经实现归档的相关供应商而言，需要对其进行定期审核，并开展相对细致的信用质量评价，与此同时，需要将工作关联到采购工作者的个人业绩，优进劣出，形成良好的采购管理模式。

### （三）采取相对科学的采购方式

对于大多数企业而言，若能采取相对科学的采购方式，则将成为采购活动成功、顺利进行的前提，是采购活动公平、公正、公开、高效的重要保证。现如今，计算机技术正在蓬勃发展。在此情况下，采购管理的诸多新型理念应运而生，出现了许多新的采购方式，如招标采购方式、JIT 采购方式、电子商务采购方式、第三方采购方式等。

招标采购方式：采购企业作为招标方，根据生产需要事前提出采购的条件和要求，邀请众多供应商参加投标，并按照规定程序和标准一次性从中择优选择交易对象，招标采购方式的最大特点是公正、公平与择优。

JIT 采购方式也称准时化采购方式，是一种满足企业需求的采购方式。供应商恰好在企业需要的时候将合适的品种、合适的数量送到企业需要的地点。

电子商务采购方式是在电子商务环境下的一种网上采购方式。它最基本的特点是在网上寻找供应商、寻找企业所需品种、洽谈贸易、订货甚至支付货款。这种方式扩大了企业采购市场的范围，缩短了供需之间的距离，简化了采购手续，减少了采购时间和采购成本，提高了采购效率。

第三方采购方式：企业为了集中精力搞好核心业务，将非核心业务的采购业务以合同的形式外包给第三方公司。国外的经验表明，与企业自己进行采购相比较，第三方公司往往能够提供更多的购买经验，同时也可以帮助企业更专注地提升核心竞争力。

企业在采购时要根据自身的特点，采购企业生产所需的原材料、零部件，采取合理的、适用的采购方式，将采购成本控制在一个合理的范围之内。传统的企业只有改变落后的采购思想，科学合理地运用新的采购方式，才能为企业创造出更多的利润，企业才能更好地发展。

#### （四）执行并跟踪采购交易

企业在选择了供应商并确定了采购方式以后，开始下达订单进行采购交易，当企业向供应商下达了一份采购订单之后，要对采购订单及时进行跟踪反馈，追踪货物到货情况，时不时要向供应商催货以确保供应商能够保质按时交货。若所购货物在运输过程中出现了一些非正常问题，企业要及时处理出现的问题，将损失降到最低，同时也可降低采购成本。

1. 跟踪供应商的原材料

有些供应商认为签订合同后就“大功告成”，采购人员必要时必须提醒供应商及时准备原材料，特别是对一些信誉度差、合作时间短的供应商更要警惕。

2. 跟踪供应商加工生产过程

企业对于一次性、大金额开支的项目采购、设备采购、建筑采购等，为了保证供应商的交货期、生产质量，采购人员需要对其生产加工过程进行适当监控，必要时也要参加其生产加工。

3. 跟踪产品的总装及测试

产品的总装及测试是产品生产过程中的重要环节，需要采购人员具有较好的专业背景和行业工作经验。

4. 跟踪产品包装入库

企业采购人员可以通过电话咨询的方式了解物资的入库信息。对于重要物资，采购人员最好去供应商现场考察。对一些紧急生产的物资，采购人员要进行全力跟踪。

**阅读材料：海尔国际物流中心正式启用**

另外，采购的物资在进入企业仓库之前也必须做到严格查验，包括对物资订单上的数量、质量、规格和其他特殊要求的比对，核查过程中如若发现大量不合格产品，应立即退还供应商，要求重新发货或重新生产或使用其他技术补救。

### 二、降低智慧采购成本的方法

#### （一）ABC 法

ABC 法，又称帕累托分析法，该方法把分析的对象按照量化指标的大小分成 A、B、C 三类，分别是特别重要的、一般重要的和不重要的对象，然后针对不同等级进行管理和控制。将 ABC 法应用到采购中，意味着把采购的原材料按照采购金额进行划分，分为三个等级，目的是使公司的财力集中在最重要的项目上。

具体操作：①将一年或某个周期内每种材料的采购金额进行统计，然后按照由大到小的顺序排列；②计算每一种材料的采购金额占总采购金额的比率；③计算出累计比率；④分类。累计比率在 0~70%的，为特别重要的 A 类材料；累计比率在 71%~90%的，为一般重要的 B 类材料；累计比率在 91%~100%的，为不重要的 C 类材料。

如果公司采购的材料种类非常多，甚至 A 类材料也超过几十种的话，还可以对 A 类材料再进行分类，分为 AA 类、AB 类和 AC 类，并将管理的重点集中在 AA 类材料上。

### （二）价值工程与价值分析

价值工程（Value Engineering，VE）与价值分析（Value Analysis，VA）的主要功能是在保持产品的性能、品质及可靠性条件下，凭借有系统、有条理的改良设计，变更材料种类或形态，变更制造程序或方法，变更来源，所有努力都是期望以最低成本获得产品必要的功能和品质。

1. 价值工程与价值分析的概念

价值工程是在产品开发设计阶段进行的价值与成本的革新活动，因为仍在工程设计阶段，故称为价值工程。而一旦开始量产后，往往为了成本或利润压力，不进行详尽的价值分析，难以发掘可以降低成本或提高价值的改善点；此阶段及以后持续的分析是降低成本的主要手段，故称为价值分析。注意价值工程与价值分析的细微差别，将两者混为一谈是不严谨的。

价值工程与价值分析两种活动都是对商品的价值、功能与成本的不断思考与探索，以小组活动方式，集思广益，朝各方向寻求最佳方案，再运用体系分工的方式达成价值提升或成本降低的目标。

$$V=F/C$$

式中：$V$——价值；

$F$——机能；

$C$——成本。

2. 价值工程与价值分析的实施步骤

（1）对象的选择。

进行价值工程与价值分析时，首先需要选定对象。一般来说，价值工程与价值分析要考虑生产经营的需要以及对象价值本身有被提高的潜力。例如，选择占成本比例大的原材料部分，如果能够通过价值分析降低成本、提高价值，那么这次价值分析对降低产品总成本的影响将非常显著。当面临一个紧迫的境地，如生产经营中的产品功能需要改进时，研究者一般采取经验分析法、ABC 法和百分比分析法来确定分析对象。就采购领域而言，优先选择每年采购金额较大的那些材料作为价值工程与价值分析改善的对象。

（2）情报的收集。

选定分析对象后需要收集对象的相关情报，包括用户需求、销售市场、技术状况、经济分析和本企业的实际能力等。价值分析中能够确定的方案的多少以及实施成果的大小与情报的准确性、及时性、完整性紧密相关。

（3）功能分析。

有了较为全面的情报之后就可以进入价值工程的核心阶段即功能分析。在这一阶段要进行功能的定义、分类、整理、评价等步骤。

（4）提出改进方案。

经过分析和评价，分析人员可以提出多种改进方案。

（5）方案的评价与选择。

从多种备选方案中筛选出最优方案加以实施。通常从有效性、可行性、经济性、可靠性四个维度进行评价，并采取加权平均的方式进行筛选。

（6）试验。

在决定实施方案后应该制订具体的实施计划，提出工作的内容、进度、质量、标准、责任等方面的内容，确保方案的实施质量。

（7）提案审批和实施。

为了掌握价值工程与价值分析实施的成果，还要组织成果评价。成果的鉴定一般以实施的经济效益、社会效益为主。作为一项技术经济的分析方法，价值工程与价值分析做到了将技术与经济紧密结合。此外，其独到之处还在于它注重提高产品的价值、注重研制阶段开展工作，并且将功能分析作为自己独特的分析方法。

3. 价值工程与价值分析活动成果评价

从价值工程与价值分析活动的经济效益分析来看，主要有三个评价指标：全年净节省额、成本降低比率和投资效率。值越大，表示采购效益越高。

$$全年净节省额=(改进前单位成本-改进后单位成本)\times年产量-VA/VE活动费用$$

$$成本降低比率=\frac{改进前单位成本-改进后单位成本}{改进前单位成本}\times100\%$$

$$投资效率=\frac{全年净节省额}{VA/VE活动费用}\times100\%$$

### （三）谈判

谈判是买卖双方为了各自目标，达成彼此认同的协议过程。谈判并不只限于价格层面，还包括某些特定需求的洽谈。使用谈判的方式，通常期望采购价格降低的幅度为3%~5%。如果希望达成更大的降幅，则需运用价格、成本分析，价值工程与价值分析等手段。

### （四）早期供应商参与产品设计

在产品设计初期，选择已建立伙伴关系的供应商参与新产品的开发和设计。新产品开发小组依据供应商提出的性能规格要求，及早调整战略，借助供应商的专业知识来达到降低成本的目的。

### （五）杠杆采购

为避免各自采购，造成组织内不同单位向同一个供应商采购相同零件却价格不同的情形，导致无故丧失节省采购成本的机会，企业应集中扩大采购量，增加议价空间。

### （六）联合采购

联合采购主要发生于非营利单位（如医院、学校等）的采购，通过统计不同采购组织的需求量，以获得较好的折扣价格。这也被应用于一般的商业活动之中，第三方采购机构专门为那些需求量不大的企业单位服务。

阅读材料：雷诺-日产联盟通过采购机构扩大共同采购范围

### （七）标准化采购

企业应实施规格标准化，为不同产品的零部件使用共同的设计、规格，降低定制项目的数目，以规模经济量达到降低制造成本的目的。但这只是标准化的其中一环，企业应扩大标准化的范围，以获得更大的效益。企业在拟定采购策略时，还应考虑以下几项因素。

1. 所采购产品或服务的形态

产品或服务的采购形态，属于一次性采购，或者持续性采购。这应是采购最基本的认知，如果采购形态有所转变，策略也必须跟着做调整，持续性采购对成本分析的要求远高于一次性采购，但一次性采购的金额如果相当庞大，也不可忽视其成本节省的效能。

2. 年需求量与年采购总额

年需求量与年采购总额各为多少，这关系到在与供应商议价时，能否得到显著的议价优势。

3. 与供应商之间的关系

从传统的供应商、认可的供应商，到与供应商维持伙伴关系，进而结为策略联盟，与供应商之间关系的不同对成本的分享方式也不同。如果与供应商的关系一般，则不容易得到详细的成本构成资料，只有与供应商维持较密切的关系，加强合作，才有办法做到。

4. 产品所处的生命周期阶段

采购量与产品的生命周期所处的阶段有直接的关系，产品由导入期、成长期到成熟期，采购量会逐渐增加，直到衰退期出现，采购量才会逐渐减少。

# 第五节　库存与库存周转概述

## 一、库存

### （一）持有库存的原因

回想你最近一次去商店，每种商品各购买了多少？你为什么会决定购买该数量的商品？你买了1L牛奶，却只买了100g奶油，因为你需要的牛奶比奶油多得多。你买了6瓶矿泉水，而不是1瓶，因为你不希望每次想喝矿泉水时都必须去商店。你买了一盒家庭装的麦片，而不是普通装的麦片，因为家庭装的麦片更划算。你买了3袋薯片，虽然通常情况下每星期只吃1袋，但是要预备有小伙伴在这个星期的某个晚上突然造访。你在商店特别订购了你最喜爱的某品牌的芥末（通常没有存货），虽然你家里还有半瓶，但是你知道芥末寄送到家还需要几个星期的时间。家里没有足够的储存空间来存放12卷纸巾，尽管一次性购买12卷纸巾既划算又方便，但是你只买了3卷纸巾。尽管你每星期只吃1盒方便面，而你却买了5盒方便面，因为方便面在降价促销。葡萄也在促销，但你却只买了1kg而不是2kg，因为你知道2kg吃不完会坏掉。尽管在你下次来商店之前，可能连1条黄油都用不完，而你还是买了4条装的黄油，因为它只以4条的量出售。这些决定都影响你在家里存放的各类日用品的数量。除了用来购买这些物品的费用，你还需要支付一定的存储费用（相比于你每次需要时购买并立即使用的情况）。如果你用现金支付，你的现金就会被这些物品占用而不能用于其他用途，比如看电影或者是把钱存在账户中以赚取利息。你还需要支付为了储存这些物品所占用的物理空间的费用（如你租住的房子）、使冷冻食物保持低温所消耗的能源费用、房屋失窃或遭遇火灾时用于保护日用品所投资的保险费用。

企业也同样如此，它并不愿意持有库存，因为库存会产生成本，往往比你的日用品持有成本更高。但是，企业仍然会持有一定的库存。不同的商品具有不同的购买率，也就是需求率，因此有不同的库存水平。企业在向供应商订货时存在一定的费用，如处理订单并将它提交给供应商时会产生管理成本。为了运输商品而租用卡车会产生运输成本，这些都是固定成本，它们基本上与订货量无关。这些成本的存在也就决定了企业每次需要商品时都下达订单并不切实际。企业向供应商下达大额订单时可以享受数量折扣。数量折扣和固定成本都是规模经济的形式，规模经济使批量订购的成本效益更高，也产生了少次多量的订购方式。大多数商品的需求、提前期和其他供应因素是随机的，这些不确定性都要求企业持有一定的库存来确保满足客户的需求（至少在绝大多数情况下能满足）。

企业提交订单后，商品会在一定的提前期（通常不为零）之后才送达，而企业的客户通常不愿意等待，尤其是零售行业，所以企业必须在仍持有一定库存时就提交补货订单。仓库的储存容量是有限的，这也可能限制企业的订货数量。与储存容量相似的还有生产能力：如果需求具有强季节性（如吹雪机），但是生产能力有限，这时企业就需要在非高峰期（夏季）生产更多的产品，从而满足高峰期（冬季）的需求。

供应商也会像零售店一样提供促销或临时折扣，许多商品（尤其是日用品）的价格会经常变化。为了应对价格的上下波动，企业会在低价时大批量购买该商品并进行存储直至售出。有些存货是易损的，因此企业必须限制其订货数量以避免承担因易损存货而造成的损失。许多商品只能以固定批量购买，比如集装箱或托盘，所以企业必须订购这些因固定批量而造成的多余商品。

以上都是企业计划持有库存的原因，另外，企业也有可能持有计划外的库存，比如持有比预期更早过时的产品的库存。企业可能在产品生产的各个阶段（原材料、元件、半成品和制成品）持有库存。半成品和制成品通常是由企业自己生产的，而不是向供应商订购的，但是类似的问题仍然存在。例如，启动生产时会产生固定成本，大批量生产时单位成本会更低，生产时间不确定。事实上，即使讨论库存模型时倾向于企业从外部供应商购买产品的情形，但是大部分库存模型同样适用于生产系统，在生产系统中决定的是生产多少而不是订购多少，而订购成本就是生产成本。

### （二）库存概念

库存是指用于将来的、暂时处于闲置状态的资源；用于支持生产（原材料、在制品项目）、支持作业（维护、修理及运营供给）和客户服务（完成品及备件）的存货或物品。可以说，企业运作流程中，库存无处不在。库存虽然能缓解供应方和需求方在时间和空间上的不匹配，但这也是无奈之举，库存持有过高或过低都会给企业运作带来困难。

在库存管理理论中，一般根据物品需求的重复程度分为单周期需求问题和多周期需求问题。单周期需求问题也叫一次性订货问题，这种需求的特征是物品生命周期很短，因而很少重复订货，比如报纸或节假日商品。没有人会买昨天的报纸，也没有人会在春节订购中秋月饼去送礼。多周期需求问题是指在长时间内需求反复发生，库存不断被消耗，需要不断补充，在实际生活中较为常见，比如杂货店的牙膏、薯片等。

多周期需求的属性分为独立需求库存（Dependent Demand Inventory）和非独立需求库存（Independent Demand Inventory）。独立需求库存是指需求变化独立于人们的主观控制能力，其数量和出现的概率是随机的、不确定的。非独立需求库存是指需求数量和时间与其他变量存在一定的相关关系，可以通过一定的结构关系推算得到，一定程度上是可控制的。对于一个相对独立的企业而言，其最终产品是独立需求变量，因为市场上对该产品的需求数量和时间相对于企业管理者而言一般是无法提前精确获得的，只能通过一定的预测方法得出。而生产过程中的在制品及需要的原材料、零部件，则可以通过产品的结构关系和一定的生产比例关系准确确定。比如一家生产餐桌的家具公司，餐桌对于企业而言属于独立需求库存，每月应生产多少数量的餐桌是无法精确得到的，只能根据市场情况进行预测。而构成餐桌的桌腿数量则可以通过计划生产的餐桌数量精确获得，因此桌腿（原材料）属于非独立需求库存。

独立需求库存控制与非独立需求库存控制原理是不同的。独立需求对库存控制系统来说属于外生变量，非独立需求则属于内生变量。不管是独立需求库存控制还是非独立需求库存控制，在进行库存控制时，都需要搞清楚这些问题：如何优化库存成本？怎样平衡生产与销售计划？怎样更好地满足一定的交货需求？怎样避免浪费，避免多余的库存？怎样避免缺货损失和利润损失？

### （三）如何有效地降低原材料库存

在实际工作中，降低原材料库存还要从以下三个方面去努力：加强供应商库存管理；重视供应商关系发展；建立共享的信息平台。其中，加强供应商库存管理是核心。

1. 加强供应商库存管理

降低原材料库存最重要的方法就是加强供应商库存管理，让供应商保存多一些库存，从而减轻公司的负担。这就需要加强与供应商的合作，共同决定减少库存成本的最佳方法，并为每个特定的供应商量身定制最灵活的行动方案。

供应商库存管理方式如图 6-10 所示。左边是供应商，右边是公司，中间的模块代表库存，可以表示库存的位置和库存的数量。

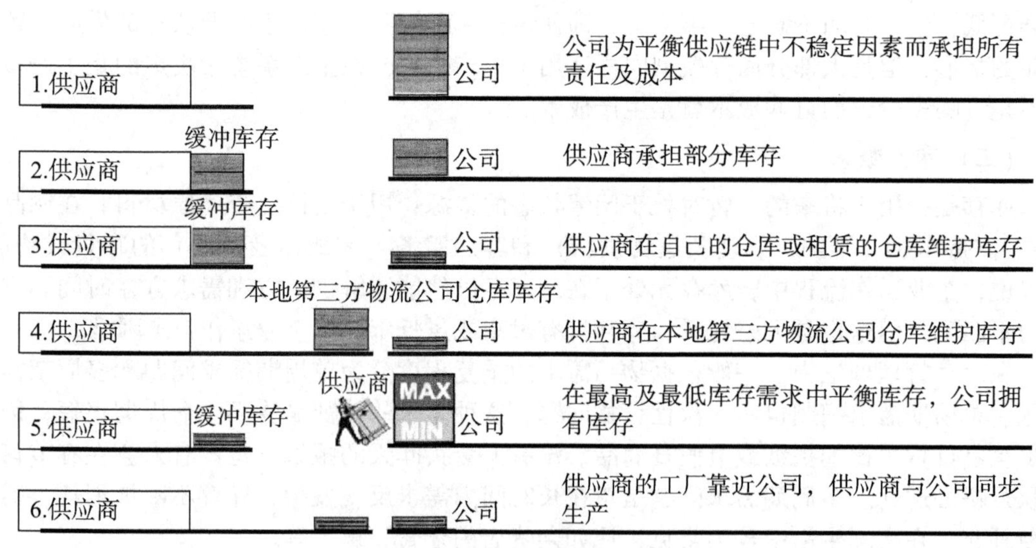


**图 6-10 供应商库存管理方式**

方式一：库存全部放在公司，完全由公司承担。一般来说，将库存全放在公司的原因有三种。第一，不清楚库存管理还有其他方式，还可以由供应商来分担，认为公司花钱买的物资理应放在公司。第二，公司没有现金流的压力，库存放在公司对公司运营几乎没有影响。第三，市场上的相关原材料或零部件较为紧缺，或者价格上涨太快，如果不事先买回来，未来可能买不到，因此公司进行期货采购，保持战略性库存。

方式二：供应商开始承担部分库存。随着公司的发展，总会面临资金压力，总有需要降低库存的时候，以便腾出资金去支持业务的发展。当公司有资金压力时，会去找一些供应商进行协商，通常是战略型供应商，希望这些供应商可以帮助公司保存一些库存。结果，库存向供应商转移一部分，公司的库存就降低了。

方式三：供应商承担相对更多的库存。公司通过方式二获得一些利益后，会进一步找更多的供应商来协商，通常是杠杆型供应商或者一般型供应商。结果，库存向越来越多的供应商转移，公司的库存就不断下降。总体来讲，供应商承担了更多的库存。

方式四：寄售。前面三种方式是简单的此消彼长，寄售却有本质的不同，它有两个明显的特征。第一，付款方式不同。假如付款周期是 30 天，传统的计时起点以“收货”（往往发票也随货开具）作为基准，收货之后 30 天付款，这时候库存可能还没有消化完。而寄售是以“使用”作为基准，即使用之后 30 天才付款，也就是“先使用再付款”。这就大大降低了库存金额。第二，存放距离更近。库存放在离公司很近的第三方物流公司仓库，便于“以时间换空间”，可进一步降低库存。实施“寄售”必须有一个前提：回馈给供应商一个长期稳定的合作。

高露洁就是通过大力推广“寄售”，在短短 2 年内将库存周转次数从 15 次提高到了 36 次。“寄售”之前，高露洁工厂原材料的平均库存是 10 天，也就是说，收货之后 10 天才用完，然后第 30 天付款。“寄售”之后，使用完之后第 30 天付款，原来 10 天的库存完全转移给了供应商，因此库存周转加快了。作为回报，高露洁采取更加集中的采购，并与供应商签订长期的框架协议，供应商因此获得了长期稳定的生意，最终实现了双赢的结果。

方式五：供应商管理库存（Vendor Managed Inventory，VMI）。VMI 是指由供应商来为客户管理库存，为客户编制库存策略和补货计划，根据客户的销售信息、生产信息和库存水平为客户进行补货的一种库存管理模式。其表现形式是“移库管理”，即供应商一生产出来就转移到采购方，将采购方的材料仓当作供应商的成品仓。成功实施 VMI 的关键：

（1）电子数据交换或 B2B 是必要条件；

（2）双方最高层的承诺；

（3）存货所有权清晰界定；

（4）绩效评价（包括财务数据、非财务数据）；

（5）谈判合同条款（包括所有权、转移时间、信用条件、订货责任、服务水平、库存水平）；

（6）信息系统；

（7）双方预测；

（8）协调库存/运输的决策方法。

方式六：准时化采购（JIT）。JIT 是最有效的方式，可实现零库存模式。其特征是供应商的工厂也在公司附近，供应商与公司同步生产，真正做到“用信息代替库存”。库存不放在仓库里面，而是放在车轮子上，通过频繁的送货来降低库存，双方的库存都能降到最低。当然，这种模式也是最难实现的。因为，实现 JIT 需要考虑以下三点。

（1）供应商的配合度。这取决于“利益”的大小。

（2）社会物流资源是否丰富。这涉及“产业链”的开发。

（3）共享的信息平台。这与双方信息化建设的进展相关。

上述六种方式中没有任何一种方式会适用于所有供应商，究竟选择哪一种方式，取决于公司与供应商之间的比较优势。公司越强势，在供应商心目中的位置越高，就可以向供应商提出更多要求，并尝试采取寄售、VMI 甚至 JIT 的方式。公司越弱势，就只能自己承担，毕竟库存控制的第一目的不是降低库存，而是保障供应，不断货。

2. 重视供应商关系发展

供应商库存管理总体上要求供应商承担多一些库存，这就必须注重供应商关系发展。供应商关系策略的重中之重是分类（经典的四分法）、减少（供应商数目）、开发（有潜力的新供应商）与扶持（优秀的供应商）。经典的分类方法是四分法，根据采购金额与供应风险将供应商分为四类：一般型、杠杆型、战略型与瓶颈型，如图 6-11 所示。

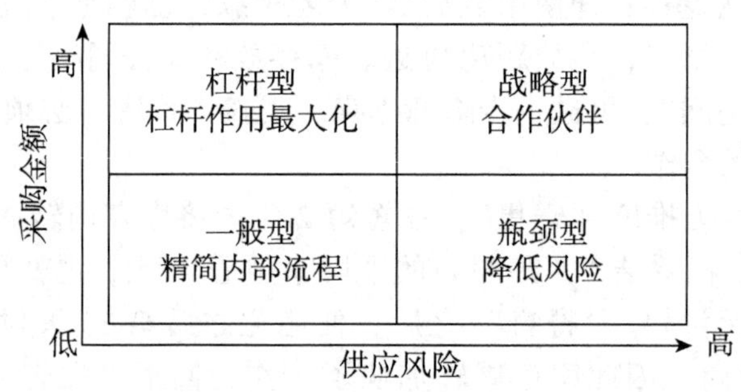


**图 6-11　供应商的经典分类**

采购金额很容易理解，即指采购产品的金额。供应风险主要指供应商在五个方面的表现：质量、产能保障、技术配套、资金实力和管理理念。

质量主要指质量的可靠性与稳定性，可靠性是指供应商的质量是否符合采购方的质量标准，而稳定性是指是否持续符合该标准。质量表现还包括出现质量问题时供应商在质量改善方面努力的意愿与效果。

产能保障有两层含义：绝对产能和优先保障。供应商的绝对产能是否与采购方的需求相匹配，或者当采购方的需求增加时，供应商能否同步提升产能；如果不匹配，在供需出现矛盾时能否优先保障对采购方的供应。优先保障的本质是准时交货的能力，它反映了采购方在供应商心目中的优先地位。

技术配套通常从四个维度进行评估：技术储备、技术平台、技术人才、技术支持与服务。技术储备是否具备“三代”特征，即开发一代、应用一代、储备一代，这反映了供应商持续配套的实力与能力。技术平台是指供应商完全自主研发，能够整合社会资源，建立产学研相结合的技术平台。技术人才数量是否足够，比例是否合适，素质如何（高、中、初级研发人员的占比），结构如何（老、中、青的占比），技术传承的机制是否确立。技术支持与服务则体现在售前研发阶段能否早期参与采购方的产品开发与设计，售中生产制造阶段能否支持解决相应的技术问题，售后产品应用或者客户服务阶段能否及时提供相应的解决方案以共同致力于提高客户的满意度。

资金实力主要指供应商的绝对资金实力和现金流的管理能力，这将直接影响付款方式与付款周期，最终影响采购的总成本。同时，供应商的资金实力还表现在当需要扩充产能时能否及时投入，以保障与采购方需求的同步增长。

管理理念反映两个主要层面，一是对所经营行业与产业的专注度及持续追求，二是对管理系统提升的热情与投入。如果供应商的产品线经常大幅度调整，这将直接影响到对采购方的供应保障；而对管理系统提升的重视将最终决定供应商与采购方是否能够“讲同一种语言”。当采购方业务发展到一定阶段，就必须不断提升自身的管理水平，但很快就会发现供应商的管理水平将成为业务增长的限制因素，建设有竞争力的供应链取决于供应商管理系统的持续提升。管理理念的趋同需要供需双方高层的对话，通常举办年度研讨会向供应商高层传递企业未来的发展方向与目标，寻求供应商的持续合作与管理理念的认同。

一般型供应商是指采购金额不大，供应风险也很小的供应商。它通常提供办公设备、备品备件、实验仪器与试剂、劳保用品等。对于一般型供应商的管理要点是：精简内部流程，用最简单的方法去采购。

战略型供应商是指采购金额很大，供应风险也很大的供应商。它通常提供战略型的物资，产品的质量、成本和交货保障尤为重要。战略型供应商会牺牲短期的利益，少赚钱甚至不赚钱，以此来获得与采购方长期的共赢。对于战略型供应商的管理要点是：建立合作伙伴关系，致力于长期紧密合作。

杠杆型供应商是指采购金额很大，但供应风险很小的那些供应商。杠杆型供应商有三个显著特征，即标准件、同质化与竞争性。它通常提供标准件，产品的同质化程度很高，同时所处的供应市场形态属于竞争型的。也就是说，采购方有多个货源提供相同的产品，产品间没有什么差异，此时最需要关注的是采购价格。因此，对于杠杆型供应商的管理要点是：杠杆作用最大化，采购价格越低越好。

瓶颈型供应商是指采购金额很小，但供应风险很大的供应商。瓶颈型供应商也有三个显著特征，即非标准件、定制与垄断。它通常提供非标准件，产品的同质化程度很低，通常是客户有特殊要求的定制产品；同时所处的供应市场形态属于垄断型的，垄断可能是技术性的、政策性的、行业性的，还可能是资金方面的原因造成的。也就是说，采购方能够选择的货源不多，而产品的差异较大，此时最需要关注的就是能够把东西买回来。因此，对于瓶颈型供应商的管理要点是：降低风险，保障供应。

如果按照 ABC 分层法来区分供应商，占采购金额 80%的那些供应商称为 A 类供应商，则杠杆型供应商与战略型供应商同属 A 类供应商，其中供应风险比较大的归入战略型供应商，供应风险比较小的归入杠杆型供应商。

应争取哪一类供应商的配合呢?

首先是战略型供应商。战略型供应商愿意牺牲短期利益来获得与公司的长期共赢，因此是供应商库存管理的首选对象。

其次是杠杆型供应商，尤其是集中度很高的那些杠杆供应商。集中采购带来的规模效应对供应商充满了吸引力，让它在库存管理上进行配合不是一件难事。

瓶颈型供应商处于垄断地位，能够保障供货已经很好了，公司很难要求它承担库存。

一般型供应商的产品库存金额往往很低，不需要特别考虑供应商库存管理。但从精益管理的角度，在管理好战略型与杠杆型供应商的库存之后，也可以延伸到一般型供应商。一般型供应商的配合度通常也比较高。

3. 建立共享的信息平台

在加强供应商库存管理时还必须建立共享的信息平台，供应商库存管理的六种方式里面，寄售、VMI 与 JIT 都需要信息平台的支持。共享的信息平台的作用如图 6-12 所示。

如果企业与供应商共同合作建立无边界的信息流，那么供应链中的需求信息与供应信息就会充分共享。信息共享越充分，双方的库存水平就越低，最终可实现真正意义上的“用信息代替库存”。

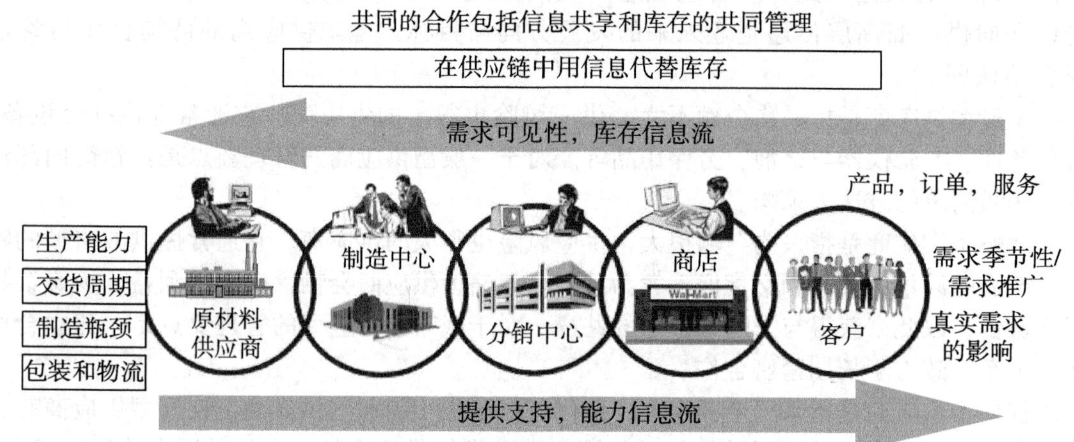


**图 6-12　共享的信息平台的作用**

**阅读材料：关注库存跌价损失**

## 二、库存周转

### （一）库存周转概念

库存周转通常用两个指标来表示，一个是库存天数，另一个是库存周转次数，这里用年库存周转次数来表示。

库存天数指库存存放的时间。库存周转次数指在一定时间内库存循环使用的次数，库存天数和库存周转次数是倒数关系，即库存天数越长，库存周转次数越少。比如，库存天数为 10 天，库存周转次数为 3 次/月；库存天数为 15 天，库存周转次数为 2 次/月。采购中的库存控制就是要加快物料库存周转。物料库存周转次数是指在一年内，物料库存循环使用的次数，计算公式为：

$$物料库存周转次数=\frac{当月出库金额}{月末物料库存余额}\times 12$$

上式中，当月出库金额是指某个月所有物料投入生产的账目金额；月末物料库存余额是指月末静态盘点（盘点当天不再有库存进出）期末的物料库存金额。

加快库存周转对企业来说至关重要。库存控制的目的就是库存数量最小，存货损失最小，存货转化为现金的时间最短。简言之就是降低库存成本，加快周转，快速增值。

### （二）库存周转意义

（1）减少资金占用。

库存占用了资金，加速库存周转就意味着可以用更少的资金维持企业的运转。

（2）更低的成本。

库存不仅占用了资金，把库存管理好还需要花费更多的仓储成本。加快库存周转，就可以减少仓储成本。

（3）更理想的价格。

更低的成本自然意味着更理想的价格，销售价格有竞争力，可以促进市场的发展。

（4）更低的风险。

库存放在仓库里面，通常越来越贬值。比如组装计算机会用到很多电子元器件，电子元器件平均每周会贬值 1%。也就是说，如果库存高、周转慢的话，实际上它的成本就会增加，这就带来了巨大的市场风险。同时，库存存放时间长了，如果市场发生变化，出现换代产品，则这些库存有可能会变成废品，价值大打折扣，风险会进一步增加。

（5）灵活性高。

加快库存周转，资金效率提高了，现金流十分充足，就可以适应突然的变化。在 2008 年金融危机的大环境中，陷入困境的企业大多是因为现金流出了问题，这与库存管理不善密切相关。

（6）更快应用新技术。

个性化消费时代的来临，使得产品的生命周期不断缩短，升级换代异常频繁。如果库存过高，当有新技术出现的时候，企业因库存占用过多资金而犹豫是否采用新技术，在犹豫的过程中，竞争对手有可能早已经适应新技术，这时企业可能会丧失一定的竞争优势。

（7）迅速进行系统重组。

库存周转加快可以让企业轻装上阵，能及时调整企业业务，完成系统重组。

### （三）如何提高库存周转

1. 把库存管理提高到战略高度

建立完善的流程和体系来管理库存，从前端的销售预测、销售需求，到中端的生产、组装，到后端的采购，都需要进行严格的流程管理和控制，而且必须在公司内部自上而下地、持续地贯彻和实施。

2. 衡量库存对销售预测的风险

销售预测总是很理想，实际销售总是不容乐观。对于没有落地的销售预测，首先要评估成品库存对销售支持的程度。销售预测为 100 台机器，实际订单需求可能只有 70 台机器，这就需要衡量低库存对销售预测的支持能力，或者可以采取分批生产、分批发货的方式降低风险。

3. 完善采购管理体系和采购策略

考虑综合采购成本，高价值的零部件可按需下单采购；中间价值的零部件，可以根据生产计划持有一定数量的安全库存，实施最小批量订货；低价值的零部件对资金占用不大，可以采用经济订货批量（EOQ）。

4. 建立整个供应链协同机制

销售端与客户端建立紧密的沟通，提高销售预测的准确性，实现销售和运营计划的快速、准确传导；运营部门根据需求计划安排合理的生产计划；物流部门建立分销和仓储网络，确定最佳的仓储方式和运输方式，以提高供应链的灵活性。

5. 压缩供应商的交货时间

需求预测的不确定性总是随时间的推移而增加，而供应商交货周期过长，采购方为降低风险就需要持有过多的库存。对于全球采购来说，长时间的运输和贸易航线的变更，都会影响交付时间和公司的库存数量。公司分析这种长周期采购的影响并尽可能压缩供应商的交货时间，以期选择合理的交付方式。

6. 实施精益库存管理项目

推动供应商协助实施 VMI（供应商管理库存）、JIT（即时交付）、循环取货等，以实际需求拉动供应，通过为每个产品做计划（Plan For Every Part，PFEP）向采购和销售环节延伸，对每个物料建立跟踪体系，来减少不必要的浪费，有效降低库存数量，甚至实现零库存。

7. 提高产品开发的可靠性

很多企业开发新产品，未经性能模拟和测试，就发布第一版图纸，之后不断变更图纸，造成大量的样品、原材料和半成品的积压和报废，产品开发和设计的不确定性，不但会增加库存，而且增加了整个供应链的不确定性。

阅读材料：苹果是如何提高库存周转的

8. 引入第三方物流支持

第三方物流服务商有着更专业的仓储、物流、分销体系和信息技术平台支持，自建仓库的成本很高，引入第三方物流服务商，将非专业、非核心业务外包，可以有效降低仓储、物流风险，提高库存周转率和资金周转速度，降低运营管理费用。

## 第六节　库存控制模型

### 一、库存控制的基本目标和需要解决的基本问题

1. 库存控制的基本目标

库存控制的基本目标是提高企业的利润总额和资金利润率，但这是一个比较复杂的综合目标，较难与库存直接挂钩衡量。在实际工作中，将库存成本这样一个比较容易与库存直接挂钩的指标作为库存控制的主要目标。库存成本既提供了表述库存目标的方式，也指明了探寻库存模式的方向，因此，从成本的角度来决定库存效益是可行的。

2. 库存控制需要解决的三个基本问题

在规定时间内需要多少数量（需求率）？每次应订购多少（订购量）？应该什么时候

订购（提前期）？三个问题中，第一个问题需要根据订单预测来解决，第二和第三个问题则直接影响库存成本。对于独立需求库存系统，有几种较为成熟的库存控制模型可以用于解决后两个问题，其中最为常用的是定量订货模型和定期订货模型。

## 二、经济订货批量模型

1. 库存成本的构成

要想实现降低库存成本的目标，首先需要了解库存成本的内容。库存成本由以下几个方面构成。

（1）物料成本：指采购或生产该物料所花费的费用。

（2）订货成本：指每次采购和接受订单所花费的费用，比如通信费用、检验货物费用、差旅费等，与订货批量无关，只与订货次数有关。

（3）作业更换成本：也称工艺、设备调整费，生产准备成本；指在批量生产方式下，作业更换时所发生的费用。

（4）库存保管成本：也称存储成本，指存储、保管库存期间所发生的费用。

（5）缺货成本：指生产、经营过程中因库存不足出现缺货所造成的各项损失。

在库存管理中必须做出的决策之一就是需要订购多少量。科学的订货批量应该能使与发出订单的次数有关的成本和与所发订单的订货量有关的成本达到最好的平衡。这两种成本是此消彼长的关系，只有当两种成本恰好平衡时，总成本才最小。这时所得到的订货量就叫作经济订货批量（EOQ）。

2. EOQ 模型假设

经济订货批量模型有许多假设：连续、稳定、已知的需求率；稳定、已知的订货提前期与订货数量或时间无关的稳定的采购价格；与订货数量或时间无关的稳定的运输价格；所有需求都能满足（不允许缺货）；无中转库存；计划范围无限；资金能力方面无限制。

下面用一个例子来说明经济订货批量的计算方法。

［**例题 6-1**］假设需求和提前期稳定，每天销售 20 单位，每年 240 个工作日，年销售量为 4800 单位。如果每隔 10 天订货一次，那么需要订购 24 次，每次 200 单位。如果每隔 20 天订货一次，那么需要订购 12 次，每次 400 单位。如果每隔 30 天订货一次，那么需要订购 8 次，每次 600 单位。平均库存分别是 100、200、300 单位。究竟哪种做法最优呢？

首先，我们看一张确定最经济的订购批量的成本权衡图，如图 6-13 所示。

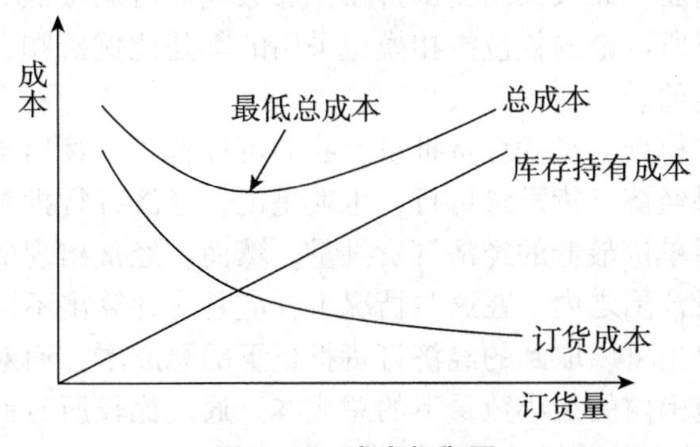


**图 6-13　成本权衡图**

总成本的计算公式为：

$$TC=DC+\frac{D}{Q}S+\frac{Q}{2}iC。$$

式中：$Q$——订购批量；

$S$——订货成本；

$D$——年度产品需求量；

$i$——年度库存持有成本（用产品成本或价值的百分比计算）；

$C$——每单位库存的平均成本或价值。

$TC$ 是关于 $Q$ 的函数，对 $Q$ 求导，得$\frac{\partial TC}{\partial Q}=-\frac{DS}{Q^2}+\frac{i}{2}C$，令一阶导数等于0，可求出使 $TC$ 取值最小的订货量，$EOQ=\sqrt{\frac{2DS}{iC}}$。

［**例题 6-2**］计算下列情况下的经济订货批量。

$S=40$（元），$D=4800$（单位），$i=25\%$，$C=100$（元/单位），则 $EOQ=\sqrt{\frac{2DS}{iC}}\approx 124$（单位）。

## 三、带有数量折扣的经济订货批量模型

现实经济生活中，供应商为了激励下游企业购买更多的产品，往往对大宗订货给予优惠。对于库存控制决策来说，为争取折扣优惠，往往要扩大一次性订货量。而扩大一次性订货量，一方面使订货次数减少，订货总成本降低，因缺货造成的损失降低；另一方面，又使平均库存增大，提高了库存保管成本，并且减缓了流动资金周转，加大了利息支出等。因此，权衡的关键是，年库存总成本能否降低。

数量折扣模型适用于：在考虑一定的数量折扣的基础上，看能否降低总库存成本。数量折扣可以分为两种：比例折扣和累进折扣。

比例折扣是指对所有采购数量都按同一比例给予折扣，而累进折扣是指只有超过规定数量水平的部分才给予折扣。例如，某一商品采购数量在 1～100 个时，单价为 65 元/个，而采购数量在 100 个以上时，单价为 60 元/个。现在，我们需要采购 250 个该商品。如果采用累进折扣，那么我们将按照 65 元/个的单价支付前 100 个商品，而按照 60 元/个的单价支付剩余的 150 个商品。如果采用比例折扣，那么我们可以按照 60 元/个的单价支付所有的 250 个商品。这里所讨论的数量折扣模型采用的都是比例折扣，因此，单位订购成本是由采购批量大小决定的。

为了确定数量折扣模型的最优订货批量，我们可以首先计算出不同的价格水平下相应的经济订货批量。如果经济订货批量可行，也就是说，经济订货批量落在相应的数量范围之内，那么我们就选择单价最低的经济订货批量。然而，经常出现的情况是经济订货批量不一定落在相应的数量范围之内。在这些情况下，应首先计算出不同的价格水平下相应的经济订货批量，再计算出可以取到的经济订货批量下的总成本，而对于取不到的经济订货批量，则计算其数量范围内的最小数量下的总成本。通过比较所有的总成本，总成本最低的最小数量或 $EOQ$ 值就为所选择的最优订货批量。

一般程序是首先求出最大的订货量 $Q$（对应于最低的单价），如果 $Q$ 可行，那么 $Q$ 就是最优订货批量；如果 $Q$ 不可行，那么计算第二大订货量 $Q'$（对应于次低的单价），如果 $Q'$可行，那么就把对应于 $Q'$的成本与对应于比 $Q'$大的价格变化临界点的成本进行比较，然后根据成本最小原则来确定最优订货批量。

[**例题 6-3**] 年度产品需求量 $D$ 为 10000 个，订货成本 $S$ 为 20 元/次，年度库存持有成本 $i$ 为 20%。订购量的范围在 1～499 个时，单价 $C$ 为 5 元/个；订购量的范围在 500～999 个时，单价 $C$ 为 4.5 元/个；订购量的范围在 1000 个及以上时，单价 $C$ 为 3.9 元/个。最优订货批量为多少？

**解**：根据公式 $TC=DC+\frac{D}{Q}S+\frac{Q}{2}iC$ 以及 $EOQ=\sqrt{\frac{2DS}{iC}}$，计算出不同价格水平下相应的经济订货批量，不同价格水平下相应的经济订货批量如表 6-4 所示。

**表 6-4　　不同价格水平下相应的经济订货批量**

| 订购量（个） | 单价（元/个） | *EOQ* | 可行性 |
|---|---|---|---|
| 1～499 | 5 | 632 | 不可行 |
| 500～999 | 4.5 | 667 | 可行 |
| 1000 及以上 | 3.9 | 716 | 不可行 |

从表 6-4 可以看出，只有订购量在 500～999 个时符合，其余两种情况下的 *EOQ* 均不在订购量范围内。利用前面介绍的求解过程，接下来需要计算单价为 4.5 元/个、*EOQ* 为 667 时的总成本，以及单价为 3.9 元/个、订购量为 1000 时的总成本，计算过程见表 6-5。然后比较两者的总成本，可以得出经济订货批量为 1000。数量折扣模型的总成本计算过程如表 6-5 所示。

**表 6-5　　数量折扣模型的总成本计算过程**

| | 单价为 4.5 元/个、*EOQ* 为 667 | 单价为 3.9 元/个、订购量为 1000 个 |
|---|---|---|
| 库存保管成本 | $\frac{667}{2}\times0.2\times4.5\approx300$ | $\frac{1000}{2}\times0.2\times3.9=390$ |
| 订货成本 | $\frac{10000}{667}\times20\approx300$ | $\frac{10000}{1000}\times20=200$ |
| 订购成本 | $10000\times4.5=45000$ | $10000\times3.9=39000$ |
| 总成本 | 45600 | 39590 |

## 四、定量订货模型

### （一）概念

定量订货模型是一种“事件推动”的模型，意思就是指只有在库存量降到事先规定的订货水平才能订货，并且订货量是固定的。因此，订货可能发生在任何时间，这主要取决于库存的需求状况。定量订货模型也是基本的库存系统模型之一。

定量订货模型随着信息技术的进步，如条码、条码扫描器以及POS机的出现，大大降低了库存盘点成本，从而逐渐普遍应用起来。定量订货模型对库存量进行连续性监控，当库存量降低到某一确定数值时，开始订购固定数量的新的物料用以补充库存，而订货的日期或时间跨度不定，即每次订货的订货点相同，订货量相同，但订货提前期不同。

因此，定量订货模型需要解决两个问题：一是确定订货时所需要的库存水平，即订货点；二是确定有利于降低库存成本的合适的订货批量。

运用定量订货模型时，必须时刻检查库存的存量，要求每次从库存取货或者向库存加货时，都必须更新库存记录，以确认是否达到订货点。图6-14说明了定量订货模型的原理。预先确定一个订货点 $Q_k$ 和一个订货批量 $Q^*$，随时检查库存，当库存量下降到订货点 $Q_k$ 时，就发出订货量 $Q^*$。

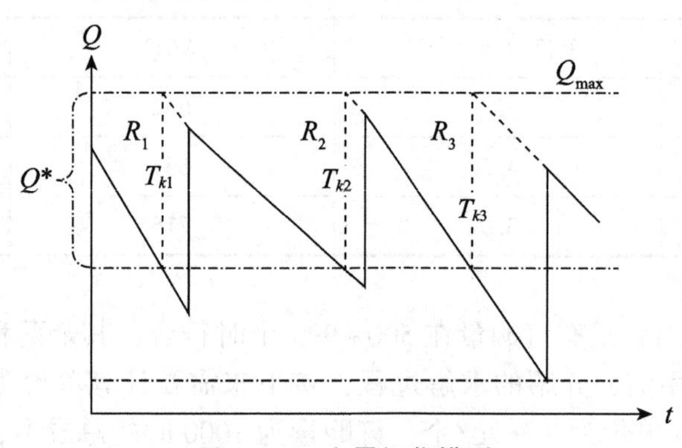


**图6-14　定量订货模型**

$$R_1 \neq R_2 \neq R_3 \neq \cdots$$

$$T_{k1} \neq T_{k2} \neq T_{k3} \neq \cdots$$

$$Q_k = Q_s + \overline{D_L}$$

式中：$R$——市场需求率；

$T$——订货提前期；

$\overline{D_L}$——提前期需求量。

### （二）定量订货系统的两个主要控制参数

定量订货系统的两个主要参数是：订货量 $Q$ 和再订货点 $R$。$Q$ 通常可以采用 $EOQ$，但也有可能采用价格分割点，即能得到价格折扣的最小量，也可能是特定容器的容量（如集装箱的大小，卡车装载量的大小），或者决策者选择的其他量。

接下来看再订货点 $R$。因为 $EOQ$ 的一个假设条件是需求确定且提前期确定。一般来说再订货点的计算公式为：

$$R = \overline{D_L} + B$$

式中：$R$——再订货点；

$\overline{D_L}$——提前期内的平均需求；

$B$——安全库存量。

由于 $\overline{D_L}$ 取决于市场需求，有很大的不确定性，因此决定 $R$ 时主要应考虑的是安全库存量 $B$。

## 五、定期订货模型

定期订货模型是另一个基本的库存系统模型之一。定期订货模型是“时间推动”的，它取决于预先确定的订货间隔期，只有到了规定的订货时间才能订货。在定期订货模型中，库存盘点只有在盘点期内发生，在盘点期外是不进行任何盘点的。图 6-15 说明了定期订货模型的原理。预先设定一个订货周期和一个最高库存量，周期性地检查库存，发出订货要求。它们的订货周期相同，提前期相同，每次订购数量不同。

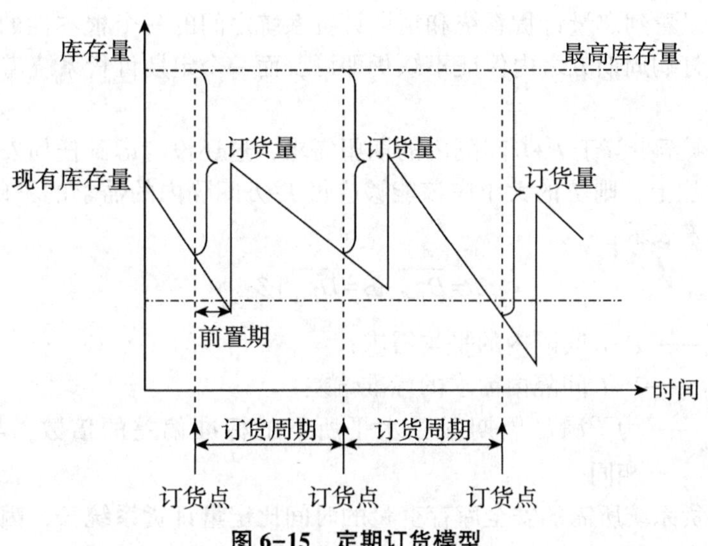


**图 6-15　定期订货模型**

定期订货模型中订货量的确定方法如下：

订货量=最高库存量-现有库存量-订货未到量+顾客延迟购买量

定期订货库存控制法是从时间上控制订货周期，从而达到控制库存量的目的，只要订货周期控制得好，既可以不缺货，也可以控制最高库存量，从而达到库存管理的目的，使得库存费用最小。

1. 确定订货周期

定期订货模型中，订货周期决定着订货的时机，相当于定量订货模型的订货点。订货周期指订货间隔期。与定期订货模型的订货间隔期不同，定量订货模型的订货间隔期可能不相同，而定期订货模型的订货间隔期总是相等的。

订货间隔期的长短，直接决定着最高库存量的大小，即库存水平的高低，因而决定了库存费用的大小。所以订货周期不能过长，否则就会使库存水平过高；也不能过短，否则订货批次太多会增加订货费用。

严格来说，定期订货模型订货周期的制定原则，应该使得在采用该订货周期订货过程中发生的总费用最省，故可以在计算出总费用函数的基础上，使其一阶导数等于 0，从而

求出订货周期 $L$。在一般情况下，用经济订货周期公式来计算，即：

$$L^* = \sqrt{2S/iCD}$$

上式中参数的含义与经济订货批量模型一样。

实际上，订货周期也可以根据具体情况进行调整。例如，根据自然日历习惯，以周、月、季、年等进行调整；根据企业的生产周期或供应周期进行调整等。

2. 定期订货系统的两个主要控制参数

定期订货系统的两个主要控制参数是检查间隔 $P$ 和目标库存量 $T$。$P$ 可以是任何合适的间隔，比如，每周五或每两周周五。另一种确定 $P$ 的方法是用经济订货批量来计算成本最小的订货间隔。

接下来看目标库存水平 $T$。在定期订货系统中，每隔时间 $P$，库存水平会发生改变，如果再考虑到订货周期 $L$，那就意味着目标库存量的设定必须保证在 $P+L$ 时间内的库存量非负。从这里可以看到定量订货系统和定期订货系统之间的一个根本性的区别：一个定量订货系统只需在订购周期 $L$ 之内保证不缺货即可，而一个定期订货系统需要在整个 $P+L$ 间隔内保证不缺货。

因此，$T$ 必须至少等于 $P+L$ 间隔内的期望需求，这还没考虑到任何安全库存。如果再把安全库存量 $B$ 加上，则 $T$ 的大小应该能够应付 $P+L$ 间隔内的需求的不确定性，所以，$T$ 可以用如下公式来表示：

$$T = \overline{D_{P+L}} + B = \overline{D_{P+L}} + Z_{\sigma_{P+L}}$$

式中：$\overline{D_{P+L}}$——$P+L$ 间隔内的平均需求；

$\sigma_{P+L}$——$P+L$ 间隔内需求的标准偏差；

$Z_{\sigma_{P+L}}$——为了满足周期服务水平所需的标准偏差的倍数，与定量订货系统相同。

因为定期订货系统所需的安全库存变量的时间比定量订货系统长，因此定期订货系统需要更多的安全库存量（$\sigma_{P+L} > \sigma_L$），这样定期订货系统的整体库存水平要高于定量订货系统。

**[例题 6-4]** 某产品的需求服从正态分布，其均值为每周 40 个，周需求的标准偏差是 15 个，订购周期为 3 周，一年的工作周是 52 周。在使用定期订货系统的情况下，如果 $EOQ = 400$ 个，则 $P$ 应为多长？如果顾客服务水平为 80%，$T$ 应为多大？

求解 $D$ 和 $P$：

$$D = 40 \times 52 = 2080(\text{个/年})$$

观测间隔使用经济订货间隔，则有：

$$P = \frac{EOQ}{D} \times 52 = \frac{400}{2080} \times 52 = 10(\text{周})$$

因此，每隔 10 周需要观测一次库存水平。接下来找出 13（$P+L$）周间隔内的标准偏差。由于周需求的标准偏差 $\sigma$ 为 15，有：

$$\sigma_{P+L} = \sigma \times \sqrt{P+L} = 15 \times \sqrt{13} \approx 54(\text{个})$$

在计算 $T$ 之前，还需要知道 $Z$ 的值。从正态分布的累计概率表中，可以查找到顾客服务水平为 80%时的 $Z$ 值为 0.84，因此：

$$T=\overline{D_{P+L}}+Z_{\sigma_{P+L}}=40\times13+0.84\times54\approx565(\text{个})$$

故每次订货数量应该使库存水平达到目标库存量565个。

# 第七节　采购库存控制

采购主管要掌握好采购数量与库存控制的关系，选择合适的采购数量，避免缺货造成的停工停产，也应避免过量造成的资金积压。

## 一、影响订购数量的因素

采购主管在进行数量控制前，必须对影响订购数量的各种因素进行分析，以便采取有效的控制方法。影响订购数量的因素如下。

1. 来自采购批量大小的价格变化

一般是数量越多，价格越低，因为供应链不需要换模具、重新安排作业等，可以一次性加工，且搬运工作也能一次性完成。

2. 库存量变化

需要持有多少库存，基本上除了涉及经营方针外，也需视物料或零配件的不同而议。为了保管而占仓库的物料，有必要尽量减少。另外，容易老化或变质的物料，只需要少量持有。

3. 资金是否充裕

若资金较为充裕，则合起来订货比较便宜，但若资金拮据，则不宜合起来订货。

4. 订货次数

订货单的填制次数越多，所花费用越大。尤其是价格低的物料，零碎订货，办手续所花的成本可能会高于物料本身的价格。

5. 消耗量

每天使用的数量不多，但视为交易单位，没有达到一定的数量无法订购时，务必凑成最小的交易单位才行。比如，铜线以5kg或10kg一卷作为交易单位。

6. 备用材料的有无

进货延迟时，若备有融通使用的材料，则订货数量可以少。

7. 材料取得的难易度

由于具有季节性因素，仅某一季节才能上市的物料，只能集中在一起订购。

8. 生产管理方式

采用JIT生产管理制度的公司，其订货量必然限于最小单位。

9. 订货到进货期间

假如不考虑卖方制订生产计划所需的时间、生产时间、运输时间、验收时间来决定订货量，则容易造成缺货。

10. 生产、捆包、出货的一般交易单位

假如少于此一交易单位，会发生无法进货或延误进货等情况。

11. 保管设备

保管设备不同，保管场所的大小不同，其订货数量也不一样。

12. 市场状况与价格趋势

价格会变动，如金属（铜、铅、锡、镍等）、贵金属（金、银、白金等），判断其价格会上涨时，则要成批地订货。

## 二、运用定期采购控制法

定期采购控制法是按预先确定的订货间隔期进行采购、补充库存的一种采购成本控制方法。企业根据过去的经验或经营目标预先确定一个订货间隔期。每经过一个订货间隔期就进行订货，每次订货数量都不同。

1. 定期采购的适用分析

实施定期采购，要明确其适用范围和优缺点，以进行有针对性的采购。定期采购的适用分析如表 6-6 所示。

**表 6-6　　定期采购的适用分析**

| 序号 | 事项 | 说明 |
|---|---|---|
| 1 | 适用范围 | （1）需求量变动大的物料；<br>（2）价格昂贵的物料；<br>（3）主力物料、季节性物料；<br>（4）能够正确预测需求量的物料 |
| 2 | 优点 | （1）能自由调整订购量；<br>（2）可以顺应需要而变动，预测也比较准确；<br>（3）因为订货周期固定，因此可以有计划地作业；<br>（4）能够同时进行多种商品订购，库存量也可以减少 |
| 3 | 缺点 | （1）现有库存量的确认作业手续烦琐；<br>（2）每次在订购时都要决定订购量，使预测、判断和管理都很困难；<br>（3）需求量变动大的物料很难做库存调整 |

2. 订购量的计算

这里将从实际操作的角度给出计算公式。定期采购，一般先要决定订货周期，然后再设定截至目前的销售实绩，并计算预测量与实际存货量之间的差额，再决定订购量（订货量）。具体来说，其计算公式如下（式中的安全存量为安全库存量的简称）：

订货量=(订货周期+预备期间)×销售预订量+订货周期和预备期间的安全存量-(现有的存货量+已订购的数量)+接受订货的差额

［**例题 6-5**］A 商品的订货周期为 1 个月，A 商品的预备期间为 2 个月，A 商品的销售预订量为 800 个，A 商品的安全存量为 940 个，A 商品现有的存货量为 1150 个，已订购 A 商品的数量为 1400 个，接受 A 商品订货的差额为 30 个。求 A 商品的订货量。

按照上面的计算公式，可以求出 A 商品的订货量。

A 商品的订货量=(1+2)×800+940-(1150+1400)+30=820(个)

## 三、运用定量采购控制法

定量采购控制法是当库存量下降到预定的最低库存量（采购点）时，按规定数量（一般以经济订货批量为标准）进行采购补充的一种采购成本控制方法。当库存量下降到订货点（也称为再订货点）时马上按预先确定的订货量发出订单，经过前置时间，收到订货，库存水平上升。

1. 定量采购的分析

实施定量采购，要对其适用范围、优缺点、注意事项进行分析。定量采购的适用分析如表 6-7 所示。

**表 6-7　　定量采购的适用分析**

| 序号 | 事项 | 说明 |
| --- | --- | --- |
| 1 | 适用范围 | （1）单价低的物料；<br>（2）经常想要确保一定量的存货物料；<br>（3）预备期间短、容易筹措的物料；<br>（4）已从统筹购进，并且一般不会造成存货负担、不容易被搁置的物料；<br>（5）易于采用目测管理的物料；<br>（6）变动越少越好的物料；<br>（7）节省管理的时间、人力，并且还可以期望用以降低各项成本的物料 |
| 2 | 优点 | （1）不需要复杂的计算公式；<br>（2）节省管理的时间和人力成本；<br>（3）能够使用目测方式管理；<br>（4）订货数量一定，所以能够谋求包括搬运在内的各种处理、作业的标准化，以及谋求节省人力成本及费用；<br>（5）任何人都能胜任，所以订货成本也低；<br>（6）存货的总费用最低；<br>（7）能够使用简易的个人计算机进行管理 |
| 3 | 缺点 | （1）运用方式形式化，使得库存调整不易；<br>（2）不适用于供应期间较长的物料或交货多的物料；<br>（3）各类物料的订购点确认作业十分困难 |
| 4 | 注意事项 | 必须预先确定订货点和订货量 |

2. 定量采购的具体应用

定量采购，要确定好订货点和订货量。订货点的计算公式为：

订货点=平均销售速度(一个月内的平均销售量)×预备期间+安全存量

订货点≥预备期间×一个月的平均销售量。

［**例题 6-6**］B 商品一年的总销售量为 1000 个，B 商品的购入单价为 1000 元/个，B 商品平均一次的订购费用为 50 元，B 商品的存货维持费比率为 20%，B 商品平均一个月的销售量为 83.3 个，B 商品的预备期间为半个月，B 商品的安全存量为 15 个。求 B 商品的订购量和订货点。

**解**：可以求出经济订货批量大约是 70 个，最经济的订货次数大约是一年 14 次。

$$订货点=83.3\times0.5+15=56.65(个)$$

也就是说，商品还剩 56 个或者 57 个时，就要再订购了。

## 四、选择合适的订购方式

企业可参考以上各种数量控制方法，选择合适的订购方式。订货的选择流程如图 6-16 所示。

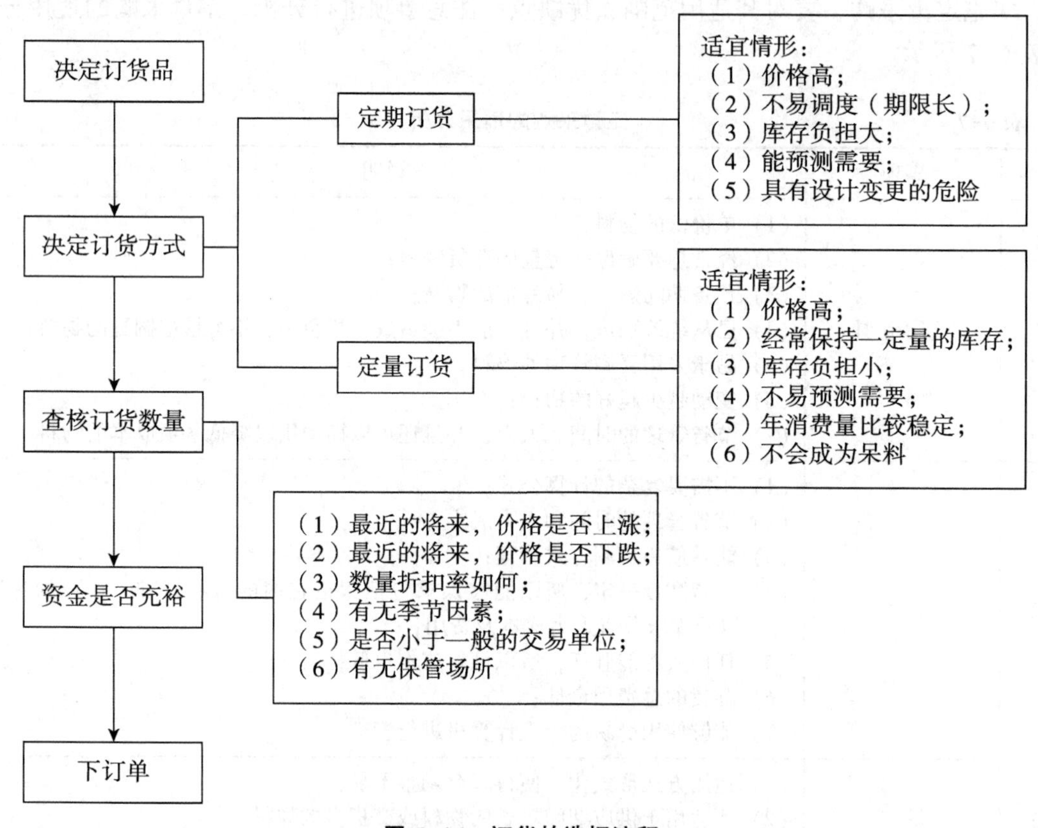


**图 6-16 订货的选择流程**

本章介绍了智慧采购成本管理与库存控制。智慧采购成本是企业从供应商购进生产所需的物料而发生的所有费用支出，包括价格成本、物流费用、采购人员的管理费用等必要开支。智慧采购强调充分利用信息技术，实现信息共享，以此降低采购成本。当前，智慧采购成本管理基于 TCO 理论，总成本的本质是生命周期成本。对一般的生产性材料来讲，总成本包括购买成本、运输成本、检验成本、仓储成本、质量成本与交易成本。本章还介绍了降低智慧采购成本的策略和方法，以及库存、库存周转的概念，详细讲解了基本的库存控制模型。

## 一、单项选择题

1. 质量成本不包括（　　）。

A. 退货成本　　B. 返工成本　　C. 停机成本　　D. 直接材料成本

2. 库存可以分为独立需求库存和相关需求库存，下列不属于相关需求库存的是（　　）。

A. 产成品库存　　B. 在制品库存　　C. 定期库存　　D. 原材料库存

3. ABC 分类中，如果按照存货价值占库存总价值的不同进行分类，则 A 类存货是指（　　）。

A. 品种种类占 70%左右，存货价值在库存总价值中所占比例只在 10%左右
B. 品种种类占 10%左右，存货价值在库存总价值中所占比例只在 70%左右
C. 品种种类占 20%左右，存货价值在库存总价值中所占比例只在 20%左右
D. 品种种类占 50%左右，存货价值在库存总价值中所占比例只在 50%左右

4. 根据 JIT 生产方式的观念，浪费被定义为生产和服务过程中的（　　）。

A. 不对产品添加价值的任何活动、行为和事物
B. 等候时间
C. 运送环节
D. 库存

## 二、多项选择题

1. 影响采购成本的因素有（　　）。

A. 采购计划　　B. 供应商的选择　　C. 采购订货批量　　D. 价格

2. 影响库存控制决策的主要有（　　）。

A. 需求特性因素　　B. 订货点　　C. 服务水平　　D. 订货提前期
E. 供应商水平

3. 供应商管理库存的原则是（　　）。

A. 合作性原则　　B. 持续改进原则
C. 双方成本最小化原则　　D. 框架协议原则
E. 自己利益最大化原则

4. 如果交货期延迟，会产生的影响有（　　）。

A. 由于原材料进货的延误，出现生产待料和延误的情况，导致生产效率下降
B. 为追上生产进度，需要员工加班或增加员工，致使人工费用增加
C. 采用替代品或使用低品质的原材料，造成产品质量不符合，引起纠纷
D. 交货延误的频率越高，跟催工作费用就越高

5. 企业库存控制的绩效主要可以从（　　）等方面进行考核。

A. 客户满意度　　B. 库存总成本及相关成本
C. 平均库存量　　D. 库存服务水平
E. 库存周转次数

## 三、简答题

1. 降低智慧采购成本的方法有哪些？

2. 何为 TCO 理论？如何将 TCO 理论应用在采购管理中？

3. 库存控制需要解决的基本问题是什么？

## 四、计算题

1. 某企业每年要购买 100000 个零件，有关费用：单价为 0.6 元/个，每次订货费用为 860 元，每个零件的仓库保管费用为 0.15 元/月，试求经济订货批量、年订购次数、年订购总成本、年保管总成本及年库存总成本。

2. 某医院经常购买一种外科手术消毒用品，供应商为了鼓励医院大批量购买，引入了如表 6-8 所示的批量折扣政策。

**表 6-8　　供应商的批量折扣政策**

| 购买批量（包） | 单价（元/包） |
|---|---|
| 0~99 | 50 |
| >100 | 45 |

该医院对这种用品的年需求量为 1800 包，订购成本为 16 元/次，库存持有成本是单价的 20%，为了使总成本最小，应以多少批量进行订货？

课后案例：三洋制冷的“零库存”

# 第七章　智慧招标采购

## 学习目标

了解智慧招标采购的概念、范围、分类、地位和作用。

了解智慧招标采购的原则并掌握其基本流程。

了解智慧招标采购的发展趋势。

## 学习重点和难点

智慧招标采购流程是重点。在招标采购中应用区块链、大数据是难点。

## 导入案例

**构建招投标行业支持人工智能应用的知识管理系统**

人工智能技术在招投标行业中的应用初见成效，中国神华国际工程有限公司以“全球领先的能源工程智库”为愿景，以电子招投标平台为基础，积极探索知识图谱、自然语言处理、图像识别等人工智能技术在招投标行业知识管理中的创新应用，构建了涵盖多种功能的知识管理系统，支持多个具体业务场景应用，有效提升了策划、招标、投标、评标、合同履约等招投标全过程智能化水平。

现代企业采购管理越来越严格、规范，招标采购方式被广泛采用。招标代理机构承担着招标策划、文件编写、评标组织等专业工作，涉及多行业、多企业、多标的物的技术、价格等大量信息，如何管理现有知识、挖掘知识价值、快速培养员工专业水平等问题迫在眉睫。

中国神华国际工程有限公司作为国家能源投资集团有限责任公司的全资子公司，承担全集团招标、造价和工程咨询业务，为全集团煤炭、火电、水电、新能源、运输、化工、科技环保、金融八大产业板块的1500多家招标人提供专业化服务。中国神华国际工程有限公司通过17年的发展，已经积累了大量的范本、招标文件、投标文件、评标报告和质量检查报告，这些材料中蕴含了大量宝贵的知识。与此同时，中国神华国际工程有限公司在招标行业已经储备了数十位权威专家，他们丰富的经验亦是专业知识的重要组成部分。伴随着自然语言处理技术的不断成熟，目前完全可以利用机器辅助人工进行知识库的构建。

## 一、建设目标

招标代理公司是典型的知识密集型企业，对现有业务数据和专家经验进行高效组织和科学管理成为企业更快、更好发展的关键。但因缺乏有效的知识管理及应用工具，大量招标代理公司目前暂未将大量分散的业务数据和宝贵的专家经验转化成知识，导致知识获取难和经验分享难的"两难"局面。为彻底改变目前的"两难"局面，招标代理行业亟需构建一套标准统一、功能齐全、应用智能的知识管理系统。

该知识管理系统应具备以下特点。

1. 知识结构化

知识管理系统中的知识按照应用领域、背景、用途、属性等特征构成便于利用的、有结构的组织形式。

2. 分层次组织

根据知识本身的特性，从下至上分层次组织"事实知识""规则知识"和"策略知识"。其中最低层次的"事实知识"一般指基础、客观的数据；中间层次的"规则知识"是用来控制"事实"的知识，也是最典型、最常用的一种知识；最高层次的"策略知识"以"规则知识"为控制对象，是规则的"规则"。

3. 知识模型组成方法库

招标代理公司在工作过程中积累了大量解决问题的最佳实践，这些最佳实践可以被抽象成知识库中的方法直接存储在方法库中，当其他人遇到类似问题时，可以直接使用方法库中的方法解决问题。

## 二、知识管理系统构成

招标代理公司的各项知识是高质量、相关联的数据，遵循知识诞生、更新、应用和消亡过程，知识管理系统的业务流程也应该按照知识生命周期进行规划和设计。知识管理系统的业务流程始于知识产生（导入、上传、录入），经知识存储、知识更新（更替迭代）、知识应用（搜索、查询、收藏、共享、下载）等环节，止于知识销毁（删除）。

招标代理公司的知识管理系统建设以知识全生命周期管理理论为指导，利用人工智能技术对招标代理公司已有的业务数据和专家经验进行分类存储和管理，并持续生成规则、素材、图谱等新知识，进而构建知识在线问答、知识协同编辑等丰富的智能化应用（见图7-1）。

1. 整合内外部资源，夯实"数据基础"

"整合原始数据"是知识管理系统的基础，主要包含两类数据。第一类是招标代理公司内部现有的历史数据。如调研报告、范本、模板文件、招标文件、技术规格书、操作手册、质量检查报告、投标文件、评标报告等，其中包含大量招标代理公司的业务数据，是知识管理系统的重要数据输入。第二类是外部数据。如法律法规、行业政策、市场动态等，对招标代理公司的数据进行有效补充，进一步丰富了招标代理公司的数据来源。

2. 建立专业知识库，管理"事实知识"

"管理好现有的知识"是知识管理系统的重要内容，主要包括专业知识库和员工知识库。

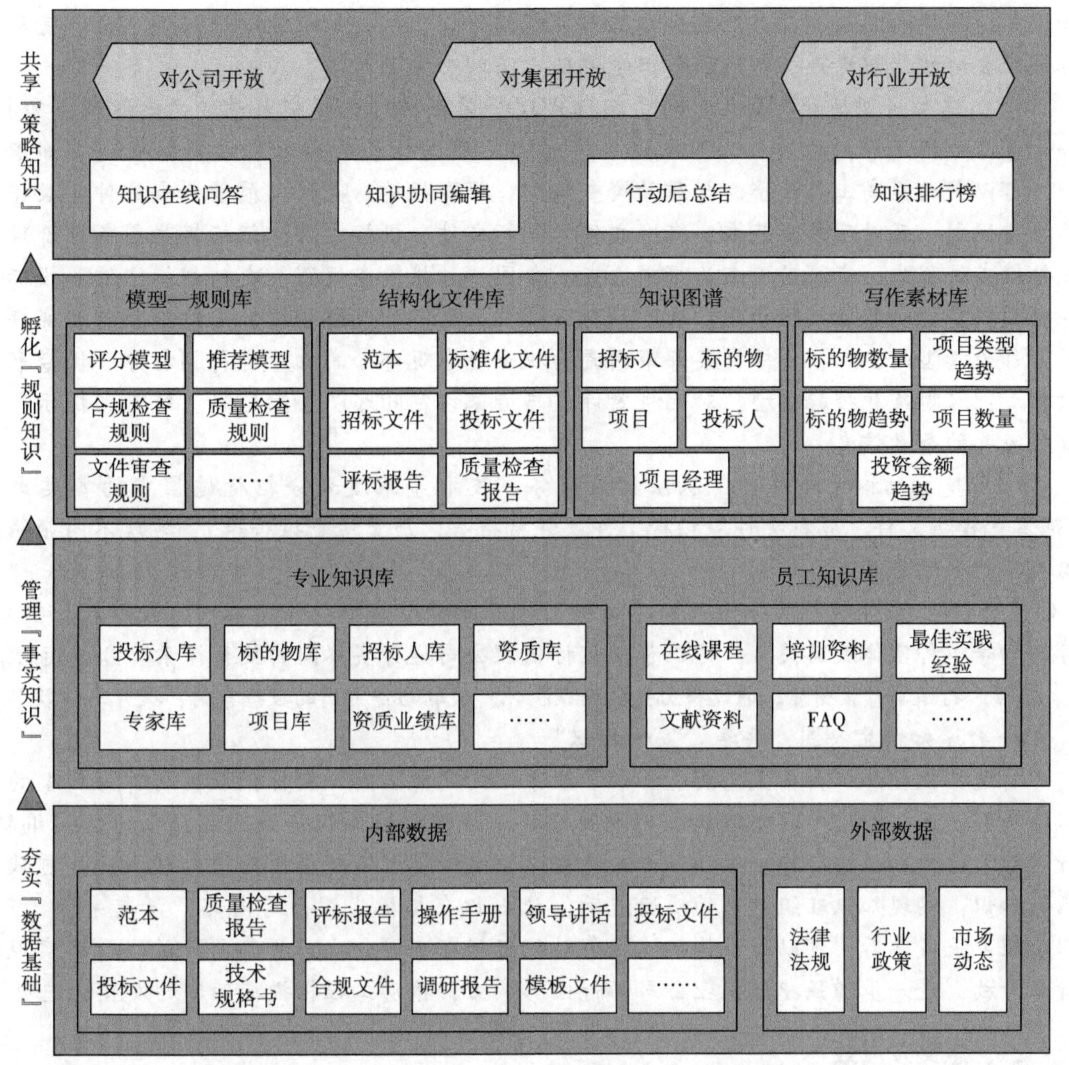


注：FAQ—常见问题解答。

**图 7-1 知识管理系统构成**

首先，通过文本识别、自然语言处理等技术对公司内部数据进行全文检索和分词信息对比，从海量数据中抽象、提炼，形成超过 17 万条的独有专业词库和工程专业知识库，形成招标人库、项目库、投标人库、标的物库、专家库、资质业绩库等各种与业务相关的专业知识库，支持从不同维度进行聚类分析。

其次，建设员工知识库，将业务专家知识经验的隐性知识转化为可供员工成长学习的显性知识，包含在线课程、培训资料、最佳实践经验、FAQ 等。员工可以通过系统快速找到业务专家和所需的业务知识，实现人与人、人与知识的快速连接，提升公司整体的工作效率。平时，员工可以根据公司要求和个人兴趣，快速找到自己岗位所需要学习的内容，实现个人业务水平的快速提升。

3. 借助智能新技术，孵化“规则知识”

“形成新知识”是知识管理系统的主要创新，即基于招标代理公司的基础数据和专业知识库，利用人工智能技术产生和组织而成新的知识，这些知识能够进一步丰富和完善招标代理公司的知识资产。打造新知识主要从以下四个方面入手。

（1）建立模型库和规则库。对于招标代理公司在招标过程中大量的文本编辑、审核、评价等专业性工作，利用人工智能技术建立满足不同场景业务需求的知识规则或知识模型，可以大大提高工作效率。如质量检查规则，提取投诉、异议、质量检查文件等数据中的检查规则，及时反馈到范本、标准文件、招标文件、投标文件、评标报告等各个阶段的文件检查过程中，变事后检查为事中检查；合同一致性检查规则，支持招标文件和投标文件合同内容的一致性校验管理；智能预打分模型，从清标表格和投标文件中抽取客观评分因素作为模型的输入，再根据各评审因素的权重对客观部分的响应进行预打分，供专家审核参考；客观条款校验模型，对比机器评定与专家评定的客观条款信息，给专家提示人工审核差异的条款信息。

（2）建立结构化文件库。从法律、商务、技术等维度划分招标过程中的各类文件（范本、模板文件、招标文件、投标文件、评标报告、质量检查报告等），实现不同领域知识应用的全过程贯通。

（3）建立以招投标业务为基础的知识图谱。知识图谱中包含招标人、投标人、项目、标的物等多种实体及其关系，可以帮助招标代理公司提升实体间的关系探索和分析能力。

（4）打造写作素材库。通过将历史数据结构化，提取写作常用的数据素材，提升写作效率。

4. 打造知识生态圈，共享“策略知识”

打造招投标知识共享生态圈是知识管理系统的高级应用。招标代理公司作为典型的知识密集型企业，营造学习型组织文化至关重要。通过创建知识在线问答、知识协同编辑、行动后总结、知识排行榜等多种知识共享应用，激励员工不断应用知识管理系统并贡献自己的知识，实现知识在组织内的快速流动，让知识在招标代理公司内部“活起来”。当知识管理系统成熟后，可以逐步将知识服务对招标代理公司分公司和集团开放，最终实现对行业开放，进一步增强招标代理公司的行业影响力，推动工程招投标领域的发展和进步。

## 三、意义及成效

1. 提升招标人员专业化水平，增强公司竞争力

招标代理公司支持人工智能应用的知识管理系统可以帮助公司有效管理现有知识，并生成智能、易用的新知识。同时，业务专家可以把自己掌握的业务经验、技能以恰当的方式共享，并转化为公司的知识资产，进而全面增强业务人员的协同工作能力，提高个人技能素质，从而提高企业在招投标行业的市场竞争力。

2. 成功探索招投标行业知识管理新途径

招标代理公司的知识管理系统在招投标行业率先应用知识图谱、自然语言处理等人工智能技术，开发了文件编制助手、智能评标工具、文件质量检查规则库等常见业务场景下的智能化知识应用，有效解决了文件编制慢、招标周期长、质量不可控等问题，为招投标行业的知识管理做出了积极探索，提供了新的途径。

**案例思考**

（1）中国神华国际工程有限公司是如何构建智慧化招投标体系的？

（2）智慧化招投标的意义和作用是什么？

# 第一节 智慧招标采购概述

## 一、智慧招标采购概念

### （一）智慧招标采购的内涵

招标采购是一种使用越来越广泛的采购方法。所谓标，就是标书，就是任务计划书、任务目标。招标是指招标人（买方）发出招标通知，说明采购的商品名称、规格、数量及其他条件，邀请投标人（卖方）在规定的时间、地点按照一定的程序进行投标的行为。所谓招标采购，是指采购方作为招标方，事先提出采购的条件和要求，邀请众多企业参加投标，然后由采购方按照规定的程序和标准一次性地从中择优选择交易对象，并与提出最有利条件的投标方签订协议的过程。在招标采购中，其最大的特征是公开性，凡是符合资质规定的供应商都有权参加投标。

智慧招标也可称为数字化招标，是使用人工智能、大数据、流程自动化等新技术，整合企业内外部资源，降低人在招标各环节的参与度，提升效率，实现降本增效，同时积累核心数据资产，为企业进入智能化奠定基础。

### （二）智慧招标采购的特点

招标采购具有公开性，招标程序的公开性有时也称透明性，是指将整个采购程序全部公开：公开发布招标邀请；公开发布招标商资格审查标准和最佳投标商评选标准；公开开标，公布中标结果；公开采购法律，接受公众监督，防止暗箱操作、徇私舞弊和腐败违法行为。招标程序具有公平性，所有对招标感兴趣的供应商、承包商和服务提供者都可以进行投标，并且地位一律平等，招标方不允许歧视任何投标商。评选中标商是根据事先公布的标准进行的；招标是一次性的，并且不能与投标商进行谈判。这些措施既保证了招标程序的完整，又可以吸引优秀的供应商来进行投标。招标过程中的竞争性招标是一种引发竞争的采购程序，是竞争的一种具体方式。招标活动是若干投标商公开竞标的过程，是一场实力的大比拼。招标的竞争性体现了现代竞争的平等、诚信、正当和合法等原则。招标也是一种规范的、有约束的竞争，有一套严格的程序和实施方法。企业采购通过招标活动，可以最大限度地吸引投标商参与竞争，从而使招标企业有可能以更低的价格采购到所需的物资或服务，更充分地获得市场利益。

智慧招标采购打破了传统的数据孤岛，整合内外部海量数据，优化招标采购策略，能够提升整个招投标过程的效率。首先，是从人工知识的表达转向大数据驱动的知识学习技术。由分类化的多媒体数据处理转变为跨媒体的认知、学习、推理。其次，从追求智能化机器到高层次人机、脑机的相互协同与融合。从对个体智能的聚焦，到基于互联网和大数据的群体智能，它能将多个人的智能集合融合在一起成为群体智能。最后，帮助企业将日常招标工作自动化，通过分析招标文件更好地了解服务招投标的主客体，降低运营成本。

### （三）实施智慧招标采购的必要性

当前监管模式下，有些地方仍然采取传统的跑开标现场、打电话甚至纸质文件送达等方式进行监管，即使在电子化程度较高的部门，仍然存在电子化程度、标准不一，招投标服务模式采用纸质和电子双轨制并行的现象，这在一定程度上给交易主体增加了操作负担，降低了交易效率。传统招投标过程烦琐，效率低下，耗费人力物力，且不透明，权力寻租等廉洁问题、围标串标问题时有发生。

招投标的各个环节相互割裂，与招投标相关的合同履行也存在相互割裂的现象。这样的业务操作形式不但差错率高，质量无法保障，而且极其不利于信息共享，致使招投标工作阶段难以与合同履约阶段有效衔接，"履约监管"和"两场联动"等先进理念和管理方法难以落实。

在数字化转型的当下，招投标管理数字化转型发展也日益成为招投标管理探索发展的全新方向，并为传统招投标管理带来了新的思路和方法。

一方面，招投标管理数字化转型发展，有利于强化招投标信息的高效处理，能够更好地提升监管效率。各行政主管部门运用各种数字化手段，提升招投标过程的数字化水平，提升招投标信息处理能力和处理速度，对提升招投标监管和服务效率方面有极大的促进作用。另一方面，在招投标监管工作中利用数字技术，逐步推进跨区域跨部门的招投标信息共享和验证互认机制，加强招投标交易数据统计分析、综合利用和风险监测预警，这势必将进一步提升对市场交易主体、社会公众和行政监管部门的信息化支撑能力。

## 二、智慧招标采购管理

### （一）适用范围及标段划分

1. 招标采购所需要的条件

在采购活动中，招标采购是一种较为常用的采购方式，但并不是所有的项目都采用招标采购方式。通过招标采购这种方式采购的项目需要具备一定条件，招标采购人在进行采购之前应先确定招标采购所需要的条件。这些条件一般包括以下内容。

（1）项目已获批准。招标采购项目已通过相关部门批准，并已列入年度投资计划。招标采购项目的批准是招标项目进行招标采购的重要环节，只有获得相关部门批准，招标项目才可以实施。

（2）项目设计文件已批准。对于有技术性要求的招标项目，如工程设计文件，在进行招标采购之前，需要全部或者部分完成项目设计文件，而且需要通过主管部门审批，因为这些是编制招标文件的基本条件。

（3）项目所需资金已落实或部分落实。很显然，完成一个项目是需要资金的，并且资金的需求量可能非常大，因此在招标之前，应先落实项目所需资金，如建筑工程办理施工许可证要求建设资金已经落实，工期不足 1 年的，到位资金原则上不得少于工程合同价的 50%；工期超过 1 年的，到位资金原则上不得少于工程合同价的 30%等。

（4）项目招标文件已编写完成并经批准。招标文件的主要内容是进行项目招标的前提条件，应经有关部门批准。

（5）其他条件。为了招标项目的实施，需要完成一些必要的准备工作。如在工程项目施工招标之前，招标人应完成诸如征地拆迁和移民安置的工作；建设临时道路，要保证施工时公用设施和通信设备的使用等。

2. 招标采购范围

招标采购一般是一项比较庞大的活动，涉及面广，耗费人力、财力、物力较多。因此，并不是什么情况都要采用招投标的方式，这种方式一般只适宜比较重大的或者影响比较深远的项目。例如以下几种情况。

（1）寻找长期供应物资的供应商，如新企业开业，寻找未来长期的供应伙伴时采用招标方式。

（2）寻找一次批量比较大的物资供应商。

（3）寻找一项大型建设工程的工程建设和物资采购供应商等。对于小批量物资采购和小型建设工程，则不宜采用招标方法。

3. 标段/标包划分

招标采购项目的标段/标包是指招标人将准备招标采购的项目分成几个部分进行单独招标，即对这几个部分分别编写独立的招标文件并进行招标。这几个部分可同时招标，也可分批招标，可以由数家承包商或供应商分别承包或供应，也可由一家承包商或供应商总承包或供应。

从标段/标包的定义看，将招标采购项目划分为若干个标段/标包的意义有以下几点。

（1）有利于控制大型采购项目的成本。通常情况下，一个项目由一个承包商或供应商完成，不但交叉影响小，便于管理，而且对人力、物力和财力等也便于统一调度，这样在一定程度上可以降低造价。但是，一个大型且较为复杂的项目，对承包商或供应商的能力、项目经验等有较高的要求，在此种情况下，如果不将项目划分为几个标段/标包，则可能使参加投标的承包商或供应商的数量大大减少，而竞争对手的减少，将会降低投标人之间的价格竞争，可能导致投标报价的上涨，反倒不利于控制项目成本。因此，对大型采购项目进行划分，在一定程度上有利于控制项目成本。

（2）有利于项目组织与管理。将采购项目划分为几个标段/标包，也就是说，将一个复杂的项目划分为几个相对简单的项目，这样在具体较小项目的实施过程中，承包商或供应商可以对整个标段/标包充分了解，从全局上把握该项目，有利于承包商或供应商尽快完成自己承包的任务。但是，由于承包商或供应商的数量较多，会加重招标人的管理负担。

（3）有利于进一步发挥承包商或供应商的专长。在项目实践中，承包商或供应商通过项目实施经验，往往在某一领域具有比较优势。因此，在划分标段/标包时，将类似的招标内容划分到一个标段/标包中，使得每个标段/标包具有更强的专业性，这将有利于承包商或供应商利用自身的专长实施项目，同时也有利于吸引更多的承包商或供应商投标。更重要的是，在充分发挥承包商或供应商专业优势的情况下，可以更好地保证项目质量。

招标采购项目的标段/标包划分是正式编制招标文件前一项非常重要的工作，项目采购部门必须对上述因素认真考虑，使标段/标包划分合理，满足各方需求。必要时应同时拟订几个划分草案，综合比较确定。

### （二）招标采购方式及招标组织形式

1. 招标采购方式

招标采购是采购的基本方式，决定招投标的竞争程度，也是防止不正当交易的重要手段。我国的招标采购方式有两种，一种是公开招标，另一种是邀请招标。

公开招标又称无限竞争性招标，是由招标人在指定的报刊、网络或其他媒体上刊登招标公告，吸引众多企业、单位参加投标竞争，招标人从中择优选择中标单位的一种招标方式。公开招标的目的在于使所有符合条件的潜在投标人可以有相对平等的机会参加投标，便于招标人从中择优确定中标人。其特点是招标人的招标公告针对对象不特定，没有数量限制，所有对招标项目感兴趣的法人或者其他组织都可以参加投标，因而具有广泛的竞争性。此外，招标公告提高了招标活动的透明度，使社会公众可以了解招标的内容和要求，保证了招标的公开性，有利于减少和限制招标过程中可能出现的违规操作和不正当交易行为。同时，这种招标方式最符合优胜劣汰和“公平、公正、公开”的原则。

邀请招标也称有限竞争性招标或选择性招标，即由招标单位选择一定数目的满足特定条件的企业，向其发出投标邀请书，邀请他们参加招标。一般选择3~10家企业较为适宜，具体要视招标项目的规模而定。由于被邀请参加投标的竞争者有限，不仅可以节约招标费用，还可以提高每个投标者的中标机会。邀请招标的特点包括：①邀请投标不使用公开的公告形式；②接受邀请的单位才可以对项目进行投标；③投标人的数量有限。

公开招标与邀请招标之间的区别有以下几点。

（1）发布信息的方式不同。公开招标采用招标公告的形式发布，邀请招标采用投标邀请书的方式发布。

（2）选择的范围不同。公开招标采用招标公告的方式，针对的是一切对招标项目感兴趣的潜在法人或其他组织，招标人事先不知道投标人的数量；邀请招标针对的是招标人已经了解的法人或其他组织，而且招标人事先也知道投标人的数量。

（3）竞争的范围不同。公开招标可以使所有对招标项目感兴趣的潜在法人或其他组织参加投标，因此，竞争范围比较广，投标人之间的竞争也比较充分，招标人容易获得最佳的招标效果；邀请招标采用邀请方式，所以参加投标的法人或其他组织的数量受到限制，投标人之间的竞争程度相对降低。

（4）公开的程度不同。在公开招标中，所有的招标活动必须按照预先指定并为各个投标人所熟知的程序标准公开进行，大大减少了腐败的可能性；邀请招标的公开程度相对较差，容易产生围标、串标等交易。

（5）时间和费用不同。公开招标的程序较多，而且在时间上也有许多要求，同时还需要准备许多文件，因而耗时较长，招标费用较高；相对而言，邀请招标的程序较少，缩短了招投标时间，也减少了招标费用。

2. 招标组织形式

招标组织形式是指通过何种形式确定中标人，换句话说就是：招标人是通过自行招标的形式择优选择项目中标人，还是委托招标代理机构组织招标确定中标人。

招标人具有编制招标文件和组织评标能力的，可以自行组织招标。自行招标虽然便于协调管理，但往往容易受到招标人认知水平、法律和技术专业水平的限制，从而影响和制约招标采购的规范性及招标采购结果的合理性。因此，如果招标人不具备自行组织招标的能力，或者不愿意自行招标，应当选择委托招标代理机构完成招标事宜。招标人自行招标应具备下列条件。

（1）招标人具有项目法人资格（或者法人资格）。

（2）具有与招标项目规模和复杂程度相适应的技术、概预算、财务和项目管理等方面的专业技术力量。

（3）有从事同类项目招标的相关经验。

（4）设有专门的招标机构或者拥有 3 名以上专职招标业务人员。

（5）熟悉和掌握《招标投标法》及有关法规和规章。

招标人进行委托招标时，招标人不具备自行招标能力的或虽有条件但招标人不愿意自行招标的，可以委托招标机构代理进行招标。招标代理机构应当在招标人的委托招标范围内办理招标事宜。招标代理机构是依法设立、从事招标代理业务并提供相关服务的社会中介组织。招标代理机构应当具备下列基本条件。

（1）必须通过从事招标代理的资格审查，取得招标代理的资格证书，才可以承接招标代理业务。

（2）有从事招标代理业务的营业场所和相应资金。

（3）有能够编制招标文件和组织评标的相应专业力量。

（4）有符合《招标投标法》规定的条件，可以作为评标委员会成员人选的技术、经济等方面的专家库。

招标人委托招标机构代理招标和招标人自行招标相比，各有优缺点，现对比分析如下。

招标代理机构招标比招标人自行招标有更为明显的优势，主要表现在以下几个方面。

（1）公平、公正。由于招标代理机构不隶属于任何行政机关，所以招标代理机构在招标采购过程中，不易受到行政机关的约束，可以严格按照法律的规定从事相关招标事宜，因此，招标代理机关更容易做到公平、公正。

（2）经验丰富。招标代理机构是专门从事招标业务的，在实践中积累了丰富的经验，因此，比招标人更有经验，专业性也更强，故而，招标代理机构更有利于保证招标质量。

（3）透明度高。由于招标代理机构是一种社会中介组织，它要同时满足招标人的要求、接受投标人的监督及接受相关行政单位的监督。因此，代理招标与招标人自行招标相比，更易于接受和实施广泛的监督，有利于遏制腐败等不正之风，维护招标人和投标人的利益。

招标代理机构进行招标也存在不足，代理机构对招标项目和某些具体招标对象的背景、技术规范及一些特定的复杂技术要求等不如招标人了解和熟悉，需要招标人在这些方面进行指导和配合。

招标人自行招标的优势：招标人对其招标项目的情况及使用要求最了解、最清楚，实行自行招标，可以掌握全过程，责任容易落实，同时也便于招标项目的合同管理与整个项目的组织实施。

招标人自行招标的劣势：招标人对招标采购业务不如招标代理机构熟悉，有时容易失误，同时，对于公正性与公平性而言，不如招标代理机构有保障。对于中小企业来讲，还要临时组建招标采购专业机构，不利于专业化管理，也不经济。

在实际招标过程中，招标人应当在依法招标、保证招标质量的前提下，充分考虑这两种招标采购组织形式的优缺点，选择适合于具体招标项目特点和需求的招标组织形式，以使招标过程顺利开展，更好地实现招标采购的目的。

### （三）智慧招标采购基本流程

智慧招标采购的基本流程是实现招标采购需求的具体过程，包括招标、投标、开标、评标、中标和签订合同等过程。

1. 招标

招标是指招标人按照国家有关规定履行项目审批手续、落实资金来源后，依法发布招标公告或者投标邀请书，编制并发售招标文件等的具体环节。根据项目特点和实际需要，有些招标项目需要委托招标代理机构，组织资格预审、现场踏勘、进行招标文件的澄清与修改等。由于这是招标投标活动的起始程序，投标人资格、评标标准和方法、合同主要条款等各项实质性条件和要求都要在招标文件中明确，因此，招标文件编制及条款设定对整个招投标过程是否合法、科学，能否实现招标采购目标具有基础性作用。

招标文件作为招投标全过程中的重要文件，其质量的高低直接决定了招标采购工作的成败。如何持续提升招标文件的质量，是招标代理行业关心的核心问题之一。目前，招标代理行业通常的做法是将人工编写的标准招标文件作为招标文件的基础，但人工编制的标准招标文件普遍存在编制速度慢、更新不及时、管理不精细等问题，随着自然语言处理、机器学习等人工智能技术的发展成熟，让智能编制和更新成为可能，中国神华国际工程有限公司作为具备复杂业务形态的大型招标代理机构，也在积极探索和利用人工智能技术编制、更新标准招标文件。

人工智能技术日趋成熟，在文本推荐、文本对比、文本生成等场景应用中均有良好表现，同时也广泛应用于司法、证券等需要处理大量文字信息的行业。招标代理行业作为需要处理大量文字信息的典型行业之一，经过多年的信息化建设，已经积累了大量的数据，因此向智能化转型是大势所趋。推进招标代理行业的智能化转型，已经成为各个公司提升工作效率和管理水平的新手段。

在标准招标文件生成过程中应用到的人工智能技术包括自然语言处理、机器学习等。利用词法分析、实体抽取、实体链接、语言模型等自然语言处理技术，可以实现解析招标法律文件，提取法律部分相关条款；解析集团管理制度，提取管理条款；解析招标文件技术部分，提取标的物技术参数；解析投标文件，提取投标文件的响应内容。通过人工智能技术辅助标准招标文件生成，能够有效减少人工工作量，缩短标准招标文件编制时间，解决标准招标文件编制费时费力的问题。

通过人工智能技术辅助生成标准招标文件，可以大幅提升标准招标文件生成速度，提升标准招标文件编写质量。能够将同类标的物标准招标文件作为招标文件的基础，减轻项目经理从头开始编写招标文件的工作量。通过人工智能模型能够实现自我迭代，不断提升标准招标文件的生成质量。

2. 投标

投标是指投标人根据招标文件的要求，编制并递交投标文件，响应招标的活动。投标人参与竞争并进行投标报价是在投标环节完成的，在投标截止时间后，招标人不能接受新的投标，投标人也不得更改投标报价等实质性内容。因此，投标情况确定了竞争格局，是决定投标人能否中标、招标人能否取得预期效果的重要环节。

投标文件接收作为采购全流程中的重要一环，主要存在两个方面的问题：一是纸质投标文件的接收主要靠人工完成，在接收过程中需要投入大量的人力、物力，大幅增加了采购成本，而且存在文件错交、漏交的风险，影响专家的评标工作。二是集中采购模式下的项目由于采购规模大、标的物类别复杂、投标人数多、投标文件整理量大等因素，进一步增大了纸质投标文件的接收难度。因此，研究利用新一代信息技术，通过智能化、自动化的接收手段，智能接收投标文件，这不但有利于简化重复而又烦琐的工作，解放人力，实现高效率纸质投标文件的接收，而且能在一定程度上提高专家评标的质量和效率。

3. 开标

开标即招标人按照招标文件确定的时间和地点，邀请所有投标人到场，当众开启投标人提交的投标文件，宣布投标人的名称、投标报价及投标文件中的其他内容。开标的最基本要求是公开，保障所有投标人的知情权，这也是维护投标人合法权益的基本条件。

智能开标，投标人不用到现场、各方主体“零跑动”，引入虚拟主持人，直至建立“不见面”开标规范化标准，“不见面交易”从原来的解决交易便利性问题，到越来越注重交易过程的合规性、公开化、透明化，从智能交易向智慧管理不断迈进。智能开标系统能够全景展示当日所有开标项目、完整保存历史项目开标视频资料，解决了电子化交易过程中难以看清的问题，提升了信息公开的透明度和覆盖面，为事后监管留下真实、全面的一手资料。此外，智能开标系统还具备多场景交互功能，实时查看投标人与主持人的交互过程，及时干预、制止违法违规行为；实时统计各方主体在线参与情况，全程记录开标过程，全面监督各方履职情况，实现开标全过程的智能管理，提高了开标活动的整体智能化管控水平。

4. 评标

招标人依法组建评标委员会，由评标委员会依据招标文件规定的评标标准和方法，对投标文件进行审查、评审和比较，确定中标候选人。评标是审查确定中标人的必经程序。

招标项目的中标人必须按照评标委员会的推荐名单确定，因此，评标是否合法、规范、公平、公正，对于招标结果有决定性作用。

5. 中标

中标也称定标，即招标人从评标委员会推荐的中标候选人中确定中标人，并向中标人发出中标通知书，同时将中标结果通知所有未中标的投标人。中标既是竞争结果的确定环节，也是容易发生异议、投诉、举报的环节。

6. 签订合同

合同中标通知书发出后，招标人和中标人应当按照招标文件和中标人的投标文件，在规定的时间内订立书面合同，中标人按合同约定履行义务，完成中标项目。

## 第二节　新技术在智慧招标采购中的应用

### 一、区块链在招标领域的应用

#### （一）区块链的概念

自比特币诞生开端，区块链就孕育而生，一份代码上线，安稳运转近 10 年，没有呈现过程序错误，没有被黑客攻破，这就是区块链技能的魅力所在。

从技术的视点解释，区块链是分布式数据存储、点对点传输、共识机制、加密算法等计算机技能的新式使用形式。所谓共识机制，是区块链系统中在不同节点间建立信任、达成共识、实现去中心化的核心技术。

狭义来讲，区块链是一种依照时刻次序将数据区块以次序相连的方法组合而成的一种链式数据结构，并以密码学方式保证的不可篡改和不可假造的分布式账本。广义来讲，区块链是使用块链式数据结构验证与存储数据、使用分布式节点共识算法生成和更新数据、使用密码学的方式确保数据传输和访问的安全、使用由自动化脚本代码组成的智能合约编程和操作数据的一种全新的分布式根底架构与计算范式。

由此可见，区块链拥有揭露通明、不可篡改、分布式记账、点对点传输等特性，故各行各业中都有区块链广泛的应用场景。由于区块链先进的技术特性，使其在业务数字化方面展现了非常强劲的应用前景。

### （二）区块链的技术应用场景

《“十四五”数字经济发展规划》提出，“瞄准传感器、量子信息、网络通信、集成电路、关键软件、大数据、人工智能、区块链、新材料等战略性前瞻性领域，发挥我国社会主义制度优势、新型举国体制优势、超大规模市场优势，提高数字技术基础研发能力。以数字技术与各领域融合应用为导向，推动行业企业、平台企业和数字技术服务企业跨界创新，优化创新成果快速转化机制，加快创新技术的工程化、产业化。”

在讨论区块链在招投标领域实际应用之前，我们从更高的角度，来看看区块链在数字化业务中极富前景的应用场景模式。

（1）数字交易中的区块链。区块链是一种存储在网络中的虚拟数据库，所有参与其中的用户都可以拥有该数据库的本地副本。由于这种分布式的架构结合了一些加密技术，区块链数据库中存储的信息只能由用户管理。除此之外，每条数据信息通常作为受密码保护的区块发送，并始终通过特殊的证明方式进行验证。因此，区块链技术能够在所有对等（P2P）交易中建立高度信任，而无须借助任何中间商帮助监控交易过程。考虑到 B2B 和 B2C 领域的业务正逐渐将其服务转移到数字市场，区块链有可能成为数字转型的关键技术，它在世界范围拥有独特的跨境数字网络，为消费者、客户、贸易和商业伙伴提供了最高的安全性和信任。

（2）业务流程优化中的区块链。毋庸置疑，快速是数字化转型的重要组成部分，而区块链在进行交易时表现出了极高的速度。更重要的是，所有与在区块链中保存和传输数据相关的过程通常都是高度安全的，因此，完全自动化的交易可以在许多领域中被采用，并使其更有效率。

业务流程优化指的是业务和网络中的关键节点、关键设施和关键数据在一定范围内形成的强一致性的网络，使业务关系更加密切的同时，对业务关系进行调整。值得注意的是，在网络传输中，中心化系统的速度肯定比去中心化系统的区块链速度要快得多，但是为什么文中却说区块链技术在进行交易时表现出极高的速度，这是因为去中心化的区块链是防篡改的，并且可以让多个网络节点同时获得数据，这极大地降低了信任成本。中心化的系统，尤其是涉及多个主体的系统，由于互相之间不信任，并且很难保证数据传输过程中的安全性，必须增加各种增信措施或审计、清算等流程，付出了很大的信任成本，使整体运转效率远低于去中心化的区块链系统。

（3）区块链驱动的智能合约。智能合约被用于多种业务流程，不仅可以安全地将数据信息存储在区块链中，还可以凭借高度可信的方式自动更新数据。区块链支持的智能合约可以基于预设的协议进行部署，通常是防篡改的并且高效的，最重要的是智能合约是透明可信的，非常有发展前景，必将进一步推动业务流程的数字化。

### （三）区块链在招标领域的应用

将区块链与数据库技术融合，建立一个数据公开透明、安全可靠、无法篡改的信息数据库。将招标过程中需要的企业信息纳入区块链管理和查询，建立需要招标投标各方参与的区块链客户端，企业、政府或个人都需要按照相关认证要求进行初始约定和登记。区块链大多数采用对等式网络（简称 P2P 网络），其特点是不存在任何中心化的特殊节点和层级结构，每个节点处于对等的地位且共享资源，均会承担网络路由、验证区块数据、传播区块数据、发现新节点等功能。投标各方就是其中的节点，是资源的提供者，也是资源的接收者。但为了快捷高效地传播数据资源，需要对招投标各方的权利和义务进行约定，确定相关数据的发起负责人（并不是唯一负责人）。

由投标人负责基本信息的创建和实时维护，包括企业资质、人员社保、设备机具等，但应由各信息相关方对数据进行认可确定，如企业的人员情况。社保中心将根据五险一金的缴纳情况确定员工任职情况，从而确认信息的正确性，并根据实际情况的变化实时更新。招标人负责对中标人的履约情况进行评价考核，及时录入数据库，包括工期、工程质量、售后服务、验收评价等，中标人对这些数据有提出异议的权利，招标人应该给予答复，中标人认证，确保数据的公正性。若招标人未及时将评价考核数据上传，中标人可主动上传，招标人进行认证。政府和相关管理部门对企业的考评信息和奖惩信息经过权威发布后导入区块链，包括安全环保、守法合规、员工权利保障情况等考核结果。若发生变化，应实时进行更新，各方及时录入、认证，确保系统数据信息的完整性、真实性和准确性。

当数据被双方认证后，区块链自动将数据发送至区块链每个节点，每个节点的计算机都将进行记账，数据将会在整个区块内传播。经过认证后的数据无法私下篡改，且新数据产生后，老数据不会被覆盖，相关数据组合后形成数据信息的历史集合，便于追踪溯源，查找该项数据的变化情况和发展状况。

应用区块链技术将会使评标应用方便快捷。区块链技术的最大特点是开放性，除特殊加密的私有信息外，数据对区块链范围内的所有人公开，这既保证了数据的安全性，也实现了数据内部的公开共享。在招标过程中，要求各投标人将招标文件所要求的数据信息公开，原加密的数据进行解密公示，保证数据的准确性。在评标过程中，如需核对相关数据，可通过区块链快速查找，也可以提前设置评标应用小程序，通过公开的接口将评标条款直接从区块链中进行数据抓取，实现评标过程智能化。应用经过区块链传播公示的数据，信息的真实性得到了保障。

在招投标领域，由于招标方、投标人、评标专家等参与者的角色权限和数量有限，因此，联盟链相对于公有链、私有链更合适。结合系统运行效率考虑，基于联盟链开发招投标系统是未来的典型趋势。结合实际招投标流程，构建了区块链招投标平台架构（见图 7-2）。招投标流程主要包括招标、投标、开标、评标、定标和合同履约。

在招标环节，招标方编制电子招标文件，发布招标需求，并将电子招标文件上传至区块链招投标系统。同时，需将招标书最终稿哈希值一同上传存证，通过时间戳锁定。

在投标环节，投标方根据电子招标文件编制电子投标文件，然后上传区块链招投标系

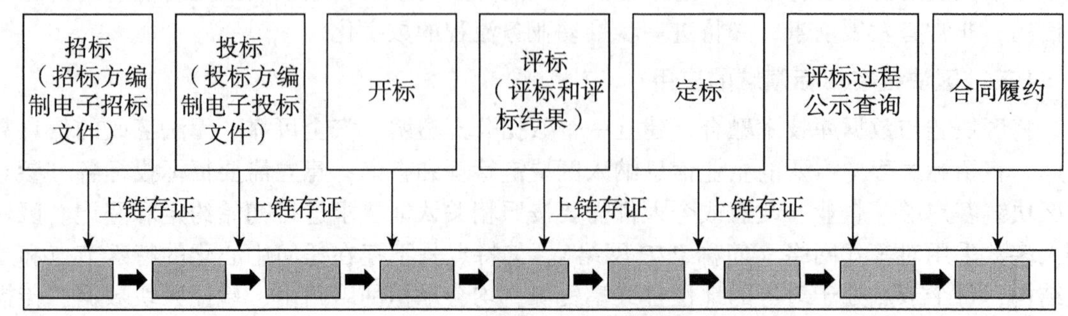


**图 7-2　区块链招投标平台架构**

统，同时上传标书最终稿哈希值存证，并通过时间戳锁定。对于标书等敏感信息还要进行再加密，有效避免重要信息后期被篡改和泄露。

在区块链招投标系统中还要对投标方身份信息进行加密，杜绝投标方之间进行串标等违规操作，保证投标环境公平、公正。

在评标环节，平台首先核对所有投标文件的有效性，只有符合投标规则的投标文件才能进入评标环节。对于自动评标，将评标规则写入智能合约，自动生成评标结果后上链存证。对于远程评标，评标专家借助指纹、人脸识别等完成链上身份的可信认证后，在规定时间内将评标结果上链存证。区块链可实现点对点和可匿名的特性，能够确保专家独立评标，避免评标专家为特定投标方站台。最后，由智能合约根据专家评标结果自动生成评标结果并上链存证。

基于区块链技术的电子招投标系统完整记录招投标流程中的所有评标信息和参与各方在区块链上的操作行为，并基于时间戳机制实现锁定。招标完成后，系统将提供对外查询接口。通过该接口可以查询招投标过程所有原始存证数据，任何一个环节出现问题都可以向前追溯并明确参与方的具体身份，确保招投标流程公平、公正和透明。

在合同履约环节，基于区块链技术的智能合约，可以实现招标方和中标方在线即时自动签约，减少签约周期，提高工作效率。通过区块链平台还可以追踪项目进度，督促各参与方在规定时效内履行合约内容，避免违约行为，推进招标项目保质保量完成。

### （四）区块链技术应用于招投标的优势

（1）提高评标的质量和效率。区块链数据应用于评标，数据的真实性和准确性得到了保障，数据从采集、整理、交易、流通及计算分析的每一步记录都被留存，使数据的质量获得前所未有的强信任背书。这保证了数据分析结果的正确性和数据挖掘的有效性，有效地降低了招投标过程中弄虚作假、虚构资料博取评标优势行为的发生。在评标过程中能够依据真实有效的数据进行评审，招标结果的准确性和公正性得到了保证，极大程度地减少了虚假投标异议事件的发生。

（2）保障数据的安全性。数据就是资源，掌握了数据就等于掌握了博弈的主动权。区块链构建分布式账本安全性高，极大地保证了区块链内数据的安全性，能够在完成评标工作的同时，保障投标人的信息安全，避免给投标人带来损失。区块链具有的多签名私钥、加密技术、安全多方计算技术，能够只让获得授权的用户对加密数据进行访问，充分保障了私人数据的机密性、完整性和可用性。区块链对数据的完全加密可以确保这些数据在传输过程中不会被未授权的用户访问。分布式记账技术对文件的签名代替了传统的签名方式，使攻击者几乎不可能伪造和窃取数据，从而充分保障了数据的安全性。

（3）评选最优服务商。数据具有历史性、可追溯性，有利于对投标人做出综合评定，优选出最佳服务商。每笔数据生成、修改、增减都有完整记录链条，环环相扣，可以完整地展现一个投标企业生存发展的全过程，有利于评委对投标人做出更全面的综合评价，优选出最佳服务商。

（4）促进投标人相互学习，取长补短。区块链内数据共享，内部相关内容信息可交流互通。投标人之间可以实现一定范围的数据共享，有利于投标人相互学习，取长补短，促进整个行业的健康发展，从而为招标人提供更优质的服务。

随着电子招投标系统的普及，大大缩短了招投标流程，并且降低了招标方和投标方的交易成本。但信息不透明、资源共享难、数据隐私无保障和信用成本高等问题并未完全解决，尤其是传统电子招投标系统设置了权限管理，难以发现重要敏感数据的修改、删除行为。同时，部分招标方为了确保中标采用陪标、串标、围标等违规手段，也极大影响了招投标市场秩序的公平公正。

利用区块链技术开发的招投标系统实现招、投、开、评、定、合同履约全过程的电子化，具有以下几项优势。

（1）招投标流程更加公开、透明。在区块链系统中，各个参与方都作为一个节点保存、维护相同的数据信息。同时，招投标所有环节中的数据信息都将上链存证，无法修改，并可供查询，真正实现了招投标全流程公开透明。

（2）保障数据隐私。区块链技术使用加密算法，对重要敏感信息进行加密，相对于通过权限控制的传统电子招投标系统具有更高的安全性。通过非对称加密算法对投标方标书、评标专家身份信息加密，保证这些信息只有被持有对应私钥的人查看，同时能够有效保护这些重要、敏感数据不被泄露。

（3）快速追溯。区块链技术的链式区块结构能保证任意一条数据都可以追踪溯源。由于招投标过程中全生命周期数据信息都存证到区块链上，区块链数据更改难度系数大（每个节点都缓存了相同的信息，修改单个节点的数据毫无意义，即使需要修改50%以上的节点，也不太可能），并且系统中的任何数据修改或操作行为都会被准确记录。因此出现问题时，便可随时通过链上信息溯源，找到问题源头，也更加有利于招投标领域的监管。

（4）降低信用成本。传统招投标大量依赖代理机构等第三方机构完成招标工作，导致交易过程繁杂、效率低、信用成本高。基于区块链技术，招标方和投标方可以直接建立交易，由于区块链的不可篡改及可追溯性，企业一旦出现围标、串标等违规操作，记录将永远无法抹除并记入公共信用库形成企业诚信档案，这将督促企业必须提供真实可靠的信息，从而直接降低招投标方之间的信用成本。

（5）提高工作效率。智能合约是根据规则配置在区块链上的一段代码，通过特定事务触发后自动执行。在招标环节，根据招标文件配置智能合约实现自动开标、评标。在招标完成后的履约阶段，到约定时间自动支付工程款，智能合约可以按照约定自动执行扣款。智能合约一方面使合约得以公平公正地执行，另一方面也可以减少人工参与，极大地提高了工作效率。

## 二、大数据在招投标领域中的应用

### （一）大数据的定义

作为世界上第一个大数据白皮书《大数据计算：创造商业、科学和社会领域的革命性突破》中首次提到的词语——大数据，2008 年美国计算社区同盟并未对此下过明确的定义，只就大数据的核心作用在书中进行了介绍，至今国际上仍未形成具有权威性的、被普遍认可的定义。“这个词本身是模糊的，但它正在变得越来越真实”，康奈尔大学数据学家乔恩·克莱因伯格说，“大数据是一个过程，一个口号，它有可能改变一切。”

大数据在维基百科定义为巨量资料，指的是传统数据处理应用软件不足以处理的大或复杂的数据集的术语。大数据也可以定义为来自各种来源的大量非结构化或结构化数据。这个定义是从数据的名词本身阐述的，笔者认为在当前大数据概念应用泛化的情况下，该定义并不精确。

研究机构高德纳定义为：大数据是一种巨量、高增长和多样化的信息资产，需要具有更强的决策力、洞察发现力和流程优化能力的新处理模式才能使之发挥作用。

咨询机构麦肯锡定义为：大数据是指一种规模大到在获取、存储、管理、分析方面大大超出了传统数据库软件工具能力范围的数据集合，具有海量的数据规模、快速的数据流转、多样的数据类型和价值密度低四大特征。

除此之外，我国政府对大数据也进行了官方的定义。《促进大数据发展行动纲要》指出，大数据是以容量大、类型多、存取速度快、应用价值高为主要特征的数据集合，正快速发展为对数量巨大、来源分散、格式多样的数据进行采集、存储和关联分析，从中发现新知识、创造新价值、提升新能力的新一代信息技术和服务业态。

纵观各方定义我们可以发现，大数据只是信息化时代出现的一种现象，IBM 公司根据其基本特征，提出了 5 个 V 特点，而这个概念正逐渐被大众接受。第一个 V（Volume），即规模性，数据量大，包括采集、存储和计算的量都非常大。第二个 V（Variety），即多样性，包括结构化、半结构化和非结构化数据，而如此众多类型的数据对数据的处理能力提出了更高的要求，从而使大数据与分布式架构云计算的关系就像硬币的正反面一样不可拆分。第三个 V（Velocity），即时效性，数据库要求处理速度快、数据增长速度快，时效性要求也高。比如某软件搜索引擎要求几分钟前的新闻能够被用户查询到，针对该用户的个性化推荐算法实时推送客户感兴趣的新闻，这是大数据分析区别于传统领域的显著特征。第四个 V（Value），即价值，指整体价值极高，但大数据价值的密度相对较低，单个数据可以说毫无价值。比如一次招标项目的顺利完成对于整体招标行业的意义可谓少之又少，但汇总海量招标项目数据并利用合理的算法就能得到价值很高的信息。第五个 V（Veracity），即真实性，数据的准确性和可信赖度高，也就是要求每个数据必须真实且可靠，过多的无效数据会严重影响整个大数据的质量和价值。

对大数据的简单理解就是对海量数据的分析计算，这其中有两个关键过程，一个是收集另一个是分析，所以当提起大数据的时候一定离不开云计算，没有经过处理的数据，是没有任何价值的。以我们的日常生活为例，早上 9:00，你使用微信购买了早餐；9:20，你使用支付宝乘坐了地铁；乘坐地铁过程中，无聊地刷了刷抖音。就在上述短短不到 1 个小时的时间里，微信获取了你的饮食习惯，不久你在刷朋友圈时发现了类似商家的餐饮广告；支付宝获取了你的出行方式，判断出你的现状，向你推荐花呗；抖音获取了你的兴趣爱好，并依此给你推荐相关的产品。这就是大数据给日常生活带来的改变，其在招投标行业的应用同样如此。

招投标是通过竞争分配资源的过程，其根本目的就是解决市场供需双方的匹配。大数据通过对海量数据的处理分析，可以提高潜在双方互相了解的可能性，解决孤岛信息的片面性，使信息更加准确、全面，获取方式简单化，提高招投标过程中信息的对等。此外，对于业内违法现象也能实现强有力的监督作用，通过企业过往中标、投标的记录，可以大致判断出是否有陪标、围标行为的存在，使招投标全流程可回溯、更透明。大数据在招投标中的应用，会推动招投标领域呈智能化发展。同时，“数据决策”也将会改变行业未来的竞争格局。

### （二）大数据在招投标监管上的应用

党的二十大报告提出加快建设网络强国、数字中国。《大数据白皮书（2022 年）》由中国信息通信研究院发布，数据显示，2021 年我国大数据产业规模增加到 1.3 万亿元，复合增长率超过 30%。《交通运输部办公厅 国家旅游局办公室关于加快推进交通旅游服务大数据应用试点工作的通知》中提出，“贯彻落实习近平总书记关于实施国家大数据战略加快建设数字中国的重要指示，按照服务人民、服务大局和服务基层的总体定位，提升数据采集、传输、存储、分析和运用能力，把握新技术发展和创新应用趋势，注重试点内容的前瞻性和系统性。”大数据在招投标领域的应用非常广泛。

招投标系统就是以网络技术为基础，招标、投标、评标、合同等业务全过程实现数字化、网络化、高度集成化的系统，主要由网络安全系统与网上业务系统两部分组成。这套系统不但能解决招标方关于招标文件的电子发布和传送、招标公告发布、招标文件的下载等方面的问题，而且能解决投标方关于投标文件投递的安全性、投标时间的准确性与有效性及不同地域的评标专家能同时对电子标书进行阅读、评审等问题。另外，它还能提供丰富的招标项目历史数据、投标方历史数据、招投标活动监管数据、诚信体系数据等。最重要的是招投标活动产生的海量数据，可以满足不同需求的数据仓库，具备数据挖掘、数据共享、数据查询、数据分析、数据应用等功能。要达到招投标“择优、质量、效率”的目的，实现“公开、公平、公正、诚实信用”的原则，必须尽快完善招投标电子化、数据化，搭建大数据信息化平台。数据只有不断流动和充分共享，才有生命力。应在各地、各行业专用数据库建设的基础上，通过整合和数据集成，实现各级各类信息系统的数据交换和数据共享，为大数据分析在招投标中的应用提供信息基础。

当前公共资源交易数据低价值密度的特性体现在其散布于不同的数据管理系统中，由于缺乏统一管理和规划，对跨部门信息资源共享与交换认识不足，统一的数据标准尚未建立，加上政府体制条块管理模式，导致数据横向不联、纵向不通。从当前现实状况来看，实施大数据战略的关键是推进数据资源开放共享，也就是要着力解决不愿开放共享、不敢开放共享、不会开放共享的问题，打破部门分割和行业壁垒，促进互联互通、数据开放、信息共享和业务协同，切实以数据流引领技术流、物资流、资金流、人才流，强化统筹衔接和条块结合，实现跨部门、跨区域、跨层级、跨系统的数据交换与共享，构建全流程、全覆盖、全模式、全响应的信息化管理与服务体系。国务院发布的《促进大数据发展行动纲要》，其核心就是要推动各部门、各地区、各行业、各领域的数据资源开放共享。孤立的系统一定程度上也阻碍了电子招投标的推广应用，基于大数据背景下的信息化建设已经不仅仅是一个系统的建设，而是需要考虑资源整合、互联互通。为此，必须确立大数据的理念，搭建大数据共享平台。

大数据的应用将推动传统的纸质招投标向全过程电子化、信息化转变，实现绿色招投标。大数据不仅有助于招标人查找类似项目的招标方案、评标方法、合同条件等内容，大数据还可以提供相关标的以往的合同条件及当前的各种报价和造价信息，方便了解市场状况。大数据还能够推动招投标由流程服务延伸至企业的供应链管理及项目的组织实施和管理，从而带动行业转型升级。同时，大数据还将推动监管机制的改革创新，特别是落实国务院简政放权、放管结合、优化服务的要求，招投标监管也必须转变监管理念和监管方式，要从传统的现场监管向电子化动态监管、监管信息共享联动及各行业协同监管转变，探索创新招投标大数据监管模式。传统的监管方式基本上是有举报和投诉才处理，而且要求谁举报、谁举证，耗时费力，特别是对于串通投标等违法行为存在取证难、认定难的问题，使监管效率低下。而基于大数据互联网技术背景下的电子招投标系统却能为处理举报、投诉提供很好的技术和证据支持。

**（三）大数据分析在招标项目后评价中的应用**

招标项目后评价，是指招标工作完成后，由管理部门依据权限组建后评价工作小组，参照法律法规及相关规定，结合项目立项文件、招标文件、投标文件、评标报告以及招标项目过程中产生的各项资料，根据后期合同履行或项目结果跟踪，对招标项目进行的综合性评价。

建立科学有效的招标项目后评价体系是做好此项工作必不可少的先决条件，招标项目后评价工作需遵循以下四个原则。①科学性原则，评价方案和评价标准应具备科学性，以国家法律法规及行业制度规范为依据，评价内容和程序科学合理，满足评价需求。②客观性原则，评价工作小组在招标项目后评价过程中，应恪守客观性原则，以真实资料和数据为评价基础，以国家适用法律法规和行业制度规范为准绳，对招标项目进行客观的评价，并做出评价报告。③公正性原则，公正性是指在招标项目后评价工作中，小组成员不受其他方面的干扰和影响，独立公正地根据工作方案的既定要求开展相关工作。④反馈性原则，反馈性是指后评价工作结束后工作小组需编制后评价报告，形成反馈意见并及时反馈到项目相关方。

在实际工作过程中，由于资源有限，只能对部分项目展开后评价工作，这就要求后评价项目必须具备较强的代表性，利用有限的资源实现最大的效用。以某央企为例，该集团年招标额近 2000 亿元，招标项目数达 7 万余个，而全集团内从事物资管理、采购、招标相关工作的人员仅 8000 余人，从人力资源角度远不支持招标项目后评价工作全覆盖，如果汇总现有招标数据，建立招标数据库，根据后评价需求开发建模，招标管理部门针对项目特点，选取所需参数即可实现有效项目的抽取结果输出。

利用大数据分析实现对后评价项目的科学选取，只是招标行业与大数据结合的一个缩影，更广阔的招标大数据应用前景还有待我们进一步的探索。例如，通过对海量招标项目数据、合同履行结果、项目后评价信息的不断收集完善，依托招标数据库建立人工神经网络、最近邻分类等预测模型，不仅可以预测部分招标项目由于行业特殊性可能存在的潜在风险，如招标文件歧视性、条款设置不科学等因素，方便招标机构做好预处理，使招标过程更加公平公正，而且可以推测某标的物在某地区的价格走势，以便招标人更科学地设置采购预算，进一步降低决策风险。时至今日，信息浪潮已席卷社会生活中的方方面面，而大数据的应用对各行业来说都不啻是一场革命，处于高速发展中的招投标行业更应该主动拥抱大数据，打造更加科学、阳光、智慧的未来。

### （四）大数据在招标采购管理中的价值

大数据在我国企业招标采购管理工作中的实际应用具有以下重要价值：第一，收集企业历史数据信息，判断企业招标采购管理发展的大方向，以此研究、制定一套科学、高效、可行的采购管理实施方案；第二，整合企业现有信息，优化资源配置，为企业获取更高效的采购管理效益奠定坚实的基础；第三，利用招标代理的采购管理人力资源，降低采购管理人力成本。基于此，为充分发挥采购大数据的实际应用价值，探析大数据在企业采购管理工作中的实际应用前景显得尤为重要。

随着社会经济的快速发展，传统的采购方式相对于现有市场的需求，已经无法得到满足，所以企业需要寻求新型的采购方式来增强企业的竞争力，从而满足其现有的发展需求。现阶段，随着信息技术的快速发展和不断革新，使企业招标采购的管理质量对大数据技术综合应用的需求越来越大，为大数据在企业招标采购工作中的应用提供了良好的发展条件。大数据理论的广泛应用不仅可以有效创造新的社会价值，还能有效促进招标采购业务管理的水平，结合采购大数据的数据挖掘和数据分析方法的实际应用，不仅能够有效降低采购管理成本，提高采购工作质量，还能有效降低采购管理风险，提高采购工作效率。

## 三、智能客服在招标采购中的应用

随着互联网的发展，传统的招标采购方式已经无法满足社会发展的需要，我国已全面进入电子招标采购时代。招标、评标全流程工作均在网上完成，且招投标文件采用专用软件编制、开标采用电子标书锁解密，过程中会产生很多技术性问题，招投标行为人的诸多问题只能通过客服沟通解决，人工客服已经无法满足电子招投标业务的需求，而智能客服能够弥补人工客服的不足，解决大量重复性、常见性问题，提问方便快捷，回答及时准确，加强访客与平台的沟通，进一步促进了电子招投标的健康发展。

智能机器人具有强大的自动深度学习、自然语言理解、知识分析处理和知识数据管理的能力，并能够迅速自动回答访客海量问题，答案标准统一，不受作息、节假日等时间限制，为访客提供365天24小时在线服务，使用智能客服能够拦截访客提出的80%以上的问题，大大降低了人工客服的工作强度，提高了工作效率，增加了访客的满意度，智能客服越来越受到各行各业的青睐。

### （一）招标采购对智能客服的需求

随着国家大力推行电子招投标，2013年5月1日施行《电子招标投标办法》以来，政府机构、大中型企业相继建设公共交易平台或电子招标平台，几乎所有招投标活动均在网上完成，招投标更加公开、公平、公正，不仅节约了招投标时间，还大大降低了招投标成本，实现招投标过程文件的电子化、数据化，工作高效快捷、数据存储方便，进一步促进了招投标的健康发展。大型招标平台招标业务量大，标段种类繁多，技术复杂，专业性强。

### （二）智能客服系统基本功能

1. 智能机器人功能

机器人主要有语义理解、知识图谱、自然语言处理、智能学习、深度算法等核心技术，通过强大的自主学习和语言分析能力解答访客常规问题。机器人的主要模块包括常见问题标准问答、多轮场景流程对话、基于槽位的多轮对话、结构化本体知识图谱推理引擎、用户图像识别及情绪识别引擎、AI（人工智能）自主学习、业务数据报表、智能座席辅助、知识库搜索、座席人机协作等功能，能准确分析问题、迅速回答问题。

以下功能为智能机器人自主分析问题、回答问题产生的数据，用于后台日常分析管理。

访客数据统计：统计最近 1 天、7 天、30 天的访客数量。

问答类别统计：统计分析问题是业务类的还是聊天类的。

访问方式统计：统计是通过企业官网端提问还是通过微信公众号提问。

热点问题聚焦：自动分析推送 10 条置顶实时热点问题。

未匹配问题分析：记录机器人无法回答的问题。

问答管理：标准问题、标准答案的编辑更新，新增语料，训练测试。

任务引擎：多轮场景对话设置。

词汇设置：常用词汇、敏感词汇的设置。

统计分析：统计机器人会话总次数，以及标准回复、访客聊天、未知问题回复、回答成功率、回答拦截率、平均会话对话数。

日志管理：查看、分析机器人回答的准确性，在线标注系统现有问题，归类整理智能客服无法回答的问题。

会话日志：查看机器人实时回答访客问题的情况。

2. 智能客服系统集成人工客服功能

以下功能是通过客服系统集成人工客服，人工客服回答问题产生的数据，用于客服后台管理。

座席监控：人工客服登录考核管理。

座席对话：通过座席对话窗口回答访客问题。

访客监控：在线实时查看访客与人工客服的对话状态。

服务记录：实时记录访客提出的问题，以及人工客服在线回答的情况。

常用话术预存：对常用标准问题预存标准答案，提高人工客服回答的效率。

处理用户留言：在线及时人工回答访客提出的问题。

满意度统计：统计实时人工客服的满意度。

座席考勤统计：统计在线人工客服联机时间、脱机时间、公务时间、就餐时间、休息时间、忙碌时间、登录时间。

服务水平统计：统计在线人工客服个人接线量、总通话时长、平均通话时长、处于通话状态时长、应答速度、有效对话数、平均同时服务人数、20 秒响应对话数。

座席状态统计：查看人工客服在线登录情况。

对话量实时统计：统计访客咨询问题的类型。

访客地区统计：统计实时访客所在的地理区域。

排队统计：统计访客排队等待的时长。

渠道统计报表：统计访客是通过 PC（个人计算机）端、移动端，还是通过微信端进行提问。

对话管理：查看在线人工客服与访客问答情况。

留言信箱：查看访客在线留言及回复情况。

工单查看：查看工单分配与回复情况。

**（三）智能客服的优势**

人工客服同时在线回答访客数量有限，访问高峰期访客排队等待时间较长，沟通效率低，回答问题质量良莠不齐，答案无法标准化、规范化，应用智能客服能够缩短回答时间，提高回答质量，弥补人工客服存在的不足。

人工客服在周末、节假日无法提供服务，而智能客服能够保证 365 天 24 小时在线服务，及时有效地回答访客大量重复性问题，提高了服务的时效性，提升了访客的体验度。

当访客进行提问时，先匹配智能客服自动回答，人工客服有更多时间解决疑难问题，当智能客服无法回答时才转置人工客服，系统会根据客服人员的在线状态和正在接待访客数量，对访客进行平均分流，充分利用资源，减少访客等待时间，提高回答速度。

智能客服不仅能够自动读取不同渠道的历史访问记录、访客信息和访问轨迹，分析访客的高频问题，自动推送热点问题，方便访客快速提问，还能够分析访客的访问目的、访问信息、提问时的心情，以便精准回答。

大量的数据分析和统计提供了强大的客服信息库，能掌握访客最关心的热点问题，提供精准在线分析，积累大量真实有效的数据，为后续更新完善标准问答提供数据支撑。

随着微信的普及和微信公众号的广泛应用，访客提问不受时间、空间的限制，提问方式更加灵活，能进一步提高访客的满意度。

在信息技术快速发展、万物互联互通的今天，人工智能的应用十分广泛，智能机器人客服在招标平台的应用极大地满足了访客的提问需求，提高了工作效率，降低了人工成本，合理地分配资源，缓解了人工客服的压力，促进招标采购业务的进一步发展。智能客服在各行各业的应用已是社会发展进步的必然。

## 第三节　基于不同主体的招标采购信用体系建设

信用作为现代市场经济发展的根基，对维护现代经济体系起到了至关重要的保障作用。加快社会信用体系建设，能准确记录社会主体的信用状况，揭示不同主体的信用层级，防范可能发生的信用风险，从而构建一个良好发展的市场环境。目前，在很多领域仍然存在着较为严重的失信情况，诸如招标采购中招标单位、投标单位、招标代理机构、评标委员会、监管部门等各类主体的失信行为，亟待深入研究和有效解决。

### 一、招标采购信用建设情况

2014 年国务院发布《社会信用体系建设规划纲要（2014—2020 年）》以来，“守信激励，失信惩戒”的原则逐渐推广至各个领域。2019 年，国家有关部门又出台了多项招标采购信用建设文件，内容涵盖工程建设、政府采购、公共资源交易等多个方面，不断推动和促进招标采购领域的信用建设。

在工程建设方面，首先，国务院办公厅印发了《关于全面开展工程建设项目审批制度改革的实施意见》，明确强调了信用监管的导向性，并以重点监管为辅助。同时，意见还对作为中介方提供服务的招标代理机构做了进一步规范。其次，住房和城乡建设部等部门在《关于加快推进房屋建筑和市政基础设施工程实行工程担保制度的指导意见》中提出，招标单位到期应按规定退还投标保证金及银行同期存款利息，以保证投标单位的正当权益。

在政府采购方面，首先，科技部公布《关于扩大高校和科研院所科研相关自主权的若干意见》，以诚信状况衡量单位作为招标主体是否能获得一定自主权，如优化采购流程、缩短采购周期、灵活采购方式等。其次，财政部发布《关于加强国家统一的会计制度贯彻实施工作的指导意见》，旨在加强对会计人员、会计中介等相关信用服务机构的管理力度。通过建立全国信用信息共享平台，提高失信惩戒的覆盖广度。

在公共资源交易方面，首先，国家发展和改革委员会出台的《关于深化公共资源交易平台整合共享的指导意见》着重阐述了有关统一全国公共资源交易信用标准的内容，意在汇聚不同市场主体的信用信息，从而更好地利用信息资源价值。其次，国家发展和改革委员会办公厅分享了浙江省和广州市在整合公共资源交易平台中信用建设的系列做法。当地有关部门通过编制综合信用指数和使用互联网信用产品，建立了对投标单位信用评级的动态调整。

除上述招标采购信用建设文件外，为进一步加强对招标采购从业人员的规范化管理，2020 年 5 月，中国招标投标协会分别对专业技术能力评价初级、中级招采人员测试工作开展情况和新增测试内容做出说明，以紧跟招标采购行业发展，督促从业人员持续学习，提高履约守信意识和风险防范意识。

## 二、招标采购信用风险情况

招标采购应当在一种规范和约束的监督管理体制下开展，但各主体不可避免地存在不合规行为，尤其表现为诚信意识淡薄、失信问题凸显。由于现行的法律法规和相关制度规定还存在需要补充完善的方面，客观上为不同参与主体创造了可乘之机，导致招标采购中不诚信现象的发生。

第一，招标单位可以通过“拆包”手段避免项目进场交易，以此规避招标，或是选派“业主评委”在评标现场伺机干预专家评标，未达到其目的时甚至故意废标。第二，投标单位可以通过权钱贿赂、资质挂靠、围标串标等手段谋取中标，进而将项目层层转包或分包，以实现自我利益最大化。第三，招标代理机构作为第三方中介滥用代理权力，包括故意设置项目报名门槛、修改招标文件、泄露招标信息等失信行为。第四，评标委员会的一些评委未能完全履行职责，表现为不回避敏感信息、私下接触投标单位、拖延评标时间以赚取更高报酬。第五，监管部门还存在着监督力度不够大、违规问责不够多、处罚力度不够强等问题，不利于招标采购信用体系的建设。

以合肥市重点工程建设管理局近期某建设工程施工项目开标情况为例，详细分析招标采购中存在的信用风险情况。2019 年 12 月，合肥市某医院综合楼装饰工程第一次开标，该项目招标控制价为6114万元，中标单位为某建设集团股份有限公司，中标价为4512万元，下浮率为26.2%，中标价格偏低。该中标单位以项目经理家人病重为由，宁愿接受没收投标保证金并扣除相应信用分值的处罚也要放弃中标。2020年3月，该项目第二次开标，中标单位为某建设有限公司，中标价为4800万元，下浮率为21.5%。该中标单位为安徽一家规模较小的装饰企业，业绩一般，能力偏弱，与合肥市大建设“招优招强”的理念并不相符，很难适应大建设的需要，给下一步的工程管理和质量安全控制增加了很大难度。

上述招标采购过程并不顺利，反映出招标细节中的不少问题，值得商榷，亟待优化和完善。首先，“技术评分最低标价法”分三个阶段进行，但在第二阶段未设置更为合理的技术文件入围得分标准，导致信用评价较差、技术能力薄弱的投标单位入围，最终中标。其次，在“综合评分法”中，工程总承包项目和其他适用综合评分的项目价格分权重占比远远高于信用评价和其他客观分评审因素权重，导致恶性的价格竞争。最后，信用评价得分在招标采购中尚未完全推行和应用，各投标单位信用评价分难以明晰，不能有效确保公平。

## 三、构建招标采购信用体系的建议

第一，营造开放有序的市场环境。党的十八届三中全会提出，“建设统一开放、竞争有充的市场体系，是使市场在资源配置中起决定性作用的基础。”统一开放的市场体系有利于打破资源垄断和进入壁垒，进而实现要素自由流动，提高资源配置效率和利用效益，最终使市场真正成为资源配置的决定性因素。首先，政府一方面应通过简政放权，保障市场不同主体自主公平交易的权利；另一方面也应加强规范监管，约束其履约守信的法律责任，从而形成不同主体市场资格、权利和法律责任的统一。其次，有关部门应逐步完善招投标制度，废除限制市场充分竞争的招标条件，不得故意抬高投标单位资质等级要求，设置不符合项目实际情况的业绩和奖项要求。最后，招标采购各主体应当依法合规行使相应的交易权利，同时受监管部门监督，对交易结果承担相应的法律责任。2020年1月，合肥市政府印发了《合肥市公共资源交易项目交易方式管理规定》，提出了在市属建设工程、政府采购、资产交易等项目中，招标单位应依法自主选择招标采购方式，招标代理机构应依法编制招标文件，评标专家应客观公正评审投标单位响应文件等详细要求。

第二，健全市场守信激励和失信惩戒机制。在招标采购项目实务中，还存在着“重惩戒、轻激励”的现象，在新型监管机制的要求下，信用激励和惩戒在项目全过程中发挥着日益重要的作用。一方面，针对不同失信主体，应当建立失信行为信息共享平台，通过多部门联合惩戒加强威慑力和影响力。通过黑名单制度，加大对被“拉黑”失信主体的监管检查频次；通过失信行为公示制度，限制责任主体参与公共资源交易和享受相关政策优惠，并提高项目保证金比例予以惩罚。另一方面，应当加大对守信主体联合激励的力度，包括社会信用奖励和招标采购奖励。在社会信用方面，可以让受奖励单位在政府部门进行行政审批、资质升级上获得重点扶持；使受奖励个人在征信查询、信贷办理、评优评先上享有便利。在招标采购方面，可以建立守信主体诚信档案，根据信用等级设置相应的奖励措施，促进守信主体从第一次进入招标采购市场的“白名单”积极向“红名单”转变，使其真正受益。

第三，构建市场信用评价机制。信用评价机制和信用激励惩戒机制相辅相成，是确保招标采购信用体系具备可操作性的关键因素。其一，应设计科学合理的信用评价指标体系，针对不同市场主体和不同项目类型分别设置评价内容，并形成量化评判标准。以安徽合肥公共资源交易中心为例，该中心制定了对招标代理机构及从业人员的信用评价管理办法。为提高交易平台系统运行效率，减少失信问题，该中心对误操作系统和数据填报错误行为采取了加大扣减信用评价计分力度的措施。其二，应统一区域范围内的信用评价要求，扩大信用评价机制应用范围，强化信用评价结果对市场主体在招投标、行政许可、评优评先等活动中的应用，支持信用良好、综合实力强的市场主体参与招标采购项目。

第四，充分发挥电子信息技术在招投标中的积极作用。2020年伊始，新冠疫情的发生使招标采购行业面临巨大挑战，因线下进场交易受限，客观上促进了线上业务的快速发展，而这离不开电子信息技术的运用。进一步扩大电子招投标的使用范围、提高使用效率，对增强招标采购市场不同主体信用意识、规范信用行为有着显著的积极影响。其一，通过使用电子交易系统运营平台，可以确保投标文件的保密性、解密程序的规范性和评审过程的系统性，避免受到投标单位、招标代理机构和评标委员会的人为干预。其二，电子招投标更能有效规避招标代理机构的失信行为，从技术上降低其违规操作的可能性，进而逐步提高从业人员的信用意识和服务水平。

思政案例：
度身招标

## 第四节　招标采购信息系统

### （一）电子商务和平台经济概述

托马斯·艾森曼等在《双边市场中的企业战略》中指出，平台是那些将处于双边网络中的不同用户群体汇聚一处的产品和服务，它们提供基础架构和规则，以方便两个群体之间的交易。

信息技术与经济社会的融合日趋紧密，在某种意义上，电子商务的作用已经大大超出了商业本身，对经济发展、社会管理、商业模式、生产方式以及我们的思维和工作方式都带来了深刻影响。

电子招标采购属于电子商务的一种形式，电子商务需要相应的平台实现其特定功能，各类庙会、展销会等交易平台随着互联网通信技术和各种软件技术的发展以及相应法律制度的保障，已蜕变成电子平台，并在市场力量的推动下膨胀为平台经济体。平台经济的规模和水平显现了信息化社会形态的成熟度。

在互联网时代，平台经济是指一种虚拟或真实的交易场所，平台本身不生产产品，但可以促成双方或多方供求之间的交易，收取恰当的费用或赚取差价而获得收益。

平台经济是近年快速兴起，并为全世界密切关注的一种新型经营模式，学术界称其为“双边市场”或“双边平台”。这种经营模式的最大特征是有效搭建双边或多边平台，通过这一平台连接两类或更多类型的终端顾客，让他们进行交易或者信息交换。平台通过对产业资源、市场资源的整合，可为企业提供广阔的发展空间。

平台随着电子信息技术的发展而不断更新。平台的初始阶段称为信息平台，其显著特征是平台内只有信息流；国内绝大多数的经济平台都属于信息平台；但淘宝网、京东属于交易平台，其显著特征是不仅有信息流，还有资金流、物流；平台的更高级阶段是增值平台。除了信息流、物流和资金流，还能产生增值服务，如银行、保险等服务公共资源交易平台的电子信息系统就属于信息平台。

依据国家发展和改革委员会等部门颁布的《电子招标投标办法》将公共资源交易系统分为服务信息系统、交易信息系统、监督信息系统。

电子信息系统是公共资源交易平台最重要的组成部分。依据国务院办公厅《整合建立统一的公共资源交易平台工作方案》的要求，整合公共资源交易平台的核心是对公共资源交易平台中信息系统的整合。

国家发展和改革委员会法规司负责人在贯彻《整合建立统一的公共资源交易平台工作方案》的新闻发布会上指出：方案将公共资源交易平台定位为“平台”，有别于建立“公共资源交易中心”，不等同于将工程建设项目招投标、政府采购等集中到一个有形场所来办公，而是更加突出利用信息化的手段来推动交易信息、市场主体信息等资源共享，实现各领域、各行业交易信息的公开，以及监管信息的共享联动。

中央管理企业有关电子招标采购交易系统应与国家电子交易公共服务系统连接并按规定交换信息，纳入公共资源交易平台体系。

**（二）公共资源交易平台体系**

《公共资源交易平台管理暂行办法》第三条规定：本办法所称公共资源交易平台是指实施统一的制度和标准、具备开放共享的公共资源交易电子服务系统和规范透明的运行机制，为市场主体、社会公众、行政监督管理部门等提供公共资源交易综合服务的体系。

电子招标系统工作流程如图 7-3 所示。图 7-3（a）是招标电子化模式，其技术路线是招标采购文件由招标采购人上传至互联网，投标人或供应商通过身份识别（CA）后，从网上下载招标采购文件和相应工具至自己的计算机并编制投标或供应文件，编好后加密上传至互联网；开标后，投标人或供应商输入身份识别密码对投标或供应文件解密，评标专家将其下载到固定交易场所的计算机上开始评标，评标结束后将结果上传至互联网交易平台公示，直至在网上签订合同。

政府采购活动还要求公布采购合同。招标电子化模式的显著特征是信息流的反复传输；各种系统的质量优劣主要表现在投标文件加密、解密技术的成熟度，以及系统页面的操作方便性，即模块的多种组合及引申的智能化；还有程序链条的完整性，包括需求确定至采购完成后的总结评价。

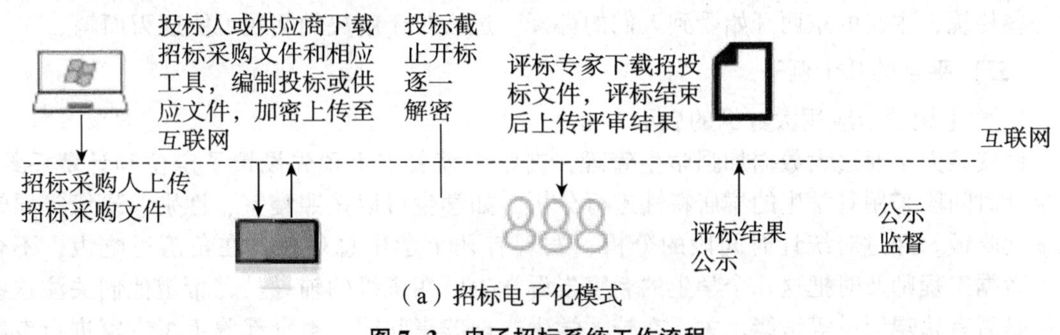


（a）招标电子化模式

**图 7-3　电子招标系统工作流程**

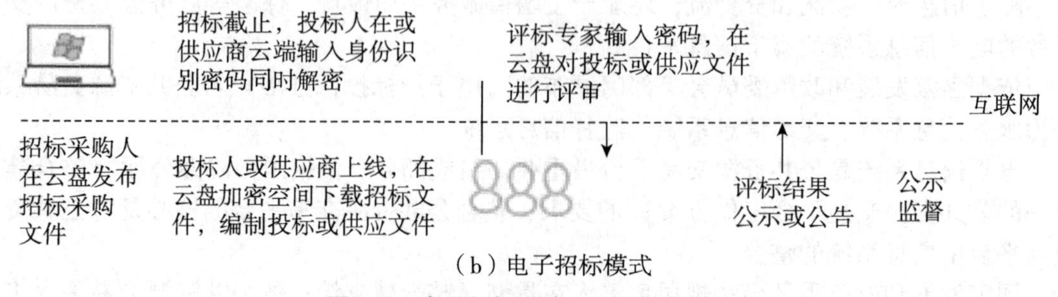


（b）电子招标模式

**图 7-3 电子招标系统工作流程（续）**

图 7-3（b）是目前随着市场需求和技术的发展运用而产生的一种新的电子交易系统。这里的市场需求是指为应对未来交易数据的空前膨胀。表现在工程建设项目建筑信息模型（Building Information Modeling，BIM）技术和货物服务虚拟现实（Virtual Reality，VR）技术的应用。上述两种技术的共同特点是可视化、影视化，一份招标采购或投标文件的数据传输相当于一部电影。如果沿用现有交易系统容易造成现行交易信息平台信息流的堵塞。数据不能连起来，大数据应用就成了空谈。所谓技术发展的应用指云计算等相关技术的成熟。2016 年 12 月 1 日环球日报刊登的《云计算时代，中国可能会被抛下》的文章指出，云计算推动产业、政府和社会变革远远超过我们迄今认知的程度，它是一场宏大的社会创新，远远超过一项技术、一个企业。

图 7-3（b）所示的技术路线采用了云技术，其显著特征是应用云技术使数据之间的交换是“显示”而不是传输，彻底解决了数据传输的堵塞弊病。

如图 7-3 第二列所示，招标采购文件上传至网上云端的一个“房间”，投标人或供应商输入身份识别密码，即可看到招标文件和相应工具，投标人或供应商在网上云端设置的个人密闭“房间”编制投标或供应文件，以单位和个人身份绑定；开标后，投标人或供应商输入密码，“房间”打开，系统在云端开设评标专家“房间”，评标专家输入身份密码后进入各自“房间”，“房间”内可以看到所有投标或供应文件并在线进行评审，评审结束后将其评审结果公示或公告，直至招标采购资料归档，本次采购任务完成。

当前，大数据推动公共资源交易电子化进入了新的阶段，通过互联网思维和大数据技术，使公共资源交易电子化能够提供智慧决策和精准服务，这才是公共资源交易电子化的本质。人工智能技术是一种颠覆性的技术，该技术在采购领域的应用可能引进范式革命，使一些传统、主流的东西开始受到人们的怀疑，过去难于解决的问题可能迎刃而解。

### （三）平台的几个例子

1. 学生用餐卡应用大数据的启示

西安某大学通过大数据加强学生管理，在学生就餐卡上预先设置了定位和计费系统，对统计时间段来用餐学生的群居特性进行分析，如学生可以按照寝室、性别、班级等属性在一起吃饭。经过对统计时间段的分析，发现有几个学生总是独自在角落里吃饭，不合群。数据工程师及时把这几个学生的名字告诉学生所在班级的辅导员，希望他们关注这些学生是否有悲观厌世等情绪。关于在校大学生心理健康问题，教育部曾组织专家进行专题研究，该校通过大数据分析有效减少了此类问题的发生。在就餐卡使用情况的统计中，数据工程师发现有几个学生在学校食堂的就餐次数只有应餐次数的 1/3，即向该学生所在班级的辅导员报告，这几个学生经常外出可能影响其他学生，要加强管理。数据工程师还向辅导员提供了几位全部在食堂就餐，但伙食费累计不到 500 元的学生，显然这是贫困生，学校应当及时发放补助，使其感到温暖。

由此可见，大数据的应用应当提前选定服务方向，高层设计数据源，选定挖掘参数才能取得预期目的。公共资源交易平台的数据采集应用也同样如此。

大数据及其应用是信息技术的发展和人类对客观事物不断深化认识的必然结果。要把简单的数理统计和大数据的应用区别开来，大数据及其应用是一个技术工具，它和地方政府的政绩无关。

2. 五亿美元的学生论文和商业模式

大数据的挖掘和实现其价值在于其找到实现价值的商业模式。美国有一位研究生对购买航空公司的最低票价感兴趣。他对世界主要航空公司的售票价格规律进行数理统计分析，找到了主要航空公司低价出售票价的规律并据此写了一篇论文。文中对航空公司售低价票的条件、时间、环境、政策等因素进行了分析并绘制了低价售票的曲线。该论文发表后，一开始并没有引起读者的重视。但是这篇论文背后的数据引起了微软公司的注意。微软公司找到这位大学生，听取了这篇文章的写作背景、数据系统来源及购买低价票的可靠性，最后双方达成协议，微软公司最后以 1.35 亿美元的高价购买了这篇论文及相应数据。微软公司以该数据群为样本，创建了某航空售票系统。购票者每人缴纳 10 美元，即可进入该系统购票。购买最低票价的概率是 72%。那么，剩下 28%没有买到最低票价怎么办呢？该系统自动补偿购买票价和最低票价的差价。这样该售票系统很快就成为老百姓最受欢迎的售票系统。庞大的流量及其产生的效益使微软公司很快收回投资并不断创造新的财富。

3. Watson 和白血病人的故事

IBM 公司的产品中，认知计算里程碑式的一个科技的集大成者就是 Watson。认知计算的最大特点就是 4 个英文字母，URLI。U 指的是 Understand，理解；R 指的是 Reasoning，推理；L 指的是 Learning，自我学习、深度学习；I 指的是 Interactive，交互。

据 IBM 大中华区的首席市场官介绍，某医院收留了一位 66 岁患有白血病的女性患者，全医院的白血病专家竭尽全力挽救她的生命，但是所有的治疗方案全部失败。当时，所有专家都知道，如果能够做成一件事，救治这位患者就有希望。这件事就是研究她身体里癌细胞活性基因的突变情况，以及基因突变的突变点。但是如果要知道这个基因突变点在哪里，必须研究 2000 万份医学文献。2000 万份医学文献如果摞起来，大概有 4000 多米高。这 2000 万份医学文献包括大量的基因图谱、非结构性数据，如 MT（恶性肿瘤）的片子、临床病例，以及在基因突变的研究领域中世界医学领导者的文献。后来该医学院的教授说，我们就把 Watson 请来，看看它有什么办法。因为 Watson 本身就是一个认知计算的大平台。结果 Watson 在 10 分钟内就把这 2000 万份医学文献全部读完了。Watson 用到 URLI 中的 URL 三种能力，在 2000 万份医学文献的消化过程中，通过深度学习、推理及最后的理解给出建议。它找到了病人基因突变的突变点，大家如获至宝，立刻就采取相应的治疗措施。这个例子说明，随着技术的进步，特别是人工智能技术的发展，过去难以攻克的难题可能解决。

4. 人工智能技术在电子系统中的应用

白血病患者的案例告诉我们，人工智能技术已经发展到非常惊人的阶段。在人工智能技术中，认知系统已经在发达国家一些领域中得到应用。所谓认知系统，一定要具备 URLI 这 4 个特点，才有可能达到如今人工智能的水平。在人工智能技术中，还有一个概念叫亲密计算（Intimate Compute）。这个关系已经不再是机器和科学家之间的交互，更多的是使用者和机器之间的交互。也就是说，每天的衣食住行，所有的需求，都可以讲给 Watson 听，我们可以用自然语言跟它交流，它立刻就能帮我们寻找到最贴合的采购对象，这样，认知技术应用在招标采购领域中将不再是遥远的事；公共资源交易平台的整合为大数据的应用创造了条件，其中电子信息系统的不断创新将引领电子招标行业不断发展并最终使公共资源交易进入智慧采购的新阶段。由此可以看出，借助互联网、物联网，电子交易平台系统的建设和发展为大数据的应用提供了宽广的平台，大数据的应用将在企事业经营管理中发挥重要作用；但大数据本身产生的效益需要适当的商业模式去经营。随着技术的进步，人工智能技术的应用正在颠覆我们的传统思维，在采购领域逐步实现智能采购是未来可以实现的中国梦。

## 第五节　智能招标全流程管理体系构建

当前，人工智能技术的发展与应用已上升到国家战略高度，人工智能技术的快速发展也将为招标采购行业带来巨大变革。在电子招投标平台基础上，要积极探索知识图谱、自然语言处理（Natural Language Processing，NLP）、图像识别等人工智能技术在各项招标活动中的应用，有效提升策划、招标、投标、评标、合同履约等招标全过程管控能力和智能化水平。

人工智能技术发展突飞猛进，在趋势预测、语义理解、文本生成等场景应用中均有良好的表现，并已广泛应用于政务、证券、保险等领域。同时，随着法规制度不断完善、代理资质陆续取消，我国的招投标活动在法治化、规范化、电子化长足发展的基础上，呈现出标准化、专业化、智能化等新趋势。招标采购作为企业采购的重要方式，一般具有采购金额大、参与主体多、流程周期长等特点，人工智能技术的有效应用将助力招标采购成本降低，提升效率与竞争力。

### 一、当前招标采购中存在的问题

#### （一）招标策划依赖经验，精细化水平有待提高

一方面，招标资格要求等条件设置大多依赖个人经验，容易造成资质要求不合理、技术参数过高、标包划分不合理等情况，导致一次采购成功率偏低。另一方面，供应商后评估数据未充分利用。虽然已经积累了大量供应商在历史服务过程中的评价数据，但还是仅依赖投标人的投标文件进行评标，导致评价结果有失客观，难以择优选好供应商。

#### （二）招标实施过程中的标准化和智能化水平有待提高

招标文件等文档编写质量参差不齐。招标文件质量依赖编写人员的业务水平，重要章节或条款缺漏、存在歧视性条款、投标响应时间要求不合规等问题时有发生，导致招标过程中经常需要予以澄清，降低了招标效率。此外，投标文件、评标表格、评标报告等大量

文件的标准化水平也有较大的提升空间，缺乏支持关联修改推荐、规则校验、在线纠错、在线反馈和跟踪等功能的智能化编辑平台。

## 二、人工智能技术在招标采购全流程中的应用

1. 整合内外部海量数据，优化招标采购策略

依托企业内部主数据规范和百万级物料编码体系，打通外部专业数据渠道，与外部企业或者行业权威数据资源对接，整合历史招投标、采购合同、工程结算、价格趋势等大量基础数据，建立智能化综合经济分析模型，包括招标、造价、工程咨询、财务、绩效、战略、评标专家、供应商、招标人、采购标的物等，对不同周期维度指标的变化做趋势分析，对标前市场、技术发展和历史价格进行全面分析，确定招标项目的资源配置情况及市场利益，多维度展示与分析采购市场特征、技术发展和标的物的历史价格，更加科学、合理、准确地制定招标采购方案。

例如，国家能源招标网以现有的15万家注册供应商法人单位会员的投标报价、中标情况及造价成果文件等为基础，对接国家招标公共服务平台、中国金融认证中心、天眼查、银行、税务等外部平台，广泛融合供应商的工商注册、失信处置、经营风险、资质证书、关联公司、主要人员、业务联系人身份认证等数据，应用关系识别、知识图谱等人工智能技术，建立包含1000万条以上结构化数据的潜在投标人数据库。建设单位在设置投标资质要求等筛选条件时，可以综合分析投标人的业绩、资金链、信用程度、能力水平等，并与建设项目结合分析，确保条件设置合理有效，在投标环节中营造良好的竞争氛围。

2. 创新公司级标准文件，实现招标文件标准化

针对编制招标文件时所关心的法律、管理和经济技术三类问题，按影响范围大小，归为法律范本、管理范本和经济技术范本，三者是公司级标准文件的重要组成部分。公司级标准文件的生成过程是以一个基础文件（国家标准文件或行业标准文件）为起点，首先参考国家相关法律条款要求生成法律范本，然后参考招标人相关管理制度文件生成管理范本，再参考具体标的物的经济技术要求生成经济技术范本，最终共同生成公司级标准文件。在范本和标准文件生成过程中，依赖NLP和知识图谱等人工智能技术，开发招标行业词法分析及语言模型，进而实现在国家法律法规及管理制度变更后，范本和标准文件更新迭代的相关条款定位和更新内容建议等功能。

以公司级标准文件为基础，实现招标方项目经理、审核人以“填空”方式编写及审核招标文件，并通过结构化处理存储到知识库中，有效提升范本、标准化文件和招标文件的质量与编写效率。以机器学习等人工智能技术构建语义相似度和词法分析模型，实现招标文件内容多级溯源、文档差异对比、格式自动纠错等功能，自动检查招标文件编写过程中的不合规、不合理问题，及时进行纠错提醒并提出智能修改建议，有效提升人工在线编制招标文件效率，对招标文件的质量检查由事后检查变为事中质量控制。

人工智能技术在招标采购全流程中的应用如图7-4所示。

3. 以智能问答式系统填写投标文件

以招标文件内容及格式要求为基准，要求投标人以“问答式”逐一填写投标响应内容，并提供线上检查工具，最后形成投标文件。根据招标文件要求，以智能化编写系统引

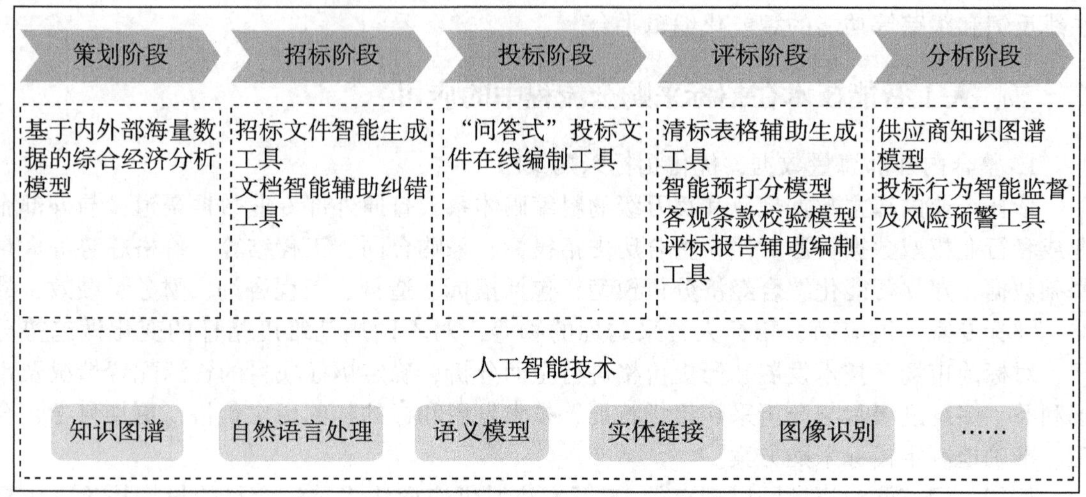


**图 7-4　人工智能技术在招标采购全流程中的应用**

导投标人完成投标文件，并自动生成最终的投标文件。借助前文提到的语义相似度和词法分析模型，实现在线编辑、智能推荐和实时纠错等实用功能，辅助投标人快速完成投标文件编辑工作。将投标文件进行结构化处理，其处理结果可以作为评标阶段的评标模型和评标报告的输入。

4. 建立评标工具集辅助评标

建立智能预打分模型、客观条款校验模型等智能评标工具集。智能预打分模型能够从清标表格和投标文件中抽取客观评分因素，作为模型输入，再根据评审因素的评标权重，对客观部分的响应内容进行预打分，机器自动计算各个投标人的客观分，供专家审核参考。客观条款校验模型对比机器评定与专家评定的客观条款信息，能够给专家提示人工审核差异的条款信息，实现在线辅助生成评标报告。以招标文件、投标文件、清标表格的结构化数据为输入，根据评标报告的格式要求，自动辅助生成部分评标报告内容，人工审核修改后，生成最终的评标报告，提高评标报告编写人员书写报告的效率。

5. 基于知识图谱的智能分析和风险预警

围绕供应商构建全方位知识图谱，实现供应商注册信息自动校验、工商信息校验和居民身份校验、关联关系探查与失信行为的发现等各种业务应用，对集团供应商进行分类管理。通过对投标文件特征码及机器 ID 一致性识别、关键信息雷同校验、供应商关联关系分析、保证金汇出账户检查控制等措施，甄别和预警围标、串标行为，为实行高效智能监督提供重要依据。从业务需求出发，除供应商外，还构建出由标的物、建设项目、市场分析、厂商和价格分析、技术发展及应用分析、产品运行维护、产品和服务后评价等组成的知识图谱，为关系发现、展现、漫游和关系链穿透等智能应用奠定基础。

## 第六节　新形势下招投标现状与发展趋势

“十四五”时期，国家开启全面建设社会主义现代化国家的新征程，以高质量发展为主题将是今后一段时期的时代特色。传统招投标行业发展已逾20年，如何适应这一深刻的时代变革，贯彻新发展理念，引领和实现招投标领域高质量发展是当务之急。

1. 新形势

党的十八大特别是十九大以来，中国进入贯彻新发展理念、构建新发展格局的新发展阶段。

（1）贯彻新发展理念关键是创新。

创新是持久发展的动力，招投标领域要实现理念、手段、方法及服务的创新。理念创新，从“招不招”转为“招得好不好”。“招不招”是解决程序和底线问题，“招得好不好”则是解决质量和效率问题。手段创新，从纸质招投标转为全流程电子招投标。纸质招投标是传统方法，绝大部分工作通过人工、线下完成，全流程电子招投标则是借助互联网、信息化、人工智能等新技术实现招投标活动的线上交互，通过人机对话完成采购交易。方法创新，在新发展阶段，招标采购需要进行深入研究，在招标方案策划、评标方法研究、评标专家管理、供应商管理及合同条款设定等方面实现方法、技术、经济、法律的融合。服务创新，由单一的程序化服务转为综合性咨询服务。单一程序化服务主要是跑流程，综合性咨询服务则是站在项目管理顶层设计的高度提供一揽子解决方案，以帮助实现项目管理目标，在服务的内涵上提升附加值。

（2）构建新发展格局关键是以国内大循环为主体、促进国内国际双循环，构建国内统一大市场。

全国统一大市场是新发展格局形成的基本支撑条件和机制载体。加快建设全国统一大市场既是构建更加成熟的高水平社会主义市场经济体制的内在要求，也是构建新发展格局的必然选择，要避免“各自为政、画地为牢，不关心建设全国统一的大市场、畅通全国大循环，只考虑建设本地区本区域小市场、搞自己的小循环”。

招投标是市场配置资源的一项基础性制度，在新发展格局下，按照国家“十四五”规划的部署和要求，将坚持强调平等准入、公正监管、开放有序，进一步强调市场化改革、完善市场环境和规则，建设现代化治理体系，提高现代化治理能力的大环境，为建设高标准市场体系做出新贡献。

2. 招投标的现状

在国家进一步“放管服”、加速推进“优化营商环境”的大背景下，招标采购加速向信息化、数字化发展。

（1）招投标营商环境不断优化。

根据《优化营商环境条例》规定，要最大限度减少政府对市场资源的直接配置，最大限度减少政府对市场活动的直接干预。各级人民政府及其部门应当坚持公开透明，以公开为常态、不公开为例外，全面推进决策、执行、管理、服务、结果公开化。没有法律、法规或者国务院决定和命令为依据的，行政规范性文件不得减损市场主体合法权益或增加其义务，不得设置市场准入和退出条件。

为深化招投标领域“放管服”改革，2020 年，国家发展和改革委员会、市场监管总局发布《关于进一步规范招标投标过程中企业经营资质资格审查工作的通知》（发改办法规〔2020〕727 号）。2021 年，国家发展和改革委员会发布《关于建立健全招标投标领域优化营商环境长效机制的通知》（发改法规〔2021〕240 号），严格规范地方招标投标制度规则制定活动，加大地方招投标制度规则清理的整合力度。

政府职能在加快转变，治理效能在加快提升，招投标领域各种隐性壁垒和不合理门槛正在加速破除。

（2）投资决策咨询向综合性转变。

国务院办公厅发布的《国务院办公厅关于促进建筑业持续健康发展的意见》（国办发〔2017〕19 号，以下简称《发展意见》），国家发展和改革委员会、住房和城乡建设部发布的《关于推进全过程工程咨询服务发展的指导意见》（发改投资规〔2019〕515 号，以下简称《指导意见》）均提出，要培育全过程工程咨询。

国务院办公厅发布的《国务院办公厅关于进一步优化营商环境更好服务市场主体的实施意见》（国办发〔2020〕24 号，以下简称“24 号文”）提出，优化再造投资项目前期审批流程，从办成项目前期“一件事”出发，加强项目立项与用地、规划等建设条件衔接。

《发展意见》和《指导意见》出台的目的在于深化工程领域咨询服务供给侧结构性改革，破解工程咨询市场供需矛盾，创新咨询服务组织实施方式，大力发展以市场需求为导向、满足委托方多样化需求的全过程咨询服务模式。24 号文则从政府优化营商环境、减少投资审批环节等方面对投资决策咨询综合性提出了客观要求。

当前，全国各地纷纷出台对全过程工程咨询的指导意见，中国招标投标协会也于 2021 年初发布了《建设项目全过程工程咨询服务招标文件示范文本》。可以看出，无论是政策引导，还是民间实践，投资决策咨询需求正逐步由单一的、分割的服务模式转向复合型、综合性的服务模式。

（3）招标采购加速向信息化、数字化发展。

电子招投标的核心是信息化和数字化，二者存在递进关系。信息化，即互联互通、信息共享，通过招投标信息在互联网的实时交互，构建一个公开、公平、公正的招投标统一大市场。数字化，即人工智能，在实现信息化的基础上，通过大数据、物联网、虚拟现实等新技术赋能招投标，在优化业务流程、提高招标投标质量、提升协同效率等方面衍生出更多的增值服务。

当前，国家正在制定全流程电子招投标的相关政策，要着力消除全流程电子化的盲点、断点、堵点，加快推广全流程电子招投标。2020 年新冠疫情发生之初，国家发展和改革委员会办公厅发布《关于积极应对疫情创新做好招投标工作保障经济平稳运行的通知》（发改电〔2020〕170 号），要求加快推进招投标全流程电子化。在疫情防控“不见面”“少见面”的要求下，电子招投标打通了人们思想观念的认知堵点，迅速成为招投标领域疫情防控中催生出的交易新模式，并在各行业得到了广泛的推广应用。

3. 招投标的发展趋势：转型升级

（1）招投标的服务手段从纸质向电子化转型，招标采购交易全流程实现网络信息化、数字化。

数据和技术作为两大驱动力量正在催生智慧采购新业态。从招投标全流程电子化取得的实际效果来看，一是互联网、大数据技术与招投标的深度融合促进了传统招投标转型升级，并向智能化方向迈进，更加有利于提高资源配置效率；二是招投标系统互联互通，有利于全国统一大市场的形成；三是提高招投标的工作效率，降低社会交易成本；四是为招投标监管水平的提升提供了技术手段，有利于政府“放管服”改革。

（2）招投标的服务模式从单一、程序性服务向复合、综合性咨询服务转型。

在长期行业准入制的保护下，传统的招标代理机构忽视了专业性建设，大部分工作停留在替行政把关、制衡招标单位、提供工作程序代理的层面。但是，随着国家投资决策制度的改革带来的工程建设管理模式的变革，正倒逼代理咨询机构转型升级。

全过程工程咨询服务不是传统建设各环节的简单叠加，而是将各个阶段的咨询服务融合为一个整体，提供综合性、跨阶段、一体化工程咨询服务，鼓励投资咨询、勘察设计、监理、招标代理、造价等业务联合经营、并购重组。

与传统招标投标服务模式不同的是，招标方案策划和合同管理是全过程工程咨询服务的灵魂。全过程工程咨询服务模式下，投资人（政府或企业）首先要选择一个合格的全过程工程咨询服务单位，招标采购专业人员在为投资人进行招标方案策划时要综合考虑风险分担与保险、合同计价方式及支付条件、变更与索赔、争议解决方式、质量安全与环境措施等。同时细化管理措施，控制项目工期，保证项目质量，为实现项目管理目标提供总体策划。在此基础上，将策划思路转化为合同语言、合同主张，为提升项目投资效益提供契约保证。因此，在全过程工程咨询服务模式下，招标采购人员应根据项目进展提供更多的增值服务，做到三个“首先”：一是在遇到异议、投诉时，首先依据法律、法规和招标文件提供书面答复意见；二是在遇到变更、索赔时，首先依据合同文件提供书面参考意见；三是在遇到巡视、审计时，首先依据法律、法规和合同文件提供书面解释意见。

时代变革催生行业变革，生产力的升级必将引起社会分工的深刻变化，需要更好的生产关系来配套适应。在招投标领域，信息化、数字化及综合性咨询服务就是新的生产力，需要在新发展理念的指导下，实现理念、手段、方法和服务的升级与再造。

## 本章小结

智慧招标采购打破传统的数据孤岛，整合内外部海量数据，优化招标采购策略，能够提升整个招投标过程的效率。在数字化转型发展不断改革各个行业生态的当下，招投标管理数字化转型发展也日益成为招投标管理探索发展的全新方向，并为传统招投标管理带来了新的思路和方法。随着社会经济的快速发展，传统的采购方式相对于现有市场的需求，已经无法得到满足，所以企业需要寻求新型的采购方式来增强企业的竞争力，从而满足其现有的发展需求。现阶段，随着信息技术的快速发展和技术革新，使企业招标采购的管理质量对大数据技术综合应用的需求越来越大，为企业在招标采购工作中对大数据的应用提供了良好的发展条件。将区块链与数据库技术融合，建立一个数据公开透明、安全可靠、无法篡改的信息数据库，将招标过程中需要的企业信息纳入区块链管理和查询。而人工智能依托企业内部主数据规范和百万级物料编码体系，打通外部专业数据渠道，与外部企业或者行业权威数据资源对接，整合历史招投标、采购合同、工程结算、价格趋势等大量基础数据。建立智能化综合经济分析模型，包括招标、造价、工程咨询、财务、绩效、战略、评标专家、供应商、招标人、采购标的物等，对不同周期维度指标的变化做趋势分析，对标前市场、技术发展和历史价格进行全面分析，确定招标项目的资源配置情况及市场利益，多维度展示与分析采购市场特征、技术发展和标的物的历史价格，更加科学、合理、准确地制定招标采购方案。

## 思考题

### 一、判断题

1. 招标采购具有排他性。(　　)

2. 区块链具有中心化、分布式的特点。(　　)

3. 大数据是以容量大、类型多、存取速度快、应用价值高为主要特征的数据集合。(　　)

4. 语义理解技术可以应用于招标书的文字处理。(　　)

5. 现阶段招标策划依赖经验，精细化水平有待提高。(　　)

### 二、简答题

1. 简述智慧招标采购的特点。

2. 实施智慧招标采购有何必要性？

3. 简述公开招标与邀请招标之间的区别。

4. 简述招标人自行招标的优势。

### 三、论述题

1. 论述大数据分析在招标项目后评价中的应用。

2. 你对构建招标采购信用体系有何建议？

课后案例：三维度构建国有企业非招标采购智慧体系

# 第八章　智慧采购质量管理与绩效评估

## 学习目标

了解质量、采购质量、采购绩效的概念。
理解智慧采购质量管理的作用和重要性。
掌握智慧采购质量衡量和评估的技术与方法。

## 学习重点和难点

采购质量、智慧采购质量管理技术是重点；绩效评估体系的构建是难点。

## 导入案例

### 埃森哲公司提高采购绩效的四大纲领

无论是准备优化内部管理的企业，还是需要提供更高效解决方案的软件厂商，埃森哲的经验之谈都值得一读。

一家公司，如果其采购物料的费用占到其销售产品成本的55%，那么采购费用每下降1%，对利润增长做出的贡献相当于销售额增加12%~18%所带来的利润增长。一般国内生产企业采购支出占产品生产成本的30%~70%，可见，采购费用的下降对提高利润率有相当大的潜力。除了降低成本增加利润外，采购对企业还有两个重要的作用：其一，好的采购是保证产品质量的关键，优质的输入保证优质的产出。其二，好的采购是增强竞争力的重要手段。与供应商建立战略联盟关系，共同开发新材料，强化供应链管理，降低库存，保证到货的及时性，从而取得竞争对手所不能具有的竞争优势。如今，国内的大多数企业在采购管理模式上还没有形成体系，还是粗放的管理方法，不利于提高企业竞争力。最常见的缺陷是没有集中采购，其次是没有供应商管理体系。要改变这种状况，须建立行之有效的采购管理机制。埃森哲公司在为客户提供供应链咨询服务的过程中和对《财富》500强企业的调查中，发现采购绩效优异的公司在以下四个方面有独到之处。

首先，建立了统一的测评机制。在大多数企业中，CEO（首席执行官）和负责采购的副总或其他高层主管，对采购业绩各有自己的评价标准。在某种程度上这属于正常现象，因为企业的高层管理人员，总有一些与所担任职位相联系的具体目标，而对不同的事情有不同的优先考虑顺序。很多公司都要应对这种采购评价标准的不连贯状况。在这方面比较超前的公司，CFO（首席财务官）和采购主管使用同一个平衡计分卡评价绩效，以便使每个人都能以大致同样的方式理解采购信息。全公司的平衡计分卡可以帮助各个业务部门调整它们处理业务轻重缓急的顺序，制定目标和期望，鼓励有利于业务开展的行为，明确个人和团队的责任，决定报酬和奖励，并推动不间断的改进。

其次，充分发挥领导的作用。有眼光的采购领导，其第一项任务，也是最重要的一项任务是确立全局的采购策略。一般而言，该策略应围绕企业如何采购物资和服务，如何提高绩效水平来规范业务实践、政策。其中最重要的一点是要把采购和整个供应链管理结合起来。企业采购供应链管理以采购产品为基础，通过规范的定点、定价和订货流程，建立企业产品需求方和供应商之间的业务关系，并逐步优化，最终形成一个优秀的供应商群体的方法。

再次，创造性地思考组织架构。采购业务做得好的企业，最常用的组织架构形式是根据同类物品划分组织。这种架构使企业可在全局范围聚合采购量，并且有利于集中供应基地。

最后，全企业范围内实现了整合。为了让有效率的、从企业出发的采购理念取得优势地位，领先的企业常常依靠覆盖全企业范围的采购团队。这些团队的成员包括采购、工程和产品开发的代表，不定期地有财务、销售、分销人员参与。这些团队一起决定优先采购考虑的事项，设计物料占有成本模式，品种发展策略，并设计供应商选择标准。对于大多数企业来说，在采购方面要想取得好的业绩，需要有改变采购能力的意愿。

**案例思考**

（1）结合案例，谈谈我国企业在采购管理上存在的问题，并简述提高采购绩效的必要性。

（2）结合案例，谈谈如何更好地提高采购绩效。

## 第一节　采购质量与智慧采购质量管理

### 一、采购质量

#### （一）质量

质量，是指反映实体满足明确和隐含需要的能力的特性之总和。

1. 实体

实体是指可单独描述和研究的事物。实体可以是活动或过程，可以是产品（通用产品类），可以是组织、体系或人，也可以是上述各项的组合。因此，质量并不局限于产品和服务，而是一直扩展到活动、工程、组织和人的质量，也即所有的事物的质量。

2. 需要

需要是指顾客的需要，也可指社会的需要及第三方的需要。在很多情况下，需要会随时间而变化，这就意味着要对质量进行定期评审。需要有两种形式。

（1）明确需要，一般指在合同环境中，特定顾客对实体提出的明确的需要，这种需要常以合同契约等方式予以规定。

（2）隐含需要，是指顾客或社会对实体的期望，或指那些虽然没有通过任何形式给以明确规定，但却是人们普遍认同的、无须事先申明的需要。

3. 产品

如果把各种产品质量特性归纳起来，可以概括为产品的性能、寿命、可信性、安全性、经济性五个方面。

（1）性能。

性能，是指对产品使用目的所提出的各项要求，就是产品适合使用的性能，也被称为使用适宜性。这是产品质量最基本的要素，决定采购所需物品时，首先要考虑其性能，要对拟采购的物品的功能或用途做深入的了解。

（2）寿命。

寿命是指产品能够正常使用的年限，包括使用寿命和储存寿命两种。使用寿命指产品在规定的使用条件下完成规定功能的工作总时间。一般地，不同的产品对使用寿命有不同的要求。储存寿命指在规定储存条件下，产品从开始储存到规定的失效的时间。

（3）可信性。

可信性是用于表述可用性及其影响因素（可靠性、维修性和保障性）的集合术语。产品在规定的条件下，在规定的时间内，完成规定的功能的能力称为可靠性。对机电产品、压力容器、飞机和那些发生质量事故会造成巨大损失或危及人身、社会安全的产品，可靠性是使用过程中主要的质量指标。维修性是指产品在规定的条件、时间、程序和方法进行维修，保持或恢复到规定状态的能力。维修保障性是指按规定的要求和时间，提供维修所必需的资源的能力。显然，具备上述“三性”时，必然是一个可用，而且好用的产品。

（4）安全性。

安全性指产品在制造、流通和使用过程中保证人身安全与环境免遭危害的程度。目前，世界各国对产品安全性都给予了最大的关注。

（5）经济性。

经济性指产品寿命周期的总费用，包括生产、销售过程的费用和使用过程的费用。经济性是保证组织在竞争中得以生存的关键特性之一，是用户非常关心的一个质量指标。

### （二）采购质量

采购质量属于质量这个大范畴内的一部分，具有质量概念的所有特征。采购质量是指一个组织通过建立采购质量管理保证体系，对供应商提供的产品进行选择、评价、验证，从而确保采购的产品符合规定的质量要求。采购质量直接影响企业最终产品的质量。采购质量对采购活动提出了必须面对和解决的三个问题：其一，怎样把质量管理原理运用在采购部门的运作中；其二，怎样与供应商合作，不断改进和提高产品的质量；其三，怎样建立采购质量管理保证体系。因此，采购质量就是指一个组织通过建立采购质量管理保证体系，对供应商提供的产品进行选择、评价和验证，确保采购的产品符合规定的质量要求。

质量管理体系（QMS）是企业贯彻和执行质量管理原则、实践和技术的结构化和系统化的方法，是持续改进核心流程的机制，以最低成本实现最大顾客满意度为目标。有效的QMS是与企业管理系统有机结合，在组织内推动质量管理原则，着眼于可操作的决策，寻求问题的根源，改进流程和系统。采购质量体系主要包括以下内容。

（1）提出相应规范、图样、采购文件和其他技术资料。

（2）选择合格的供应商或分承包商。

（3）质量保证协议。

（4）验证方法协议。

（5）解决争端的规定。

（6）进货检验程序。

（7）进货控制。

（8）进货质量记录。

全面质量管理的原则列举如下。

第一，以顾客为关注焦点。组织依存于顾客，因此，组织应当理解顾客当前和未来的需求，满足顾客要求并争取超越顾客期望。主要措施有六个：一是调查、识别并理解顾客的需要和期望；二是确保组织的目标与顾客的需要和期望联系起来；三是在组织内沟通顾客的需要和期望；四是测量顾客满意程度并采取措施；五是系统地管理与顾客的关系；六是确保所采取的方法能够平衡顾客与其他相关方的利益。

第二，与供方互利关系。组织与其供方是相互依存的，互利的关系可增强双方创造价值的能力。主要措施有四个：一是以全面评定为基础，识别和选择关键供方，与关键的合作伙伴分享技术和资源；二是与供方进行多层次、多职能的沟通，共享信息并承担未来的计划，必要时，开展共同的开发和改进活动；三是鼓励并认可供方的改进与成绩，降低成本，提高质量，达到双赢的目的；四是与其他相关方加强沟通，通力合作，提高质量，达到多赢的目的。

第三，领导作用。领导者确立本组织统一的宗旨和方向，他们应当创造和保持员工能充分参与实现组织目标的内部环境。主要措施有四个：一是考虑所有相关方的需要，充分了解、分析组织的内外环境和变化，不失时机地修改质量方针和质量目标；二是对组织的将来提出明确的发展规划和长期目标；三是提供各项质量管理活动所需的资源，采取激励措施鼓励员工做好本职工作；四是采用各种办法促进内部沟通，协调各方面关系，发挥组织的整体力量。

第四，全员参与。各级人员是组织之本，只有他们充分参与才能使其才干为组织带来收益。主要措施有五个：一是让员工了解在组织内部的贡献及其作用的重要性；二是以主人翁的责任感去解决各种问题；三是使每个员工根据自己的目标评估其业绩状况；四是使员工积极寻求积累知识、提高能力和积累经验的机会；五是让员工坦率地讨论问题和重要议题。

第五，过程方法。将活动和相关的资源作为过程管理，可以高效地得到期望的结果。主要措施有五个：一是系统地认识所有活动；二是明确管理的职责和权限；三是分析和测量关键活动的能力；四是识别组织各职能内部和职能之间关键活动的接口；五是注重能改进组织的关键活动因素，评价风险后果及其对顾客、供方和其他活动的影响。

第六，管理的系统方法。识别理解并管理体系，有助于组织实现其目标。主要措施有三个：一是建立一个体系，以最佳效果和最高效率实现组织目标；二是理解体系内各过程相互依赖的关系，理解组织能力并在采取措施前配备资源；三是设定目标，确定如何运作体系的特殊活动，通过测量和评价以持续改进体系。

第七，基于事实的决策方法。有效的决策建立在数据和信息分析的基础上。主要措施有两个：一是确保数据和信息充分准确和可靠，并为需要的人提供数据和信息；二是运用正确的方法分析数据和信息，并基于事实进行分析、决策并采取措施。

第八，持续改进。持续改进整体业绩应当是组织的一个永恒目标。主要措施有四个：一是运用全组织一致的方法进行组织业绩的持续改进；二是为员工提供关于持续改进的方法和手段的培训；三是为组织内的每个人制定产品、过程和体系持续改进的目标；四是制定目标以指导持续改进并对其跟踪测量。

## 二、智慧采购质量管理

党的二十大报告指出，“坚持把发展经济的着力点放在实体经济上，推进新型工业化，加快建设制造强国、质量强国、航天强国、交通强国、网络强国、数字中国。”2023 年 2 月 6 日，中共中央、国务院印发《质量强国建设纲要》，提出目标：“质量供给和需求更加适配，农产品质量安全例行监测合格率和食品抽检合格率均达到 98%以上，制造业产品质量合格率达到 94%，工程质量抽查符合率不断提高，消费品质量合格率有效支撑高品质生活需要，服务质量满意度全面提升。”

采购工作的质量直接影响最终产品的质量，因此，采购质量管理体系应对采购过程加以控制。采购产品包括外购外协件和外购原材料等，也包括产品实现和服务过程的分包项目，诸如：检验和试验转包加工、仓储、运输、设计或其他服务等。组织在采购前必须以书面文件形式提出采购信息，明确采购要求，其主要信息有：采购产品的技术要求和服务要求；供方的程序包括试生产、批生产、批准程序、鉴证点试置等；供方过程和设备要求；供方人员资格要求；供方质量管理体系要求等，采购文件必须审批适宜性。对采购产品必须实施验证，主要方式有：现场检验、进货检验、委外检验和查验供方提供的合格文件等。

国际标准和国家标准是将质量管理作为计划、实施、管理的过程，作为质量管理目的的过程，以包含人、组织和风险的质量相关要素为目标来确定。

采购质量管理是对采购计划、采购实施、采购监督和控制以及采购结尾等过程的规划、执行和管控。同时，通过供应商的选定和评估，可以建立满足企业要求的供应质量管理系统，确保生产和运用的供求过程。采购质量管理是现代企业经营的重要组成部分，也是质量管理的重要组成部分。采购质量管理的重要内容是，在适当的时间和地点购买适当数量和质量的产品，以满足生产和操作需求，提高采购管理效率，达到制造商和下一级用户的满意。

质量管理是一个持续的管理过程，其工作方法是基于特定的工作流程。该流程是 PDCA 质量管理循环，全面质量管理框架的构建基于该工作流程。PDCA 质量管理循环的内容包括计划（Plan）、执行（Do）、检查（Check）、处理（Action）。具体表现为：安排预定方案的实施、推进达成具体目标、方案执行后检测执行的效果、汇总检查的结果形成管理标准，后续质量管理工作以此标准落实下去。

### （一）智慧采购质量管理的工作目标

智慧采购质量管理，是对采购物资进行质量控制，通过供应商评审认证、样件检验、采购物资到货检验等工作，杜绝不合格品入库，防止因原材料、辅料等不合格而导致企业产品质量隐患，进而给企业带来重大损失。智慧采购质量管理的工作目标如图 8-1 所示。

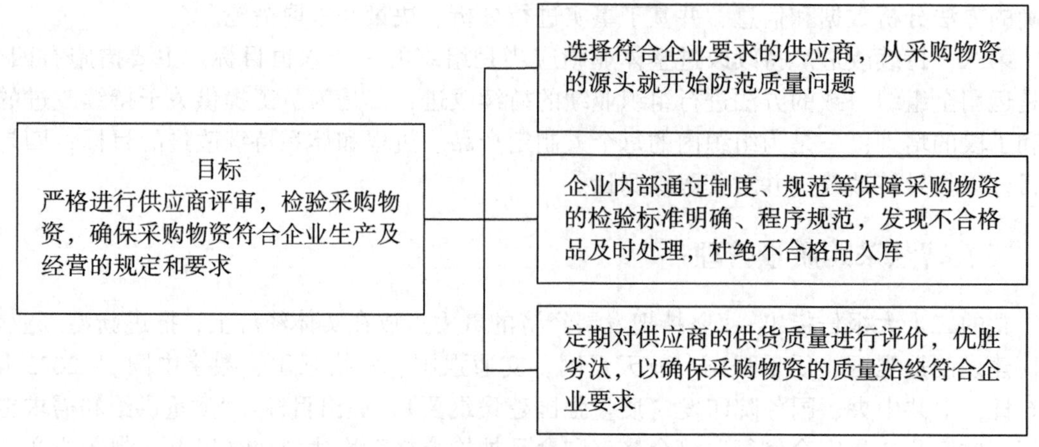


**图 8-1　智慧采购质量管理的工作目标**

### （二）智慧采购质量管理的作用

（1）有利于提高企业产品质量。购买到高质量的原材料，才能生产出优质产品。

（2）有利于保证企业有节奏、持续地进行生产。能在适当的时候得到适当数量和适当质量的产品，企业生产就可以有条不紊地按计划连续进行。

（3）有利于保证企业产品生产和使用环节的安全。优质原材料和产品的购入，可以保证生产和使用风险的降低。

（4）高质量的市场采购是企业取得经济效益的重要一环。如果企业能根据社会需要，及时、适量地购进各种物美价廉的原料或零部件，就可以降低生产成本，有助于产品打开市场，扩大销售，加速资金周转，降低流通费用，增加利润，取得良好的经济效益，增加资本规模，增强企业实力。

### （三）智慧采购质量管理的主要内容

1. 外购、外协件重要性分级

企业在考虑采购质量控制方案时，首先要依据产品质量特性重要性信息及外购、外协件对产品及产品后续实现过程的影响程度进行重要性分级，然后制定分级管理办法，对供方采取不同宽严程度的控制，根据对产品质量的影响程度，外购、外协件一般分为关键类、重要类、一般类三类。

2. 采购文件准备

要做好采购工作，首先要明确规定，选择、评价和重新评价供方的准则和内容及质量保证要求。采购文件中应明确规定所购物资的技术要求、监视和测量规程及适用版本的范围，同时采购部门应保证及时让供方完全理解这些要求。采购文件发放前应对其准确性、完整性进行审查和批准。

3. 采购合同控制

采购部门应按合同计划与供方进行沟通，并组织有关人员监督合同执行情况，实施过程监督或出厂联合监视与测量，发现问题应负责与供方进行权益交涉。

4. 质量监督程序与要求

供方应提出质量计划、质量监视和测量计划，供监督方审查认可；监督方与供方共同商定监督点，并签订质量见证协议书；供方向监督方提供生产进度计划；监督方收到供方通知应及时派人到供方现场见证；监督方应书面提出问题，供方应采取措施纠正，再进行见证，直到满足质量要求；质量见证完成后，监督方与供方人员应在质量见证报告上签字。

5. 出厂前会检

对于关键外购设备和零部件，供方和监督方可在合同中明确提出实施会检的内容和实施办法。监视和测量的依据是产品技术要求和质量验收标准。

6. 进货监视、测量和控制

企业应在选择合格供方并对其进行控制的基础上，采取进货监视和测量或查验供方提供的合格证等形式进行质量控制。第一，应规定适当的验证方法以确保严格控制进货质量；第二，对进货监视和测量的范围应仔细策划；第三，在采购的产品到达前应充分做好各进货监视和测量的准备工作；第四，所有外协、外购件只有通过验证并确信符合要求后才能投入使用。

7. 保存与采购有关的记录

应保存与采购有关的记录，以便利用这些资料来评价供方的质量保证能力和产品质量发展趋势，还可以利用记录进行追溯。

8. 对供方的反馈协调和帮助

当外协、外购件达不到规定的质量要求时，应采取积极有效的措施对供方进行帮助。

9. 经常性评价和督促

对供方应定期或不定期地进行质量管理体系和产品质量审核工作。可对重点供方实施监督性巡检并开展综合质量评定，了解供方的优缺点，使供方提高供货质量。

## 第二节　智慧采购质量管理技术

### 一、顾客满意度指数概述

顾客满意度指数（Customer Satisfaction Index，CSI）理论是20世纪90年代管理科学领域的重要发展之一。目前，顾客满意度理论和方法已经风靡全球。2000版ISO 9000族标准更是将“以顾客为关注焦点”作为质量管理八项原则之首。在我国以及欧美等国家和地区的质量奖评审标准中，都将顾客满意度纳入评审的重要内容和必要条件。顾客满意度测评作为导入顾客满意度理念的一种手段，越来越为国内企业所接受，并且一些企业在提高顾客满意度指数的途径方面也做了一些有益的探索。

#### （一）顾客满意度指数

1. 顾客满意度指数的概念

顾客满意是指顾客对其要求已被满足的程度的感受。顾客满意与否取决于顾客的价值观和期望与所接受产品或服务状况的比较。顾客的价值观决定了其期望值（认知质量），而组织提供的产品或服务形成可感知的效果（感知质量），两者对比确定了顾客是否满意。

顾客满意度指数是根据顾客对企业产品和服务质量的评价，通过建立模型计算而获得的指数，是一个测量顾客满意程度的经济指标。

顾客期望是指顾客在购买决策前的期望，即顾客购买前对其需求的产品寄予的期待和希望。顾客期望来自顾客需求，不同的顾客有不同的需求，随之就会产生不同的期望。

但由于人们总是本能地在事前对要求的事物寄予美好的希望和期待，因此期望往往高于需求。由顾客需求形成的顾客期望，就会成为顾客在其购买决策过程中实际感受的一个评判依据。

人们往往认为顾客满意度就是顾客满意度指数，其实顾客满意度和顾客满意度指数是有区别的。顾客满意度是顾客对产品的满意程度的一种静态感受，而顾客满意度指数则可以是静态的，也可以是动态的。例如，就某一特定的产品，在一次顾客满意度调查中，关心的是该时点顾客对该产品的满意程度，可以用顾客满意度测量。但是如果对于同一产品，至少连续做了两次调查后，考察顾客满意度的相对变化，这就是顾客满意度指数。

2. 顾客满意度指数的发展

从 20 世纪 80 年代以来，质量的概念发生了极大的变化，过去质量由生产确定，现在则改为由市场确定。在质量管理方面也产生了以顾客满意为导向的新动向。顾客满意导向的出现是市场经济高度发展的必然结果，它的出现经历了一个很长的时期。

在第二次世界大战以前，工业发达国家从经济萧条时期恢复不久，消费者的购买力还不足，在这种条件下，企业为了在竞争中取胜，就要极力提高劳动生产率，降低产品成本。当时美国福特汽车公司流水线生产方式的成功就是一个典型的例子。到了第二次世界大战之后，随着经济的发展，工业发达国家的人们购买力迅速提高，市场上的商品日益丰富，人们对商品的要求也越来越高。在这种环境下，要求企业设计和生产出多种多样的和性能优越的产品。随着经济的进一步发展，柔性生产的出现，企业界越来越认识到产品的质量归根结底要由顾客来决定，而不是由标准、企业来决定。以顾客为导向（Customer Oriented）的指导思想逐渐抬头，尤其是从 20 世纪 80 年代开始，愈演愈烈。

瑞典最先于 1989 年建立起顾客满意度指数模型。之后，德国、加拿大等 20 多个国家和地区先后建立了全国或地区性的顾客满意指数模型。1989 年，美国密歇根大学商学院质量研究中心的科罗斯・费耐尔博士总结了理论研究的成果，提出把顾客期望、购买后的感知、购买的价格等方面因素组成一个计量经济学模型，即费耐尔逻辑模型。这个模型把顾客满意度的数学运算方法和顾客购买商品或服务的心理感知结合起来。以此模型运用偏微分最小二次方求解得到的指数，就是顾客满意度指数。美国顾客满意度指数（ACSI）也依据此指数而来，它是根据顾客对在美国本土购买、由美国国内企业提供或在美国市场上占有相当份额的国外企业提供的产品和服务质量的评价，通过建立模型计算而获得的一个指数，是一个测量顾客满意程度的经济指标。

1999 年 12 月，我国国务院发布了《国务院关于进一步加强产品质量工作若干问题的决定》，第一次明确提出要研究和探索顾客满意度指数的评价方法。

由此可见，顾客满意度指数是一种宏观经济指标。

美国顾客满意度指数是美国在测量了 200 家指定公司产品与服务的顾客满意程度的基础上第一个跨行业基准。ACSI 涉及七大经济部类（非耐用品制造业、耐用品制造业、运输业通信业公用事业、零售业、金融业保险业、服务行业、公共事业管理政府部门）与 35 个行业（略）。ASCI 在滚动的基础上每年公布一次。ACSI 的取值在 0~100。

3. 顾客满意度指数的作用

顾客满意度指数可用来回答下列问题：对于国家出口的货物和服务而言，顾客的满意程度以及对质量的评估是提高了还是降低了？对于个别经济部类或个别产业，乃至个别公司而言，顾客的满意程度以及对质量的评估是提高了还是降低了？因此，顾客满意度指数既可以起到宏观指导的作用，也能促进个别产品或服务的改进。

对于顾客而言，顾客满意度指数反映了顾客的呼声。对于企业而言，可以利用顾客满意度指数评估顾客的忠诚度，可利用其确定进入市场的潜在障碍，也可以用于预测投资的回报率，还可确定顾客不满意之处。

**（二）顾客满意度指数模型介绍**

1. 瑞典顾客满意度指数模型

瑞典于 1989 年建立了国家层面上的顾客满意度指数模型，模型是在美国密歇根大学的福内尔的指导下开发的。如图 8-2 所示，该模型共有五个结构变量：顾客期望、感知质量、顾客满意度、顾客抱怨和顾客忠诚。

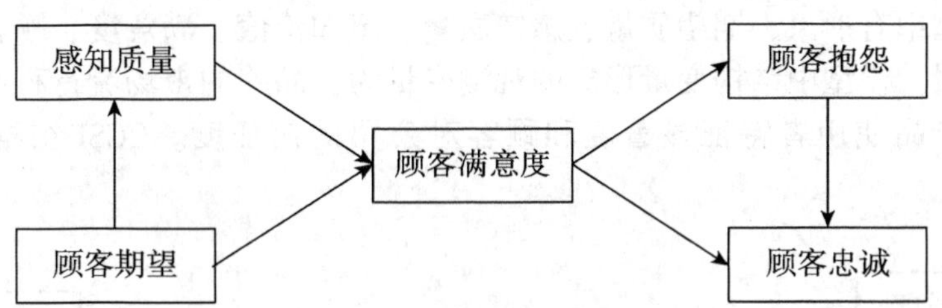


**图 8-2　瑞典顾客满意度指数模型结构**

SCSB 瑞典顾客满意度指数模型是世界上第一个国家层面的顾客满意度指数模型。该模型中只有顾客期望和感知质量两个原因变量，但顾客满意度应当是感知质量和价格综合作用的结果。因此，SCSB 不能很好地区分高质高价产品的顾客满意度与低质低价产品的顾客满意度。

2. 美国顾客满意度指数模型

美国顾客满意度指数（ACSI）模型，其结果如图 8-3 所示。

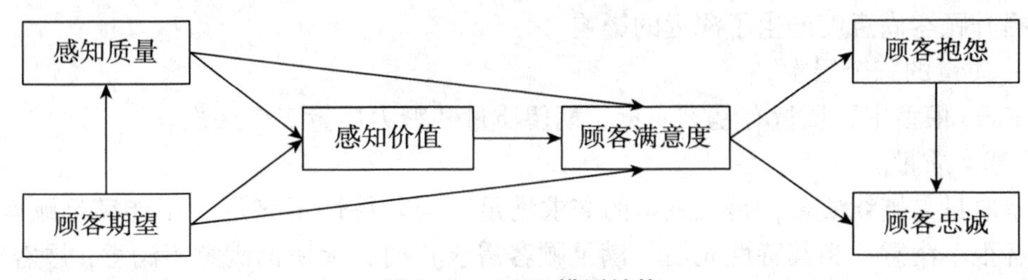


**图 8-3　ACSI 模型结构**

ACSI 模型认为，顾客满意的三个前提变量是顾客期望、感知质量和感知价值；三个结果变量为顾客满意度、顾客抱怨和顾客忠诚。该模型假定顾客是理性的，即顾客具有从以前的消费经历中学习的能力，而且能够据此预测未来的质量和价值水平，也就是说，顾客具有足够的知识保证他们的期望能够正确地反映当前的产品和服务质量。如果产品和服务的感知质量超过顾客的期望，那么顾客就满意；如果产品和服务的感知质量没有达到顾客的期望，那么顾客就不满意。ACSI 的这些结构变量还需要通过一系列观测变量来测量。

ACSI 模型在 1998 年进行了一次调整，即将感知质量分解成产品感知质量和服务感知质量。其中产品感知质量对应三个观测变量：对产品质量的总体评价、对产品顾客化质量的评价、对产品可靠性的评价。服务感知质量对应三个观测变量：总体服务感知质量、服务顾客化感知质量、服务可靠性感知质量。

ACSI 通过增加一个结构变量——感知价值，克服并弥补了 SCSB 的不足，并且通过 1998 年的调整，进一步将感知质量分为产品感知质量和服务感知质量，以适应服务在企业营销活动中占有越来越重要的地位的趋势。

3. 中国顾客满意度指数结构模型

我国对顾客满意度指数也做了很多探讨，而且提出了很多有一定特色的顾客满意度指数结构模型。其中得到普遍认可的是清华大学提出的顾客满意度指数（CCSI）结构模型。

CCSI 模型以 ACSI 模型为基础，吸收了欧洲顾客满意度指数（ECSI）模型中的结构变量：形象，模型中有形象、期望质量、感知质量、感知价值、满意度、顾客抱怨和顾客忠诚七个结构变量。模型中结构变量形象的观测变量为：品牌的市场流行程度、品牌产品的特征显著度、产品使用者特征显著度和顾客对公司的信任度。CCSI 结构模型如图 8-4 所示。

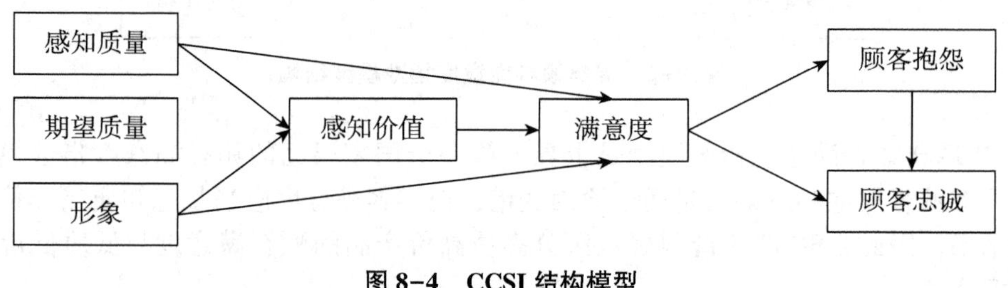


**图 8-4　CCSI 结构模型**

4. Kano 模型

国际著名质量专家狩野纪昭于 20 世纪 70 年代提出了客户满意度曲线，他提出的 Kano 模型对提升顾客满意度产生了深远的影响。

（1）质量的三个层次。

在 Kano 模型中，质量有基本质量、期望质量和魅力质量三个层次。

1）基本质量。

基本质量是基线质量，是最基本的需求满足，当其特性不充足（不能满足顾客需求）时，顾客很不满意；当其特性充足（满足顾客需求）时，无所谓满意不满意，顾客充其量是满意。基本质量一般是某种产品和服务的“最低限度”。有这些质量特性，客户不会觉得惊讶和奇怪，也不会觉得特别满意或喜悦；但如果没有这些质量特性，客户就会大为恼火甚至非常愤怒。比如开车要用点火器发动，但车子发动后，客户也绝不会感到意外，因为“顺利发动”的要求太基本了。但是，如果三番五次点不着火的话，客户一定会火冒三丈的。

事实上，大多数客户的抱怨往往是基本特性得不到满足而导致的。比如我们经常听到，一些管理信息系统在投入使用后不是打印不出来，就是数据汇总出错，一些基本的功能总是出现问题，这样的系统对客户的伤害是最深的。

2）期望质量。

期望质量是质量的常见形式，也称为一元质量，当其特性不充足时，顾客很不满意；特性充足时，顾客就满意。特性越不充足顾客越不满意，特性越充足顾客越满意，期望质量也称“多多益善特性”，这些特性越多，客户就越高兴。

期望质量一般与我们平时所说的客户满意是一回事。大约在20世纪60—70年代，日本生产的许多工业产品都在基本质量这一层次上取得了显著的进步，如果产品只能满足一般需求就不好销售了，因为消费者已经开始根据是否适合他们的需求和品位来选择产品了。产品符合质量第一层次的规格成为一种基本要求，不再是竞争优势。

3）魅力质量。

魅力质量是指那些出乎顾客意料的质量特性，这部分质量特性会给顾客带来惊喜，令顾客感到满意。但如果没有提供这部分质量特性，顾客也不会因此而感到不满意。例如，一家绿色酒店对于住店期间顾客因减少床单、浴巾、毛巾更换而带来的节约，在结账时给予一定比例的现金返还，这对于多数顾客来说就是一个魅力服务质量。

魅力质量是质量的竞争性元素。其特点包括：①具有全新的功能，以前从未出现过；②性能极大提高；③引进一种以前没有见过甚至没有考虑过的新机制，使顾客忠诚度得到了极大的提高；④一种非常新颖的风格。

（2）质量管理的三个层次。

狩野纪昭将质量管理分为三个不同的层次。简单地看，质量管理的三个层次为：质量控制—质量管理—质量创造。它们的目的分别为：符合规格—顾客满意—顾客愉悦。

1）质量控制。其讲究产品符合规格、符合性能，即满足基本质量。

2）质量管理。其讲究顾客满意。为了让顾客满意，让顾客获得期望的质量，制造商的质量行为集中于开发满足消费者有明确需求的产品，而不仅仅是产品符合基本质量的要求，这种行为可以称为质量管理。

3）质量创造。即希望创造顾客意想不到的质量，达到令顾客喜悦的目的。

（3）Kano模型简介。

在Kano模型中，狩野纪昭将质量依照顾客的感受及满足顾客需求的程度分成三种：基本质量、期望质量和魅力质量（见图8-5），并指出随时间的推移，产品或服务的魅力质量将变为期望质量，期望质量将变成基本质量，为了维持较高的客户满意度，就必须不断地提高产品质量并不断地进行产品创新。

Kano模型的横坐标表示质量要素的具备程度，越向右，具备程度越高，越向左，具备程度越欠缺；以纵坐标表示顾客的满意程度，上轴表示满意，越向上满意程度越高，下轴表示不满意，越向下表示越不满意。

（4）魅力质量的生命周期。

任何魅力质量经过一段时间后，将逐渐转换为期望质量，再变为基本质量。Kano模型三种质量的划分为质量改进提供了方向。Kano模型通过对顾客的不同需求进行区分处理，帮助企业找出提高顾客满意度的切入点，识别让顾客满意的至关重要的因素。如果是基本质

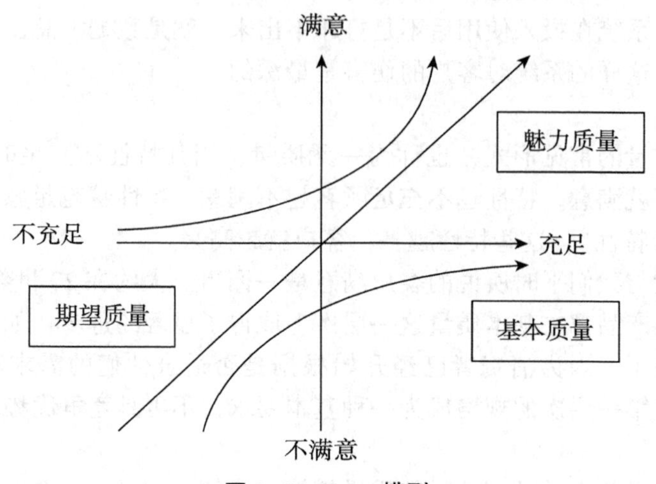


**图 8-5 Kano 模型**

量，就要保证基本质量特性符合规格（标准），满足顾客的基本要求，应集中于降低故障发生率；如果是期望质量，企业关心的就不是符不符合规格（标准）的问题，而是怎样提高规格（标准），从而不断提高质量特性，促进顾客满意度的提升；如果是魅力质量，则需要通过满足顾客的潜在需求，使产品或服务达到意想不到的新质量，企业应关注的是如何在维持前两个质量的基础上，探究顾客需求，创造新产品和增加意想不到的新质量。

## 二、六西格玛法

六西格玛管理理论真正流行并发展起来，是在由杰克·韦尔奇所领导的通用电气集团，杰克·韦尔奇运用的六西格玛管理总结了全面质量管理的成功经验，并且提炼了流程管理技巧的精华，使其成为一种提高企业业绩与竞争力的管理模式。韦尔奇通过对六西格玛的深入研究，发现六西格玛可实现的作用不仅局限于质量管理，更可以驱使领导层把工作做得更精益、更具有逻辑性。六西格玛的核心是使一个企业彻底转变。在通用电气集团的影响下，六西格玛管理逐渐被越来越多的企业推行，且得到广泛认可。其中包括福特汽车、卡特彼勒、道化学、杜邦、ABB（阿西布朗勃法瑞）、3M（明尼苏达矿业及机器制造公司）、西门子、索尼、东芝、华硕等众多跨国企业。前期的六西格玛管理被广泛运用于改进产品的质量，更关注于通过降低制造过程的质量波动来提升产品质量，而新六西格玛管理是一个领导力管理程序，是关于总体业务改进的方法。它解决了管理人员所面临的两大问题：一方面，通过快速的业务改进项目达到短期的财务目标；另一方面，要在关键人才和核心流程方面为企业未来的发展积蓄能力。六西格玛不仅是一种质量问题解决工具，更是一种以事实和数据为驱动决策的管理模式，通过向供应商推广六西格玛管理，可以快速有效地将供应商更多的问题进行量化，从而进行管理，而非过去那样更多地运用不成熟的经验进行管理。

六西格玛管理建立在科学的统计理论基础上。它一般采用项目管理的方式，采用 DMAIC 流程分析技术：定义（Define）、测量（Measure）、分析（Analyze）、改进（Improve）、控制（Control），来实现产品和服务质量的持续改进。其核心理念包括：高层领导的作用、顾客驱动与顾客满意、组织和员工的学习、基于数据和事实的管理、无边界合作与突破性过程改进和注重结果与价值创造。

六西格玛管理强调：必须先衡量，才能实施改进，因此，必须先确定用以衡量采购各方面质量的一种通用的、可横向比较的测量尺度，该尺度可用公式表示为：

百万机会缺陷数(DPMO)＝单位缺陷数(DPU)/百万个出错机会

其中，单位缺陷数指所衡量的每个单位对象（如一个产品、一个过程）出现的缺陷数，即出现的所有导致顾客不满的情况。百万个出错机会指一百万个出现错误的可能性，将前者比上后者，表示将缺陷平均到每个出错的机会上，此比值越小，质量水平越高，DPMO 可以实现不同复杂程度产品和过程的比较，成为通用的衡量质量的尺度。

DPMO 的每个值可以与正态曲线上的一定 $\sigma$（西格玛）范围内所包括的面积相对应，每个 DPMO 取值可以用一个相应的 $\sigma$ 值表示，反之也一样（注：在将 DPMO 与 $\sigma$ 值对应时，正态曲线设定为离中心值为 1.5 个 $\sigma$ 值的偏移）。DPMO 值越小，则其相对应的 $\sigma$ 值就越大，质量水平也就越高。因此，$\sigma$ 值的大小反映了质量的高低。$\sigma$ 值与 DPMO 对应关系如表 8-1 所示。

**表 8-1　　$\sigma$ 值与 DPMO 对应关系**

| $\sigma$ 值 | DPMO | 含义（以 $\sigma$=6 为例） |
|---|---|---|
| 4 | 6210 | 面对 100 万次出错机会，实际出错只允许 3.4 次 |
| 5 | 233 | |
| 6 | 3.4 | |

因为 6 个 $\sigma$ 质量水平对应着 DPMO 为 3.4 的追求目标，这就是“六西格玛管理”名称的由来。

## 三、图像识别技术

随着电信宽带业务的快速发展，运维需要越来越多的人力维持服务质量。如光纤安装，装维人员在施工现场所拍的照片会进入数据库，作为后期装维质检评估的重要依据。而装维图片这类非结构化数据无法通过在数据库中制定一系列规则来检查，只能通过人工检测。但是日益增长的电信宽带业务给装维质量评估带来了很大难度，人工评估的方式不再适用于爆发性增长的装维图片数据量。

图像识别技术可追溯至 1960 年，最早的图像识别技术基于模式识别，被应用于办公自动化领域。随着深度学习的发展，图像识别技术依托于高质量的大规模数据集与不同的层次结构的神经网络，不再依赖于传统的机器学习技术，在学术界和工业界都取得了令人瞩目的成绩，刷新了人们对图像识别技术的认知。例如，公开的千万级图像数据集 ImageNet、SUN397 等，极大地推动了图像识别技术的发展。2012 年 Krizhevsky（克里热夫斯基）等人提出了 AlexNet，在 ImageNet 竞赛上取得了突破性的成绩，此后基于卷积神经网络（Convolutional Neural Network，CNN）的更深层的网络不断被提出，在图像识别和目标分割等领域有着显著效果。

图像识别技术给各个行业的发展带来了便利。例如，机械零件采购质量检验的过程中会产生误差超标、表面损伤等一系列问题，检测机械零件质量需要大量的人工，耗时费力，效率低下，而且质检员如果长期在这种工作环境下，容易产生疲劳，会出现漏检和错检等问题，这就对机械零件的质量检验提出了巨大的挑战。图像识别技术的出现无疑为质量检验提供了一种全新的检测方法，图像识别技术对零件进行质量检测能更好地保证检测的可靠性和快速性，极大地解放了人类劳动力，提高了生产自动化水平。以下说明图像识别技术在质量检测中的应用。

采购质量管理中有大量的非结构化数据，如产品、图片数据等，传统的机器学习难以对非结构化数据中的特征进行提取分类，而深度学习由于其特殊的网络结构，被广泛应用于非结构化数据中的特征提取。对于图像识别技术，从字面上我们就可以了解到，它与图像密切相关，简言之，这项技术的基础就是图像，不同的图像可能千差万别，也可能只有微乎其微的细小差别，对于那些差别较小的图像，只靠肉眼观察是很难看出全部的，这就凸显了科技的重要性，在图像的检测过程中，科技使这一过程逐渐智能化、自动化，它可以通过多方面的技术对图像进行分析，对于其中包含的信息加以提取，并通过调用计算机库中的公式工具等进行全方位的整合，再加以包装加工，最后呈现在工作人员面前的图像信息可能需要工作人员几天的不停歇劳动才能得出，极大地提升了效率和准确率。而在机械零件质量检测中，有关图像识别的技术也不是单一的，有很多种，各有各的特点，各有各的适用条件和范围，接下来对其中主要的几种技术进行介绍。

1. 模板匹配识别技术

在众多的识别模式中，模板匹配识别技术是最容易实现的一种，模板匹配数学模型相对简单，仅需要将匹配技术应用到图像识别中，即可提高其图像识别的精确性。

这种技术是在所有图像识别技术中最基础的技术，它针对的对象是零件图像中需要检测的部分，通过大面积检测来完成。进行图像识别过程中的模板匹配，需要注意以下几个方面。第一，注重空间特征。工作人员可以在有限的空间特征图像中提取出一系列的有效信息，并进行匹配，在这个过程中要始终注意空间特征所选择的内容。由于许多具有特征的点都可以用于模板匹配过程，无论是提升图像自身的亮度，还是包括图像的边缘曲线表面纹理等，以及一些其他的特征都可以用来匹配。特征空间是图像匹配中十分重要的组成部分，也是计算机视觉的基础所在。第二，相似性的测度。具体来讲，要在图像匹配过程中找到相似度较高的内容，将其视为图片匹配的关键，相似度测试对于图像匹配至关重要，甚至会决定最终匹配的效果。相似性测度几乎决定了每个匹配测试的相关特征及匹配程度，最后也会转化为是否匹配，这两个结果在这一阶段与匹配特征的选择有着直接的关联性。

这个技术中出现了“模版”二字，它其实是一种矩阵，以数字或者符号为基本形式，在检测了被检试品图像的一些区域的特征特点后形成，并进行相关分析，把未知的和已知的进行对比，最终达到匹配，匹配的物品将被认为和模板一样，没有差别。这项技术具有利弊，首先，这项技术比较简单，不像其他技术那么复杂，匹配的算法更加简单，在图像变化不大的情况下，识别率十分理想但是限制也比较大。例如，它只能对模板和被检试品进行比对，由此可知，为了保证匹配的准确性与有效性，就需要很多的模版，这么多模版的储存将会占用很多空间，无疑造成了经济与资源的浪费。

2. 神经网络图像识别技术

神经网络图像识别技术是一种比较新的图像识别技术，是在传统的图像识别方法和基础上融合神经网络算法的一种图像识别方法。这里的神经网络是指人工神经网络，也就是说这种神经网络并不是动物本身所具有的真正的神经网络，而是人类模仿动物神经网络后人工生成的。这项技术的基本单位是众多的神经元，这些神经元相当于一个个处理单元，结构简单，它们之间通过某一种特殊的方法进行连接，从而共同构成了一个复杂的神经网络系统。这个系统具有多样性，因为不同的神经元组合在一起，可以构成不同的形状，寓意着可以具有不同的功能，极其复杂多样，那么这一技术就有着举足轻重的地位。我们可以把神经网络系统看成是与人脑的神经网络系统类似的，即前者是后者的模拟和简化。

这项技术同样具有利弊，它能够对人的认知过程进行分析与感知，最终达到模拟的目的，它的自学习和自适应能力都十分出色，有利于处理一些掺杂了众多因素的复杂问题，同时鉴别、识别图像的能力十分强大。但在现实的环境下，它的弊端也十分明显，它的训练时间较长，而且为了达到目的，需要非常大的训练量，这就意味着要耗费非常多的时间，对于需要紧急处理的突发事故并不现实，且过程比较繁杂，进行起来比较麻烦。

在神经网络图像识别技术中，遗传算法与 BP（反向传播）网络项融合的神经网络图像识别模型是非常经典的，在很多领域都有它的应用。在图像识别系统中利用神经网络系统，一般会先提取图像的特征，再利用图像所具有的特征映射到神经网络进行图像识别分类。以人脸识别技术为例，当人通过检测设备的时候，摄像设备会自动对人脸进行拍摄，此时检测设备就会启用图像采集装置来获取人脸的正面图像。获取了图像后必须将图像上传到计算机进行保存，提取人脸的各个特征点和原有图像匹配比对，确定两者的相似程度，最终确定人的身份，这在公安机关破案中起到了很大的作用。在对人的特征进行识别的过程中就用到了机遇模板匹配算法和人工神经网络算法。

3. 统计识别技术

所谓统计识别技术，主要通过统计的手段对研究物体的图像进行识别和分析。如何进行图像识别呢？这里有两种方式，一是通过大数据发现物体的特点和类型，二是统计分析反映出物体的本质特征的图像，从而更加清晰地认识分析待测物体。统计识别技术的基础是时序模型，优点十分明显，那就是它的分类误差非常小，十分精确。现在，从众多的应用经验来看，最常用的统计识别模型有两种。同样，这项技术也有利弊，它的基础是基于宽泛的数据，所以在遇到有关估算概率的问题时，就会有一定的限制性。

## 四、调查表法

调查表法是利用统计图表进行数据收集、数据整理和粗略原因分析的一种工具，又称检查表、不合格品项目调查表。

根据所要调查的目的不同，可以分别制作缺陷位置调查表、采购质量分布调查表、不合格品项目调查表、不良原因调查表、矩阵调查表等。下面介绍缺陷位置调查表、不合格品项目调查表。

1. 缺陷位置调查表

对于供应商提供的物品，外观是主要的考核标准之一。外观的缺陷可能发生在不同部位，出现多种类型。缺陷位置调查表就是先画出物品示意图，把图面划分成若干个小区域。调查时，按照物品缺陷位置在平面图的相应小区域做记号（见表 8-2）。最后，将上述工作归纳成统计符号，得出缺陷相对集中在哪个位置的规律，为进一步与供应商协商找寻可靠依据。

缺陷位置调查表常用于产品的外伤、脏污等外观有关的质量问题。

**表 8-2　　缺陷位置调查表**

<table>
<tr><td></td><td></td><td>×</td><td>×</td><td>×</td><td>×</td><td>×</td><td></td><td></td><td></td></tr>
<tr><td></td><td></td><td></td><td></td><td></td><td></td><td></td><td>○</td><td>○</td><td></td></tr>
<tr><td></td><td></td><td>×</td><td></td><td>×</td><td></td><td>×</td><td></td><td></td><td>×</td></tr>
<tr><td></td><td>○</td><td></td><td></td><td></td><td></td><td></td><td>○</td><td></td><td></td></tr>
<tr><td></td><td></td><td></td><td>○</td><td></td><td></td><td></td><td></td><td></td><td></td></tr>
</table>

注：上表用来调查铁片表面涂漆缺陷位置分布情况，×表示伤痕，○表示气泡。从表 8-2 可以看出，伤痕集中在两条直线上，经查证是涂漆机所致，与供应商协商修理后基本消除伤痕。对气泡产生的原因还要进一步调查。

2. 不合格品项目调查表

对于供应商提供的物品，其中的不合格品需要调查其项目以及这些项目所占比率。在具体实施过程中，一般把预先设计好的表格放在验收现场，让检验人员随时在相应的栏里标记，填写表格，再进行统计，这样可以及时掌握采购物品的质量状况，如表 8-3 所示。

**表 8-3　　不合格品项目调查表**

| 日期 | 供应商 | 供应量 | 不合格品量 | 不合格品率 | 不合格品项目 | | | | |
|---|---|---|---|---|---|---|---|---|---|
| | | | | | 1 | 2 | 3 | 4 | 其他 |
| | | | | | | | | | |
| | | | | | | | | | |
| 合计 | | | | | | | | | |

表 8-3 中，日期、供应商、供应量可以直接填写，不合格品量通过验收统计得出，不合格品率通过计算得出。然后根据表格情况进行不合格品原因的粗略分析。

例如，湖北车桥股份有限公司对供应商供应的三种关键零部件和材料的质量进行统计，得到表 8-4 的统计结果，可以看出减壳的合格率最低，因此要对减壳的供应商进行重点监督。

**表 8-4　　三种关键零部件进货质量统计**

| 零部件 | 进货总批次 | 合格批次 | 不合格批次 | 合格率 | 不合格主要原因 |
|---|---|---|---|---|---|
| 减壳 | 831 | 688 | 143（退货 60、让步 44、返工 39） | 83% | 砂眼、气孔、裂纹、部分安装孔丝未攻到位或未攻、减壳干涉差壳螺栓或盆齿活动区域、减壳两轴承外圆直径大、减壳无回位油孔等 |
| 差壳 | 1396 | 1286 | 110（退货 44、让步 21、返工 45） | 92% | 有毛刺、硬度不合格、清洗不净、标志不清或标志错误等 |

续表

| 零部件 | 进货总批次 | 合格批次 | 不合格批次 | 合格率 | 不合格主要原因 |
|---|---|---|---|---|---|
| 半轴 | 216 | 205 | 11（让步 8、退货 3） | 95% | 材料和金相组织不合格、半轴油封位有黑皮、半轴花键部位尺寸超差、标志不清或标志错误等 |

## 五、其他技术

智能采购已成为采购风向标，发展新一代信息技术赋能的智能采购产业已成为提升产业核心竞争力、实现新旧动能转换的重大急需。美国工业互联网、德国工业 4.0、日本创新工业计划，以及中国智能制造均从不同角度提出了借助新一代信息技术对工业场景改造升级的思路，其核心理念均通过工业物联网（Industrial Internet of Things，IIoT）网络、多功能传感器和云计算等信息集成技术，将分布式、组合式的工业制造单元模块构建成多功能、智能化的高柔性工业制造系统；将在生产设备、零部件、原材料上装载可交互智能终端，借助物联网实现信息交互、实时互动，使机器能够自主决策，并对采购进行个性化控制，进而打造先进的无人化采购系统。与装备制造业强国相比，我国装备制造业综合竞争力依旧较弱，实际产线数据实时分析和生产自主决策方面的突出困难大大制约了制造业的产能和效率，也严重阻碍了制造业从大规模制造向大规模个性化定制转型的进程。

人工智能、大数据、云计算、边缘计算及通信技术已成为当前制造业转型升级的主要抓手。借助人工智能和机器视觉方法实现制造业产线的数字化转型升级，可充分利用深度学习、机器学习理论和方法在数据挖掘、特征抽取方面的优秀潜能，捕捉历史数据信息隐含的重要特征，辅助产线做出智能决策。近年来，随着数据量的积累、算力的进步和 AI 模型表示能力的增强，利用深度学习方法进行图像理解已成为机器视觉和人工智能领域研究及垂直行业落地的热点方向。图像理解可以划分为图像分类、目标检测、图像分割三个层次。图像分类（Image Classification）采用事先确定好的类别来描述图像，是最基础的图像理解任务，也是深度学习模型取得进步最大、应用最广泛的一种任务，AI 模型取得进展的同时也诞生了 ImageNet，MNIST，Cifar10，Cifar100 等多种具有国际影响力的图像数据集。目标检测（Object Detection）关注图像中特定目标的类别和位置信息，需要从背景中分离出感兴趣的目标，一般可用矩形框对目标区域定位（Object Localization），同时给出定位目标的类型或类别信息，目前主流算法包括 R-CNN，Fast R-CNN，Faster R-CNN 以及 YOLO（You Only Look Once）家族系列算法。图像分割（Image Segmentation）包括语义分割和实例分割等多种类型，要求分离不同语义的图像部分或者描述出感兴趣区域、目标的精细轮廓，在现实场景和医学影像分析领域存在大量应用，目前主流算法包括 Mask R-CNN，U-Net 等，在国内外公开的 PASCAL-VOC，LIDC（Lung Image Database Consortium）等数据集取得良好效果。

产品质量是企业的生命线，在工业生产制造全生命周期中，产品质量的实时监控可以对生产过程中的突发状况进行及时预警并做出及时响应，规避风险。现阶段，产品质量管控需添加额外工序或依赖人工对产品中间件进行质量评估，带来了额外生产成本，同时制约了生产效率。针对该问题，国内外产业和学术界均进行了大量努力。由于影响产品质量的因素比较复杂，人、机、料、法、环等都会对制造质量产生不同影响，“事后检验”和统计过程控制的传统质量管控方式已无法适应新型智能制造系统和产业柔性制造的需求。

思政案例：舌尖上的食物不断被“加料”

借助历史数据建立数学模型特别是AI模型，完成产品质量的预测分析，同时实现产线设备预测性维护和故障诊断已成为当前的主流方式。但由于工业大数据采集、整理、分析和存储均会耗费大量人力、物力，同时隐含价值挖掘难度较大，导致基于AI的质量管控方法在实际制造产线的应用十分有限，仍处于摸索的初期阶段。

## 第三节　基于大数据的物资标准化采购质量管理与应用

以电力公司物资管理为例讨论大数据在质量管理领域的应用。

### 一、建立大数据分析机制

通过对采购数据的相关参数做特征化处理，并采用数据钻取技术（Data Drilling Technology），钻取物资基础数据分析维度和层次，从物资分类、时间两个维度构建大数据分析模型，实现对采购数据的多维度、多层次深入分析。构建物料采购集中度、需求数量占比、物料通用性和应用趋势四项关键指标，通过指标精准对比分析，有效掌握物料应用差异化和发展趋势，为专业复核阶段工作开展提供有效依据。

### 二、专业复核阶段进行技术修正

充分考虑不同区域的差异化需求，将集中度高、通用性强的物料作为通用设备的主要选择对象；对通用性弱、集中度不高的物料提出精简建议；对未纳入通用物料而使用度高的物资，提出标准化建议。通过专业分析，进一步压减可替代性物料，若对采购运维成本影响不大，按技术冗余原则进行压减：保留通用标准物料，超前考虑“三通一标”（通用设计、通用设备、通用造价、标准工艺）和设计实际要求，对部分物料进行保留；保留特殊环境使用物料，充分结合不同地域特点，对于部分数据分析中占比较少、建议删减的物料进行保留。

### 三、建立机制，推进物料精简成果应用

建立“两级三类清单”新型管理模式。“两级”是指公司总部及各分公司层级，“三类”是指优选、可选、限选一类物料清单。其中，总部目录清单是根据通用性分析、压减成果编制的控制目录清单。优选清单涵盖需求单位数量大于15家的物料，建议推广使用；可选清单涵盖需求单位数量大于5家小于15家的物料，建议根据自身情况选择性使用；限选清单涵盖需求数量小于5家的物料，非特殊情况限制使用。按照总部管控原则及压减目标，各省公司根据实际情况制订差异化清单，引导需求单位合理选用，提高主网物料标

准化程度。

以国网公司为例，通过标准物料精简，总部电网标准物料从 2010 年近 7 万种逐步压减至 6000 余种，其中 10 千伏配网标准物料压减至 329 余种。物资选型方案的日趋成熟逐步消除了科研、设计、采购、施工等环节之间的制约因素，实现参数的标准化、接口的规范化，全方位降低产品制造和研发成本，提高供应链各环节的效率效益，引导供应链相关产业转型升级。2020 年，青海电力将电网标准物料分类清单进一步压减到 1777 种，较“国网公司 2020 版”压减 2080 种，压减率为 53. 92%，优选物料 1076 种，占 60. 55%；可选物料 501 种，占 28. 19%；限选物料 200 种，占 11. 25%。

## 四、精简物料，编制典型应用模板

根据国网公司通用设计方案，原物资部已组织编制了相应电压等级方案的 112 个物料标准模板，包括新建工程及各电压等级的改扩建工程，典型项目可以使用已编制的标准模板，提高了物资提报的准确率，减少了设计单位的工作量。后期随着工程项目数据的积累，可进行阶段性模板梳理，对标准模板内的物料进行动态增减，并在系统中固化成套物料库，系统自动比对不同物资之间的匹配关系，有效避免物资漏报、错报。通过成套物资逻辑一一对应的关系，由主物料自动带出附属物料，如提报主物料时未提报附属物料，则会自动提醒。

通过大数据分析技术构建典型设计方案模型，针对不同类型、不同级别电压等级，标准化、结构化物资清册，并固化成套物料、物资单位校验，将审查逻辑转变为计算机可识别语言，同时通过数据中台，无缝对接、共享采购计划申报数据，实现项目物资采购管理从项目前期的可研阶段至项目实施的物资采购阶段全流程线上精确管理，有效提升采购质效。

## 五、标准化采购成果

通过大数据统计分析，某电力公司在现代智慧供应链管理平台应用了 112 个通用设计方案的标准物料模板，创立了“五统一”（统一分类编码、统一型号种类、统一技术参数、统一技术规范、统一技术接口）的编制原则，以“七步法”（广泛调研、制定方案、任务下达、初稿编写、征求意见、专家评审、审定批准）为行之有效的工作步骤，落实“八个方面”（提升设备整体性能参数、提升关键原材料和组部件性能、细化工艺及结构布置要求、体现分级分类技术差异、应用最新标准要求、加强试验和产品验收、统筹运行和检修功能需求、提高采购标准编制质量）的质量提升，实现了采购标准在智能采购、供应商核实、合同履约等环节的高效应用，实现了纵向各环节、横向跨专业的数据互通，推动供应链各业务环节的标准数据贯通，为现代智慧供应链体系建设提供有力保障。

通过大数据分析技术及跨专业信息系统的数据贯通融合，将发展、建设、运检、营销等专业管理与物资管理紧密衔接，提升物资采购的智能化、精准化。

协同采购标准资源，实现采购标准化资源同步，线上共享。整合线下采购标准资源至线上，实现线上资源同步共享；以采购标准资源作为系统智能化基础主数据，实现线上智能化，根据标准物料清册、优选物料清册，自动判断申报计划条目物料属性，对非标及限选物料进行自动化判断提示，并对应用率进行自动化统计；根据采购目录标准数据，依据智能算法实现自动挂接合理采购批次；根据成套物料标准资源信息，实现成套信息自动比对校验，并对缺失物料进行智能提示。

物资需求计划前沿，实现可研、初设、物资计划全流程业务贯通。实现可研、初设阶段清册编制：建立通用、典型工程模板，应用模板编制可研、初设清册；实现可研、初设、物资计划贯通：各阶段可沿用上阶段清册，对各阶段清册进行对比，对各阶段添加修改的或删除的物料进行标识，区分各阶段清册变化。

## 第四节 采购绩效评估

### 一、采购绩效评估概述

#### （一）采购绩效的含义

1. 采购绩效

对企业而言，在日常的生产及经营过程中，采购是必不可少的业务环节，以此得到要素支持，保证企业正常活动中需要的原材料。对企业而言，采购是按照内部的实际发展需求，在供应市场上进行产品或服务的获取，保证日常经营及生产的维持。采购管理是企业战略管理中的重要组成部分，其目的是保证物资供应的及时性和准确性。

采购绩效是采购产出与采购投入的比率，体现了企业采购管理的效率与效益，反映了采购部门职能与采购人员职责的履行情况。采购绩效评价是企业按照相关部门的评价标准与工作指标，运用全面、严谨、科学及公正的考核方式，对采购部门完成绩效目标的程度展开评定，是基于企业采购战略的一种管理活动。

采购绩效评价从本质上来说，是激励采购人员持续改进业绩并最终实现组织目标的一种活动。

采购绩效可以定义为从数量上和质量上评估采购职能部门和所属工作人员达到规定目标和具体目标的程度。

2. 采购绩效评估

采购绩效评估是指运用一定的方法，根据特定的指标体系和评价标准，按照一定的程序测量和收集数据资料，通过定性和定量分析研究收集到的数据资料，获得对采购管理活动的效率、能力、服务质量、公共责任和社会公众满意程度等方面的判断，对管理过程中投入、产出、中期成果和最终成果所反映的绩效进行评定和划分等级的活动过程。

采购绩效评估基于采购管理的各个环节，同时设定关键业绩指标，在指标设定上要考虑后续的计划、考评、分析和改进情况。各项采购任务的展开、绩效指标的评价，都要符合科学合理的原则并与企业的实际情况相结合。

第一，诊断采购流程中的问题并寻找改进机会。采购绩效评估不仅是了解和监视企业采购过程，更是与企业众多部门保持顺畅交流，并以此来进行采购预算及采购计划的评估，同时，深入分析采购战略目标的实现情况。

第二，为企业采购方式和流程的改进提供思路。通过多层次、全方位采购绩效评价指标体系的构建，可以系统地对整个采购业务及流程中存在的问题进行分析，为企业改进采购流程、提高采购管理水平提供重要依据。

第三，作为评定采购工作绩效的依据。企业内部完善的采购绩效评价体系，可以按照采购工作者的任务及工作内容完成度，客观、公正地分析并得到采购部门和采购人员的绩效评价结果，并以此作为企业对采购部门奖惩的依据，对于提高采购部门员工的工作积极性、发挥其主观能动性能起到积极作用。

### （二）采购绩效评估的必要性

1. 采购绩效评估是市场经济的内在要求

市场经济的核心是竞争、高效，在企业采购过程中，企业作为买方，与其他市场主体一样，要遵守市场经济的游戏规则。由于企业采购规模较大，会吸引众多供应商竞标，企业可以利用市场优势获得物美价廉的产品或服务。如果企业采购部门在采购过程中不遵守市场经济规律和要求，或者企业采购部门运作效率太低，将会导致供应商对企业采购失去兴趣，也会降低企业在公众中的威信，故企业须加强对采购绩效的评估。

2. 采购绩效评估是监督采购行为的重要手段

采购绩效评估的存在促使企业采购部门必须按评估的标准执行采购工作。同时，采购绩效评估为整个社会从外部监督采购行为提供了基准线。企业采购除需要自我约束制约外，还需要来自外部的监督评判。外部监督评价将给企业采购行为的改进造成压力。

3. 采购绩效评估是提升和改善企业形象的有效途径

通过采购绩效评估，企业向公众展示采购工作成果，接受公众监督，公开绩效评估结果有利于赢得公众对企业采购的支持，建立和巩固对企业采购改革的信任。

### （三）采购绩效评估的目的

通过采购绩效评估，可以清楚采购部门及个人的工作表现，从而找到现状与预设目标的差距，也可奖勤罚懒，提升工作效率，以促进目标的早日实现。具来体说，采购绩效评估的目的主要有以下几点。

1. 确保采购目标的实现

各企业的采购目标互有不同，例如，政府采购的采购单位偏重“防弊”，采购作业以“如期”“如质”“如量”为目标。而民营企业的采购单位则注重“成本”，采购工作除了要维持正常的产销活动外，还非常注重产销成本的降低。因此，各企业可以针对采购单位所追求的主要目标加以评估，并督促其实现。

2. 提供改进绩效的依据

绩效评估制度可以提供客观的标准来衡量采购目标是否实现，也可以确定采购部的工作表现如何。正确的采购绩效评估有助于指出采购作业的缺失所在，从而据以拟定改善措施。

3. 作为个人或部门奖惩的参考

良好的绩效评估方法，能将采购部门的绩效独立于其他部门而凸显出来，并反映采购人员的个人表现，作为各种人事考核的参考资料。依据客观的绩效评估，实现公正的奖惩，也能鼓励采购人员，从而使整个部门发挥合作效能。

4. 协助甄选人员与训练

根据采购绩效评估的结果，可针对现有采购人员工作能力的缺陷，拟订改进的计划，如安排参加系统性的专业培训。若发现整个部门缺乏某种特殊人才，如成本分析员或机械制图人员等，则可另行由企业在内部进行甄选或在外界招募。

5. 促进改善部门关系

采购部门的绩效受其他部门配合度的影响很大。因而采购部门的职责是否明确，表单、流程是否简单、合理，付款条件及交货方式是否符合企业的管理制度，各部门的目标是否一致均可通过绩效评估予以判定，并可以改善部门间的合作关系，增进企业整体的运作效率。

6. 提高人员的士气

有效且公平的绩效评估制度，将使采购人员的努力成果获得适当回馈与认定。采购人员通过绩效评估，将与业务人员或财务人员一样，对企业的利润贡献有客观的衡量尺度，成为受到肯定的工作伙伴，对其士气的提升大有帮助。

### （四）采购绩效评估过程中存在的问题

采购绩效评估和考核一直存在着一些问题和局限性。绩效考核专家马克·布朗认为，实际上，每家企业的考核系统都存在某种类型的问题。

1. 过多及错误的数据

数据过多是企业考核系统中存在的最常见的问题。另一个更严重的问题是管理者往往会关注那些错误的数据。根据经验或感觉选择的考核指标非常成功，而实际上可能根本不是这样。事实上，管理层所采用的考核指标可能与其他部门或职能领域运用的方法相冲突。

2. 关注短期的考核指标

很多中小型企业都关注短期的考核指标和数据。通常，这些企业采集的数据都是财务和运营数据。而对于采购而言，这就意味着关注短期工作量及供应链活动，而忽视了长期的或是战略性的考核指标。

3. 缺少细节

有些时候，测评报告过于简短以至于信息变得毫无意义。如一个关于月度供应商质量单一考核报告的考核指标就缺乏细节内容。供应经理期望获知供应商目前存在的缺陷有哪些具体类型，哪些缺陷使买方公司需要增加成本，还希望知道每段时间供应商的绩效质量。

某汽车零部件配送工厂的运营经理收到一份按客户索赔要求对配送工厂质量进行月度考核的报告。此外，他还收到了包括以下细节的报告：出现错误的类型（零部件分拣错误、损坏、缺货或丢失等）；哪些客户提出了索赔要求；哪些员工应对质量问题负责；该中心处理质量索赔问题的总成本；出现索赔问题的零部件数据。

凭借这些信息，运营经理能采取根除配送工厂质量问题的行动及措施。

4. 导致错误的绩效行为

遗憾的是，很多考核指标会导致一些不符合其需要的行为的发生。例如，如果以采购订单的数量考核采购人员的绩效，那么他们肯定会将给供应商的采购量分割为很多小批量的采购订单，以便得到更多的采购订单。

5. 采用行为考核指标而不看重结果

实施行为考核指标的问题在于，无法保证该行为一定能实现所期望的结果。例如，对整个企业所有合同涵盖的采购总量进行追踪的行为考核指标如今已越来越普遍，但追踪使用企业合同所带来的总成本节约是更好的考核指标。

行为考核指标的另一个例子是，商品团队每个季度召开会议的次数，更好的考核指标是考察由团队行为所带来的绩效成果。尽管存在很多行为考核指标，但最终能取得成果的考核指标才有意义。

### (五) 采购绩效评估的原则

进行采购绩效评估需要构建评价指标体系，还需要选择合适的分析方法代入指标案例中进行研究。因此，在进行采购绩效评价过程中，需要遵循以下几项原则。

第一，全面性原则。在构建采购绩效评价指标体系时，要以采购过程各环节的关键要素为基础作为指标构建的原则。

第二，持续性原则。采购绩效评估要以企业的持续经营为前提，要定期核查采购的实现程度。因此，采购绩效评估也应当有时间表，要结合定期评价与不定期评价，对部门及业务人员形成良好的督促作用。

第三，战略性原则。采购绩效评估要从企业发展的战略目标出发，评价采购绩效，实现企业的战略目标。企业采购行为的开展、采购管理及采购绩效评估等都需要以战略目标为方向，并确保采购绩效评估及对应的采购方法、流程的改进能够对战略有促进作用。

第四，可比性原则。采购绩效评估是一项系统性、复杂性工作，企业在构建绩效评估体系时应当以其他企业为参考，同时还应当具有推广性，进而有利于企业的竞争。

根据供应链运作参考模型（SCOR）中对于绩效的评估指标，可将采购绩效评估原则总结如下。SCOR 的采购绩效评估方面如表 8-5 所示。

**表 8-5　SCOR 的采购绩效评估方面**

| 方面 | 含义 |
|---|---|
| 可接受性 | 评估某种绩效的方法应在所有采购工作人员中讨论并为他们所接受 |
| 可靠性 | 现实的绩效标准，员工能积极实现 |
| 适宜性 | 必须与员工的工作和部门的工作有联系 |
| 灵活性 | 评估的方法必须能够应对不断变化的环境 |
| 连续性 | 所采用的方法应保持在合理的时间段，这样能将过去和现在的绩效相比较 |
| 可理解性 | 采纳的方法应容易被那些绩效正被衡量的人所理解 |
| 成本 | 评估绩效所花费的成本不应超出由于它的实施而预计产生的效益 |

## 二、采购绩效评估的内容和步骤

### (一) 采购绩效评估的内容

采购业务目标的经典描述是：从最合适的地方，购入质量最好的、价格最合理的材料，并以优质的服务及时运送到合适的地点；同时采购业务必须有助于产品和生产过程的创新，减少供应风险。因此，评价采购行为必须评价以下四个方面：采购价格与采购成本，采购产品与采购质量，采购物流与交付，采购组织与管理。

1. 采购价格与采购成本的评价

采购价格与采购成本的评价是指支付外购材料与服务的实际价格和标准价格之间的差异的评价。在此须考虑两个方面的问题。①采购价格与采购成本的控制。企业必须连续不断地监控和评价供应商的供应价格及价格增长的变化情况。②使用的方法和参数包括材料预算、通货膨胀报告和差异报告等。其主要目的是监控采购价格和采购成本，防止成本失控，降低采购成本。企业通过结构化的方式，对外购材料和服务的相关活动进行持续不断的监控，比较预算与标准成本，减少和降低采购成本，主要措施包括寻找新的供应商和对期待材料、价值进行分析，以及企业之间的联盟采购等。

2. 采购产品与采购质量的评价

采购要求供应商能够按照企业的采购清单、质量要求和交货期，及时可靠地运送采购产品或提供服务。同时，采购活动也参与新产品的开发，根据企业产品开发的需要，发展新产品项目也是采购控制活动需要考虑的要素。采购活动对最终产品质量至关重要。根据工程设计要求发出产品清单后，采购工作就要保证货物按照采购需求按质、按量、按时到达。此时使用的评价内容包括：货物合格率、拒收率、认证供应商的数量和处理废品报告的数量等。零缺陷管理的方法必须贯穿全部采购活动。

3. 采购物流与交付的评价

采购物流与交付的评价是指评价采购材料和服务的物流活动所起的作用，采购材料是否及时、准确地处理。评价的参数包括：材料的平均订货时间、订货数量、订货的交付数额等。使用电子订货系统或企业的全面电子商务解决方案可以提高交货的及时性和准确性。

4. 采购组织与管理的评价

采购组织与管理的评价是为了完成采购职能，企业所利用的重要资源具体包括以下内容。

（1）采购人员。包括采购人员的经验、背景、能力水平和工作态度等。

（2）采购管理制度。企业对采购部门的管理方式，包括采购策略的有效性、预算和报告程序，以及管理风格和沟通体系等。

（3）采购信息系统。采购信息系统是采购活动的支持体系，改善采购信息系统的绩效有利于改善采购绩效。

（4）采购方针和程序。包括采购活动的总体方针和原则、采购指令的有效性等，目的是保证采购工作按照有效的方式进行。

### （二）采购绩效评估步骤

1. 确定采购绩效评估的类型

根据采购绩效评估的对象，确定采购绩效评估的类型。

2. 具体采购绩效评估指标的设定

根据采购绩效评估的类型，合理地选择采购绩效评估的指标体系，包括综合指标体系、管理指标体系、计划指标体系、认证指标体系、订单处理指标体系和开发指标体系。

3. 建立采购绩效评估的标准

有了采购绩效评估的指标之后，须考虑依据何种标准作为与目前实际采购绩效相比较的基础。一般常见的标准如下。

（1）历史绩效。

选择企业历史绩效标准作为评估目前绩效的基础，是相当可行、切实有效的做法，但是只有当企业的采购部门，在组织、职责或人员等均无重大变动的情况下，方可使用此项标准。

（2）预算或标准绩效。

若历史绩效难以取得或采购业务变化较大，可使用预算或标准绩效作为衡量的基础。预算或标准绩效的设定要符合下列三个原则。

①固定标准：标准绩效一旦建立，就不能再变动。

②挑战标准：标准的实现具有一定的难度，采购部门和人员必须经过努力才能完成。

③可实现标准：在现有内外环境和条件下经过努力，确实应该可以达到的水平，通常依据当前的绩效加以衡量设定。

（3）行业平均绩效。

若其他同行业企业在采购组织、职责及人员等方面与本企业相似，则可与其绩效进行比较，以辨别彼此在采购工作绩效上的优劣。数据资料既可以使用个别企业的相关采购结果，也可以采用整个行业绩效的平均水准。

（4）目标绩效。

标准绩效是在现有的情况下，可以达成的工作绩效；而目标绩效则是在现有的情况下，必须经过一番努力，才能达到的较高境界，即最佳境界的期望值。

#### （三）选定绩效评估人员

绩效评估的类型不同，选择的绩效评估人员就会有所不同。绩效评估人员包括采购主管部门的人员、财务部门的人员、物流部门的人员、生产管理部门的人员、外界的专家或管理顾问。

#### （四）选定绩效评估方式

采购人员工作绩效的评估方式，可分为定期方式和不定期方式。定期的评估系配合企业年度人事考核制度进行。一般而言，以“人”的表现，如工作态度、学习能力、协调精神、忠诚程度等为考核内容，对采购人员的激励及工作绩效的提升并无太大作用。

至于不定期的绩效评估，则是以专案方式进行的。例如，企业要求将某项特定产品的采购成本降低10%，设定期限一到，就评估实际的成果是高于还是低于10%，并就此成果给予采购人员适当的奖惩，此种评估方式对采购人员的士气有相当大的提升作用。

实施绩效评估并将结果反馈给被评估的人员和部门，然后由具体评估机构对评估人员和部门进行测评。

### 三、采购绩效衡量指标体系

采购人员在其工作职责上，应达到“适时、适量、适质、适价和适地”的目标，因此，其绩效评估应以“五适”为中心，并以数量化的指标作为衡量绩效的尺度。具体可以把采购部门及人员的考核指标划分为以下五大类。

#### （一）品质绩效

采购的品质绩效可以由验收记录和生产记录判断。验收记录是供应商交货时，为企业所接受或拒收的采购项目数量或占比；生产记录是在供应商交货后，在生产过程中发现质量不合格的项目数量或占比。

1. 进料验收指标

进料验收指标=合格(或拒收)数量/检验数量

2. 在产品验收指标

在产品验收指标=可用(或拒收)数量/使用数量

若进料品质管制采用抽样检验的方式，则在产品品质管制发现品质不良的比率，将比进料品质管制采用全数检验的方式高。拒收或拒用的比率越高，表明采购人员的品质绩效越差，这有可能是因为没有找到理想的供应商。

### (二) 数量绩效

采购人员有时为争取数量折扣，往往会大批进货，以达到降低材料采购价格的目的。这样导致的后果常常是库存过多，增加了库存成本，有时甚至会发生呆料、废料的情况。针对以上情况，设计如下的绩效指标。

1. 储存费用指标

储存费用指标=现有存货利息及保管费用-正常存货水准利息及保管费用

2. 呆料、废料处理损失指标

呆料、废料处理损失指标=处理呆料、废料收入-处理呆料、废料损失

存货积压利息及保管费用越大，呆料、废料处理损失就越高，表明采购人员的数量绩效就越差。但是，这一指标有时受企业营业状况、物料管理绩效、生产技术变更或投机采购等因素的影响，并不一定都是采购人员的责任。

### (三) 时间绩效

时间绩效指标用来评估采购人员处理订单的效率，并对供应商的交货时间进行控制。延迟交货将影响企业生产经营活动的正常进行。但是，提前交货也可能导致企业承担不必要的存货成本和提前付款的利息费用。

1. 紧急采购费用指标

紧急采购费用指标=紧急运输方式的费用-正常运输方式的费用

2. 停工待料损失指标

停工待料损失指标包括停工期间作业人员的薪金损失等。

实际上，除了以上两项指标包括的直接费用和损失外，停工待料还会造成许多间接损失。比如，经常停工待料容易造成顾客订单流失、严重的影响企业的信誉和形象、减少企业的交易机会、由于停工延误市场需求导致销售额减少、作业人员离职及恢复正常作业对机器所做的必要调整等。紧急采购会使购入材料的价格偏高，品质欠佳，也会产生因赶工所必须支付的额外加班费用等。这些间接费用和损失都没有包括在这项绩效评估指标内。

### (四) 价格绩效

价格绩效是企业最为重视和最为常见的评估采购绩效的指标。通过价格指标，可衡量采购人员与供应商讨价还价的能力及供需双方实力的变化情况。

采购价差的衡量指标通常有以下几种：①实际价格与标准成本的差额；②实际价格与过去移动平均价格的差额；③使用时的价格与采购时的价格的差额；④比较当前采购价格

与基期采购价格的比率或当期物价指数与基期物价指数的比率。

**（五）采购效率（活动）指标**

品质、数量、时间和价格绩效都是从采购人员的工作效果来衡量的，那么下面的采购效率指标可以从采购的工作效率来衡量。

（1）采购金额。

（2）采购金额占销货收入的百分比。

（3）定购单的件数。

（4）采购人员的数量。

（5）采购部门的费用。

（6）新供应商开发的数量。为使供应来源充足，对唯一来源的材料要求采购人员须在一定期限内增加供应商数量。这一评价指标也可以用唯一来源的材料占所有同类材料的比重来衡量。

（7）采购完成率。这是衡量采购人员努力完成采购作业的业绩。

采购完成率=本月统计完成件数/本月累计请购件数×100%

完成件数有两种计算标准：一是采购人员签发订购单即算；二是必须等供应商交货验收完成时才算。然而，采购人员若为提高完成率使议价流于形式，则得不偿失。因此，如果无脱销的可能，完成率稍低也无妨。

（8）错误采购次数。错误采购次数是指采购人员没有按照有关的请购货采购作业程序处理的采购。譬如错误的请购单位、没有预算的资本支出、没有经过请购单位主管核准的采购、没有经过采购单位主管核准的采购等。这样的错误采购应尽量避免。

（9）订单处理时间。根据采购活动水准上升或下降，可清楚地了解采购人员工作的压力、动力和能力，而这一点对于改善或调整采购部门的组织与人员有很大的参考价值。

广泛应用的构建指标的方法主要有关键业绩指标法（KPI）、平衡计分卡法（BSC）、作业成本法（ABC）、经济价值增值法（EVA）和杠杆法等。综合以上各种方法的利弊，可构建采购绩效评估指标体系，具体如图 8-6 所示。

## 四、采购绩效评估体系的类型

### （一）效率导向绩效评估体系

效率导向绩效评估体系强调成本和采购部门的经营效率，是评估采购绩效的传统方法。采购绩效的评估取决于采购成本是否降低，经营成本是否减少，采购时间是否缩短。采购材料的成本包括材料的价格、材料的库存成本、材料的运输报关等费用。材料的成本降低，可直接降低产品和服务的成本，为企业的利润做出贡献。经营成本包括办公费、邮寄费、差旅费、代理费，以及由于采购计划变更而导致的谈判、重新协商等管理成本。采购时间是指从接到采购要求到安排采购的这段时间。

运用效率评估采购绩效的企业，可以制定确切的、量化的与效率相关的具体指标。例如，企业可以规定采购部门在一个月或一年内将某种特定材料的价格降低 1%，或者减少经营费用 1 万元或者缩短采购周期。这种评估方法简单明了，可直观地看到采购部门的绩效。但是，正是因为量化的指标太绝对，反而忽视了其他影响具体目标的定性指标。

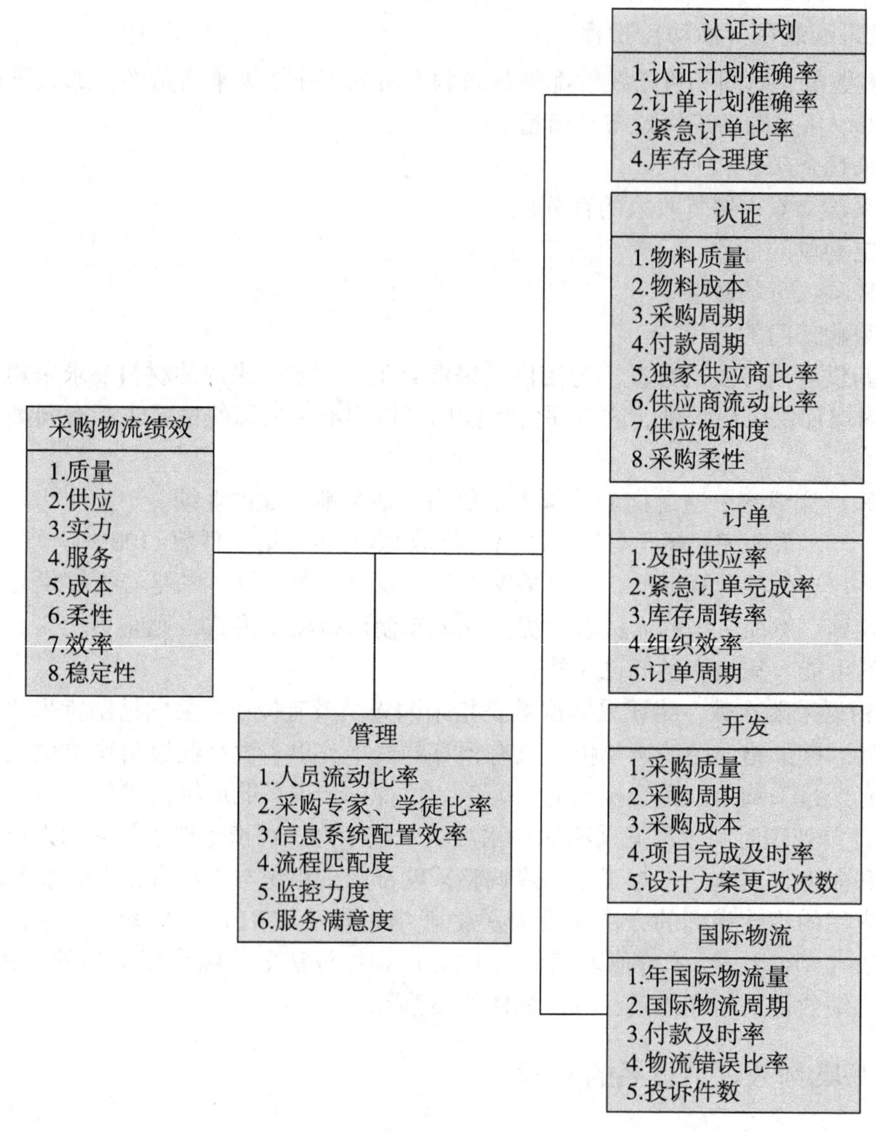


**图 8-6　采购绩效评估指标体系**

### （二）实效导向绩效评估体系

实效导向绩效评估体系评价采购部门对利润的贡献度、与供应商的关系及采购质量和顾客满意水平。在这一效率体系中，重点是降低采购材料的价格。同时，在这一效率体系中，可直接或间接地评估采购部门对利润的贡献水平。采购企业提升效益的方式包括：降低经营成本或材料成本；提高其他绩效（如提高材料质量、减少次品数量）以使顾客满意；缩短供货提前期，使消费者认为物超所值，从而提高销售额。实效导向绩效评估体系认为净利润是企业的整体目标，而不是采购部门的目标。对比目标价格和实际支付价格或目标节约成本和实际节约成本，为评价绩效、提出改进建议或意见提供有用信息。

**（三）复合目标绩效评估体系**

复合目标绩效评估体系是以上两种评估体系的结合，即同时考虑效率和实效的评估，该体系将定量的标准和定性的标准结合起来，有助于给决策层提供客观的依据。但是，这种评估体系也有缺陷，即效率和实效往往彼此冲突。例如，采购人员较关注以最低的成本获得货物或所需的材料，那么，在效率这个目标上，采购成本得到的评价就会很高。然而，这种价格采购也许会引起对利润贡献的消极评价，因为价格低就可能存在产品质量低劣、次品率高的风险，导致消费者满意度下降，从而不能满足实效的目标。存在此类问题，并不代表该方法不可行。对于企业或采购部门而言，或者对于具体从事采购绩效评估的部门来说，关键就是认真、全面地构造一个多重目标绩效评估体系，避免效率和实效的冲突。

**（四）自然绩效评估体系**

自然绩效评估体系中不提供目标或标准，采购人员仅被告知将会对其采购绩效进行评价。由于许多企业未建立一套完整可行的评估标准，故暂时采用这种方式进行评估。众所周知，如果没有具体的目标，也没有绩效评估和反馈，就不能对工作进行及时的总结，而采购人员也就不可能发挥其最大的潜力。

1. 采购绩效改善的方法与手段

采购绩效的提高涉及采购工作的方方面面，对于那些采购管理水平较低的企业，一个简单的管理方法就能带来明显的成本降低。例如，各部门分散采购的企业，如果设立专门的采购部门，将整个企业的需求信息进行整合，定时定量地集中采购，就能避免大量的重复采购和人力浪费，并能够获得更优惠的价格，从而明显地降低采购成本。

对于那些意识到采购管理重要性的企业，尝试采用更为科学、系统的采购管理方法，对整个采购活动甚至是整个供应链条进行规范和改造，采购工作的绩效往往能够得到更为明显的提高。

下面介绍几种提高采购绩效、规范采购过程的方法。

（1）建立采购工作管理制度。要想提高采购工作的绩效，最基本的做法就是将采购工作的具体环节制度化、规范化，并在整个企业推行。对于那些缺乏制度建设的企业，这是提高采购工作绩效最为显著的方法。

（2）开发采购与供应链的绩效衡量和考核系统。绩效衡量和考核系统的开发需要领导的支持和高层管理者的承诺，他们要提供系统必需的财务资源。管理层要求所有的采购点运用相同的系统结构，这样能减少重复的工作，节约开发与培训成本。这里并不要求每个采购点必须采用同样的绩效目标或绩效标准，这就意味着系统的基本设计是相同的。高层管理者的支持也传递了追踪和改善绩效重要性的信息。

开发有效的绩效衡量和考核系统，包括确定需要衡量的绩效类型，开发具体的绩效衡量标准，为每项衡量建立绩效标准和系统细节方案，实施并审核绩效和考核标准系统。绩效衡量和考核系统开发如图 8-7 所示。

（3）建立标杆管理机制。标杆管理，简单说来就是寻找一种标准，可以选择内部绩效高的部门为标准，也可以选择外部绩效高的企业为标准，通过比较和分析这些标准及其实践经验来改善自己的工作过程，使自己慢慢接近甚至超过标准。

标杆管理的先驱是美国施乐公司，20 世纪 80 年代前后，施乐公司的复印机业务在全

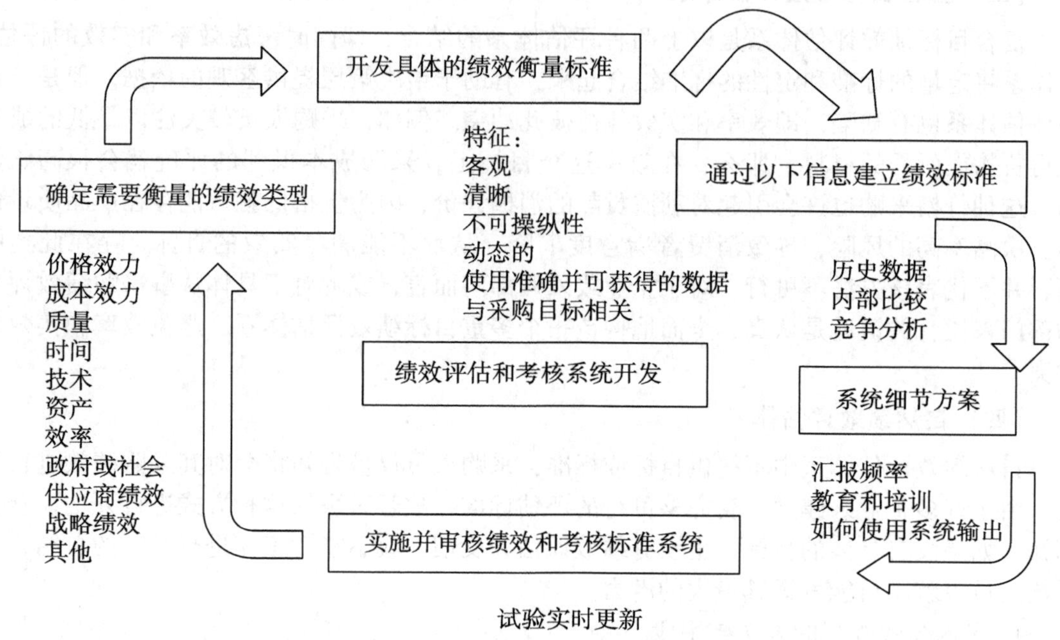


**图 8-7　绩效衡量和考核系统开发**

球的垄断地位受到日本佳能等竞争者的全方位强烈冲击，面对急剧下滑的市场占有率，施乐公司展开了向日本竞争者深入学习的运动，从采购模式、生产方法、营销手段和成本、价格构成等方面找出一些衡量标准，然后与自己的相应方面进行比较、分析，找出差距和不足，继而进行经营管理、生产流程、采购模式等各方面的全面改造。经过一段时间的努力，终于取得成效并夺回了市场份额。后来这种管理方法被称为标杆管理。众多企业的借鉴和应用使标杆管理的理论和实践在之后的 20 年里得到了长足的进步，应用的范围也更为广泛，现在已经涉及库存管理、成本管理、营销管理、研发管理、人力资源管理及采购管理等方面。将标杆管理作为采购工作绩效评估的工具，通过资料收集、分析比较、跟踪学习、机制改造等一系列过程，将企业的实际情况与基准企业的指标进行量化比较，分析这些基准企业达到最优绩效的途径和原因，明确本企业在行业中所处的地位，并在此基础上改进自己的采购策略，从而有效地促进采购绩效的提高，实现企业的战略优化，提高竞争力。

标杆管理不是总与竞争者比较。企业经常通过与非竞争者比较获得信息资源，特别是在建立标杆流程或者部门活动要跨越不同的行业时（如供应链管理），通常从合作的非竞争者那里更容易获得标杆管理的数据和信息。

2. 标杆管理的应用主要体现在以下几个方面。

（1）标杆管理的类型。

依照基准对象的不同可以将标杆管理分为以下几类。

① 内部标杆管理。这是在企业内部进行的一种较为简单的管理方式。一般是将某个绩效较高的部门作为基准，分析其业务流程、工作方式的优越性，进而推进其他部门绩效的提高。由于企业内部容易实现信息共享，且会计记账原则一致，因而这种方法比较容易

实施。

② 竞争者标杆管理。这是以同行业的竞争者为基准的标杆管理方式。同行业的竞争者和本企业提供类似的产品和服务，面对类似的市场环境和消费者，承受着相同的市场竞争，一些衡量指标和行业标准也都是一致的，因而便于拿过来作为标准进行比较。但是，正是由于竞争的压力，在对其进行分析时往往会让对方感到威胁，因而想要获得竞争者的信息是比较困难的。

③ 广泛标杆管理。这是一种被普遍采用的标杆管理方式。它是以某个行业的领先者或有着类似成长过程的优秀企业为基准，比较、分析与其管理模式、决策制定等方面的差距，再进一步针对自身的情况，选取其绩效高的职能部门或业务流程进行比较、分析。由于这样选定的企业不一定是同行业内的，不存在竞争压力，因而其更愿意提供和分享其理念、技巧、方法等。但是要注意，前两种方法在同一部门或同一行业内，由于使用的标准、统计方法、会计原则都一致，且涉及的衡量指标等都是相对应的，因而分析的时候只需将相应的方面加以比较。而运用这种标杆管理方法则没那么简单，需要领导者有较强的洞察力，能够从不同行业的企业中找到自己的学习样板。

④ 流程标杆管理。这是以最佳的工作流程为基准的标杆管理方式。比如，以某企业科学的采购流程为基准，将本企业的相应指标与其进行对比、分析，找出并弥补差距。

（2）标杆管理的实施过程。

虽然标杆的类型很多，具体步骤、描述方式等存在一些不同之处，但基本的步骤还是相似的。用标杆管理方法进行采购绩效评估一般有以下几个步骤。

① 选择进行标杆管理的目标。首先要确定企业想要进行标杆管理的业务流程、职能部门等。一般是企业感觉到其某方面工作的绩效太差，或在竞争的压力下认为有必要提高工作的效果和效率，因而选用标杆管理的方法进行评估和改进。在这一步骤中要挑选、培训并建立学习标杆的团队，要决定收集资料、考察现状的方法。应当向一线的工作人员了解该业务流程、职能部门存在的问题和缺陷，掌握其工作原理，以便进行比较、分析。可以说，这是整个标杆管理的准备阶段。

② 建立学习团队。标杆管理的整个过程应当由专门的团队负责执行，这个团队中要有领导者、标杆管理目标过程的管理者、参与标杆管理目标过程的一线工作人员、标杆管理目标过程的受益人。团队的组成是为了完成标杆管理，因而团队成员要有积极学习的精神，要了解本企业进行标杆的目的、标杆的步骤等基本知识。

③ 确定最佳的比较目标。以什么为基准，在大量收集相关信息和有相关专家参与的基础上，针对具体情况确定不同的比较目标。

可以在企业内部寻找绩效好、效率高的部门作为比较目标，也可以在行业内寻找其他先进企业作为比较目标，甚至将不同行业先进企业的某个业务流程、管理方式等作为比较目标。寻找比较目标时，绩效最高的并不一定就最合适，要综合考虑其规模、组织结构、产品特点、技术特征、生产流程等因素，选取与本企业具有可比性的企业作为比较目标。

④ 确定标杆项目，比较分析的内容是什么。在这一步骤中，我们要找到衡量本企业与比较目标企业绩效的具体项目及其指标，这需要进行一系列的工作。要通过实地调查，收集数据、处理数据、加工数据、分析比较等，了解比较目标企业的信息，整理得到以下两个方面的情况：一是比较目标企业的现有绩效水平如何，如企业的市场占有率、盈利

率、成本结构、工资水平、企业技术的领先程度、具有自主知识产权产品的数量、企业客户的稳定性等；二是比较目标企业是采用怎样的方式达到这一绩效水平的，包括工作过程的组建、信息系统支持、培训、企业文化、经营模式等方面的内容。

⑤ 与本企业现有的经营模式进行比较，寻找差距，为企业找到改进的方向与方法。当比较目标是同一个行业中的企业时，核心竞争力和衡量指标大致相同，可方便地进行比较、分析；当比较目标是其他行业的业务流程、职能部门时，要找到将其衡量指标进行转化和类比的方法。比如，选择不同行业的一个优秀企业的采购流程作为标杆的目标，虽然采购货物有所不同，但是很多衡量指标是可比的，如有关供应商评估、采购人员管理等方面的指标。

具体操作时要将有关指标全部列出来，一一比较进行打分，或者绘制矩阵图，通过对比、分析，区分有优势的方面和有劣势的方面，然后针对差异程度采取适当的策略进行改造。

⑥ 制订缩小差距的计划并付诸实施。怎样进行改造是实施标杆管理的最终目的和关键一环。首先要从思想上在本企业内部达成共识，创造一种环境，使企业的全体员工都能够自觉自愿地欢迎变革、进行学习，共同努力实现企业绩效的提升。然后要制订一系列行之有效的计划，并积极付诸行动，向着比较目标的基准努力。只有这样才能够实现提高绩效、提高竞争力的目的。

⑦ 评估结果。如何实施标杆管理是一个循序渐进的过程，需要付出长期的努力，这一过程无论是本企业还是比较目标企业的发展信息都是动态的，因而不能忽视一项重要的后续工作，即检查和审视改造的进程，并不断调整标杆管理的目标，使目标切实可行又不乏挑战，这样才能符合本企业提升绩效的实际需求。

## 本章小结

采购质量管理是指对采购质量的计划、组织、协调和控制，通过对供应商质量评估和认证，从而建立采购管理质量保证体系，保证企业的物资供应活动。通过各类质量衡量办法和衡量模型，可以对采购的有形和无形货物进行质量管理与控制，从而保障采购结果的有效性。

采购绩效评估是采购管理的重要环节，也是采购管理获取最佳管理效益和经济效益的重要手段。实施科学的采购绩效评估和管理，是建立采购评估体系和运作程序的有效措施。通过采购绩效评估的实行，可以对采购人员的绩效、采购和供应职能的绩效及供应商的绩效进行客观科学而有效的评估。绩效评估为企业降低成本、提高服务质量提供了科学的依据。本章阐述了怎样进行采购绩效评估、采购绩效衡量指标体系、标杆管理的含义及采购绩效的改进措施等几方面内容。

## 思考题

### 一、判断题

1. 采购质量关注的是对采购货物的质量的保障。(　　)
2. 狩野纪昭认为魅力质量是质量的竞争性元素。(　　)
3. 六西格玛管理建立在科学的统计理论基础上。(　　)
4. 评价采购行为必须评价以下四个方面：价格与成本，产品与质量，采购物流与交付，采购组织与管理。(　　)
5. 通过物品采购绩效的评估，可以清楚采购部门及个人的工作表现。(　　)

### 二、简答题

1. 简述采购绩效评估的必要性。
2. 简述采购绩效评估体系的类型。
3. 简述采购绩效评估的内容。
4. 简述采购质量体系的主要内容。

### 三、论述题

1. 谈一谈什么是魅力质量的生命周期？
2. 论述采购质量管理的发展趋势。

**课后案例：上汽通用汽车有限公司健全的采购质量管理体系**

# 参考文献

［1］秦小辉．采购管理［M］．北京：高等教育出版社，2014.

［2］周跃进．采购管理［M］．北京：机械工业出版社，2015.

［3］梁军，张露，徐海峰．采购管理［M］．4 版．北京：电子工业出版社，2019.

［4］李圣状，乔良，戚光远．采购管理［M］．北京：机械工业出版社，2019.

［5］傅莉萍，姜斌远．采购管理［M］．北京：北京大学出版社，2015.

［6］崔忠付．中国物流与供应链信息化优秀案例集［M］．北京：中国财富出版社有限公司，2020.

［7］英国皇家采购与供应学会．采购与供应运作概论［M］．北京中交协物流人力资源培训中心，译．北京：机械工业出版社，2014.

［8］李恒兴，鲍钰．采购管理［M］．4 版．北京：北京理工大学出版社，2018.

［9］邓莉．采购管理［M］．重庆：重庆大学出版社，2013.

［10］董千里．采购管理［M］．重庆：重庆大学出版社，2008.

［11］甘卫华，马智胜，周业付．采购管理［M］．南昌：江西高校出版社，2007.

［12］刘荔娟．现代采购管理［M］．上海：上海财经大学出版社，2005.

［13］徐斌华，王宁，潘娅媚．采购管理［M］．西安：西安交通大学出版社，2014.

［14］王皓，肖炜华，邓光君．采购管理［M］．武汉：华中科技大学出版社，2019.

［15］陈宁．采购管理［M］．北京：中国财富出版社，2018.

［16］王红，张支南．现代采购管理［M］．2 版．合肥：安徽大学出版社，2015.

［17］计国君，蔡远游．采购管理［M］．厦门：厦门大学出版社，2012.

［18］吴春尚，孙序佑，杨好伟．采购管理［M］．成都：电子科技大学出版社，2020.

［19］卢园，杜艳，邓春姊．采购管理［M］．南京：南京大学出版社，2017.

［20］李方峻，曹爱萍．采购管理实务［M］．3 版．北京：北京大学出版社，2019.